मूरतें : माटी और सोने की

[संस्मरण]

मूरतें : माटी और सोने की

नंदकिशोर नवल

राजकमल प्रकाशन

ISBN : 978-81-267-3071-1

मूल्य : ₹ 795

पहला संस्करण : 2017
दूसरा संस्करण : 2024

प्रकाशक : राजकमल प्रकाशन प्रा.लि.
1-बी, नेताजी सुभाष मार्ग, दरियागंज
नई दिल्ली-110 002
शाखाएँ : अशोक राजपथ, साइंस कॉलेज के सामने, पटना-800 006
पहली मंजिल, दरबारी बिल्डिंग, महात्मा गांधी मार्ग, प्रयागराज-211 001
1, अनमोल सोराबजी संतुक लेन, धोबी तलाव, मरीन लाइंस, मुम्बई-400 002
वेबसाइट : www.rajkamalprakashan.com
ई-मेल : info@rajkamalprakashan.com

मुद्रक : विकास कंप्यूटर एंड प्रिंटर्स
ट्रॉनिका सिटी-201 102

MOORTEIN : MATI AUR SONE KI
Memoirs by Nandkishore Nawal

'माटी की मूरतें' के यशस्वी लेखक
श्रीरामवृक्ष बेनीपुरी
की पुण्यस्मृति को

भूमिका

मैंने अपनी पिछली पुस्तक 'हिंदी कविता : अभी, बिल्कुल अभी' की भूमिका में कहा था कि इस पुस्तक के साथ हिंदी में मेरे आलोचनात्मक लेखन की समाप्ति होती है और भविष्य में मैं आलोचना-जैसी कोई चीज न लिख सकूँगा। मेरा आशय हिंदी कविता की आलोचना से था। उसमें मैंने यह भी कहा था कि अब मैं हिंदी से इतर तीन महाकवियों—कालिदास, विद्यापति और रवींद्रनाथ—की कविता पर एक पुस्तक लिखूँगा। कालिदास पर लिखने के लिए पूरी तैयारी करके मैं इस नतीजे पर पहुँचा कि मेरे लिए उनके काव्य के संपूर्ण विस्तार को समेटना संभव नहीं है, इसलिए मैं सिर्फ उनके काव्य 'कुमारसंभव' पर लिखूँगा। इस काव्य पर ही क्यों ? वह इसलिए कि उसमें उनके काव्य-सौंदर्य का विस्फोट है। इसमें उनका काव्य पहाड़ से उतरती हुई कल्लोलिनी की तरह है, जो उनके दूसरे काव्य 'रघुवंश' में आकर समतल पर कल-कल करती हुई प्रवाहित होने लगती है। 'मेघदूत' भी उनकी इसी दौर की रचना है। पर जब लिखने के लिए मैंने 'कुमारसंभव' उठाया, तो उसके आरंभिक चार-पाँच श्लोक पढ़ने के बाद ही अपने दुस्साहस पर मुझे दया आई। जिसके पास आचार्य हजारीप्रसाद द्विवेदी-जैसा संस्कृत साहित्य का ज्ञान, लालित्य-बोध और उदात्त भाषा नहीं है, उसका कालिदास पर कलम चलाना एक घोर अनधिकार चेष्टा होगी। विद्यापति पर लिखना भी मुझे अनुचित लगा, क्योंकि उनके पदों की भाषा अपने मूल रूप में अपभ्रंश या अवहट्ठ से अत्यधिक प्रभावित है। जहाँ तक रवींद्रनाथ की बात है, वे हिंदी से भिन्न भाषा बंगला के कवि हैं, जिनमें भी पैठ बनाने के लिए कोई आचार्य द्विवेदी ही चाहिए। मैंने सोचा कि इन कवियों को काव्यानंद के आस्वादन के लिए ही रख छोड़ना चाहिए और फिर मैं प्रस्तुत पुस्तक लिखाने में जुट गया।

मैंने पहले भी स्फुट संस्मरण लिखे थे, पर इस विधा की असली नजाकत से मैं अब जाकर परिचित हुआ। संस्मरणीय वही व्यक्ति होता है, जिसमें कोई वैशिष्ट्य हो। हिंदी में इधर एकाध ऐसे संस्मरण-लेखक हुए हैं, जिन्होंने अपने चरित्रों की बखिया उधेड़ी है और उन पर जितनी कालिख पोती जा सकती थी, पोती है। मैं निवेदन कर दूँ कि संस्मरण प्रतिशोध-भाव से या आत्मप्रक्षेपण के लिए नहीं लिखे जाते। उसका सौंदर्य संस्मरणीय व्यक्ति के वैशिष्ट्य को उजागर करने में और उस क्रम में अपनी चरम विनयशीलता का परिचय देने में ही है। आप आचार्य शिवपूजन सहाय, दिनकर, डा. रामविलास शर्मा और हरिशंकर परसाई द्वारा लिखित संस्मरण देखें। वे आपको संस्मरण लिखने की कला से भी परिचित कराएँगे और उसकी खड्ग-धार पर सधे हुए ढंग से चलने की भी शिक्षा देंगे। आप एक दिवंगत संपादक को भूल जाएँ, जो गाली-गलौज वाले संस्मरणों को देखकर वैसे खुश होते थे, जैसे यशोदा से जिद करते बालक कृष्ण के हाथों में चंद्रमा आ गया हो। यह कमाल की बात है कि उन्होंने छिद्रान्वेषी संस्मरणों

के बारे में यह कहा कि हिंदी में पहली बार वस्तुनिष्ठ ढंग से संस्मरण लिखे जा रहे हैं। ऐसी बात नहीं है कि सही संस्मरणों में चरित्र के असित पक्ष को एकदम भुला दिया जाता है, बल्कि उसमें उनका उल्लेख करने की कला सिखलाई जाती है।

मेरी इस पुस्तक के दो खंड हैं। पहले खंड में घर और गाँव के पाँच चरित्र लिये गए हैं और दूसरे खंड में हिंदी के पाँच महत् लेखकों के। स्वभावत: मैंने बेनीपुरीजी से प्रेरित होकर इस पुस्तक का नाम रखा है—'मूरतें : माटी और सोने की'। संस्मरण लिखने की अपनी कठिनाइयाँ हैं। एक तो इसमें स्मृतियों के रेले को सँभालना मुश्किल होता है और उन्हें काल-क्रम में संयोजित करना तो प्राय: असंभव है। मैं इस पुस्तक का अंतिम संस्मरण लिखा रहा था कि अरुण कमलजी ने मुझे दीपावली की शुभकामनाएँ देने के लिए फोन किया। मैंने उन्हें प्रसंगवश अपने संस्मरण-लेखन के संकट से परिचित कराया। मैंने उनसे कहा कि मेरी स्थिति कुछ वैसी ही है, जैसी तब शिव की स्थिति थी, जब उनसे पार्वती ने अपना तांडव नृत्य दिखलाने का आग्रह किया था। मैंने उन्हें विद्यापति की लोक-प्रसिद्ध 'नचारी' की कुछ पंक्तियाँ सुनाईं। जब एक दर्जन झालों की झनकार और ढोलक की थाप पर गाँवों के लोग इस नचारी को गाते हैं, तो एक रोमांचकारी समाँ बँध जाता है। नचारी में शिव कहते हैं : 'अहाँ त कहैछी गौरा नाचू से हम कोना नाचब हे'। फिर वे तांडव से उत्पन्न होनेवाली कठिनाइयाँ गिनाने लगते हैं, यथा—

जटा सँ ससरत साँप से पुहुमी लोटायत हे
गंग हैयत सहस्त्रमुख धार समेटियो न जायत हे

मैंने अरुणजी से कहा कि अब आप मेरी कठिनाइयों की कल्पना कर सकते हैं। पहले तो वे इस बात से विस्मित हुए कि विद्यापति की कविता इस 'स्केल' पर चलती है, फिर उन्होंने मेरा उत्साहवर्धन करते हुए मुझे कहा कि मैं अंतिम लेख को भी पूरा कर डालूँ। कल होकर अंतिम लेख के साथ पुस्तक पूरी हो गई। तत्पश्चात् आज यह भूमिका लिखा रहा हूँ।

एक दिलचस्प बात। मैंने पिछली पुस्तक में अब आलोचना न लिखने की जो बात कही थी, वह इस पुस्तक के अंतिम लेख के अंत में भी कही है। लेकिन उधर पुस्तक पूरी हुई और इधर मेरे सामने दूसरी पुस्तक की रूप-रेखा आकर खड़ी हो गई। मैं समझ नहीं पा रहा हूँ कि मेरी थकान कहाँ चली गई और मुझमें शक्ति की यह स्फुरणा कैसे हुई? कौन मुझे बचाए हुए है और कौन मुझसे लिखाता है? मुझे साफ लगता है कि आलोचना की प्रक्रिया भी बहुत कुछ कविता-जैसी ही होती है। इसमें भी चेतन और अचेतन दोनों मानस सक्रिय होते हैं। कवि को पता नहीं रहता कि उसकी कविता कहाँ से मुड़ते हुए कहाँ विराम लेगी। उसी तरह मैं भी नहीं जानता कि आलोचना में मैं क्या-क्या लिखूँगा और कौन-कौन-सा घुमाव लेते हुए वह पूरी होगी। लेख का प्रारूप धरा रह जाता है। यह इच्छा होती है कि निराला की ये पंक्तियाँ दुहराऊँ—'तुम्हीं गाती हो अपना गान;/व्यर्थ मैं पाता हूँ सम्मान।' महाकवि ने भले इसमें सरस्वती से निवेदन किया हो, पर सरस्वती कवि और लेखक का 'इंट्युशन' ही है, कुछ और नहीं।

कुछ वर्ष पूर्व इलाहाबाद के कॉफी हाउस में मुझसे दूधनाथजी ने लेखन के बारे में कहा था—नवल, यह 'ड्रग' है। क्या वस्तुत: ऐसा ही है? मैं अपने बंधुवर को सही शब्द के इस्तेमाल के लिए धन्यवाद देता हूँ। मेरे चिकित्सक भी मुझसे कहते हैं—जब तक आपका लिखना-पढ़ना चलता रहेगा, आप स्वस्थ रहेंगे। आप वह छोड़ देंगे, तो फिर बच न सकेंगे। निश्चय ही लेखन से मुझे जीवनदायी शक्ति मिलती है। मैं किसी व्यक्ति या प्रकाशक के आग्रह से कुछ नहीं लिखता, बल्कि उपर्युक्त शक्ति ही मुझसे लिखवाती है। बहरहाल।

इस पुस्तक के संबंध में एक-दो बातें मैं और कहना चाहता हूँ। मैंने गाँव के चरित्रों का जो चित्रण किया है, उसमें अपने घर की बोली 'बज्जिका' के शब्दों को यथावत् रहने दिया है। उससे न केवल अपनी जड़ से मैंने जुड़ाव महसूस किया, बल्कि यह भी देखा कि उससे ग्रामीण चरित्रों और उनके परिवेश को उपस्थित करने में बहुत सहायता मिलती है। केदारजी निराला के एक गीत में आनेवाले शब्द 'अरघान' का अर्थ उन्हीं से पूछ बैठे थे। वे इस पर बिगड़ गए और यह जानने के बाद कि उनके घर की बोली भोजपुरी है, उनसे कहा—घर जाकर अपनी माँ या दादी से पूछो, वे तुम्हें इस शब्द का अर्थ बतला देंगी। फिर वे बोले—आज के लड़के भी खूब हैं। वे अपने घर की बोली को भी भूलते जा रहे हैं!

इस पुस्तक को पूरा करने का सर्वाधिक श्रेय हिंदी के तरुण समीक्षक अरुण नारायण को है, जो समय से आकर मेरा 'डिक्टेशन' लेते रहे। जब मैं स्मृतियों के प्रवाह को सँभालने में अस्त-व्यस्त हो रहा था, तो तरुणजी ने मुझसे कहा कि उन्हें क्रमबद्ध करने के लिए परेशान न हों। यदि ऐसा हुआ तो आपके संस्मरण लेख बन जाएँगे। डा. राकेश रंजन और संजय शांडिल्य तथा डा. योगेश ने भी बहुविध मेरी सहायता की है। डा. विनय कुमार पूर्ववत् मेरे स्वास्थ्य की निगरानी करते रहे हैं। मनोज कुमार झा (हाजीपुर) ने पांडुलिपि को मुद्रण योग्य बनाया है। ये सभी मेरे हार्दिक धन्यवाद के पात्र हैं।

मेरी अगली पुस्तक अज्ञेय की कविता पर होगी, जिसमें पाँच-छ: निबंध होंगे। दो निबंध मैंने लिख रखे हैं, बाकी तीन-चार निबंध लिखकर, आशा है, दिसंबर के मध्य तक मैं वह पुस्तक पूरी कर लूँगा। मुझे विश्वास है कि मेरे सहृदय पाठक मेरी उस पुस्तक को भी अपना प्यार देंगे। इति।

—नंदकिशोर नवल

301, राजप्रिया अपार्टमेंट
बुद्धा कॉलोनी, पटना-800001

अनुक्रम

साँवली सूरत, मोहिनी मूरत

आज दोपहर में बड़का बाबू का स्वप्न देखकर मैं अचानक जग पड़ा। मेरे मुँह से बेसाख्ता निकला—साँवली सूरत, मोहिनी मूरत! हाय, अब वह सूरत कहाँ देखने को मिलेगी ? कहा जाता है कि मेरे बाबा सूबेलाल राय को सोलह संतानें हुई थीं। उनमें से सिर्फ छः संतानें जीवित रहीं। इसे संयोग ही कहेंगे कि उनमें सबसे बड़ी संतान भी लड़की थी और सबसे छोटी संतान भी। बड़की फूआ विवाह के बाद ही विधवा हो गई थीं और छोटकी फूआ परित्यक्ता थीं। फूफा घर नहीं आते थे और एक वेश्या के साथ उन्होंने पहले मुजफ्फरपुर में और उसके बाद रेलवे में सेवारत होने के कारण गोरखपुर में अपना घर बसा लिया था। भाइयों में, जैसा कि नाम से ही सूचित है, बड़का बाबू सबसे बड़े थे। उनके बाद बाबू थे, फिर मँझिला काका और उनके बाद छोटका काका। बड़का बाबू युवाकाल में राँची में संभवतः बिजली-विभाग में काम करते थे। उनका नाम बस्कित सिंह था, जिसे उनका अंग्रेज अफसर अपने उच्चारण में ढालकर 'बास्केट सिंह' कहा करता था। राँची में कुछ ही वर्ष काम करने के बाद उनके सिर में चक्कर आने लगा। मेरे अनुमान से वह उच्च रक्तचाप था, जो बुढ़ापे में फिर लौट आया और उसी के कारण उनकी मृत्यु हुई। लेकिन चूँकि उस समय चिकित्सा के प्रति न सजगता थी और न मेडिकल साइंस इतना विकसित था, सिर घूमने के कारण वे एक दिन चुपचाप नौकरी छोड़कर घर लौट आए।

घर आकर वे खेती-बाड़ी के काम में लग गए। आश्चर्य कि उससे उनका रक्तचाप ठीक हो गया और वे पूर्णतः स्वस्थ रहने लगे। मैं बच्चा था, मिडिल स्कूल का छात्र, तो एक बात से उनके राँची में होने की पुष्टि हुई थी। उनके नाम जीवन बीमा निगम का एक पत्र चेक के साथ आया। नौकरी में रहते हुए उन्होंने बीमा कराया था, लेकिन उसकी कुछ ही किस्तें जमा कर पाए थे। जब उनकी पॉलिसी परिपक्व हुई, तो निगम ने जमा की हुई राशि सूद के साथ जोड़कर उन्हें भेज दी। मुझे इस बात से आश्चर्य हुआ था कि जीवन बीमा निगम इतना मुस्तैद है कि बड़का बाबू को भी याद रखा और समय आने पर सूद सहित उनकी राशि उन्हें लौटा दी। बचपन में मुझे एक और बात से आश्चर्य हुआ था। वह इस बात से कि मेरी छोटकी फूआ खैनी खाती थीं। मर्दों की तरह ही बाईं हथेली पर खैनी रखकर और उसमें चूना मिलाकर दाएँ हाथ के अंगूठे से उसे मसलती थीं। उस समय तक मैं यही जानता था कि खैनी सिर्फ मर्द ही खाते हैं, औरतें तो बस गम खाती हैं! छोटकी फूआ ने मेरी इस धारणा को बदल दिया था।

बचपन की एक और बात याद आती है। गाँव के दो-तीन बड़े घरों की बात मैं नहीं जानता, लेकिन बाकी घरों में यह नियम-सा था कि मर्द दिन में भात और रात में मकई की रोटी खाते थे। मकई की वह किस्म नष्ट हो गई, जिसकी रोटी गेहूँ की रोटी से भी अधिक स्वादिष्ट होती थी। औरतों के लिए दोनों शाम मकई की रोटी खाने का ही विधान था। दूध-दही भी मर्दों

के लिए ही था, औरतें सिर्फ मट्ठे और माड़ की हकदार थीं। एक बार मेरे घर में किसी अवसर पर औरतों के लिए भी भात बना, तो मुझे बहुत आश्चर्य हुआ। मैंने कहा—औरतें कहीं भात खाती हैं! मैं नहीं जानता था कि इस सबके पीछे गरीबी और मर्द-औरत का भेद था। मेरी वह बात मेरी एक चाची बहुत दिनों तक मुझे सुनाकर उसका मजा लेती रहीं।

बड़का बाबू ठेठ किसान थे। सफेद गमछा, बाजार की बाँहवाली गंजी और पुराने बंगाली ढंग से यानी फेंटा कसकर पहनी हुई धोती, जो घुटने से जरा-सा नीचे तक आती थी। पुराने बंगाली ढंग की बात मैं सत्यजीत राय की एक फिल्म के आधार पर कर रहा हूँ, जिसमें बंगाली बच्चे नंगे बदन उसी ढंग से धोती पहने नृत्य करते हैं। इससे उन्हें काम करने में सहूलियत होती थी। काम पर जाने के पहले वे गमछे को सिर पर मुरेठा की तरह बाँध लेते थे। शायद आप जानते हों कि भारतीय किसान की दिनचर्या बहुत कठिन होती है। कोई भी मौसम हो, बड़का बाबू भोर में चार बजे जगते थे और बैलों, भैंस तथा गाय को उनके खूँटे से खोलकर नाद पर बाँधते थे। फिर उसे खिलाना शुरू करते थे। उन्हें अंदाजा था कि कितनी नाद सानी खाने पर अलग-अलग जानवरों का पेट भरता है। करीब दो घंटे तक वे उन्हें खिलाते रहते थे। जब उनका पेट भर जाता था, तो वे वापस उन्हें उनके खूँटे पर बाँध देते थे। यह कृषक-जीवन का अनुभव है कि यदि खा चुकने के बाद जानवरों को उनकी नाद से न हटाया गया, तो वे नाद को उलट देते हैं या उसे तोड़ डालते हैं। उनके खा लेने के बाद बड़का बाबू शौच के लिए जाते थे। लौटकर वे हाथ मटियाते थे और दातून करके मुँह-हाथ धोकर नाश्ते के लिए तैयार हो जाते थे। उनके नाश्ता करने को हमारे घर में 'पानी पीना' कहते थे। चाची उसके लिए बहुत सावधान रहती थीं और एकदम समय से उन्हें नाश्ता किसी बच्चे से भिजवा देती थीं। उसमें कभी चूड़ा-दही होता था, कभी सत्तू और पर्व-त्योहार के दिनों में पूआ, खजूर आदि। उनके 'पानी पीने' की मेरे घर में इतनी गंभीरता से चर्चा होती थी कि एक दिन मैंने भी चाची से कहा कि मैं पानी पिऊँगा। चाची ने बड़े प्यार से एक लोटा पानी मुझे थमा दिया, क्योंकि गिलास का प्रचलन उन दिनों गाँवों में नहीं था।

'पानी पीने' की घटना पर गोपेश्वर सिंह ने मुझे एक दिलचस्प घटना सुनाई थी। हथुआ राज के डाक्टर बंगाली थे। जब वे सेवा-मुक्त हुए, तो सीवान में अपनी डिस्पेंसरी खोली। एक दिन एक मजदूर उनके पास पहुँचा और बोला—डाक्टर साहेब, मुझे भूख नहीं लगती है। डाक्टर ने उससे कहा कि कल खाना खाने के पहले आना। मजदूर दूसरे दिन हाजिर हुआ। डाक्टर ने उससे कहा—लेट जाओ। वह बगल की ऊँची और लंबी टेबुल पर चित लेट गया। डाक्टर ने उसका कपड़ा हटाकर उसके पेट को टटोला, तो उसे लगा कि उसमें कुछ ठोस द्रव्य है। उससे पूछा—कुछ खाया है? मजदूर ने उत्तर दिया—पानी पिया है। डाक्टर ने फिर उसके पेट को टटोला, तो फिर उपर्युक्त नतीजे पर ही पहुँचा। उसने फिर उससे पूछा—बोलो, तुमने कुछ खाया है? उसने वही उत्तर दिया—पानी पिया है। डाक्टर ने बिगड़कर फिर पूछा—क्या पानी पिया है? उसने कहा—दो मड़ुए की रोटी। डाक्टर हत्थे से उखड़ गया। उससे कहा—भागो, दो ठो मड़ुए की रोटी चढ़ाकर आया है और कहता है कि भूख नहीं लगती है। अब क्या मुझको खाओगे? मुझे यह घटना जब-जब याद आती है, उसके साथ बड़का बाबू के पानी पीनेवाली बात भी याद आ जाती है।

जैसा कि कहा जा चुका है, भारतीय किसान की दिनचर्या बहुत कठिन होती है। नाश्ते के बाद बड़का बाबू खेत पर जाने के लिए तैयार हो जाते थे। तब तक हलवाहा भी आ जाता

था। यदि बुआई और जुताई का समय हुआ, तो हलवाहा हल–बैल को लेकर आगे चलता था और बड़का बाबू पीछे से कंधे पर कुदाल लिये हुए। पूछा जा सकता है कि हल के साथ कुदाल का क्या काम? यहाँ भोजपुरी के प्रसिद्ध कवि महेंद्र शास्त्री का वह गीत याद करना चाहिए, जिसे बेनीपुरीजी ने प्रमुखता से 'नई धारा' में छापा था। वह गीत है—'कोना न लागल बा हरवा हो, तनी दीह कोदार'। मतलब यह कि हल जब खेत में घूमता है, तो उसकी फाल उसके कोने तक नहीं पहुँच पाती है। उस कोने को किसान को कुदाल से तामकर जोती गई जमीन से मिलाना होता है। जब बुआई या जुताई का समय नहीं होता था, तो वे खेत पर निकौनी के लिए सिर्फ खुरपी लेकर जाते थे। एक बजे खेत से लौटते थे। वैशाख–जेठ की तपती हुई धूप में वे खेत में तमनी भी करते थे। मैथिलीशरण ने भारतीय किसानों के बारे में ठीक लिखा है कि 'बरसा रहा है रवि अनल, भूतल तवा–सा जल रहा,/है चल रहा सनसन पवन, तन से पसीना ढल रहा।' बड़का बाबू इसी स्थिति में खेत कोड़ते थे। फिर एक बार शौच के लिए बगीचे की तरफ जाते थे, लौटकर नजदीक के एक पक्के कुएँ पर स्नान करते थे और धोती–गंजी पहने हुए तथा सिर पर गीला गमछा रखे हुए खाने के लिए घर आते थे। बथान लौटकर कुछ देर विश्राम करते थे और हम लोगों से जानवरों के खाने की नाद साफ करवाकर और उसमें पानी भरवाकर कुट्टी काटने बैठ जाते थे। शाम को फिर भोर की तरह उन्हें खिलानेवाला कार्यक्रम दुहराया जाता था। वह सही अर्थों में कर्मठ थे। गर्मी के दिनों में खेत भी तामा करते थे और मकई तथा आम के बगीचों के लिए मचान भी बनाते थे। इसी तरह के अन्य अनेक कामों में वे लगे रहते थे। जाड़ों के मौसम में उनकी दिनचर्या में एक जुड़ाव यह होता था कि वे सुबह–शाम घूरा तापते थे, जिसे वे बाँस के जड़िऔंधों से भरकर तैयार रखते थे। उससे लपट कभी नहीं उठती थी, पर आग दहदह करती रहती थी। शाम को ताप लेने के बाद वे घूरे को ढँक देते थे।

हिंदी के प्रसिद्ध कवि और मेरे संबंधी रामगोपाल शर्मा 'रुद्र' जब कभी मेरे गाँव जाते थे, तो सुबह–शाम बड़का बाबू के साथ बैठकर घूरा तापते थे, खैनी मलकर दोनों खाते थे और देर तक बातें करते थे। बड़का बाबू उन्हें 'कवि' कहते थे और उनके प्रति अपार प्रेम रखते थे।

उनका स्वभाव बहुत बिगड़ैल था। ऐसे लोगों को गाँवों में 'जरनैल' कहते हैं। बावजूद इसके कि वे बाबू को ही सबसे ज्यादा मानते थे, जरूरत पड़ने पर उनको भी कुछ सुना देते थे। स्वभावत: वे भी उनसे डरते थे। बच्चों और औरतों का तो यह हाल था कि जब वे खाने के लिए आते थे, तो वे घरों में दुबक जाते थे और उनके जाने के बाद निकलते थे। वे खुद बहुत अच्छे रसोइया थे, इसलिए घर का खाना उन्हें कभी पसंद नहीं आया। प्राय: हमेशा वे खाते समय गुस्से में खाने की शिकायत किया करते थे। एक बार थाली उलटकर वे निकल गए थे, भूखे ही। चाची उन्हें बैठकर खिलाती थीं, लेकिन जब उनका पारा चढ़ता था, तो वे भागकर इतनी दूर चली जाती थीं कि वे उन्हें झपटकर भी न पकड़ सकें। एक बार बड़का बाबू ने मुझे भी डाँटा था। तिरपित चाचा के यहाँ उनके छोटे भाई के साले किसी निमंत्रण में आए थे। वे लड़कों से घुल–मिल जानेवाले थे, लेकिन दुश्चरित्र थे। उनसे मैं भी सट गया। रात में जब मैं घर लौट रहा था, तो बड़का बाबू ने, जो बथान की अँगनई में चौकी पर बैठे मेरा इंतजार कर रहे थे, बुलाकर मुझे अच्छी डाँट पिलाई। मैंने तब से उक्त सज्जन के पास जाना बंद कर दिया। मैं जब कालेज में पहुँचा और जनेऊ को द्विज होने का चिह्न होने की बात जानी, तो उसे उतार दिया। भैया पहले ही ऐसा कर चुके थे। बड़का बाबू को जब यह बात मालूम हुई, तो वे जनेऊ उतार देने को ही घर में होने वाले सभी उपद्रवों की जड़ मानने लगे। फलस्वरूप

गाँव आते समय मैं फिर जनेऊ पहन लेता और लौटकर मैं उसे हॉस्टल में अपनी मच्छड़दानी लगाने के डंडे में टाँग देता था। भैया जब तक पाँचवें क्लास में रहे, डर के मारे भैंस चराते थे, लोहसारी जाते थे और बसौली में स्थित पशुओं के देवता भुइयाँ बाबा को मुझे लेकर दूध चढ़ाने जाते थे। दूध चढ़ाने के बाद एक ब्राह्मण को खिलाने का भी विधान था, सो दरिद्र ब्राह्मण वहाँ खाने के लिए चक्कर काटते रहते थे। सभी लोग दूध चढ़ाते थे और रुपये- आठ आने फेंकते हुए किसी ब्राह्मण को पुकार कर कहते थे—हो बाबाजी, यह पैसा लीजिए और किसी दुकान में चूड़ा-दही-चीनी खा लीजिएगा। फिर वे अपने घर का रास्ता लेते थे। भैया भी ऐसा ही करते थे। मुझे ब्राह्मणों की दरिद्रता और उपेक्षा पर हँसी आती थी, क्योंकि वे अपनी उपेक्षा का बुरा नहीं मानते थे। बड़का बाबू किसी भतीजे को पीटते थे, तो उससे एक ही सवाल करते थे—अरे, काहे के वास्ते पढ़ता है? इसका उत्तर वे यह सुनना चाहते थे कि 'अक्कल के वास्ते'। मेरे एक बेवकूफ चचेरे भाई को पीटना शुरू किया, तो अपना उक्त प्रश्न पूछते हुए। वह बोलता जाता था कि 'अक्कल के वास्ते' और वे उसे पीटते जाते थे। वह बेवकूफ, जो आगे चलकर बहुत चालाक और मायावी हो गया और अपने जाल में अच्छे-अच्छे लोगों को फाँसने लगा, मेरे भाइयों में फूट डालने में सफल रहा और मेरे चहेते भाई युगल को मुझसे छीन लिया। अब वह मुझे अपने कारनामों से अंगूठा दिखाता है और आज भी उससे अपना काम निकलवाता जाता है। इतना ही नहीं, वह खेत के बँटवारे को लेकर अपने छोटे भाई कुमुद को लेकर मुझे और शेखर को पीटने के लिए उद्यत था और अपने एक 'महापाप' को झुठलाते हुए युगल को मेरे कथन पर अविश्वास करने पर बाध्य किया और उसे अपने विश्वास में ले लिया।

लेकिन यह बड़का बाबू के स्वभाव का एक पक्ष है। उसका दूसरा पक्ष यह है कि भीतर से वे बहुत ही कोमल एवं सरल थे। बच्चों के साथ देर तक हँसी-मजाक करते थे और शादी-ब्याह में या मेले-ठेले के अवसरों पर एकदम सुधुआ गाय हो जाते थे। वे विवेकी भी थे। एक बार की बात है कि मैंने अपने परिवार की एक विवाहित लड़की के संबंध में प्रामाणिक स्रोत से कुछ ऐसी-वैसी बातें सुनीं। उसके बाद मैं अनशन पर चला गया। मेरा प्रण था कि जब तक वह लड़की ससुराल नहीं भेजी जाएगी, मैं खाना नहीं खाऊँगा। मेरे गाँव के सोना बाबा रूठे हुए व्यक्ति को मनाने के लिए प्रसिद्ध थे। वे भी आए। मुझे बहुत मनाया, लेकिन मैं टस से मस नहीं हुआ। धीरे-धीरे बात फैलने लगी। तब बड़का बाबू मेरे पास आए, उन्होंने आते ही मेरे निकट बैठकर मुझसे धीरे से कहा—अरे बेवकूफ, बात को सँभालने का न मोल है! उनकी इस एक ही बात से मेरा अनशन भंग हो गया और कई दिनों के बाद उस लड़की को ससुराल भेज दिया गया।

कुछ बातें बड़का बाबू के गुस्से के बारे में और। घर के बच्चे उनसे इतना त्रस्त थे कि उनके पास जाने से ही काँपते लगते थे। खेत में एक बार उन्होंने मेरी सबसे छोटी बहन से कहा कि जाकर बथान से हँसुआ ले आओ। वह हँसुआ लिये हुए उनके पास पहुँची, लेकिन उनके डर के मारे काँप रही थी। इसका फल यह हुआ कि हँसुआ उनके हाथ में देने के पहले ही उसके हाथ से छूट गया। बड़का बाबू ने कहा—देखती हो थप्पड़। मेरी बहन जान बचाकर किसी तरह धीरे-धीरे चलते हुए वहाँ से भागी। इसके साथ एक-दो और बातें। वे गर्मी के दिनों में बथान में अपनी कोठरी बंद करके गा-गाकर आल्हा पढ़ा करते थे। यह खबर मेरे घर पर मेरी कोई बहन पहुँचाती थी, तो आतंक छा जाता था। आल्हा वीर रस का सर्वाधिक सशक्त ग्रंथ है। उसी का प्रताप था कि बड़का बाबू किसी भी बात पर भाला लेकर दौड़ पड़ते थे।

1946 के आसपास की घटना होगी। रामऔतार गिर महंत थे, जिनका शैव मठ रेलवे स्टेशन से उत्तर मदारपुर नामक गाँव में था। वे बड़े कूटनीतिज्ञ थे, लेकिन उनके पास प्रचुर भूमि-संपदा थी। उनका एक खेत रूदल बाबा के घर के सामने था और हमारे उप-बथान के भी सामने। बथान तो मेरा गाँव में था, जिसमें दो कोठरियाँ थीं। इसकी दीवारें नीचे से ईंट की और ऊपर मिट्टी की थीं। दोनों कोठरियों में एक-एक खिड़की थी। छप्पर से जरा-सा नीचे। उन खिड़कियों को चाची अचार की हाँड़ी रखकर प्राय: बंद रखती थीं। एक कोठरी में बड़का बाबू रहते थे। उसमें खेती का सामान और उनका खैनी-चूना रहा करता था। एक-दो मुट्ठा खैनी और मिट्टी के बर्तन में चूना, जिसके ऊपर स्वच्छ जल हुआ करता था। चूना वे सीपियों को आग में भस्म करके स्वयं बनाते थे और खैनी का जोगाड़ भी गुणवत्ता के आधार पर वे स्वयं ही करते थे। महंतजी ने रूदल बाबा और बाबू में झगड़ा लगाने के लिए वह खेत दोनों को ही लिख दिया। वे नकियाते थे, सो कहा—'हँमने तलवाँर रौंप दीँ हैं। अँब दोनों पार्टी लड़तैं रहें।' दोनों पक्ष सचमुच उसे लेकर झगड़ने लगे। बड़का बाबू ने उस खेत में गेहूँ बोया था। जब फसल तैयार हुई, तो रूदल बाबा के दोनों लड़कों—लखन चा और बिंदेसरी चा—ने अपने युवोचित दर्प में वह फसल काट ली और बोझे अपने दरवाजे की अँगनई में रख छोड़े। बड़का बाबू को जब यह बात मालूम हुई, तो वे गुस्से से भर उठे और उन बोझों को उठवाकर अपने बथान में ले आए। ऊपर मैंने उप-बथान का जिक्र किया है। मुख्य बथान तो एक ही था, पर जरूरत के मुताबिक उप-बथान बदलता रहता था। कभी वह कदम तर होता था, कभी बेल तर वाले खेत के उत्तर कुएँ के पास और बाढ़ के दिनों में घर पर।

1948 में बहुत दिनों के बाद उलटी बाढ़ आई, यानी पानी पश्चिम से न आकर पूरब से आया और पूरे गाँव में घुस गया। स्वभावत: बड़का बाबू जानवरों को घर ले आए और दरवाजे के दक्खिन तरफ ठेहा गाड़कर कुट्टी काटने लगे। मैं किसान का बेटा था, जिससे मुझमें जन्मजात किसानी संस्कार थे। एक दिन बड़का बाबू नहीं थे, तो मैं अंडी के कुछ पत्तों को तोड़ लाया और बैठकर कुट्टी काटने लगा। कुट्टी काटने का नियम यह है कि बाएँ हाथ के अंगूठे को भीतर करके चार उंगलियों में चारा लेकर दाहिने हाथ के गड़ाँसे से उसे काटते हैं। मुझे यह नियम नहीं मालूम था। मैं अँगूठा निकालकर कुट्टी काटने बैठा। पहले गड़ाँसे से तो अंडी के पत्ते कटे पर दूसरा गड़ाँसा ठीक मेरे अँगूठे पर पड़ा। अच्छा होने पर उसकी शक्ल बदल गई और मुझे आज भी वह याद दिलाकर हँसा जाता है।

बाढ़ के दिनों की एक और बात याद आती है। बड़का बाबू और बाबू जब आपस में बात करते थे, तो बाढ़ को लेकर चिंता प्रकट करते थे। मेरी समझ में यह बात नहीं आती थी कि वह चिंता का विषय क्यों है, जबकि पानी दरवाजे तक आ जाता है, जिसमें हम लोग छप-छप करते हैं। बाढ़ का दृश्य मुझे बहुत सुहाना लगता है। उसी में गुजरने वाले पानी में हाथ-पाँव मारकर मैंने तैरना सीखा और उसी समय मालिक चा की नाव पर चढ़कर उनके बथान कासीपुर गया। तब से बहुत दिनों तक प्रत्येक वर्ष बाढ़ आती थी, जिसमें हम बच्चे बाढ़-मंगल मनाते थे। लेकिन अब पानी पश्चिम से आता था और नहर के जरिए, जिसे कम्युनिस्ट नेता किशोरीप्रसन्न सिंह ने आंदोलन करके सरकार से खुदवाया था। अब गाँव में पानी का फैलना रुक गया, क्योंकि वह नहर से निकल जाता था। मुझे वह दृश्य भी याद है, जब सवेरे नहर के निर्मल जल को पारदर्शी शीशे की तरह देखकर मन पुलक से भर जाता था।

आगे की बात। कह चुका हूँ कि बड़का बाबू हाथ में भाला लिये हुए रूदल बाबा के दरवाजे से सारे बोझे उठवा लाए। उसके बाद दोपहर को वे नियमानुसार शौच के लिए बगीचे की तरफ गए। लक्खन चा और बिंदेसरी चा मौके की ताक में थे। जब वे शौच के लिए बैठे ही थे कि दोनों ने उन पर फट्ठे से प्रहार किया। उन्होंने उन दोनों से विनती भी की कि मुझे मत मारो। लेकिन वे अपना काम करके चंपत हो चुके थे। उसके बाद की घटना का मैं प्रत्यक्षदर्शी हूँ। बड़का बाबू जैमंगल चा के दरवाजे पर, जो मेरी पट्टीदारी के चाचा थे, खाट पर लेटे हुए थे और बार-बार कह रहे थे कि मुझे भाला दो, मैं जाकर अभी दोनों को मार डालूँगा। लेकिन लोगों ने उनकी बात नहीं सुनी और बैलगाड़ी से उन्हें हाजीपुर अस्पताल ले गए। पीछे से चाची और मेरी एक-दो बहनें भी गईं। चाची रास्ते में मिलने वाले सभी देवताओं को मनौती मानती गईं और पीड़ा के मारे घबड़ाहट से भरी हुई रहीं। हाजीपुर अस्पताल के डाक्टर रहमान ने बड़का बाबू की मरहम-पट्टी की और कहा कि घबड़ाने की जरूरत नहीं है। चोट गहरी नहीं है, पंद्रह-बीस दिनों में उनका घाव भर जाएगा। चाची तो वहीं रह गईं, लेकिन मेरी बहनें लौट आईं। द्रौपदी दीदी रोज घर से दूध लेकर अस्पताल जाती थीं और उधर से आम के कुछ टिकोले लिये हुए आती थीं। मेरा खयाल है कि यह वैशाख का आरंभिक समय रहा होगा। एक दिन द्रौपदी दीदी के साथ मैं भी अस्पताल गया। डा. रहमान उनकी ड्रेसिंग कर रहे थे और वे तकलीफ से चीख-चीख पड़ते थे।

फिर जब वे ठीक हुए, तो हम सारे लोग बैलगाड़ी से उन्हें लाने के लिए गए। जब हम लोग लौट रहे थे, तो कचहरी के सामने स्थित सरस्वती-भवन की बगल में जो एक मकान है, उसे दिखलाकर बाबू ने कहा—यही हमारे वकील बिंदबासिनी बाबू का घर है। उस घर के प्रति हम लोगों के मन में एक विचित्र आत्मीयता का भाव पैदा हुआ। जाहिर है, बाबू ने बड़का बाबू पर किए गए प्रहार को लेकर कोर्ट में फौजदारी मुकदमा दायर कर दिया था। इस मुकदमे को हाजीपुर से तो वे जीत गए, लेकिन जिला कोर्ट मुजफ्फरपुर से पता नहीं किस कारण वे हार गए। रूदल बाबा और उनके लड़कों ने जीत की खुशी में सत्यनारायण की कथा कहलवाई। हम लोगों को वह आयोजन जहर की तरह लगा था, पर बाबू पर कोई असर नहीं था। शायद घर से कोई पूजा का प्रसाद लाने भी गया था। ईआ ने भी मुझसे कहा था—अरे, भगवान से कौन वैर? वे तो सबके हैं।

बहुत दिनों तक रूदल बाबा के परिवार के प्रति हम लोगों के मन में प्रतिशोध का भाव रहा, लेकिन जैसे-जैसे वह परिवार बिखरता गया, वह प्रतिशोध- भावना कम होते-होते गायब हो गई। रूदल बाबा की मृत्यु हो गई और उनके दोनों बेटों में बँटवारा हो गया। बिंदेसरी चा सपरिवार धनबाद में रहकर रेलवे में फायरमैन हो गए। उनका तीसरा बेटा राजेसर मेरा सहपाठी था और उससे एक हद तक मेरी मित्रता भी थी। वह बाद में अफीम की चोरबाजारी करने लगा और उसके पक्ष में यह तर्क देने लगा कि टाटा-बिड़ला सभी चोरी करके ही पूँजीपति बने हैं। फिर यह काम गलत कैसे है? लेकिन एक दिन वह असम में पुलिस के हाथ में पड़ गया। उसे लंबी सजा भुगतनी पड़ी। जेल में नक्सलवादियों की संगति में वह नक्सलवादी हो गया और मेरे बहुत समझाने पर भी नहीं माना। परिणामत: नक्सलवादियों के आपसी झगड़े के कारण एक मकर-संक्रांति की पूर्व संध्या में जब वह बच्चों के लिए चूड़ा-चीनी और तिलकुट लिए हुए साइकिल से घर लौट रहा था, जंदाहा रोड के प्राय: मध्य में उनकी दूसरी जमात के द्वारा पकड़ा गया और उसकी जीभ काटकर हत्यारों ने बुरी तरह उसे मारा। फिर बोरे में कसकर

और उसके शरीर पर नमक छिड़ककर उसे अरहर के खेत में गाड़ दिया। बाद में पुलिस ने उसकी लाश को क्षत-विक्षत हालत में निकाला।

उधर लक्खन चा का बड़ा लड़का राजा डकैत हो गया और अपनी बहू पर हाथ डालने की कोशिश में अपने लड़के द्वारा ही पुलिस के हाथ में सौंपा गया। यह उसकी दूसरी जेल-यात्रा थी। जेल से छूटकर आने पर वह ज्यादा दिन जीवित नहीं रहा। राजेसर के दो लड़के भी जीविका की खोज में इधर-उधर चले गए। इन घटनाओं से अब रूदल बाबा के परिवार के प्रति हम लोगों में सहानुभूति आ गई। सातवें दशक की बात है। मैं हाजीपुर होकर पटना जाने के लिए अपने गाँव के हॉल्ट पर रिक्शे पर बैठा ही था कि मुझे बिंदेसरी चा ने देख लिया। वे धनबाद लौट रहे थे। जमाने बाद मुझे भर-आँख देखने के लिए वे मेरी तरफ बढ़ आए। मैंने उन्हें गोड़लागी की और उनका हाल-चाल पूछा। वे भी मुझे देखते हुए संतोष से भरे हुए थे। फिर मैं हाजीपुर को रवाना हो गया। गुस्से में आदमी दरिंदा हो जाता है, लेकिन कुछ अवसरों पर उसके भीतर का देवत्व विहँस उठता है। बिंदेसरी चा बहुत ही दिलचस्प आदमी थे। उनकी बातचीत सुनना विलक्षण आनंददायक होता था। स्वभावत: अब मेरे मन में उनके लिए श्रद्धा थी और उनकी मृत्यु के समाचार से मैं बहुत दुखी हुआ था। मन में यही बात उठती थी कि अब न उन्हें देखूँगा, न उनकी बातचीत सुनने को मौका मिलेगा। लक्खन चा भी लाजवाब आदमी थे। उनके भी कई किस्से मेरे पास हैं, पर उनका बड़का बाबू से कोई संबंध नहीं, इसलिए मैं आगे बढ़ता हूँ।

बड़का बाबू के डर से ही वैशाख की तपती दोपहर में मैं दौनी हाँकने जाता था। मुझे इस बात से आश्चर्य होता था कि बड़का बाबू और बाबू के ललकारने पर बैल तेजी से दौड़ने लगते थे, पर मेरे छड़ी से पीटने पर भी वे अनाज खाना बंद कर आगे नहीं बढ़ते थे। मैंने एक नया रास्ता निकाला। छड़ी से बैलों के अंडकोश को कुरेदने लगा। एक-दो बार तो उसका कुछ असर दिखा, पर एक बार एक बैल ने ऐसी लताड़ चलाई कि वह ठीक मेरे दाहिने घुटने में लगी और मैं ऐंठकर रह गया। इस बात से मुझे आश्चर्य हुआ कि जब उसके पैर में आँखें नहीं हैं, तो उसका निशाना इतना अचूक कैसे साबित हुआ। दौनी के बीच से जब मैं हट जाता था, तो मामा मुझे खूबी की लाई खाने को देती थीं और मैं उनके कथनानुसार उसे पानी में डुबोकर खाता था। इससे वह मुलायम हो जाती थी। शाम को जब दौनी के बैल खुलते थे, तो उन्हें नजदीक के कुएँ में बने हौज में पानी पिलाने के लिए ले जाया जाता था। दौनी से खुलने के बाद बैलों के खुर चमकते रहते थे। वह चमक भी मेरे मन में बसी हुई है।

बड़का बाबू जब अस्पताल से लौटे, तो उन्हें देखने के लिए उनकी बेटी और उनकी भतीजियों की ससुराल से लगातार उनका बुलावा आने लगा। वे भी उसकी उपेक्षा नहीं कर सकते थे, सो सबसे पहले भैया को लेकर वे अपनी इकलौती बेटी सुंदेसरी दीदी के यहाँ ढोली गए। वहाँ से लौटे, तो मेरी सबसे बड़ी बहन गिरिजा दीदी के यहाँ मुझे लेकर निकले। वे शाहपुर पटोरी से उत्तर नायर नामक गाँव में ब्याही गई थीं। वहाँ मैंने केले की इतनी अच्छी सब्जी खाई कि वह आज भी मुझे याद है। बाबू अपनी बेटियों का कन्यादान भी बड़का बाबू से ही करवाते थे। इस कारण वे उनके यहाँ भोजन नहीं करते थे। नायर से कुछ आगे मुर्गिया नामक गाँव में उनकी चचेरी बहन ब्याही थीं, जिसके लड़के थे सुदीन राय। वे दोनों शाम खाने के लिए उन्हीं के यहाँ दीदी के घर के किसी व्यक्ति के साथ जाते थे। रात में लालटेन के साथ। जब वे नहीं रहते थे, तो दीदी के ससुर मुझसे विनोद करते थे। एक दिन उन्होंने कहा—आपके बड़का बाबू आपको छोड़कर लौट जाएँगे, तो आप क्या कीजिएगा ? मैंने उत्तर दिया कि मैं उनके पैरों

का निशान देखता हुआ चला जाऊँगा। वे बोले—वे सड़क छोड़कर उसके किनारे की दूब से होकर जाएँगे, तब ? मैंने कहा कि दूब से होकर जाएँगे, तो उधर की दूब जरूर दबी हुई होगी। मैं उसी को देखते हुए स्टेशन चला जाऊँगा और गाड़ी पकड़कर घर पहुँच जाऊँगा। आज जब अपनी बाल-बुद्धि की 'तीव्रता' का स्मरण होता है, तो हँसी आ जाती है। बड़का बाबू की यह परिक्रमा कुछ दिन चलती रही। जब वे परिक्रमा पूरी कर स्थिर हुए, तो फिर अपनी दिनचर्या पर लौट आए। एक बात का जिक्र करना जरूरी है। अपने घर से मंजिल जाने का भार उन्हीं के ऊपर था। जाड़े की ठंड भरी रात हो, या वैशाख-जेठ की तपती हुई धूप, वे कोन्हारा घाट ले जाई जाने वाली प्रत्येक अरथी के साथ होते थे। जब वे मंजिल करके आते थे, तो चाची उन्हें लाल मिर्च देती थीं, जिसे चबाकर वे थूक देते थे और कुल्ली करके तथा पाँव धोकर बथान चले जाते थे। रात में जब वे खाने के लिए आते थे, तो खाकर निकलने के बाद हाथ धोकर और कुल्ली करके गमछे से हाथ-मुँह पोंछते हुए वे खाट पर बैठे हुए बाबू को अपनी शवयात्रा का पूरा वृत्तांत सुनाते थे।

वे कुर्ता तभी पहनते थे, जब उन्हें बाहर जाना होता था। पैसे उनके पास जरूर होते थे, क्योंकि बड़ी होने के कारण चाची ही घर की मालकिन थीं। वे पैसे का हिसाब भी ठीक से रखती थीं, क्योंकि मेरी माँ की तुलना में उनकी बुद्धि प्रखर थी। बाबू ने उन्हें कह रखा था कि बड़का बाबू को जब जितने पैसे की जरूरत हो, उन्हें दे दिया करें। जब बाबू आम का रोजगार करते थे, तो आढ़त में आम बेचने के लिए बड़का बाबू ही कलकत्ता जाते थे और छद्म भाषा में तार देकर बाबू को बाजार की तेजी और मंदी के बारे में बतलाते रहते थे। मैं नहीं जानता कि वे कलकत्ते में कभी रहे थे या नहीं, लेकिन उसके सभी मुहल्लों से वे अच्छी तरह परिचित थे। मुझे उनके साथ एक और यात्रा करने का अवसर प्राप्त हुआ था। कार्तिक पूर्णिमा के नहान के लिए एक-दो दिन पहले घर की औरतों और बच्चों को लेकर बैलगाड़ी कोन्हारा घाट जाती थी। हाजीपुर कचहरी से लेकर नेपाली छावनी तक गाड़ियाँ लगी रहती थीं। हम लोगों के गाड़ीवान गाड़ी पहुँचाकर बैलों को लेकर गाँव लौट जाते थे और फिर उन्हें लेकर पूर्णिमा के दिन पहुँचते थे, जब नहान के बाद लोगों को घर लौटना होता था। इस मेले की महिमा अपार थी। वह महिमा छत्तर के मेले के कारण बहुत बढ़ गई थी, जिसकी आज भी अंतर्राष्ट्रीय ख्याति है। कहा जाता है कि रवींद्रनाथ भी इस मेले को देखने पहुँचे थे और मेरे गाँव के समीपस्थ गाँव तीतिढ़ा के एक धनाढ्य व्यक्ति के यहाँ ठहरे थे। वे इतने संपन्न थे कि उनके दरवाजे पर हाथी झूलता था। रवींद्रनाथ की उनसे मित्रता कलकत्ते में हुई थी। पूर्णिमा के दिन जिनको गाँव लौटना होता था, वे लौट जाते थे और जिनको छत्तर का मेला देखना होता था, वे सोनपुर का पुल पार करके मेला देखने पहुँच जाते थे। मैं मेला देखने के लिए मचल रहा था, सो मुझे घर के लोगों ने बड़का बाबू के साथ लगा दिया।

पूर्णिमा के दिन पुल पर बहुत भीड़ होती है। फिर भी हम दोनों उस पार पहुँच गए। बड़का बाबू सबसे पहले पशुओं के मेले में पहुँचे, जिसमें पंजाब तक की भारी संख्या में बिक्री के लिए पशु लाए जाते थे। बड़का बाबू ने पहले बैलों को अच्छी तरह देखा, फिर गायों को और उसके बाद भैंसों को। वहीं मैंने विशाल थन वाली एक गाय के थन से दूध झरते हुए देखा। किसान गाय-भैंस को मेले में प्राय: नहीं दुहते थे, क्योंकि दूध की मात्रा से ही उनका मूल्य तय होता था। पूर्णिमा के दिन मेला चढ़ाव पर होता है, इसलिए एक-एक पशु को देखने में पक्का किसान होने के कारण बड़का बाबू को बहुत वक्त लगा। उसके बाद वे हाथी, घोड़ा

और ऊँट को देखते हुए पशु मेले से निकलकर मीना बाजार में घुसे। मीना बाजार चिड़िया बाजार से शुरू होकर मिठाइयों की दुकान तक पहुँचता था, जो हरिहरनाथ मंदिर के करीब स्थित होता था। मेले का हाल यह था कि उसमें वेश्याओं का बड़ा-सा चटैया बाजार था, तो साधुओं की साधू गाछी भी। जब नागा साधुओं की जमात हथियार लिये हुए नंग-धड़ंग नहान लिए निकलती थी, तो डर के मारे सभी लोग रास्ता छोड़ देते थे। उनके नहाने के बाद ही कोई और नहा सकता था। साधू गाछी में रात में चूल्हा जलने से इतना धुआँ उठता था कि उससे पूरा मेला भर जाता था। इसी कारण लोग दिन में मेला घूमना पसंद करते थे।

मीना बाजार को देखते हुए अंत में बड़का बाबू मिठाई की एक दुकान में घुसे। उन्होंने दो जगह मिठाई लाने को कहा। हम लोगों ने मिठाई खाई और उन्होंने पैसा चुकता करके दक्खिन का रास्ता पकड़ा। मैं समझ गया कि वे अपने ननिहाल सबलपुर दियारा जा रहे हैं। अभी तक मैंने उनका सिर्फ अनुगमन किया था, उनसे कुछ बात नहीं की थी। उन्होंने भी कुछ नहीं कहा था। सो गाय के पीछे बछड़े के समान मैं चुपचाप चलता रहा। कुछ देर बाद हम लोग सबलपुर पहुँच गए। बड़का बाबू चूँकि बचपन में काफी दिन सबलपुर रहे थे, इसलिए गाँव-घर के चाचा और भाइयों से बातें करते रहे। मुझे अंदर बुला लिया गया। औरतों ने मेरा स्वागत किया और एक औरत ने बड़े उत्साह से एक छिपली धोकर और उसे अपनी साड़ी से पोंछकर मेरे सामने रखा और उसके बाद उसमें छठ के चार ठकुए लाकर डाले, जो टन-से बोले। मैंने एक ठकुए का कोना तोड़कर उसे धीरे-धीरे मुँह में चबाया और बाकी को छोड़ दिया। औरतें समझ गईं कि मैं उनके गाँव के और लड़कों की तरह नहीं हूँ, जो बड़े होकर सेठों के यहाँ दरबानी करते हैं। रात में मुझे चोंचों मामा की बेटी ने खाने पर बुलाया। मैंने उनके यहाँ क्या खाया, मुझे याद नहीं है। दूसरे दिन हम लोग लौटे। बड़का बाबू ने मेले के करीब अपने नातेदार भतीजे रामतारन सिंह की भैंस पसंद कर ली और उसे लिये हुए गाँव पहुँचे। बाबू भैंस को देखकर बहुत खुश हुए और दौड़-दौड़कर उसे खिलाने लगे। कुएँ से पानी लाने के लिए उन्हें कुछ दूर जाना पड़ता था। उसमें उनकी फुर्ती देखने लायक थी। रामतारन सिंह कई दिनों के बाद घर आकर पैसा ले गए। मैंने उनसे पूछा कि यह भैंस अपनी पीठ पर चढ़ने देगी या नहीं ? उन्होंने नकारात्मक उत्तर दिया, जिससे मैं थोड़ा निराश हो गया।

मेरा बथान जाना उम्र बढ़ने के साथ कम होता गया था। लेकिन कुछ अवसरों पर, जब तक नई बात पुरानी नहीं हो जाती थी, मैं बथान जाता रहता था। वे अवसर थे नए बैलों का आना, भैंस और गाय का ब्याना आदि। हमारे गाँव के लोग ताक खतम हो जाने के बाद सोनपुर मेले में बैलों को बेच देते थे और फिर चैत-वैशाख में रबी की फसल पर काम शुरू होने के पहले सीतामढ़ी के पशु-मेले से बैलों की जोड़ी खरीद लाते थे। गाँव के सभी लोग एक साथ ट्रेन और फिर बस से सीतामढ़ी जाते थे और उधर से बैलों को हाँकते हुए एक साथ गाँव में प्रवेश करते थे। उनके आगे-आगे दर्जनों तंदुरुस्त और ऊँचे पुट्ठों वाले सफेद बैलों की जोड़ियाँ होती थीं, जिनके चंद्राकार सींग दूर से ही चमकते थे और उनके गले में बँधी हुई घंटियों की माला की झमर-झमर ध्वनि दूर से सुनाई देती थी। वह एक अपूर्व दृश्य होता था। गाँव में आने पर वे अलग-अलग हो जाती थीं और बड़का बाबू बैलों की अपनी जोड़ी लिये हुए घर के दरवाजे पर आते थे। बाबू हर साल उन्हीं को बैल खरीदने के लिए सीतामढ़ी भेजते थे, भले उसे बेचने के लिए वे सोनपुर के मेले में खुद जाते थे। घर पर चाची बैलों की पूजा करती थीं। उनके पाँव धोए जाते थे, उन्हें टीका लगाया जाता था और एक तरह से उनकी आरती उतारी

जाती थी, क्योंकि बैल हमारी तरफ महादेव माने गए हैं। पूजा के बाद बड़का बाबू उन्हें लेकर बथान में खूँटे पर बाँधते थे और उनके थके रहने के कारण बाबू उत्साह के साथ बैलों को नाद पर बाँधकर खिलाते थे।

बैलों के आने के बाद मैं कई दिनों तक शाम को बथान में ही रहा करता था। जब उनके बीच जाता था, तो उनके चमकदार शरीर से निकलने वाली एक गंध से मिजाज मुअत्तर हो जाता था। इसी तरह भैंस और गाय के ब्याने पर घर में एक उत्सव-जैसा मनता था। मुझे भैंस और गाय के नवजातकों को देखना और उनका उन्हें प्यार से चाटना भी बहुत अच्छा लगता था। ये मेरे किसानी संस्कार ही थे कि बैलों के शरीर से उठने वाली गंध और भैंस-गाय का अपने बच्चों को दुलारना मन को पुलक से भर देता था। जमाने बाद आलोकधन्वा की एक कविता में पशुओं के अपने शिशुओं के प्रति प्यार का वर्णन पढ़ने को मिला, तो मुझे वे दिन याद आ गए।

मेरे गाँव में उन दिनों होली बहुत धूमधाम से मनाई जाती थी। प्रत्येक घर के दरवाजे पर भाँग का शरबत तैयार रहता था और होली गानेवालों की मंडली के पहुँचने पर अबीर-गुलाल धुर्रे की तरह उड़ाया जाता था। प्रत्येक दरवाजे पर तिरपाल बिछा रहता था, जिस पर बैठकर मंडली कम से कम पाँच होलियाँ अवश्य गाती थी । मैं उस आयोजन का विशेष सदस्य हुआ करता था। पहले से ही ढोलक छवाने की खबर लेता था, कभी-कभी स्वयं उसमें पड़ने वाले खर्च का वहन करता था और झालों में डोरियाँ लगाकर उन्हें भी दुरुस्त रखता था। यह उसी का प्रताप है कि आज भी मुझको सैकड़ों होलियाँ याद हैं और फागुन के महीने में मैं मन ही मन उन्हें गाकर उनके कवित्व का आनंद लिया करता हूँ। चैतावर भी मेरे गाँव में होता था, पर दो-तीन व्यक्तियों के दरवाजे पर ही, जो उसके खर्च यानी बीड़ी वगैरह का भार उठाते थे। चैतावर मुझे होली से भी ज्यादा पसंद है और उससे भी ज्यादा घाँटो, जिसे गानेवाले अब विलुप्त हो गए। कारण यह कि चैतावर होली से लंबा होता है और घाँटो चैतावर से भी लंबा। तीनों की लय और आरोह-अवरोह में भी फर्क होता है।

होली की रात करीब ग्यारह बजे गाने वालों की मंडली तिरपित चा के दरवाजे पर पहुँचती थी, तो बेल तर वाले खेत के उप-बथान से उठकर बड़का बाबू होली गाने के लिए आ जाते थे। उनकी दृष्टि में होली के दिन होली गाना एक धार्मिक विधान था। बुजुर्ग होने के कारण सारे लोग उनका स्वागत करते थे। वे अपनी परिचित मुद्रा में यानी चुक्के-मुक्के बैठकर झाल लेकर एक के बाद दूसरी होली उठाते थे और बाकी लोग उनका अनुसरण करते थे। इस तरह थोड़ी देर के लिए वे मंडली का व्यास बन जाते थे। दो होलियों में से पहली होली होती थी—'राम के भजन एक्को ना भइले हो-हो/कौने जबाब दिहब पुरबिल में'। दूसरी होली मुझे अच्छी तरह याद है—'सिया राम लखन बन गइले/केकई के अपजस भइले'। तीन होलियाँ मंडली वाले और गाते थे, फिर खड़े होकर 'सदा अनंद रहे यही दुआरे' गाकर आगे बढ़ जाते थे। कवि रामदास 'अनल' के साथ, जिनका 'स्वरलिपि' नामक गीत-संग्रह ब्रजकिशोर नारायण की भूमिका और नागार्जुन के अभिमत के साथ प्रकाशित है, मैं गाँव के आखिरी दरवाजे से होली गाकर एक बजे घर लौटता था। उस समय स्पिरिट की तरह वासंती पवन हम लोगों को छूकर निकल जाता था। जीवन में बाद में इस तरह का अनुभव फिर कभी नहीं हुआ। गाँवों में न बैलों की सुगंध रही, न सद्यःसीरोत्कषणसुरभि वायु और न होली-चैतावर गानेवाले लोग। बड़का बाबू उप-बथान में भोर में पराती भी गाते थे, जिसमें देवाराधना ही होती थी। वे आस्तिक थे, पर

अतिरिक्त रूप में नहीं, सो तीर्थाटन पर कभी नहीं गए। यदि चाहते, तो बाबू तुरत उसकी व्यवस्था कर देते। यहाँ तक कि सोनपुर मेले से जब वे सबलपुर के लिए चले, तो हरिहरनाथ के मंदिर में भी सिर झुकाने नहीं गए। एक तरह से काम को ही उन्होंने धर्म मान लिया था। उनकी दृष्टि में कर्मवीर ही धर्मवीर था।

बाबू बिना उनसे विचार-विमर्श किए कोई काम नहीं करते थे। उन्हें मुकदमा लड़ने का शौक था, लेकिन प्रत्येक मुकदमे के बारे में वे उनसे राय लेते थे। राय लेने का समय होता था रात में जब वे खाकर घर से निकलते थे और बरामदे के किनारे बैठकर कुल्ली करके हाथ-मुँह गमछे से पोंछ लेते थे और बाबू, जो बगल की खाट पर सोए रहते थे, उठकर बैठ जाते थे। फिर उनसे देर तक विचार-विमर्श करते थे, लेकिन भीतर से बड़का बाबू संत-स्वभाव के थे। यही कारण है कि गाँव में जब कोई पेचीदा मामला उठता था और वह गाँव के दाँव-पेंच जानने वाले लोगों से नहीं सुलझता था, तो हारकर वे तीन सरल प्रकृति के बुजुर्गों को पंच बना देते थे। उन तीन बुजुर्गों में थे—जगत बाबा, किसुन प्रसाद बाबा और बड़का बाबू। ये लोग बिना छल-प्रपंच और पक्षपात के दूध का दूध और पानी का पानी कर देते थे।

भैया भी जैसे-जैसे बड़े होते गए, बथान से दूर ही रहने लगे। हम दोनों ने ही केवल अपनी पढ़ाई को महत्त्व दिया। मैं तो अपने खेत भी नहीं पहचानता था। बाबू झल्लाकर कहते थे, जज साहेब भी जब छुट्टी पर घर आते हैं, तो छड़ी लेकर अपने खेतों का एक बार चक्कर लगा आते हैं। बड़का बाबू भी बिगड़ कर कहते थे कि ये सब जज-कलक्टर-बालिस्टर से भी ऊपर हैं। लेकिन भीतर से वे हम चारों भाइयों को बहुत मानते थे। जब भैया, मैं और युगल कालेज में पहुँचे, तो बाबू के सामने अर्थ-संकट उपस्थित हो गया। बीस लोगों का परिवार और कमाने वाले सिर्फ दो चाचा, जो बिजली मिस्त्री थे, जिससे उनका वेतन बहुत कम था। एक रात बाबू ने बड़का बाबू के सामने अपने इस संकट की चर्चा की, तो उन्होंने सहर्ष कहा—कुछ जमीन भरना रख दो। कालेज की पढ़ाई में मुझे कम, लेकिन भैया और युगल को बहुत दिक्कतें उठानी पड़ीं। बाबू ने जमीन भरना रखना मंजूर नहीं किया और किसी तरह इधर-उधर से पैसे जुटाकर दोनों भाइयों को भेजते रहे। छोटका काका ने बी.ए. तक मुझे पचास रुपए प्रति माह भेजे। वे रुपए कालेज और हॉस्टल की फीस तथा मेस का खर्च देने में खर्च हो जाते थे और पूरा महीना नाश्ते के लिए मेरे पास कुछ नहीं रहता था। छोटका काका जब मुझे रुपए भेजने लगे, तो उन्होंने घर के लिए रुपए देना बंद कर दिया। इसलिए बाबू की मुसीबत कायम रही। बड़का बाबू बहुत सच्चे, आदमी की परख रखने वाले और निष्पक्ष थे। जब युगल की शादी ढोली के नजदीक तय हो गई, तो मेहमान ने यह सोचकर कि वह घर अधिक संपन्न है, जिससे उनका महत्त्व कम हो जाएगा, उस परिवार के बारे में गंदी अफवाहें उड़ाकर उस शादी को काटने का प्रयास किया। मेहमान यानी बड़का बाबू के अपने दामाद। बाबू ने जब उनसे मेहमान की बात कहकर उनकी राय जाननी चाही, तो उन्होंने साफ कहा—वे ठीक आदमी नहीं हैं। अब ऐसा संत-स्वभाव और निष्पक्ष व्यक्ति कहाँ मिलेगा?

हमारे पास करीब बीस बीघे जमीन थी, जिसमें खेत, बगीचे और बँसवारी की जमीन भी शामिल थी। बाबू ने करीब चार-पाँच बीघे जमीन भागलपुर के सबौर कालेज की बगल में भी खरीदी थी, जिसे बाद में कालेज बहुत कम दाम पर खरीद रहा था। उसका पूरा मुआवजा उन्होंने हाईकोर्ट से लड़कर पाँच-सात हजार रुपये लिए। इन रुपयों को उन्होंने नए घर के निर्माण की शुरुआत के लिए रख छोड़े थे। लेकिन 1959 में कुछ ऐसी परिस्थिति बनी कि वे रुपए

उन्हें मेरी शादी में खर्च कर देने पड़े। इसका हमारे संयुक्त परिवार पर बहुत बुरा असर पड़ा। कुछ वर्षों के बाद गाँजा पीने से विक्षिप्त हो जाने के कारण मँझिला काका भागलपुर की अपनी नौकरी छोड़कर घर आ गए और अपना चूल्हा अलग कर लिया। बाबू से वे अपने हिस्से की जमीन माँगने लगे। बाबू ने उनसे कहा—तुम लोग लग्गी लगाकर अपने-अपने खेत निकाल लो। जो हिस्सा बच जाएगा, वह मेरा होगा। वे लग्गी नहीं लगाना चाहते थे, क्योंकि रूढ़ि थी कि बेटों वाला बाप जब ऐसा करता है, तो वह उसके लिए अशुभ होता है। मँझिला काका ने अपनी जमीन नहीं निकाली और बदले में झगड़ने लगे। एक-दो वर्षों के बाद छोटका काका भी गाँजा पीने से ही विक्षिप्तता को प्राप्त कर सियालदह की अपनी रेलवे की नौकरी छोड़कर घर आकर बैठ गए और उन्होंने भी अपना चूल्हा अलग कर लिया। उन्होंने मुझे कभी पत्र में लिखा था—'मेरा शरीर भैया की सेवा के लिए व्याकुल है।' अब ठीक उसके उलट वे लाठी लेकर बड़का बाबू को मारने जाते थे।

एक दिन उन्होंने कुदाल उठाई और सभी ग्राम्य देवताओं के पिंड खोदकर फेंक दिये। मुझ मालूम हुआ तो मैंने कहा—जो काम मैं बीस वर्षों में न कर सका, उसे उन्होंने बीस मिनटों में कर दिया! गाँव वालों ने विक्षिप्त समझकर उन्हें माफ कर दिया, वर्ना कोई सामान्य व्यक्ति ऐसा करता, तो वे खून की नदी बहा देते। जब मैं पटना कालेज के द्वितीय वर्ष का छात्र था, तो मेरे पास घड़ी नहीं थी। इम्तहान नजदीक आने पर मैंने टाइमपीस के लिए उनसे तीस रुपये मँगाए। उन्होंने इस बार मुझसे उस घड़ी की माँग की। मैं समझ गया कि वे अपना मानसिक संतुलन खो चुके हैं। मुझे आज भी याद नहीं है कि बी.ए. पास करने के बाद वह घड़ी कहाँ गई। उनकी माँग से मेरा दिल पूरी तरह से टूट गया। ये दोनों काका अपने-अपने घर की चौखट के पास बैठकर लगातार आग, राख और धुआँ उगलते रहते थे। मेरा घर बीच में पड़ता था। मैं समझ गया कि अब इस परिवार के ध्वंस को कोई नहीं रोक सकता। चाची बथान चली गई थीं और वहीं खाना बनाकर बड़का बाबू को खिलाने लगी थीं। बुढ़ापे में उनका स्वभाव काफी बदल गया था। खाना खाने के बाद वे जिस जमीन पर थाली रखकर खाते थे, थाली उठाकर उसे लीप भी देते थे। मतलब यह कि वे चाची को अधिक से अधिक आराम देना चाहते थे। एक बार चाची ने आश्चर्य के साथ हम लोगों को बतलाया था कि एक बार वे गिर गईं, तो वे उनकी देह दबाने लगे। वह लज्जा से गड़ी जा रही थीं। वे बथान चली गई थीं, पर बड़का बाबू और उनका घनिष्ठ संबंध हमारे अपने परिवार से पूर्ववत् बना हुआ था। चाची मेरी पत्नी को बहुत अधिक मानती थीं और उसकी अभिरुचि देखकर उसे खुद दही और भैंस के दूध की मलाई पहुँचा जाती थीं। जमीन अभी भी नहीं बँटी थी और पूरी जमीन पर बड़का बाबू ही खेती करते थे। मँझिला काका और छोटका काका अपने-अपने अनाज का हिस्सा ले लेते थे।

बड़का बाबू की निकटवर्ती गाँव गोंगटी में भी, जहाँ उनकी ससुराल थी, करीब दो बीघे जमीन थी। उसे बाबू ने कोर्ट से लड़कर लिया था, क्योंकि उनकी ससुराल में कोई नहीं बचा था। नाना भी मेरी याद के पहले बेटी के यहाँ ही चले आए थे और यहीं वे दिवंगत हुए। बड़का बाबू का विचार था कि गाँव में जो चार बीघे उनके हिस्से की जमीन है, उसे वे बाबू को लिख दें और गोंगटी की जमीन अपनी बेटी को दे दें। उन्होंने उनसे यह भी कहा कि मुझसे नहीं लिखवाओगे, तो बाद में झंझट होगा। चाची भी कालाजार से मरने लगीं, तो बाबू से जमीन लिखवा लेने के लिए बहुत आग्रह किया। बाबू तैयार नहीं हुए, क्योंकि उनके दिमाग में यह बात घर कर गई थी कि पुत्रहीन व्यक्ति की जमीन इस तरह नहीं लेनी चाहिए। आखिर वही

हुआ, जिसका डर बड़का बाबू और चाची दोनों को था। उनके गुजर जाने के बाद उनके दामाद रघुनाथ चौधरी ने दोनों गाँवों की जमीन पर अपना हक जताया। दीदी ने थोड़ी जमीन मुखाग्नि देने के कारण मेरे एक छोटे चचेरे भाई को यों ही देकर गोंगटी की जमीन वहाँ के गाँव के लोगों के हाथों बेच दी और अपने गाँव की जमीन हम लोगों के हाथ। बाबू ने पहले ही फर्जी मुकदमा दायर कर दिया था और उसी हालत में इस दुनिया से चले गए। उनका श्राद्ध संपन्न हो जाने के बाद शेखर ने पटना आकर मुझसे पूछा—बाबू जो मुकदमे छोड़ गए हैं, उनका क्या करें? मैंने कहा कि सारे मुकदमे आप उठा लें। इस तरह एक दिन में ही मेरे घर और गाँव में सतयुग आ गया।

बड़का बाबू के दरवाजे पर मृत्यु दस्तक देने लगी थी। 1980 के कुछ दिन पहले भैंस चराते समय उनको जोरों का चक्कर आया और वे गिर पड़े। लोग उन्हें उठाकर बथान में खाट पर ले आए और उन्हें लेटाकर शुश्रूषा करने लगे। उससे उन्होंने आँखें खोल दीं यानी बच गए। कुछ दिनों के बाद यही दुर्घटना फिर हुई। लोग उन्हें बथान में लाकर उनका उपचार करते रहे, लेकिन इस बार वे महाप्रस्थान कर चुके थे, इसलिए लौटकर फिर नहीं आए। इस समय मैं सपरिवार अपनी ससुराल गर्दनीबाग में था। खबर मिलते ही हम लोग गाँव आए। लोगों ने कहा—पुण्यात्मा थे, सो बिना बिस्तर पर गिरे चले गए। हम लोगों ने धूमधाम से उनका श्राद्ध किया। गाँव के लोग रोकते रहे, लेकिन क्रांतिकारी होने के कारण मैंने हरिजनों को भी भोज दिया, जिसका हमें कटु अनुभव हुआ। हरिजनों के पत्तल पर हम लोग पूड़ी और मिठाई डालते थे, लेकिन सब तुरत गायब हो जाता था। होता यह था कि वे अपनी बगल में रखे हुए कपड़े में पत्तल का सामान छिपा लेते थे। आखिर भोज देने वाले की भी एक सीमा होती है, इसलिए मुझे गाँव वालों की मनाही याद आई। मुझसे भी अधिक क्रांतिकारी कवि मदन कश्यप हैं। अपने पिता की मृत्यु का समाचार पाकर वे गाँव गए, तो अपने छोटे भाई से कहा कि श्राद्ध, भोज वगैरह कुछ नहीं होगा। यह सब ढोंग है और ब्राह्मणों का प्रपंच है। बड़ी मुश्किल से वे हरिजनों को खिलाने के लिए तैयार हुए, लेकिन उन्हें न्योतने गए, तो उन्होंने कहा—कंटाहे यानी महापात्र नहीं खाएँगे, तो हम लोग भी नहीं खाएँगे। मदन कश्यप बिगड़ गए और यह कहकर वहाँ से लौट गए कि तुम लोग जिस हाल में हो, उसी के लायक हो। घर लौटकर वे पटना या दिल्ली के लिए रवाना हो गए। अब तक वे कविता में यथार्थ की मीठी-मीठी बातें करते थे। यह सामाजिक यथार्थ का पहला झोंका उन्हें लगा था, जिससे उनकी सारी क्रांतिकारिता हवा हो गई थी। यह घटना मुझे उनके मित्र डा. निर्मल चक्रवर्ती ने सुनाई थी। बड़का बाबू के श्राद्ध के बाद मैंने बाबू से पूछा—क्या आप इतने बड़े आयोजन को सँभाल सकते थे? उन्होंने उत्तर दिया—नहीं।

बड़का बाबू कितने भावुक थे, यह उनके बुढ़ापे में दिखलाई पड़ा। प्रौढ़ावस्था का उनका आक्रोश भी उनकी भावुकता की ही देन थी। बुढ़ापे में वे बात-बात पर रोने लगते थे और गमछे से आँखें पोंछते थे। इसकी चर्चा मेरे घर में जोरों से होती थी। एक पुरानी बात भी लिख देना जरूरी है। मेरे बचपन की घटना है। बड़का बाबू को एक बार बिच्छू ने काट लिया। काफी देर तक उसकी पीड़ा वे बर्दाश्त करते रहे, लेकिन जब वह उनके बर्दाश्त से बाहर हो गई, तो वे घर चले आए। घर आकर अँगनई में चटाई पर लेट गए और चीखने-चिल्लाने लगे। उस समय गाँव में बिच्छू का जहर उतारने का एक ही उपचार था— झाड़-फूँक। खबर पाकर एक-एक कर गाँव के सारे झड़वैए आए, लेकिन उनसे उन्हें कोई लाभ नहीं हुआ। गाँव के

सर्वाधिक संपन्न और कारोबारी व्यक्ति जगदीश बाबू थे। उन्हीं की बस से दिनकरजी हाजीपुर से लालगंज जाया करते थे, जब कुछ दिनों के लिए वे वहाँ पद-स्थापित थे। उनके छोटे भाई थे राघो बाबू। कहा जाता था कि उनकी झाड़-फूँक अचूक होती है। अंत में वे भी आए, लेकिन बड़का बाबू को वे भी राहत न दिला सके। मेरे दरवाजे पर गाँव वालों की अच्छी-खासी भीड़ लग गई थी। वे चीख रहे थे। जब सब लोग हार गए, तो सुक्कन महतो आया। वह मुजफ्फरपुर में नौकरी करता था। उसके झाड़ने से बड़का बाबू का जहर उतर गया और उठकर उन्होंने उसकी पीठ ठोंक दी। मैं उस समय एकदम बच्चा था। दूसरे-तीसरे वर्ग में मैंने भी बिच्छू का मंत्र सीखा था और नियमानुसार उसे सिद्ध भी किया था। लेकिन बड़ा होने पर झाड़-फूँक में मेरा विश्वास नहीं रहा। फिर सोचता हूँ, बड़का बाबू उससे कैसे ठीक हुए? मन में उत्तर मिलता है कि बिच्छू के जहर का प्रभाव कुछ घंटों तक सीमित होता है। उसके बाद वह स्वयं खत्म हो जाता है। इसके साथ कुछ मनोवैज्ञानिक प्रभाव भी होता है। बड़का बाबू को इन दोनों का लाभ मिला था।

अब 1963-64 की एक घटना सुनिए। 1963 में मैं अपनी चिकित्सा के सिलसिले में पाँच महीने सपत्नीक जसीडीह प्राकृतिक चिकित्सा केंद्र में रहा था। वहाँ मैंने प्राकृतिक चिकित्सा की अंग्रेजी में लिखित बीसियों पुस्तकें पढ़ी थीं। लुई कूने जैसे जल-चिकित्सा के अविष्कारक थे, प्रेसनीज के बाद, वैसे ही एडोल्फ जस्ट मिट्टी के भक्त थे। उन्होंने तो यहाँ तक परामर्श दिया है कि एक लंबे संदूक में मिट्टी को भरकर उसी पर सोना चाहिए। मडबाथ भी उन्हीं की देन है। उनकी पुस्तक मैंने पढ़ रखी थी। एक दिन मेरे उस बेवकूफ चचेरे भाई को, जिसका जिक्र ऊपर हो चुका है, रात के शुरू में बिच्छू ने काट लिया। झाड़-फूँक में उसकी आस्था अखंड थी, सो वह देवी भाई के यहाँ दौड़ा। उन्होंने उसे झाड़ा और खुश-खुश वह घर आकर सो गया। मैंने देवी भाई के यहाँ जाते समय उससे कहा था कि जब किसी चीज से तुम्हारा दर्द न जाए, तो मुझे कहना। मेरी बात पर ध्यान न देते हुए वह देवी भाई के यहाँ चला गया था और रात में निश्चिंत होकर सो गया था। लेकिन थोड़ी देर के बाद मैंने देखा कि वह अपने बिस्तर पर ऐंठ रहा है। मैंने उससे जाकर पूछा—तुम्हारा दर्द ठीक नहीं हुआ? उसने कहा—नहीं। मैंने फिर उससे पूछा—अब मैं अपना इलाज शुरू करूँ? उसने कहा कि हाँ। मैंने उसे अँगनई में चटाई पर लिटा दिया और जिस हाथ में बिच्छू ने डंक मारा था, उसे सीधे फैलाने को कहा। फिर मैंने उस पूरे हाथ पर काफी मात्रा में गीली मिट्टी थोपी और दो-तीन बार आध-आध घंटे पर मिट्टी को बदलता रहा। फिर वह उठा और हाथ धोकर हँसता हुआ बिस्तर पर जाकर गहरी नींद में सो गया। जस्ट ने इस बात पर बहुत जोर दिया है कि मिट्टी विषहर्ता होती है। मैंने कई बार उसका चमत्कार देखा है।

बड़का बाबू के व्यक्तित्व पर प्रकाश डालने वाली घटना का बयान मैं अब करता हूँ। मैं कह चुका हूँ कि मेरे दालान में दो कोठरियाँ थीं। एक में बड़का बाबू खुद रहते थे और दूसरी कोठरी के आधे हिस्से में वे खढ़ के बोझे रखते थे और बचे हुए आधे हिस्से में भैंस बाँधते थे। अब तक मैं ईआ के घर में अपनी पढ़ाई का बक्सा रखता था और सुबह में देहरी पर बैठकर स्कूल का टास्क बनाता था। आँगन में मैंने दस बजे का चिह्न बना रखा था। जब धूप वहाँ पहुँचती थी, तो मैं गाँव के मिडिल स्कूल के लिए चल देता था। बड़का बाबू ने ही उस स्कूल के बालवर्ग में मेरा नाम लिखाया था। जब मैंने स्कॉलरशिप के साथ मिडिल पास किया और दयालपुर हाई स्कूल में दाखिला लिया, तो मुझे अलग कोठरी की जरूरत महसूस होने लगी। लेकिन

वह आए कहाँ से? मैंने चाची के यहाँ पैरवी की। उन्होंने बड़का बाबू को तैयार कर लिया कि वे दालान की दूसरी कोठरी खाली कर दें। उन्होंने खढ़ के बोझे को हटा लिया और भैंस बाहर बाँधना शुरू किया। चाची ने कोठरी को बढ़िया से मिट्टी से ही लीप दिया और उसमें एक बड़ी–सी चौकी डाल दी। मैं उसी चौकी पर एक तरफ अपनी किताब–कापी रखता था और हर मौसम में लालटेन की रोशनी में बैठकर होमवर्क करता था। उन दिनों मेरा पहरावा था हाफ पैंट और हाफ कमीज। गर्मी के दिनों में मैं कमीज के साथ गंजी भी उतार देता था और नंगे शरीर बैठकर पढ़ने–लिखने का काम करता था। मेरे शरीर से गड़–गड़ पसीना चूता रहता था और मैं काम खत्म करके तथा लालटेन बुझाकर वैसे ही सो जाता था। मेरी चार साल की जिंदगी उस कोठरी में इसी तरह बीती।

जाड़े में चाची कोठरी से चौकी को निकलवा देती थीं और उसमें एक तरफ मेरे लिए कोदो या धान की पुआल बिछवा देती थीं। पुआल पर बिस्तर डालकर और रजाई ओढ़कर सोने का मजा ही कुछ और है। मैं लालटेन की रोशनी में देर रात तक पढ़ता था और परम संतुष्ट भाव से सोता था। नौ बजे सवेरे मेरी एक छोटी बहन मेरे लिए कटोरे में दूध–रोटी ले आती थी। मैं कुएँ पर नहा चुका होता था। दूध–रोटी खाता था और कंधे में झोला लटकाए तीर की तरह खेत–बगीचा धाँगते हुए दयालपुर स्कूल पहुँच जाता था। मेरी उस बहन का अभी–अभी देहांत हुआ है। उसकी मेरे प्रति की गई वह एकनिष्ठ सेवा मुझे याद आती है, तो एकांत में मेरी आँखें नम हो जाती हैं।

मेरे कमरे में मेरे दोस्त भी आया करते थे। उनमें एक था बालेसर, जिसके चाचा महीपत महतो से हमारे घर की दुश्मनी थी और मुकदमा चल रहा था। चाची को उसका आना पसंद नहीं था। उन्होंने बड़का बाबू से कहा, तो उन्होंने कहा—आने दो, बच्चा है। उन दिनों प्रवेशिका परीक्षा मार्च–अप्रैल में होती थी और जून में नतीजा आ जाता था। जब परीक्षा नजदीक आई, तो 'अनल'जी भी रात में मेरे साथ रहने के लिए आ गए। चाची ने उनके लिए एक खाट डाल दी। वे उसी पर तोशक–रजाई के साथ सोते थे और भोर में उठकर बरामदे में जाकर दो कप चाय बनाते थे। हम लोग चाय पीकर अपनी नींद तोड़ते थे और सुबह आठ बजे तक पढ़ते थे। फिर स्कूल जाने की तैयारी। एक बार मैंने सोचा कि शाम को छः बजे सो जाऊँ और बारह बजे से जगकर पढ़ने में अधिक समय लगाऊँ। उस दिन मैं छः बजे ही आकर सो गया। सोने की बहुत कोशिश की, लेकिन नींद नहीं आई। उठकर मैं गाँव में गया। लोग जैसे शाम बिताते हैं, बिता रहे थे। फिर समय पर मैं सोया तो बड़ी आसानी से नींद आ गई। बड़का बाबू मेरा परिश्रम देखकर चकित थे। उन्होंने मुझे कभी कुछ भी करने को नहीं कहा। उन दिनों मेरे पास कोई घड़ी नहीं थी, सो आकाश की त्रिदंडी को देखकर मैं समय का अंदाजा लगाता था। वह जब सिर पर आ जाती थी, तो उसका मतलब होता था कि रात के बारह बज रहे हैं। गर्मियों में बड़का बाबू भी अपनी खाट अँगनई में डालकर सोते थे। एक दिन रात में ठीक बारह बजे मैं उठा, तो बाहर जाकर त्रिदंडी को देखने लगा। मारे ममता के उन्होंने मुझसे कहा—पागल हो जाएगा। उनकी बात मानकर मैं जाकर सो गया। मैं प्रवेशिका की वार्षिक परीक्षा के लिए सेंट–अप हुआ था और 'अनल'जी सप्लीमेंटरी परीक्षा के लिए। मैं प्रथम श्रेणी में बहुत अच्छे अंकों से पास हुआ और 'अनल'जी भी सप्लीमेंटरी में निकल गए, जिसका विश्वास उनके पिताजी को नहीं था। मैंने मिंटो होस्टल में उनका नतीजा देखा, तो खुशी के मारे उछल पड़ा। 'अनल'जी ने अपने बल पर इंटर की परीक्षा पास की, क्योंकि उन्हें मुझसे परिश्रम का गुर

मालूम हो चुका था। वे बेसिक ट्रेनिंग स्कूल, दीघी में ट्रेनिंग लेकर प्राथमिक विद्यालय में शिक्षक हो गए और मैं पटना विश्वविद्यालय के हिंदी विभाग में अध्यापक। जब मैं पटना कालेज के द्वितीय वर्ष का छात्र था, तो मुझे दो सौ रुपये मिले। मेरे पहले कविता-संग्रह 'मंजीर' के लिए छोटका काका ने दो सौ रुपए भेजे थे। घर जाने पर वे रुपये मैं लेता गया और जाकर बाबू को देने लगा। उन्होंने मुझसे कहा कि वे रुपए मैं बड़का बाबू को दूँ। उन्होंने वे रुपये पाकर चेहरे से खुशी जाहिर की, लेकिन शायद भावुकतावश कुछ बोले नहीं। बुढ़ापे में उन्हें बवासीर हो गया। वे नियम से कुछ दिन प्रति सप्ताह महनार एक चिकित्सक के पास जाते थे और वहाँ से बहुत अच्छे अमरूद लाते थे। आश्चर्य कि चिकित्सा से उनकी बीमारी ठीक हो गई और उनका महनार जाना खुद बंद हो गया।

उनके महाप्रस्थान के बारे में मैं ऊपर कह चुका हूँ। बाबू जब उनका दाह-संस्कार करके दूसरे दिन शाम को भैंस चराने निकले, तो उसे चराते-चराते वे जगत बाबा के घर तक आ गए। जगत बाबा ने उनसे पूछा—बस्कित को फूँक आए? और इतना पूछकर वे रोने लगे। बाबू भारी मन से भैंस चराते रहे। कुछ महीने पहले मेरी बेटी पूर्वा ने मुझे अपनी माँ के अलबम में बड़का बाबू का एक-मात्र चित्र मुझे दिखलाया। वह महंतजी के यहाँ किसी धार्मिक आयोजन में लिया गया था, जिसमें वे अपनी परिचित मुद्रा में यानी अपने पाँवों पर बैठे हुए थे। उनके पूरे व्यक्तित्व से सरलता और साधुता टपक रही थी। मैं उस दिन दिन-भर भीतर ही भीतर रोता रहा।

चट्टान-सा धीरज

हमारे गाँव में अपने पिता को 'बाबू' कहने का ही रिवाज है। यहाँ तक कि दो धनवानों जगदीश बाबू और नंद बाबू के यहाँ भी 'बाबू' ही चलता था। बस, एक ही परिवार था, सुखदेव बाबा का, जिसमें उन्होंने अपने बच्चों को 'बाबूजी' कहना सिखलाया था। वह 'बाबूजी' संबोधन में 'बाउजी' हो जाता था। मेरे बाबू का नाम रामपरोहन सिंह था। 1954 में 'रुद्र'जी मुझे लेकर मेरे गाँव के निकटवर्ती गाँव रमदौली में अपने गाँव से जानेवाली एक बारात में चले। उनका कार्यक्रम मेरे गाँव जाने का भी था। रास्ते में रिक्शे पर उन्होंने मेरे चाचा लोगों और बाबू का नाम पूछा। मैंने बड़े चाचा का नाम 'बस्कित सिंह' बतलाया, तो उन्होंने विचार करके कहा कि इसका मूल रूप 'वसुगीत' है, जिसका अर्थ होता है सभी दिशाओं में चर्चित। बाबू के नाम का अर्थ उन्होंने बतलाया था शत्रुओं की हत्या करने वाला, यानी 'शत्रुघ्न'। 'घ' महाप्राण वर्ण है, जिसका परिवर्तन 'ह' में आसानी से हो जाता है, जैसे लोग 'शत्रुघ्न' को ही 'शत्रुहन' कहते हैं। 'पर' का अर्थ आप्टे ने भी 'शत्रु' बतलाया है । इसी तरह बाबू के नाम का मूल रूप हुआ 'परोघ्न', जो व्यवहार में 'परोहन' हो गया है। इस तरह बातचीत करते हुए जहाज पकड़ने हम लोग दीघा घाट पहुँचे थे।

बाबू का जन्म 1901 में हुआ था। हिंदी के प्रसिद्ध कवि सुमित्रानंदन पंत के जन्म के एक साल बाद। पंतजी हिंदी के युग-प्रवर्तक कवि हुए और बाबू की सारी मेधा मुकदमा लड़ने और घर चलाने में खर्च हो गई। उन्होंने माँ-बाप के श्राद्ध के साथ दस-ग्यारह लड़कियों का ब्याह भी किया और अपने चारों लड़कों को एम.ए. तक पढ़ाया। उनकी एकमात्र सवारी हरकुलस साइकिल थी, जिस पर वे पीछे से चढ़ते थे, जबकि आज मेरे बृहत्तर परिवार में करीब आठ कारें हैं। मेरे कनिष्ठ अनुज शेखर ने अपनी बेटी की शादी में दिल्ली के इंडिया इंटरनेशनल में भोज दिया। इसमें नामवरजी और केदारजी भी आए थे। श्याम कश्यप और विपिन कुमार शर्मा के साथ, जो मेरे छात्र थे और उन दिनों जेएनयू में पढ़ रहे थे, मैं भी ऑटो से उसमें पहुँचा था। मैंने देखा कि खाने के पहले शराब की नदी बह रही है। नामवरजी ने तो ड्रिंक नहीं लिया, लेकिन केदारजी ने वोदका की फरमाइश की। उसके बाद खाने का दौर चला। जब तक मैं उस भोज में बैठा रहा, बाबू के बारे में ही सोचता रहा। उनके लिए दो रुपये का नोट भी एक बड़ी रकम थी, जबकि अंत में पूछने पर शेखर ने बतलाया कि इस आयोजन में कुल एक लाख अट्ठारह हजार रुपए खर्च हुए। उनमें से अट्ठारह हजार रुपए केवल शराब के थे। यहीं पर मैं बाबू के वकील तिरबेनी बाबू के साथ उनकी बातचीत का एक टुकड़ा उद्धृत करना चाहता हूँ।

वे तिरबेनी बाबू के यहाँ पहुँचकर उनसे पूछते थे—वकील साहेब, मुकदमे का कागज तैयार हो गया? तिरबेनी बाबू उत्तर देते थे—हाँ, रुपए निकालिए। बाबू कहते थे—कितना देना पड़ेगा,

कुछ कहिएगा भी ? तिरबेनी बाबू–निकालिए, पचास रुपए निकालिए। बाबू–उँह, देनेवाली रकम कहिए। तिरबेनी बाबू–आप कितना देना चाहते हैं ? बाबू–पचास रुपए मैं कहाँ से लाऊँगा ? आप दो रुपए लीजिए और कागज पर दस्तखत कर दीजिए। इस तरह दोनों में कुछ देर मोल-भाव चलता था और अंत में पाँच रुपए पर बात टूटती थी। बाबू पाँच रुपए देते थे और वकील साहब कागज पर दस्तखत करके उन्हें थमा देते थे, जिससे वे मुकदमा दायर कर सकें। यही उनकी स्थिति थी, जिसे मैं कभी नहीं भूलता हूँ, लेकिन उनके बेटे और भतीजे इस बात को भूल चुके हैं। उनके बेटे और मेरे बेटी-दामाद ज्यादातर हवाई जहाज से ही सफर करते हैं, जबकि उन्होंने हवाई अड्डा भी नहीं देखा था। हाँ, एक बात मुझे याद है। बाबू कभी-कभी बढ़िया खाने का कार्यक्रम बनाते थे। बड़का बाबू हलवा बनाते थे और चाची पूड़ी छानती थीं। इस तरह गरीबी में यह एक सुख का दिन होता था।

बाबू बहुत मेधावी थे। बचपन में उन्होंने कभी 'दृष्टांतप्रकाश' नामक कहानियों का ग्रंथ पढ़ा था। साक्षर-मात्र होने के बावजूद उन्हें उसकी सैकड़ों कहानियाँ हू-ब-हू याद थीं। बचपन में मैं उन्हीं के साथ सोया करता था, खास तौर से जाड़ों में। रात में मैं उनसे कहानियाँ सुनाने की जिद करता था और वे चार-पाँच कहानियाँ मुझे सजीव दृश्य-वर्णन के साथ सुनाया करते थे। उनमें से बहुत थोड़ी कहानियाँ मुझे याद रह गई हैं। गणित पर उनका ऐसा अधिकार था कि वे जबानी बेहद लंबा जोड़-घटाव ही नहीं कर सकते थे, दूसरे हिसाब भी चटपट हल कर देते थे। एक बार शेखर अलजेब्रा बना रहा था। बाबू ने उससे पूछा–शेखर, क्या कर रहे हो ? उसने कहा–हिसाब बना रहा हूँ। उन्होंने फिर पूछा कि कौन-सा हिसाब ? शेखर ने उनकी बात पर ध्यान नहीं दिया और अंत में झल्लाकर बोला कि यह आपवाला हिसाब नहीं है, फिर आप क्यों पूछ रहे हैं ? बाबू ने कहा कि आखिर बताओ तो, वह कौन हिसाब है, जो मैं नहीं बना सकता हूँ ? उनके बहुत तंग करने पर शेखर ने विजय-भाव से उन्हें हिसाब बता दिया। बाबू नहाने जा रहे थे। उन्होंने दातून की, सोचते रहे, फिर स्नान किया, सोचते रहे। फिर देह पोंछी, कपड़ा बदला, सोचते रहे। अंत में शेखर को उसका सही-सही उत्तर बता दिया। शेखर का विजय-भाव गायब हो चुका था और उसकी जगह असीम आश्चर्य ने ले ली थी। मैंने दो-तीन दिन पहले शेखर को फोन करके उससे पूछा कि वह हिसाब अलजेब्रा ही था न ? उसने कहा कि हाँ। फिर मैंने आश्चर्य प्रकट करते हुए उससे कहा कि यह कैसे हुआ ? उसने मुझे बतलाया कि सारे गणित अंत में अंकगणित में ही बदल जाते हैं। बाबू का अंकगणित इतना जबर्दस्त था कि उन्होंने अलजेब्रा को भी अंकगणित में बदल दिया। इसके बाद मुझे याद आया कि अंग्रेजी में क्यों कहा जाता है कि 'अंकगणित सभी गणितों की माता है।' मैं जब बड़ा हो गया, तो मेरी जगह मेरा सबसे छोटा भाई शेखर उनके साथ सोने लगा। उसकी रुचि कथा-कहानी में नहीं थी। इस कारण बाबू उससे सोते वक्त और फिर भोर में जागने पर हिसाब बनवाते थे, जिसका परिणाम यह हुआ कि तीन भाई जहाँ आर्ट्स में गए, शेखर ने बी.एस-सी., इंजीनियरिंग (प्रोडक्शन) करके सेकेंड लेफ्टिनेंट हो गया और वहाँ एम.टेक. की परीक्षा दी, जिसमें उसका स्थान विश्वविद्यालय में अव्वल रहा।

बाबू दरम्याने कद के थे। गोरा रंग, किसानी मूँछें और दोहरा शरीर। उसके साथ उनकी अच्छी-खासी तोंद भी थी, जिस पर मेरे घर-भर को नाज था। ईआ अक्सर कहा करती थी–अरे, समूचे गाँव में ऐसी तोंद किसी की है ? हमारे पट्टीदार और पड़ोसी किसुन प्रसाद बाबा थे। वे हावड़ा में रेलवे की नौकरी करते थे। जब वे सेवा-मुक्त होकर गाँव आए, तो उनकी तोंद

बाबू से कुछ बड़ी ही थी। घर आकर वे जोरों से खेती-बारी में लग गए, जिससे उनकी तोंद पिचक गई। मेरे घर से जब कभी उनका झगड़ा होता था, तो मेरे घर के लोग उन्हें ताना मारते हुए कहते थे—आपकी तोंद कहाँ चली गई, तोंद ? जब मैं प्राकृतिक चिकित्सा केंद्र, जसीडीह में था, तो वहाँ प्राकृतिक चिकित्सा की पुस्तकें खूब पढ़ा करता था। यह बात मैं पिछले लेख में भी कह चुका हूँ। उन किताबों में जब मैंने पढ़ा कि तोंद के रूप में शरीर विजातीय द्रव्य को संचित कर देता है, तो मैं आसमान से गिरा। यह बात मुझे ठीक लगी, क्योंकि हर दो-तीन महीने पर बाबू के विजातीय द्रव्य में उफान आती थी, और उनकी तबीयत दो-तीन दिनों के लिए खराब हो जाती थी। वे उसे 'गर्मी उखड़ना' कहते थे, जिसका उपचार था उनके सिर में अंडी का तेल थोपना और उनके दोनों तलवों में उसी तेल की मालिश करना। मालिश चाची और ईआ मिलकर करती थीं। फिर वे ठीक हो जाते थे। एक विचित्र बात यह थी कि उनकी कमर में दर्द होता था, तो वे उसमें सरसों का तेल लगाते थे और सिर में हमेशा अंडी का तेल। दोनों एक साथ। अप्रैल से वे अँगनई में सोना शुरू करते थे और अक्तूबर-नवंबर तक सोते थे। शरद ऋतु में उनका बिस्तर ओस से भींग जाता था, लेकिन उससे उन्हें कोई नुकसान नहीं होता था। आग भी उन्हें माफिक नहीं आती थी, इसलिए वे जाड़ों में घूरे के नजदीक बैठकर कभी आग नहीं तापते थे। दूसरे, सालों-भर सवेरे ईसबगोल डालकर या सिर्फ चीनी का शरबत पीते थे। जब मेरे यहाँ आते थे, तो मेरी पत्नी चीनी के शरबत में एक नीबू निचोड़ देती थीं।

एक बार मैंने बहुत जोर देकर उनसे कहा कि इस उम्र में अब आप चीनी का शरबत पीना बंद करें, नहीं तो आपको चीनी की बीमारी हो जाएगी। मेरे कहने से उन्होंने वह बंद कर दिया। लेकिन कुछ दिनों बाद मुझे मालूम हुआ कि उनके पाँव में बड़ा-सा घाव हो गया है, जो ठीक नहीं हो रहा है। मैंने उन्हें पटना बुलाया और उनसे कहा कि आप जो चीनी का शरबत पीते रहे हैं, उसी की देन है यह घाव। उन्होंने कहा कि उसी को बंद कर देने से तो मुझको घाव हुआ है। उनका कहना सही था, क्योंकि चीनी की तासीर ठंडी होती है। मैं उन्हें महेंद्रू में जर्राह के पास ले गया, क्योंकि आज भी उसी के पास घाव का सबसे अच्छा इलाज है। कई बार मेरा घाव वह ठीक कर चुका था। जर्राह ने पहले उनकी चीनी जाँचने की बात कही, जिस पर वे बिगड़ पड़े। लेकिन मेरे बहुत कहने पर वे जाँच के लिए राजी हो गए और आश्चर्य कि उनके रक्त में नाम-मात्र को भी चीनी नहीं थी। जर्राह ने करीब एक सप्ताह में उनका घाव ठीक कर दिया और गाँव लौटकर वे फिर चीनी का शरबत पीने लगे। उससे वे हमेशा ठीक रहे।

बाबू में अपार धैर्य, सामंतकालीन साहसिकता और बोझ उठाने की अकूत क्षमता थी। मैंने उन्हें बड़ी से बड़ी विपत्ति में कभी विचलित होते हुए नहीं देखा। मेरी भू-संपदा जो बढ़ती जा रही थी, उससे गाँव के सारे लोग जलते थे। एक झगड़े की जमीन हमें पंचायत से मिली थी। गाँव के लोग इस प्रयास में लगे हुए थे कि रामबल्ली बाबू, जो नंद बाबू के सुपुत्र थे, अपनी शक्ति का प्रयोग कर वह जमीन हमसे छीनकर दूसरी पार्टी को दे दें, जो उनका कृपापात्र थी। बाबू को मालूम हुआ, तो बोले—अभी लोग मजा ले रहे हैं, लेकिन जब वहाँ से यानी रामबल्ली बाबू के यहाँ से ज्वालामुखी छूटेगा, तो उसे मेरे अलावा कोई नहीं रोक सकेगा। मैंने यह सुनकर सोचा कि वे अंदर से घबड़ाए हुए हैं, लेकिन उनके चेहरे पर घबड़ाहट का कोई चिह्न नहीं था। स्वाभाविक रूप से उन्होंने दातून की, स्नान किया, खाना खाया और गीला गमछा ओढ़कर दोपहर की गहरी नींद में चले गए। उन्हें गुस्से में आते मैंने तभी देखा, जब दूसरी पार्टी से मुकाबला (कनफ्रंटेशन) हुआ। रूदल बाबा के लड़कों ने टुनटुन साह नामक तेली को कदम तर वाले

हमारे आम के तीन वृक्षों को दखल करने के लिए पूरा उकसाया था। नामुराद आम के पेड़ भी उस वर्ष खूब फले थे। इसको लेकर मुकाबला था कि टुनटुन साह वह आम तोड़ेगा, या हम लोग। उसी समय हमें अनुभव हुआ कि मुवक्किल पाने के लिए वकील लोग झगड़ा लगाते हैं। वे अपने मुवक्किलों से कहते हैं कि कब्जा मत छोड़िए। फिर उनके कथन को ब्रह्मवाक्य मानकर किसान लड़ मरते हैं। मुझे कदम तर का दृश्य याद है। सारा गाँव तमाशाई बना हुआ था और बिंदेसरी चा फरसा लिये हुए थे, जिनके मुकाबले बड़का बाबू अपना भाला लेकर खड़े थे। लक्खन चा का मुकाबला छोटका काका लाठी से कर रहे थे। बाबू गमछा कमर में बाँधे लाठी लिये हुए मुस्तैद थे। गाँव की औरतें भी मुफ्त का सिनेमा देखने पहुँच गई थीं। लक्खन चा ने मेरी एक चाची से कहा—भौजी, क्या करें, लाठी टूट गई। छोटका काका उनके सिर पर लाठी मारकर उन्हें मार डालना चाहते थे, लेकिन कुछ सोचकर रुक गए। फिर क्या पता क्या हुआ कि मुकाबला रुक गया और तमाशाई गाँवों के मर्द और औरतें निराश होकर लौट गए। ऐसा ही मुकाबला एक बार गाँव वालों के साथ हमारे घर के सामने सड़क पार की हमारे द्वारा दखल की गई गैरमजरुआ जमीन को लेकर हुआ था। चोरवा मामू, जो लक्खन चा के मामू थे और साल में नौ महीने जेल में ही रहते थे, उस जमीन पर बन्हा काट रहे थे। बाबू और मैं दोनों मैदान में थे। बाबू गुस्से में बाँस का एक बड़ा टुकड़ा लिए रह-रहकर गाँव वालों को मारने के लिए लपकते थे। उस समय केवल कामेश्वर भाई ने बाबू और मुझे परिस्थिति का बोध कराकर हमें जूझ पड़ने से रोका था। हम लोगों की ही गलती थी। सड़क पार की जमीन सड़क की थी, जिसे गैरमजरुआ समझकर हम दखल नहीं कर सकते थे। उसी दिन वह जमीन सड़क में मिला ली गई और मामला खत्म हुआ।

बाबू ने दो ही बार मुझ पर हलके-से और जोरों से गुस्सा किया। वे छठ के खरना के दिन आड़ से निकले हुए केले के दो घौद दोनों हाथों में लिये हुए कुएँ पर उन्हें धोने के लिए ले जा रहे थे। मैं तीन-चार साल का बच्चा था, सो केला लेने के लिए मचल रहा था। उनके दोनों हाथ फँसे थे, इसलिए मुझे जबर्दस्ती करते देखा, तो हलके-से अपनी एक लात से मुझे जमीन पर गिरा दिया। मैं बहुत प्यारा बच्चा था, इसलिए यह घटना मुझे अभी तक साफ-साफ याद है। दूसरी घटना 1952 की जनवरी की है। मैंने कलकत्ते में नया सैंडिल खरीदा था और वहाँ से लौटकर पटना गया था। रात में वहाँ से लौटा और पहलेजा में ट्रेन पर चढ़ा, तो अनुभव न रहने के कारण अपना सैंडिल नीचे छोड़कर ऊपर वाले बर्थ पर जाकर सो गया। सवेरे अपने बिदुपुर स्टेशन पर उतरा, तो मेरा सैंडिल गायब था। मैं नंगे पाँव घर लौटा, तो भैया यह दृश्य देखकर हँसने लगे। मैंने बाबू से वह बात छुपाई, लेकिन विलास बाबा ने उन्हें वह बात बतला दी। वे गुस्से में भरे हुए घर आए और मुझे पकड़कर मारने के लिए हाथ उठाया, लेकिन मारा नहीं। पटना कालेज में आने पर सुरेंद्र कौंडिन्य ने बतलाया कि रेलवे प्लेटफार्म पर बेंच पर पाँव ऊपर करके हिंदी के प्रसिद्ध कवि केदारनाथ मिश्र 'प्रभात' अपने साथ के व्यक्ति के साथ चाय पी रहे थे। गाड़ी आने के पहले वे उठकर खड़े हुए, तो नीचे से उनकी चप्पल गायब थी। यह घटना उन्होंने मुझे हँसते हुए सुनाई थी। लेकिन उसके बाद भी एक बार मेरी पुरानी चप्पल भी गायब हो गई, जिससे फिर मैं ट्रेन में जूता-चप्पल सिर की बगल में रखकर सोने लगा। यह बहुत बड़ी सहूलियत है कि एसी में जूता-चप्पल चोरी जाने का खतरा नहीं है।

साहसिकता तो बाबू में सामंतकालीन थी। एक बार वे भागलपुर से पैदल एक गाय हाँककर ले आए थे। सुनते हैं कि मेरे परबाबा प्रयाग राय एक महीने में पैदल कलकत्ता चले गए थे।

बाबू एक रात अपने एक संबंधी के यहाँ ठहरे थे और खाना खाकर दूसरे दिन फिर अपनी यात्रा शुरू कर दी थी। दूसरे दिन या तीसरे दिन शाम को जब वे गाँव पहुँचे, तो भागलपुर से हाँककर लाई हुई गाय को देखने के लिए गाँव के लोगों की भीड़ लग गई। भूख-प्यास के मारे गाय सूखकर काँटा हो गई थी, सो वे लोग बाबू पर हँसकर लौट गए। लेकिन उन पर उसका कोई असर नहीं पड़ा और एक-दो महीने में उन्होंने खिला-पिलाकर गाय को ठीक कर लिया। वे साइकिल से ही घर से मुजफ्फरपुर जाते थे और वहाँ कचहरी का काम निपटाकर साइकिल से ही लौटते थे। लौटते हुए पटेढ़ा में बड़की फूआ के यहाँ रात बिताते थे और कल होकर घर पहुँचते थे। एक बार ऐसा हुआ कि फूआ ने उन्हें खाने के साथ कटहल का कोआ भी खिलाया। लौटते हुए सराय स्टेशन पर उन्होंने पान खा लिया। कटहल के कोए और पान में वैर है। उनका पेट फूलने लगा और घर आते-आते वे बेचैन हो गए। आते ही खाट पर लेट गए। फिर जाने क्या खयाल आया कि उन्होंने एक गाल तुलसी की पत्तियाँ चबाईं। फिर उनके पेट का फूलना गायब हो गया और उन्हें पूरी राहत मिल गई। यह दूसरों लिए भी एक सीख है।

जब गायघाट से हाजीपुर तक गांधी सेतु का निर्माण हुआ, तो पटने की दूरी कम हो जाने के कारण मैंने उनसे कहा कि अब पुल बन गया, जिससे बहुत सुविधा हो गई। उन्होंने उत्तर दिया—सुविधा क्या हुई, खर्च बढ़ गया। हुआ यह था कि जो बस मेरे गाँव की बगल के जंदाहा रोड से गायघाट तक जाती थी, उसका किराया चार आना ज्यादा था। इस कारण जब तक महेंद्रू वाला रेलवे का जहाज चलता रहा, तब तक बाबू उसी से पटना आते-जाते रहे। जब उस जहाज का चलना बंद हो गया, तो उन्होंने दूसरा रास्ता निकाला। भोर में उठते थे और नित्य-कर्म से निबटकर पटना के लिए पैदल चल देते थे। नौ बजे के आसपास वे मेरे पास पहुँचते थे। प्रसंगवश एक और बात सुनाता हूँ। वे आए हुए थे और एक कमरे में चिंतित लेटे थे। जब मैं तीन बजे कालेज से लौटा, तो मेरी पत्नी ने मुझे एक तरफ ले जाकर कहा—देखिए न, बाबूजी ने आज मुझे बुलाकर वे सारे रुपए लिखाए हैं, जो उनके यहाँ दूसरों के बाकी हैं। ऐसा लगता है कि अब वे बचेंगे नहीं। मैंने जाकर उनसे पूछा कि क्या बात है? उन्होंने मुझसे कहा—आज मैंने जो दूध पिया, वह हजम नहीं हुआ। मैं जोरों से हँसा और उनसे कहा कि आपको जो आज हुआ है, वह मुझे रोज होता है। मुझे इस बात से आश्चर्य भी हुआ कि उनका हाजमा इतना दुरुस्त था कि अब तक उन्हें पेट में वायु होने का कोई अनुभव नहीं हुआ था।

एक बार वे मेरी एक भाँजी के साथ जो तेरह-चौदह साल की थी, पटना पैदल आए। दूसरे दिन जब मैं कालेज से लौटा, तो देखा कि साधना रो रही है। मैंने उससे पूछा—तुम क्यों रो रही हो? उसने कहा कि नाना उधर से भी पैदल आए हैं और इधर से भी पैदल चलने के लिए कह रहे हैं। बाबू को पैदल लौटने से कोई घबड़ाहट नहीं थी, जबकि उनकी उम्र अस्सी के आसपास थी। दूसरी ओर एक ग्रामीण किशोरी थी, जो पैदल चलने के नाम पर रो रही थी। यह सामंती और आधुनिक दो युगों का अंतर था। मैंने बाबू से यह निवेदन किया कि वे ऑटो से लौटें। पता नहीं, उन्होंने मेरी बात मानी या नहीं।

इस क्रम में अंतिम बात जो मैं कहना चाहता हूँ, वह यह कि बाबू में बोझ उठाने की अकूत क्षमता थी। मेरे बचपन में छोटका काका रानाघाट में मलेरिया के भयानक शिकार हुए। बाबू वहाँ गए और उन्हें ले आए। उनका भ्रातृ-प्रेम ऐसा था कि वे स्टेशन से उन्हें कंधे पर लेकर घर आए। घर पर छोटका काका बहुत दिनों तक बीमार रहे, इसकी मुझे खूब याद है। मँझिला काका भी एक बार भागलपुर जेल में डाल दिए गए थे, तो बाबू ने तुरत जाकर उन्हें छुड़ाया

था। इस भ्रातृ-प्रेम का प्रतिदान अंत में उन्हें इन दो भाइयों से नहीं मिला। मन-डेढ़ मन के वजन को तो वे कुछ समझते ही नहीं थे। मैं जब पटना के रानीघाट में रहता था, तो जहाज से वे मेरे लिए एक डेढ़ मन गेहूँ लिए आते थे। रिक्शा कभी नहीं करते थे और सिर पर बोझ लिये ही मेरे डेरे पर पहुँचते थे। बिदुपुर स्टेशन से मेरे घर की दूरी एक कोस है। इतना वजन वे सिर पर घर ले आते थे। एक बार काशीपुर वाले रेलवे पुल की मरम्मत हो रही थी, सो उसकी बगल से नीचे उतरकर लोग गुजरते थे। एक शादी-ब्याह के मौके पर बाबू सिर पर बोझ लिये उस पुल के नीचे से गुजर रहे थे कि गिर गए। फिर घर आकर उन्होंने यह बात लोगों को बतलाई। मैं उससे बहुत आहत हुआ था और छिपकर बहुत रोया था। उसी समय मुझे पितृ-प्रेम का अनुभव हुआ।

ईश्वर भी बाबू के रक्षक थे। रेलवे-मजदूरों की हड़ताल चल रही थी, सो उन्होंने रेल की लाइनें उखाड़ दी थीं। गाँव के कई लोगों के साथ बाबू कलकत्ते से लौट रहे थे। पंजाब मेल उस स्थान पर पहुँची, तो जोरों की झनझनाहट के साथ ताड़-भर ऊँचाई से वह नीचे दौड़ती चली गई। जब लोगों की नींद खुली, तो एक आदमी ने कुछ समय लेकर याद करके बतलाया कि हम लोग कलकत्ते से पंजाब मेल से घर के लिए चले थे। पंजाब मेल का रास्ते में एक्सीडेंट हुआ है। बाबू को रेफ भी नहीं लगा और वे एकदम सुरक्षित रहे। इस प्रकार पंजाब मेल की दुर्घटना से भी वे साफ बच गए थे। छोटी-मोटी घटनाएँ तो उनके साथ अनेक हुई थीं, लेकिन उनका कुछ नहीं बिगड़ा था। 1934 के भूकंप के दिन वे मुजफ्फरपुर कचहरी में थे। कचहरी के जिस बिल्डिंग से वे निकले थे, वह क्षणांतर में ही धराशायी हो गया था। उससे निकल आने के कारण उन्हें जरा-मरा चोट भी नहीं लगी।

बाबू का विवाह किशोरावस्था में ही सरइसा के पीरापुर नामक गाँव में हुआ था। शुरू में वे ससुराल जाते थे। एक-दो बार मैंने उन्हें, जब वह वहाँ से लौटे थे, पीली धोती पहने भी देखा था। लेकिन फिर मामू से उनकी कुछ ऐसी खटपट हुई कि उन्होंने वहाँ जाना छोड़ दिया। संभवतः 1955 में किसी शादी-ब्याह में ईआ मायके गई थी। मैं उसी समय पीरापुर के निकटवर्ती एक गाँव लोमा में बारात गया था, सो अगले दिन अपने ननिहाल को देखने वहाँ पहुँच गया। ईआ मौजूद थी। कुछ देर वहाँ बैठा और फिर मामू को, जो वृद्ध हो चुके थे, प्रणाम करके चला आया। नाना-नानी पहले ही जा चुके थे, इसलिए मैं उनका दर्शन भी न कर सका। कहने का मतलब यह कि ननिहाल का सुख मैंने नहीं जाना। न नाना-नानी का प्यार मिला, न मामू-मामी का। बाबू जब कुछ बड़े हुए, तो उनके सारे शरीर में सिहुली हो गई। गाँव के लोग उनकी तेजी और जुझारूपन से उनके दुश्मन बन चुके थे। एक-दो व्यक्तियों ने कहा भी कि अब उन्हें रोग ने पकड़ लिया है, यानी अब वे नहीं बचेंगे। लिलकू महतो का बड़ा भाई धुनकाल किसी कारण घर से भागकर नैहट्टी चला गया था। बाबू जीविका की खोज में उसके पास पहुँचे। पहले दिन उसके नल के नीचे बैठकर नहाए, तो उनकी आधी सिहुली जाती रही और दूसरे दिन नहाए, तो पूरी सिहुली। धुनकाल स्टेशन पर खोमचा लगाता था। बाबू ने भी कुछ दिन वह काम किया, फिर गाँव आ गए। उन्हें कुल बारह संतानें हुईं। पहली लड़की थी, जो बच नहीं सकी और अंतिम संतान के पहले जो संतान हुई, वह भी जाती रही। वह लड़का था और बहुत सुंदर था, सो उसके जाने के बाद ईआ का करुण क्रंदन हृदय को साल देने वाला था। आखिर जब शेखर का जन्म हुआ, तो उसका दुख दूर हुआ। शेखर शरीर व मस्तिष्क से पूर्ण स्वस्थ था। उसने बचपन में हम लोगों को बहुत आनंद दिया, इसलिए अभी भी मैं उसे बहुत मानता हूँ। चार भाई

और छः बहनें तो हम लोग बहुत दिनों तक थे। अब बहनों में से तीन और भाइयों में से भी तीन ही रह गए हैं। बाबू ईआ को हद से ज्यादा मानते थे। उसके चार पुत्र थे, सो ईआ उन्हें राजा दशरथ कहा करती थी। उन्होंने उसे अपशब्द कहने की बात तो दूर, कभी डाँटा भी नहीं। उनके मानने का यह प्रमाण है कि वह उन्हें हाजीपुर से कुछ लाने के लिए कह देती थी, तो हाथ तंग होने पर भी कोई न कोई उपाय करके वे वह चीज ले आते थे। वे कभी पटना मेरे यहाँ आते थे, तो दूसरे दिन ही जाने को तैयार हो जाते थे। मैं उन्हें बहुत रोकता था, लेकिन वे मानते नहीं थे। मेरी पत्नी भी उनसे कहती थीं—बाबूजी, एक-दो दिन तो रुका जाए, लेकिन वे यह कहकर डेरे से निकल जाते थे कि वहाँ नंदकिशोर की माँ को मैं कहकर आया हूँ, वह मेरा रास्ता देखती होगी। ईआ ने मुझे एक घटना सुनाई थी। बाबू की युवावस्था की बात है। एक बार वे कई दिनों के बाद बाहर से लौटे, तो ईआ के पास सोने के लिए आए। जब उन्होंने उसका मुँह अपने करीब किया, तो उससे बासीपन की गंध आई। उन्होंने पूछा कि क्या तुमने आज खाना नहीं खाया? ईआ इस पर रोने लगी। बाबू समझ गए कि मामा और बड़की फूआ ने उन्हें सताया है, जो वे अक्सरहा किया करती थीं। बाबू उसी वक्त उठकर बँसवारी में गए और ईआ के लिए दातून तोड़कर उसे अपने गमछे में छिपाकर घर लाकर उससे दातून कराकर उसे खाना खिलाया। इस प्रसंग से मेरा तो दांपत्य जीवन प्रभावित हुआ ही, हमें देखकर हमारे बेटे का भी हुआ। लेकिन बड़का बाबू और बाबू दोनों पितृ-मातृभक्त थे, सो बाबू ने सब कुछ जानते हुए भी मामा को कभी एक शब्द नहीं कहा।

गाँव में बाबू के तीन मित्र थे—रूदल बाबा, किसुन प्रसाद बाबा के छोटे भाई देवी बाबा और रामबहादुर महतो। रामबहादुर कलकत्ते में संभवतः टेलिग्राफ विभाग में लाइन इंस्पेक्टर हो गए थे और गाँव के बहुत नौजवानों को नौकरी दिलाई थी। सो, भूमिहार होते हुए भी वे नौजवान उनकी सेवा में तत्पर रहते थे। सुनने में तो यहाँ तक आता था कि वे जब नहाने जाते थे, तो वे उनके लिए दातून कूँचकर रखते थे और उनकी धोती चुनियाकर। उनके पास काफी पैसा हो गया था। उन्होंने अपना शानदार घर भी बनाया था और ढेर सारी जमीन भी खरीदी। वे बहुत मस्त तबीयत के आदमी थे। रूदल बाबा, देवी बाबा, रामबहादुर महतो की ज्यादातर जमीनें बाबू की मदद से खरीदी गई थीं। इस तरह इन तीनों के साथ उनकी प्रगाढ़ मैत्री थी। यह गाँव के लोगों को बहुत खटकता था। गाँव में चार महान कूटनीतिज्ञ भी थे—जगदीश बाबू के छोटे भाई मिलन बाबू, रामबल्ली बाबू, नन्हकी चा के छोटे भाई तिरबेनी सिंह और पुरवारी टोला के बाबू मुनेसर सिंह। इनमें सबसे तेज मुनेसर सिंह थे। सुनते हैं कि पहले वे जगदीश बाबू-मिलन बाबू के साथ थे और बाद में उन्हें रामबल्ली बाबू ने उनसे झटक लिया था। बाबू की स्मृति-शक्ति असाधारण थी। उसका एक प्रमाण यह है कि उन्हें गाँव-घर के लोगों के अलग-अलग खेतों का रकबा मालूम था, और सबका खेसरा-तौजी नंबर भी। वे कोई घटना सुनाते थे, तो कै बज रहा था और आकाश में बादल थे, या चिलचिलाती धूप, इस सबका वर्णन अभी देखी गई घटना के रूप में करते थे। सुखदेव बाबा ने मुझे मुनेसर सिंह की चतुराई की कई कहानियाँ सुनाई थीं और कहा था—मुनेसर सिंह बी.ए. पास होते, तो जवाहरलाल होते। मैं हँसा और उनसे कहा—जवाहरलाल ठग नहीं हैं। वे स्वतंत्रता-आंदोलन के असाधारण नेता, राष्ट्र का पुनर्निमाण करनेवाले महान मंत्री और अपने आदर्शों के चलते संपूर्ण एशिया के औपनिवेशिक देशों के, जो अपनी स्वतंत्रता के लिए लड़ रहे हैं, एकच्छत्र नेता हैं। इसके अलावा उन्होंने चीन को पंचशील का सिद्धांत दिया है और विश्वयुद्ध से त्राण के लिए कुछ

देशों के नेताओं के साथ संयुक्त राष्ट्र संघ की स्थापना की है। उनके कृतित्व के आगे ब्रिटेन, फ्रांस, अमरीका और सोवियत संघ के बड़े नेता तक अपने को छोटा समझते हैं। मुनेसर सिंह की उपर्युक्त तुलना जवाहरलाल से नहीं, नटवरलाल से की जा सकती है। फिर तो वे मेरी बात के कायल हो गए।

मिलन बाबू और रामबल्ली बाबू में कुछ खूबियाँ भी थीं। मिलन बाबू अपना बड़ापन भूलकर गाँव के लोगों से एकदम मिल जाते थे और रामबल्ली बाबू ने कई अच्छे काम किए थे, जैसे कन्या पाठशाला और मिडिल स्कूल चलाना, शादी-ब्याह में कभी-कभी किसी को अपनी जीप दे देना और भैया तथा मेरे व्यवहार से प्रसन्न होकर मेरे कई पुराने झगड़ों को सुलझा देना। अंत में उनका बाबू से इतना अपनापा हो गया था कि वे उनकी मंजिल में भी गए थे। लेकिन शुरू से ही वे ऐसे न थे। उन्होंने और मुनेसर सिंह ने मिलकर उपर्युक्त तीन मित्रों से बाबू को लड़ा दिया और बाबू कूटनीति न समझने के कारण ताल ठोंककर उनसे भिड़ गए। मुनेसर सिंह गाँव के सर्वमान्य पंच थे। बाबू ने मुझे बतलाया था कि एक बार वे बाबा के एक मामले की पंचैती करने बैठे। उन्होंने खुला पक्षपात करते हुए बाबा के खिलाफ फैसला सुनाया। बाबा इससे बहुत दुखी होकर उठ गए और बोले—चमार मरी हुई गाय खाता है, लेकिन मुनेसर सिंह जिंदा गाय निगल गए! बाबा के दुखी हृदय से निकला हुआ यह सराप उन्हें बुरी तरह लगा। मरते समय मिनट-मिनट पर उन्हें मूर्च्छा आती थी और उनके हाथ-पाँव ऐंठने लगते थे। इस हालत को काफी दिन भुगतने के बाद उनका प्राणांत हुआ। गुरुजी ने रामबल्ली बाबू को लक्ष्य कर कहा—अब अर्जुन के रथ से सारथी कृष्ण उतर गए।

मुझे मुनेसर सिंह की कुटिलता का एक प्रत्यक्ष अनुभव है। दोपहर में बाबू लोटा लेकर खेत की तरफ शौच के लिए गए थे। जब वे लौट रहे थे, तो उन्हें लगा कि उनके खेत के कुछ हिस्से को बगल के खेत वाले ग्रामीण ने दबा लिया है। उन्होंने बगलवाले को बुलाया और उनसे कहा कि आप मुनेसर सिंह को बुलाकर खेत नपवा लीजिए। खबर मिलने पर मुनेसर सिंह आए और लग्गी खींचकर चालाकी से खेत को नापा गया, तो प्रत्यक्षतः बाबू का संदेह गलत निकला। वे चुपचाप लोटा लिये घर लौटे, उनके पीछे मुनेसर सिंह थे और कुछ युवक, जिनमें मैं भी छिपकर घुस गया था। मुनेसर सिंह ने मुझे नहीं देखा और अपने माननेवाले युवकों की ओर देखकर बाबू की स्थिति पर कुटिलता से मुस्कुराए। उससे मैं आपादमस्तक लहक उठा था, पर एक बच्चा कर क्या सकता था, सो मैं चुप रहा। वे क्या यह नहीं जानते थे कि जमीन की पैमाइश तभी सही हो सकती है, जबकि अमीन द्वारा वह गाँव की सीमा से शुरू की जाए और फिर विवादास्पद खेत तक पहुँचा जाए? बाबू ने ही मुनेसर सिंह को पंच बनाकर बुलवाया था, इसलिए वे चुप रह गए। ऐसे तो थे हमारे गाँव के कुछ लोगों के 'मसीहा'।

हमारा परिवार बहुत बड़ा था, करीब बीस व्यक्तियों का, और बाबू की आमदनी बहुत सीमित थी। दोनों काका उन्हें हर माह मुश्किल से पचास-पचास रुपए देते थे, जो भी बाद में बंद हो गए। मुनेसर सिंह कूटनीति के आचार्य थे और उन्होंने उसके इस मंत्र को साध रखा था—फूट डालो और शासन करो। वे चूँकि प्रतिष्ठित व्यक्ति थे, इसलिए उनके काम में लोग सदाशयता ही देखते थे। उन्होंने मँझिला काका को पत्र लिख दिया कि उनके परिवार पर बहुत जुल्म होता रहा है। इस तरह हमारे संयुक्त परिवार में फूट की शुरुआत हुई और मँझिला काका जब घर आते थे, तो खास तौर से बड़का बाबू से झगड़ते थे, क्योंकि बाबू से बोलने का उन्हें साहस नहीं होता था। उनके परिवार को जरूर सताया जाता था, पर सदाशयता बाबू को समझाने

में थी, न कि मँझिला को पत्र लिख देने में। चाची और ईआ मालकिन होने के नाते मेरी दोनों छोटी चाचियों को बहुत तकलीफ देती थीं। सबसे छोटी चाची को तो वे भर-पेट खाना भी नहीं खाने देती थीं। एक बार चाची ने उन्हें रोटी चुराते पकड़ लिया था और उनकी बड़ी बेइज्जती की थी। सारे लोग उन्हें लजवा रहे थे। केवल मैं उनकी बेइज्जती से विचलित था, पर बच्चा होने के कारण कुछ भी करने में असमर्थ था। चाची और ईआ ने यह भी नहीं सोचा कि उनके पति छोटका काका अपनी सारी कमाई घर को देते हैं और घर के लिए जान देते हैं। बाद में उन्होंने ही अपने भतीजे यानी मुझे बी.ए. तक पढ़ाया। बाबू को कभी-कभी आम की फसल से भी कुछ आय हो जाती थी, पर उससे उनका बोझ कुछ कम नहीं होता था। ग्यारह लड़कियों की शादी और माँ-बाप का श्राद्ध भी उन्हें ही करना पड़ा था। सारे गाँव से उनकी अदावत थी, इस कारण बाबा की लाश उठाने कोई नहीं आया। खबर देने पर रहिमापुर से आठ-दस ग्वाले आए। फिर गाँव के लोग जुटे और वही लोग बाबा को कोन्हारा घाट ले गए। दसवीं को एक दुर्घटना हो गई। पट्टीदारी में कोई मर गया। पट्टीदारी बड़ी थी। बाबू ने जोड़कर देखा, तो हम लोगों की सात पीढ़ी पूरी हो चुकी थी और अब पट्टी का फिर से बँटवारा किया जा सकता था। उन्होंने पंडितों को बुलाकर उन्हें समझाया और पट्टी बँट गई। हमारी पट्टी में सिर्फ चार परिवार रह गए। अब बाबा का श्राद्ध पूर्ववत् किया जा सकता था। उसमें दाग कर साँढ़ भी छोड़ा गया और बैलगाड़ी पर चढ़कर नियमानुसार महापात्र की पत्नी भी आईं। यह सब इसलिए हुआ कि बड़का बाबू और बाबू पितृ-मातृ-भक्त थे। मामा जब मरने लगी, तो उन्होंने चाचियों से कहा कि उसके बलगम को भी हाथ में लोक लो। ऐसा ही हुआ भी। बाबा के श्राद्ध में जो-जो हुआ था, वह सब मामा के श्राद्ध में भी किया गया। वैसा श्राद्ध गाँव में फिर किसी ने नहीं किया। किसी श्राद्ध में न साँढ़ छोड़ा गया और न महापात्र की स्त्री आई।

जाहिर है कि बाबू का हाथ हमेशा तंग रहता था। एक कहावत वे बराबर कहा करते थे—'जिसका खर्चा लाख मन, आमद सवा सेर,/उसके मालिक राम हैं, करिहें कौनो फेर'। परिवार संयुक्त ही था, लेकिन उसमें मुनेसर सिंह ने छेद कर दिया था। खर्च जुटाने के लिए बाबू को कई काम करने पड़े, जैसे द्वितीय विश्वयुद्ध के बाद जब बिहार में चावल दुर्लभ हो गया, तो उनका बंगाल से चावल लाना, तिरबेनी बाबू वकील के लिए मुवक्किल जुटाकर बदले में उनसे कम पैसे में अपना काम कराना। जब जागा साह बनिया बंगाल का चावल ले जाने के लिए आता था, तो उसे तौलता था। तौलने में 'एक' को वह राम कहता था। मैं उस समय बच्चा था, सो उसके ऐसा कहने से मुझे बहुत मजा आता था।

बाबूजी की मौसी बगल के गाँव कुआरी में ब्याही थीं। अब वे नहीं रही थीं, लेकिन वहाँ से संबंध बना हुआ था। बाबू का रूदल बाबा, टुनटुन साह या रामबहादुर के बड़े भाई महीपत महतो से कभी मुकाबला होता था, तो वे कुआरी खबर कर देते थे और वहाँ से दस-बारह लोग उनकी मदद में आ जाते थे। उन्हें देखते ही मुकाबला खत्म हो जाता था। बाबू के दो मित्र एक दूर गाँव के यादव धताल सिंह और रजासो गाँव के जनक साव थे, जो बिहपुर स्टेशन के प्लेटफार्म पर पूड़ी और जलेबी की दुकान में नौकरी करते थे। बाबू ने कुछ दिन घी का कारोबार भी किया था। एक टीन घी वे कलकत्ता ले जाते थे, जिसे धताल सिंह अपने सिर पर लेकर बेच देते थे। एवज में बाबू उनका मुकदमा देखते थे। जनक साव उन्हें दुकान से चुराकर रुपए देते थे, जिन्हें गाँव आकर वे उनकी माँ को पहुँचा देते थे। उनके दो बड़े मददगार थे—रहिमापुर के सीनंदन प्रसाद, जो हाथी पर चढ़कर पंचैती करने आते थे और रहिमापुर के

सभी ग्वालों को कब्जे में रखते थे, और दूसरे कोआरी के बाबू पलटन सिंह, जो मौके पर रुपए से उनकी मदद करते थे।

बाबू ने भैया के नक्शे के मुताबिक घर बनाना भी शुरू किया, लेकिन छोटे भाइयों से झगड़ा हो जाने के कारण काम शुरू में ही रुक गया। घर में घर बनाने के लिए मोटी रकम भी नहीं थी, जिसके बिना घर नहीं बन सकता था। किसी तरह ईंट का पजाबा लगाकर ईंटें पकवाई गईं, लेकिन ईंटें दो नंबर की ही तैयार हुई थीं, फिर भैया ने किसी तरह एक कोठरी बनवाई और कुछ दिनों के बाद पूर्ण विक्षिप्त होकर उसी में आकर रहने लगे। वे चौबीसों घंटे भयानक नशे में रहते थे और कभी-कभी हिंसक भी हो जाते थे। रात-भर कभी धीरे-धीरे बुदबुदाते थे और कभी जोरों से चिल्लाते थे। उधर पुराने मकान का एक घर और पूरा दरवाजा तथा छप्पर ढह चुका था। जब नया मकान नहीं बना, तब बाबू ने बाद में अपने लिए नए मकान की बुनियाद से उत्तर एक छोटा-सा मकान बनाया। एक रात मैं उसके एक कमरे में रहा भी था। भैया ने एम.ए. में मुझे पढ़ाया था, पर अब वे जमालपुर के जगजीवन श्रमिक महाविद्यालय की अध्यापकी छोड़कर अपने पागलपन में घर चले आए थे। उन्हें एक बार प्राकृतिक चिकित्सा केंद्र जसीडीह ले जाया गया था, जिसके नियम न मानने के कारण उन्हें कोई लाभ नहीं हुआ। दो बार उन्हें राँची मानसिक अस्पताल में भी भर्ती कराया गया, जहाँ उनका अपरिमित मादक-द्रव्य-सेवन छूट गया और बिजली का शॉक देने तथा दूसरी दवाओं के चलने से वे अच्छे हो गए। उन्हें अस्पताल से छुट्टी मिल गई, लेकिन घर आकर कुछ ही दिनों के बाद वे फिर अपने पुराने रास्ते पर आ गए और फिर से विक्षिप्त हो गए। अब मेरे परिवार में तीन पागल थे—मेरे दो छोटे काका और भैया। बहुत दिनों तक मुझे लगता रहा कि अब मेरा दिमाग पगलाएगा, लेकिन सावधानी बरतने के कारण मैं बच गया। भैया की प्रतिक्रिया में ही मैंने कोई अमल नहीं पाला। चाय तक नहीं पी व पान तक नहीं खाया। ईश्वर की कृपा से मेरा समय हिंदी साहित्य की तुच्छ सेवा में बीता। उधर मेरा परिवार बाबू के मरने के बाद तक किसी हद तक संयुक्त रूप में लँगड़ाता हुआ चलता रहा, पर भैया और ईआ के मरने के बाद तहस-नहस हो गया। मैंने मुश्किल से अपनी जमीन कुछ कम दाम पर अपने चचेरे भाइयों को ही दी, उन्हें अपना मकान भी, और रुपए भाभी के साथ शेष तीनों भाइयों में बराबर-बराबर बाँट दिए। फिर मैं गाँव को प्रणाम करके स्थायी रूप से पटना आ गया। अब लंबे अर्से बाद कभी-कभी गाँव जाता हूँ, पर घर के नहीं, गाँव के लोगों से मिलने और वहाँ के पेड़-पौधों, खेतों और रास्तों को देखने। उस समय आँखें नम हो जाती हैं। दूसरी ओर मुझे खुशी होती है कि मैं परिवार के नरक से निकल आया। यह ठीक है कि अब मैं विस्थापित हूँ, पर रोज-रोज के काँव-कचकच से छुटकारा मिला।

बाबू की दिनचर्या कुछ इस प्रकार थी। वे रोज सवेरे उठते थे और मैदान के लिए निकल पड़ते थे। मैदान से होकर वे फिर चले जाते थे और काम से दो-चार मीलों का चक्कर लगाकर बारह बजे नहाने के लिए आते थे। एक बार दरवाजे के सामने सड़क से लगे राख का जो ढेर था, उसे दूर कुम्हरकोल के अपने एक खेत में स्वयं डालने का उन्होंने निश्चय कर लिया। नहाने के पहले वे एक टोकरी राख सिर पर लेकर खेत में डाल आते थे। उनका यह नियम तब तक चलता रहा, जब तक राख का ढेर समाप्त नहीं हो गया। दृढ़ संकल्प-शक्ति और नियमपालकता का यह एक छोटा-सा, लेकिन स्मरणीय उदाहरण है। वे दरवाजे के अंत में ही रखी गई छोटी चौकी पर बैठकर दातून करते थे और फिर स्नान। उनकी बेटियाँ दो बड़ी

बालटियों में पहले से पानी भरकर रख छोड़ती थीं। स्नान के बाद धोती लपटे हुए वे अपनी खाट पर आ जाते थे और ठीक बड़का बाबू की तरह पुरानी बंगाली शैली में फेंटा कसकर धोती पहनते थे। तत्पश्चात् खाना। जाड़े के दिनों में वे आँगन की धूप में बैठकर खाना खाते थे और रात में अपने बिस्तर पर ही। खाने में उन्हें उड़द की दाल और खटाई डालकर बनाई गई करेले की सब्जी विशेष पसंद थी। साथ-साथ मछली भी। ताजा मछली वे हाजीपुर से लाते थे, जिसे चाची बिना तले हुए बहुत उम्दा बनाती थीं। कचहरी से लौटने के बाद उनका समय बथान में बीतता था। तोंद के कारण उन्हें थोड़ा पाँव फैलाकर कुट्टी काटनी पड़ती थी, पर वे बहुत अच्छी और महीन कुट्टी काटते थे। चारे के लिए बाँस की पत्तियाँ हम सब भाई-बहन मिलकर तोड़ते थे, काटकर लाई गई बाँस की करचियों से। शाम को बाबू भैंस चराते थे। उसके मुँह के सामने छड़ी लिए तैनात रहते थे, जिससे वह किसी का कोई नुकसान न करे।

जब मुजफ्फरपुर कोर्ट में उनका मुकदमा खुलता था, तो वे कई-कई दिनों के लिए वहाँ चले जाते थे, सिर्फ एक धोती लेकर, जो उनके गमछे में बँधी हुई होती थी। वहाँ वे गाँव के जगावन बाबा के यहाँ नहाते थे और मुजफ्फरपुर चूँकि मच्छरों की राजधानी कहा जाता था, वे सोने के लिए शाम को रोज ट्रेन पकड़कर तुर्की चले जाते थे और फिर सवेरे ट्रेन से ही जगावन बाबा के डेरे पर शौच जाने और नहाने के लिए लौट आते थे। खाना वे कचहरी का सारा काम निबटाकर किसी होटल में तीन बजे डटकर खाते थे, चूड़ा-दही-चीनी, जो उनका प्रिय आहार था। उसके बाद रात में उन्हें खाने की जरूरत नहीं होती थी। मैंने यह बात अपने मित्र डा. तरुण कुमार को बतलाई, तो वे हँसकर बोले—इससे उनका भोजन देहली दीपक हो जाता था। मैंने इस उपमा के लिए उन्हें दाद दी। देहली दीपक एक अलंकार है, जिसमें प्रयुक्त शब्द आगे और पीछे के दोनों भागों को प्रकाशित करता है । देहली या चौखट पर रखा हुआ दीया भी घर को भी रौशन करता है और बरामदे को भी! बाबू की यात्रा हमेशा संक्षिप्त सामान के साथ होती थी। अपने लिए भारी बोझ लेकर वे कहीं नहीं गए। पटना हाईकोर्ट में उनके वकील थे एस. सी. मुखर्जी। एक बार जब बाबू का मुकदमा खुलने को हुआ, तो मुखर्जी महोदय के मुंशी ने उन्हें कार्ड लिखा—'अमुक तारीख को आपका मुकदमा खुल रहा है, इसलिए चार-छः दिनों के लिए आप अपना सामान लेकर आ जाइए। यह समाचार छपरा से निकलने वाले 'नारद' में भी छप चुका है।' जहाँ तक मुझे याद है, पीछे से 'नारद' का अंक भी आया, जिसमें सिर्फ चार-छः पृष्ठ थे और जो बहुत रद्दी कागज पर बहुत रद्दी ढंग से छपा हुआ था। मुझे उसमें केवल उसका 'नारद' नाम बहुत पसंद आया, क्योंकि नारद का चरित्र था आपस में झगड़ा लगाना। बाबू सामान के नाम पर गमछे में बाँधकर अपनी एक धोती और लोटा लिए हुए निश्चित तिथि पर मुखर्जी महोदय के यहाँ पहुँचे। उन्होंने अपने मुवक्किलों के ठहरने के लिए एक आवास बनवा रखा था, इसलिए बाबू को उनके यहाँ ठहरने में कोई दिक्कत नहीं हुई। वे मुखर्जी महोदय से मिलने गए, तो उनसे कहा—वकील साहेब, मैं आ गया। उन्होंने पूछा कि आपका सामान कहाँ है? बाबू ने उन्हें अपना गमछा और उसमें बँधा हुआ धोती तथा लोटा दिखलाया। बोले कि नहाकर धोती बदल लूँगा और भीगी धोती को सूखने के लिए फैला दूँगा। गमछे को भी धो दूँगा। रात में मैं धोती को तकिया बना लूँगा और गमछे को बिछाकर सो जाऊँगा। लोटा लेकर मैं टट्टी जाऊँगा, उसे माँजकर दातून कर उससे नहाऊँगा और पानी भी पिऊँगा। दातून बाजार में बिकती है और खाना मैं होटल में खा लिया करूँगा। उनका सामान देखकर मुखर्जी महोदय ने कहा कि है सब कुछ, पर पता कुछ न चलता है!

हाईकोर्ट में टुनटुन साह वाला मुकदमा चल रहा था। बाबू के पास उस जमीन की रजिस्ट्री और मालगुजारी के कागज थे। उन्होंने उसका दाखिल-खारिज भी करा रखा था, जिस कारण मुखर्जी महोदय ठीक से पैरवी करके वह केस जीत गए। जीत का फैसला जस्टिस उटवालिया ने सुनाया था। उस जीत से टुनटुन साह वाला नकली झगड़ा खत्म हुआ और घर के लोग बहुत खुश हुए। गाँव में जरूर मायूसी छा गई। मैंने बाबू से पूछा कि आप भी तो खुश होंगे, जिस पर उन्होंने जवाब दिया—'न जीत की खुशी, न हार का गम,/ममला चले हरदम।' मतलब यह कि वे पक्के मुकदमेबाज थे और पूरी तरह से कचहरिया जीव थे और हाकिम के फैसले को स्वीकार करते थे। वे यह कहावत भी दुहराते थे : 'हाकिम करे सो न्याव/पासा पड़े सो दाव'। वे बहुत सारे कानून भी जान गए थे, जिससे वे वकीलों को भी 'प्वाइंट' सुझाते थे। अकारण नहीं कि गाँव के लोगों ने उन्हें 'वकील साहेब' कहना शुरू किया था। उनमें से किसी का कोई अपना मामला होता था, तो वे भोर में आकर बिस्तर पर ही उन्हें पकड़ते थे और उनसे राय लेते थे। पता नहीं, ऐसा वे गाँववालों से अपने को बचाने के लिए करते थे, या उपयुक्त समय होने के कारण। बाबू के मुकदमेबाज होने के कारण ही मैंने प्रण किया कि मैं कभी मुकदमा नहीं लड़ूँगा। इस प्रण का पालन मैंने अभी तक किया है। एक बार बाबू को मैंने एक व्यक्ति को कहते सुना—तुम जीतते जाओगे और मैं हारता जाऊँगा, फिर भी तुम्हें बर्बाद कर दूँगा। यह थी उनके मुकदमेबाज होने की पक्की निशानी।

वे अतिरिक्त रूप में धार्मिक नहीं थे, बड़का बाबू की तरह ही। पर्व-त्योहारों की पवित्रता की वे रक्षा करते थे, लेकिन न पूजा-पाठ करते थे और न किसी मंदिर में जाते थे। भगवान के अस्तित्व के बारे में वे कहते थे—सोचकर देखने पर (यानी तर्क-बुद्धि से काम लेने पर) यह पता चलता है कि भगवान नहीं हैं। इसीलिए ईआ को लेकर वे कई तीर्थ-स्थानों को गए, पर अपने लिए कोई तीर्थाटन नहीं किया। जब वे सेतुबाँध रामेश्वरम् देखकर लौटे, तो मैंने उनसे पूछा—आपने समुद्र देखा? वे बोले—हाँ। मैंने फिर पूछा—क्या उस पर पुल बाँधा जा सकता है? उन्होंने बेलौस होकर कहा—नहीं। मैं—यदि भगवान चाहें, तब? वे पुनः दृढ़तापूर्वक बोले—तब भी नहीं। यह प्रसिद्ध है कि भौंरा भन-भन करता हुआ कमरे में आ जाए, तो मुट्ठी बाँधने से वह गिर जाता है। बाबू इसे मानने को तैयार नहीं थे। उनका कहना था कि बाँधेंगे मुट्ठी हम और गिरेगा भौंरा, यह कैसे होगा? वे दरअसल दोनों के बीच कार्य-कारण-संबंध की तलाश कर रहे थे, जो वहाँ अनुपस्थित था। लेकिन यह विचित्र विरोधाभास है कि वे भादों चतुर्दशी को हर साल गंगाजली में जल लेकर वैद्यनाथधाम शिव को चढ़ाने जाते थे। जल वे पहलेजाघाट में ही भरते थे, क्योंकि मगध की गंगा को वे अपवित्र मानते थे। उन्हें शास्त्र का ज्ञान नहीं था, लेकिन शास्त्रों में भी मगध को अपवित्र कहा गया है, क्योंकि वहाँ वृष्णि रहते थे। ये संभवतः बाहर से आए हुए आभीर लोग थे, जो दक्षिण भारत से उत्तर भारत आए थे और जिनके देवता या नेता कृष्ण थे। आर्यों के देवता इंद्र थे। इंद्र और कृष्ण की लड़ाई प्रसिद्ध है। कृष्ण ने गोचारिणी जाति आभीरों को कहकर इंद्र की पूजा बंद करा दी थी, जिससे कुपित होकर उन्होंने वर्षा करके गाकुल को डुबो दिया था और कृष्ण ने अपनी कानी उँगली पर गोवर्धन पर्वत को उठाकर गोकुल के आभीरों और गायों की रक्षा की थी। कानी उँगली पर गोवर्धन को उठा लेना उनका शक्ति-प्रदर्शन था। तुलसीदास भी मगध को अपवित्र मानते थे और गया-जैसे तीर्थों को उसका अपवाद। उनके शब्द हैं : 'मगध गयादिक तीरथ जैसे'। स्मरणीय है कि लीलापुरुष कृष्ण पर लिखा गया पहला ग्रंथ श्रीमद्भागवतपुराण दक्षिण में ही रचा गया

था। बाबू डायन में भी विश्वास नहीं करते थे। कहते थे, इस गाँव में डायन नहीं है। वह होती, तो सबसे पहले मुझे मारती।

एक रोचक वाकया। बाबू वैद्यनाथधाम आते-जाते मिंटो हॉस्टल में मेरे कमरे में ठहरते थे। मैं बी.ए. ऑनर्स के अंतिम वर्ष में था और होस्टल के पैंतालिस नंबर के कमरे में रहता था। बाबू जब शंकर पर जल चढ़ाकर लौटे, तो वहाँ से मेरे लिए एक किलो बढ़िया पेड़ा लेते आए। मैंने उसे कपबोर्ड में रख दिया और सोचा कि ये पेड़े मैं खुद खाऊँगा और होस्टल के किसी मित्र को भी नहीं दूँगा। यह सोचकर मैंने कपबोर्ड बंद कर दिया। बेशक उसमें कोई ताला नहीं लगाता था, सो मैंने भी लगाना जरूरी नहीं समझा। होस्टल में अंग्रेजों ने पंखा नहीं लगाया था, इसलिए हम लोग गर्मियों में उसके आँगन में सोते थे और बरसात में चौकी को कमरे के दरवाजे से आधा बाहर खींचकर। दूसरे दिन मैं सोकर उठा और शौच से निबटकर तथा मुँह धोकर अपने कमरे में लौटा। फिर पेड़ा खाने के लिए कपबोर्ड खोला। उसके बाद पाया कि किलो-भर पेड़े का ठोंगा गायब है। बाहर निकालकर मैंने इधर-उधर नजर दौड़ाई, तो पाया कि ठोंगा होस्टल के बाहरी गेट पर खाली पड़ा हुआ था। हुआ यह था कि कुत्ते को कहीं से उन पेड़ों की गंध मिल गई थी और रात में वह चौकी के नीचे से घुसकर तथा कपबोर्ड खोलकर ठोंगा ही ले भागा था। आश्चर्य कि वह किलो भर पेड़ा खा गया और सिर्फ ठोंगे को छोड़ दिया। मैं कर क्या सकता था? मन मसोसकर रह गया और सोचा कि यह मेरी स्वार्थ-भावना का दंड है। उसके कारण पेड़े का एक टुकड़ा भी मेरे कंठ के नीचे नहीं गया।

बड़का बाबू और बाबू को यह विश्वास नहीं था कि अंग्रेज यहाँ से जाएँगे। बाबू को अपने इजलास के सामने हँसने के कारण दिन-भर के लिए एक अंग्रेज मैजिस्ट्रेट ने हिरासत में बंद कर दिया था। सो उनसे उनका आतंकित रहना स्वाभाविक था। लेकिन दोनों व्यक्तियों ने कलकत्ता कांग्रेस के समय कांग्रेस का विशाल और शानदार जुलूस देखा, तो उन्हें विश्वास हो गया कि देश आजाद होकर रहेगा। दोनों महात्मा गांधी को महात्माजी और नेहरू को पंडितजी कहने लगे और उन्हें अपने मन में देवताओं को हटाकर बिठा लिया। शायद उसी का असर था कि बाल-वर्ग में मेरी धर्म-शिक्षा की मौखिक परीक्षा हुई और मास्टर साहब ने मेरी बारी आने पर मुझे पाँच देवताओं का नाम लेने को कहा, तो मैंने तीन ग्राम-देवताओं के नाम लिये, फिर कुछ रुककर कहा—गांधीजी और जवाहरलाल। बाल-वर्ग की परीक्षा में मैं प्रथम आया। देश के आजाद होने के बहुत बाद की बात है कि मैं अपने कुछ मित्रों के साथ घर पर गांधीजी व पं. नेहरू की चर्चा कर रहा था। बाबू ने कहा—गांधीजी और जवाहरलाल ने तो सब लाहेब किया। फिर मुझसे बोले—जाकर एक जऽन यानी मजदूर तो ले आओ। हुआ यह था कि खेत-मजदूरों की मजदूरी काफी बढ़ गई थी, सो वे एक दिन कमाते थे और तीन दिन बैठकर खाते थे। जो किसान उन्हें बुलाने जाते थे, उन्हें वे टका-सा जवाब देते थे। जाहिर है कि छोटा किसान भी बिना मजदूरों के खेती नहीं कर सकता। यदि भूमि-व्यवस्था को बदलना है, तो सहकारी खेती शुरू करनी होगी और खेत-मजदूरों की मासिक तनख्वाह तय करनी होगी।

अब दिनकरजी से संबंधित एक प्रसंग, जो इसी बात से ताल्लुक रखता है। वे उस समय भागलपुर विश्वविद्यालय के कुलपति थे और इस निरीक्षण के लिए स्वयं आए हुए थे कि बरौनी कालेज को ऑनर्स की पढ़ाई की अनुमति दी जा सकती है, या नहीं। धीरे-धीरे उनके आने की बात सुनकर आसपास के कई गाँवों के लोग इकट्ठे हो गए। दिनकरजी बाहर आए। उनसे उनके एक स्वजातीय किसान ने कहा—हो दिनकरजी, स्कूल-कालेज खोलकर आपने सभी

दुसाध-चमार को पढ़ा दिया। हर-फार जोतने के लिए दो-चार को भी रहने दीजिएगा या नहीं? दिनकरजी ने उत्तर दिया-नहीं। आप लोगों ने उन्हें बहुत दिनों तक दबाकर रखा। अब वह जमाना चला गया। अपना काम अपने हाथों ही करना होगा। मेरे खयाल से यह उत्तर अव्यावहारिक था। जब तक सहकारी खेती नहीं शुरू होगी और खेत-मजदूरों की मासिक पगार नहीं बाँधी जाएगी, किसान इसी तरह छटपटाते रहेंगे। बाबू की पीड़ा एक आत्मभोगी की पीड़ा थी, जिसे उस समय मैं ठीक से नहीं समझ सका था। वे भी अन्न को ब्रह्म मानते थे और रास्ते में उन्हें चावल या गेहूँ का कोई दाना दीख जाता था, तो उसे उठा लेते थे और घर आकर किसी बच्चे को बुलाकर कहते थे-इसे ले जाओ और धोकर अनाज की ढेरी में डाल दो।

झूठ वे सिर्फ कचहरी में बोलते थे और बाहर दृढ़ता से सच बोलने का पालन करते थे। वे पंच भी हुआ करते थे। कुछ दिन मैं तिरबेनी सिंह के काफी निकट आ गया था। वे मुझे सिखलाकर भेजते थे और चाहते थे कि बाबू उनके अनुसार पंचैती करें। एक बार बाबू से मैंने कहा, तो वे तुरत समझ गए और उत्तर दिया कि तुम जो तिरबेनी सिंह के सिखलाए हुए के मुताबिक मुझे पंचैती करने को कहते हो, वह मैं जीते जी कभी नहीं करूँगा। मेरे पास जब वे आते थे, तो दो-चार मुकदमों का प्रस्ताव लेकर। मैं हर बार उनको मुकदमे करने से रोक देता था। मन ही मन मुझे कपूत समझकर ही वे मेरी बात मान जाते थे।

लेकिन राग-द्वेष से वे एकदम मुक्त थे। लक्खन चा जब अपना दरवाजा बनवा रहे थे, तो मैंने उन्हें उनके घर के सामने से गुजरते हुए उनसे कहते सुना-एकदम पूरा करके छोड़ो। रूदल बाबा को वे रूदल बहादुर कहते थे, क्योंकि उन्होंने कभी कोआरी गाँव के एक व्यक्ति से कुश्ती लड़ने की चुनौती स्वीकार कर ली थी। बाबू जब उनके पुष्ट शरीर और लाल छाती का वर्णन करते थे, तो वह सुनने लायक होता था। मैं सोचता था कि उनका हृदय कैसा है, जो अपने दुश्मन की प्रशंसा से भी नहीं अघाता है। देवी बाबा के साथ भी हमारा बँटवारे का मुकदमा बहुत दिनों से चल रहा था, लेकिन वे जब कभी अपनी बेटी के लिए लड़का छेंकने जाते थे, तो बाबू को अपने साथ ले जाना नहीं भूलते थे। जब घर-वर देखकर वे 'हाँ' करते थे, तभी वे उस लड़के को छेंकते थे, वर्ना नहीं। बाँके चा जयमंगल चा के बड़े भाई थे और डेहरीऑनसोन में नौकरी करते थे। मेरे घर में जब कोई शादी-ब्याह या जनेऊ का समारोह होता था, तो बाबू सबसे पहले उन्हीं को पत्र से सूचना देते थे। उनके समारोह में न आने पर जब कभी वे घर आते थे, उन्हें अपने यहाँ बुलाकर भोजन कराते थे। वे बँटवारे के मुकदमे की जड़ में थे। सेवामुक्त होकर जब वे गाँव आए, तो गाँव के कुछ लोगों ने मेरे दालान पर उसे सुलझा लेने के लिए उन्हें बुलाया। वे यह कहकर उठ गए कि मेरे पास पीएफ के जो पैसे हैं, वे खर्च हो जाएँगे, तो मैं सुलह की बात सोचूँगा। विचित्र बात है कि मेरे घर के बच्चों के प्रति उनके मन में अपार स्नेह था। इस कारण जब वे रास्ते से गुजरते थे, तो वे बच्चे उनसे लिपट जाते थे और वे बड़े प्यार से उनसे बोलते-बतियाते थे। अंत में जब वे मरणासन्न हो गए और अपने दरवाजे पर कुछ लोगों से घिरे हुए लेटे थे, तो उन्हें देखने मैं भी पहुँचा। मुझे देखकर वे बोले-बेईमान, अब आए हो! 'अब' का मतलब था आखिरी वक्त में। मैं शर्मिंदा होकर कुछ देर वहाँ बैठा रहा, फिर लौट आया। वे थोड़े दिन बाद ही चल बसे। रामबल्ली बाबू के मंजिल जाने की बात मैं ऊपर कह चुका हूँ। नन्हकी चा भी, जो तिरबेनी चा के बड़े भाई थे, अंत में बाबू के मित्र हो गए थे। गाँव का दृश्य भी बहुत कुछ बदल चुका था। बहुत लोग उनके पक्षधर हो गए थे। कई मुकदमे सुलझ चुके थे और आपस का मनोमालिन्य जाता रहा था।

बाबू में करुणा भी बहुत थी। मेरी सास को उन्होंने कभी पसंद नहीं किया, लेकिन अंतिम दिनों में जब वे अस्पताल में थीं, तो वे चुपके से आए और उनके नजदीक बैठकर देर तक रोते रहे। यह बात मुझे मेरी पत्नी ने बतलाई, वर्ना उन्होंने कभी अपना मुँह नहीं खोला। शायद उन्हें अपनी मृत्यु का आभास भी होने लगा था। वैसे मेरी याद में वे कभी लंबे अरसे के लिए बीमार नहीं पड़े, जबकि ईआ बीमार ही रहती थी। उसके पेट में अल्सर था और उसे विस्मरण का रोग भी हो गया था। आखिर पटने के सबसे तेज डाक्टर ठाकुर रणविजय प्रताप नारायण सिंह ने उसे पीड़ा से छुटकारा दिलाया। उनका नाम ही बड़ा नहीं था, डाक्टर भी बड़े थे। संक्षेप में लोग उन्हें डा. टी.आर.वी.पी.एन. सिंह कहते थे। अच्छी होकर ईआ बाबू के चलते गाँव लौट गई। आश्चर्य कि गाँव लौटकर वह एकदम ठीक हो गई और उसका विस्मरण भी जाता रहा। शाम को उसके यहाँ वृद्ध महिलाओं की महफिल लगती थी और वह बीड़ी से उनका स्वागत करती थी। लेकिन बाबू का शरीर तो चट्टानी था, ठीक उनके धीरज की तरह, सो वे ईआ से बराबर कहा करते थे—तुम क्यों घबराती हो? अभी मैं दस साल और जीवित रहूँगा और तुम्हें पार लगाकर ही जाऊँगा।

उनकी खुराक अच्छी थी, लेकिन जैसे-जैसे उनकी उम्र बढ़ती गई, वे उसे घटाते गए। जूठा वे कभी नहीं छोड़ते थे और थाली में पड़ा नमक भी अंत में उठाकर खा जाते थे। अंतिम दिनों में तो मेरे डेरे पर उन्होंने मटन के साथ चिकेन भी खाया और पूछने पर कि दोनों में कौन अच्छा है, उन्होंने चिकेन की तरफ इशारा किया। उनका यह गैरकट्टरपन देखकर युगल चकित था। वही चिकेन भी लाया था, अपने और मेरे लिए, जिसमें बाबू ने भी बेहिचक हिस्सा बँटाया। यहीं मैं यह बतला दूँ कि मुसलमानों की छोटी बस्ती लड़ुई के मुसलमानों से उनकी बहुत रफ्त-जफ्त थी। वहाँ के हादी बाबू, जो धोती पहनते थे और मँजे हुए कूटनीतिज्ञ थे, उनके मित्र थे। वहाँ का कोई मुसलमान मिलता था, तो वे देर तक उससे बातें करते थे। उन्हें पता रहता था कि उसके घर में कितनी कुँवारी लड़कियाँ और कितने युवक थे। युवकों में कौन नौकरी करता था और कौन बेकार था। वे नाम ले-लेकर सबका समाचार लेते थे और उनकी माली हालत पर विचार करते थे। शायद इसी सबका परिणाम था कि वे साल की चर्चा होने पर हिजरी सन की ही चर्चा करते थे और मुसलमानों के साथ बातचीत में उर्दू शब्द का बहुत प्रयोग करते थे, जैसे मृत्यु के लिए कजा कर जाना, वालिद, अब्बा, हमल आदि। वे टोपी भी मुसलमानों वाली ही पहनते थे। मेरे और शेखर की शादी में बड़का बाबू ने भी वही टोपी पहनी थी, जिसे हम लोग 'मैनी' टोपी कहते थे। यह शब्द निश्चय ही 'मियाँनी' शब्द से बना था। लड़ुई के साथ यह सांप्रदायिक सौहार्द मेरे पूरे गाँव में था। इसी कारण दंगे के दिनों में मेरे गाँव के दो लोग हादी बाबू के यहाँ रात में सोने जाते थे। एक बाद गुरुजी ने हादी बाबू से कहा—आप लोग क्यों डरते हैं? आप लोगों को हम सभी लोग बहुत मानते हैं। उन्होंने उत्तर दिया—बबुआजी, आप लोगों से हम लोगों को डर नहीं है। डर है उन कमबख्त गवालों से, जो बुझिहें न सुझिहें, सर तोड़ दीहें। गुरुजी चुप रह गए और हम लोगों को यह बतलाकर हादी बाबू की जुबान का आनंद लेते रहे।

अब मदारपुर के महंत सिधारी गिर थे। उनके खेतों में उस गाँव की ग्वालिनें काम करती थीं, जिनसे वे छेड़-छाड़ किया करते थे। यह बात फैलने लगी। जब वह बाबू को मालूम हुई, तो उन्होंने कहा—जब ऐसी बात है, तो वे एक चेलिन क्यों नहीं रख लेते हैं? उसी दिन मुझे मालूम हुआ कि चेलिन रखने को सामाजिक स्वीकृति मिली हुई है। सिधारी गिर के गुरु रामऔतार गिर भी अक्सरहा सहदुल्लहपुर जाते थे, जहाँ के मठ की माताजी से उनका प्रेम-संबंध

था। मेरे अपने गाँव में भी बाबू लोगों के एक घर ने दूसरे गाँव से एक नौकर को, फिर उसकी खूबसूरत पत्नी को बुलाकर अपने घर के पास बसा लिया था।

बाबू की मृत्यु घात लगाए थी। उन्हें दस्त लगने लगे और वे रुक नहीं रहे थे। मेरा चचेरा भाई उन्हें मेरे पास छोड़ गया। मैंने अपनी पत्नी के मामू डा. अखिलेश्वर प्रसाद सिन्हा के कंकड़बाग स्थित क्लिनिक में उन्हें भर्ती कराया। मेरे पत्नी उनकी सेवा में थीं। मैं संतोष से भरकर सुबह-शाम उन्हें खाना पहुँचाया करता था। आठ-दस दिनों में वे चंगे हो गए और मामू ने उन्हें क्लिनिक से छुट्टी दे दी। लेकिन मेरे डेरे पर आकर उन्हें फिर दस्त लगने लगे। मैंने मामू को फोन करके बतलाया। उन्होंने उत्तर दिया कि यह वैशाली डायरिया है, जिसकी कोई दवा अभी नहीं निकली। वैशाली डायरिया से मरने वालों का समाचार अखबारों में अक्सरहा निकला करता था। मेरे डेरे पर बाबू के दस्त ही मेरी पत्नी नहीं साफ करती थीं, बल्कि अपने हाथों से उन्हें नाली पर बिठाकर उनका मल-मार्ग भी धोती थीं। आठ-दस दिनों के बाद जब बाबू को लगने लगा कि अब वे नहीं बचेंगे, तो उन्होंने मुझसे कहा—मैं मग्गह में मरना नहीं चाहता हूँ। मुझे घर पहुँचा दो। दूसरे दिन मेरी पत्नी ने ऑटो रिजर्व करके उन्हें घर पहुँचा दिया। पीछे से मैं गया और अपनी दो बड़ी बहनों को बुलाकर उनको बाबू की सेवा का भार दिया। एक बहन को तो मैं पचास रुपए भी दिया करता था। इस तरह हफ्ते में दो बार गाँव जाता था और उनकी व्यवस्था देखकर संतुष्ट लौटता था। 1984 में तीन महीने तक उनके शरीर से लगातार पानी निकलता रहा। जब तक वे होश में रहे, एक ही बात रटते थे—मुझे तो पप्पू के बाद ही चला जाना चाहिए था। पप्पू भैया का बड़ा लड़का था। नेतरहाट से प्रवेशिका-परीक्षा पास करके उसने पटना साइंस कालेज में दाखिला लिया था और हथुआ होस्टल में रह रहा था। एक दिन वह अपने ननिहाल जा रहा था, जहाँ वह रहता था, यानी जमालपुर (मुंगेर)। रास्ते के एक स्टेशन पर होनेवाले हंगामे को देखने के लिए उसने ट्रेन से सिर बाहर निकाला कि वह डिस्टैंट सिग्नल से टकरा गया और तत्क्षण उसकी मृत्यु हो गई। हम लोगों को समाचार मिला, तो कार से मेरी पत्नी तुरत वहाँ गईं। फिर उसके श्राद्ध में हम लोग गए, पर बाबू वहाँ जाने का साहस नहीं जुटा सके।

यहीं मैं एक गलतफहमी दूर कर देना चाहता हूँ। भैया ने मुझे एम.ए. में पढ़ाया था, सो बदले में भाभी चाहती थीं कि मैं पप्पू को पढ़ाऊँ। उस समय मैं अध्यापक तो हो गया था, पर मेरा वेतन कुल चार सौ रुपए था, जिनमें से डेढ़ सौ रुपये मैं पोस्ट ऑफिस से शेखर को, जो सिंदरी इंजीनियरिंग कालेज में पढ़ रहा था, मनिऑर्डर करके घर आता था और पत्नी को केवल ढाई सौ रुपए थमाता था। वे रुपये उसी रोज मकान-भाड़ा, अखबारवाले, राशनवाले, दूधवाले, बच्चों के मास्टर एवं दाई को दे दिये जाते थे। कुछ रुपये दवा पर भी खर्च हो जाते थे, सो मैं बहुत दिक्कत में था। महँगाई भी बहुत बढ़ी हुई थी, जिसके कारण कुछ ही दिनों बाद जयप्रकाशजी का आंदोलन शुरू हो गया। लिहाजा मुझे ट्यूशन करना पड़ता था। ऑनर्स और एम.ए. के एक-एक छात्र तो मेरे घर पर आ जाते थे, पर लड़कियों को मुझे उनके घर जाकर पढ़ाना पड़ता था। उधर भौजी स्कूल में शिक्षिका थीं और मायके में रहती थीं, सो बड़ी आसानी से पप्पू को पढ़ा सकती थीं, लेकिन वे चाहती थीं कि मैं शेखर को न पढ़ाकर पप्पू को पढ़ाऊँ। मेरा परिवार संयुक्त परिवार था और भौजी के पास रास्ता था, सो मैंने बाबू का आदेश शिरोधार्य कर शेखर को मुसीबतें उठाकर भी पढ़ाने लगा। भौजी भैया को भी मुझे रुपए भेजने से रोकती थीं कि उन्हें उसका बदला नहीं मिलेगा।

पप्पू इतना भला लड़का था कि जब कभी उसका मेस बंद होता था, वह मेरे यहाँ आ जाता था और उसे मेरी पत्नी बहुत प्रेम से खाना खिलाती थीं। अफसोस कि भौजी ने आज तक मेरी परिस्थिति नहीं समझी और अभी भी मुझे कृतघ्न मानती हैं, जबकि मेरा ऋण युगल ने भैया के दूसरे लड़के रवि को तिलैया के सैनिक स्कूल में पढ़ाकर उतारा। एक बात मैंने नहीं कही कि उसी स्थिति में मुझे कभी-कभी बाबू को भी कुछ रुपए देने होते थे और एक-दो बार हथुआ होस्टल में मैंने युगल को भी कुछ दिये थे।

अंत में एक दिन बाबू की उलटी साँस चलने लगी। संयोग से मैं वहीं था। मनोरमा दीदी ने मुझे पुकारा—दौड़ रे नंदकिशोर, बाबू जा रहे हैं। मैंने जल्दी से उनके मुँह में गंगाजल और तुलसी-दल दिया और क्षणांतर में उनके प्राण-पखेरू उड़ गए। सभी रो रहे थे, खासकर ईआ। मेरी आँखों में आँसू नहीं थे, जिस पर मुझे आश्चर्य हो रहा था। एकदम सुबह का समय था। उनके शव को आँगन में एक बिस्तर पर लिटाकर चादर से ढँक दिया गया था। उनकी काठी इतनी चौड़ी और मजबूत थी कि मरने पर चौकी पर उन्हें देखकर लगता था कि किसी जानवर की लाश है। आखिर उन्हें अरथी सजाकर गाँव के लोगों द्वारा कोन्हारा घाट ले जाया गया। खबर पाकर मेरी पत्नी और बच्चे भी हाजीपुर पहुँचे। भैया ने उन्हें मुखाग्नि दी। मेरे गाँव में दाह-कर्म के बाद मंजिल जानेवालों के गंडक में नहाने का विधान है, फिर यदि मृतक वृद्ध हुआ, तो सबों को होटल में खिलाने का। नहाकर सारे लोग हाजीपुर पोस्ट ऑफिस के निकट स्थित हिरदे साह की दुकान पर पहुँचे। आदेश दिया जा चुका था। खानेवालों में रामबल्ली बाबू भी थे। घाट पर मैंने उनसे पूछा—आपने कैसे कष्ट किया? उन्होंने कहा—उनके साथ मेरा कुछ निजी संबंध था। सब लोगों को मैंने जमकर चूड़ा-दही और मिठाइयाँ खिलाईं। वहाँ से वे लोग अपने घर लौट गए। मैं ट्रेन से अपने गाँव पहुँचा।

बाबू का श्राद्ध संपन्न हो जाने के बाद हम तीनों भाइयों ने शानदार ढंग से उनका पक्की और कच्ची का भोज किया, जिसे ईआ बैठकर परम संतोष-भाव से देखती रही। मरनी का भोज रात में ही होता है। कच्ची यानी भात के भोज की रात पत्तल से जूठा भात काछकर ले जाने के लिए मेरी डोमिन आई। मैंने उसे कहा कि तुम जूठा नहीं ले जाओगी, मैं तुम्हें भोज के बाद जितना भात चाहोगी, दूँगा। भोज के बाद जब मैंने भात निकालकर डोमिन को खोजा, तो लोगों ने कहा—वह चली गई। वह अच्छा भात नहीं लेती है। पत्तल पर से ही जूठा भात ले जाती है और उसे सुखाकर दुबारा भात बनाती है। उस सुखाए हुए भात की मात्रा से ही उसकी जाति में उसकी जजमनिका का संकोच और विस्तार जाँचा जाता है। इस तरह जूठा भात उसकी वह संपत्ति है, जिस पर अपने समाज में उसका ओहदा और शादी-ब्याह में उसकी औकात जानी जाती है। मुझे बाबू के मुँह से सुनी हुई रूदल बाबा की यह बात याद आई—नीढ़े हुए भात को नीढ़ता है कौन? डोम। इस कहावात का तात्पर्य यह है कि चर्वितचर्वण और पिष्टपेषण नहीं करना चाहिए।

आज जब मैं यह लेख लिख रहा हूँ, मेरी आँखें तर हैं। बाबू का वात्सल्य अनुपम था। वे गाँव के पहले व्यक्ति थे, जो अपनी पोती पूर्वा के लिए अपने गाँव को छोड़कर दूसरे गाँव से दूध लाते थे। जहाँ लड़कियों की मृत्यु पर लोग एक-दूसरे को बधाई देते थे, वहाँ पोती के लिए दूध लाने के चलते उन्हें कुछ लोगों का व्यंग्य भी सुनना पड़ता था, पर वे उस पर ध्यान नहीं देते थे। यह तो उनका पोती-प्रेम हुआ। द्वितीय विश्वयुद्ध का काल था। महँगाई अपने चरम पर थी। कपड़े पर कंट्रोल था। एक अर्से के बाद गाँव में एक डीलर आता था और नंद

बाबू के बँगले पर बैठकर प्रत्येक परिवार को एक धोती या साड़ी और नापकर कुछ गज कपड़े देता था। किसान उसे अपनी बगल में दबाकर घर लौटते थे। उस समय मैं आठ–नौ साल का था। मैंने जिद पकड़ ली कि धोती पहनूँगा। बजगानी धोती कहाँ मिलती? कई दिनों की दौड़–धूप के बाद बाबू मेरे गाँव से तीन–चार कोस दूर स्थित नावानगर गाँव से एक बजगानी धोती ले आए। मेरी जिद रखने के लिए उन्हें भारी मेहनत करनी पड़ी, पर वे उसे पूरा करके रहे। ईआ ने धोती को पीले रंग में रँग दिया, फिर उसके सूखने पर मैंने उसे कन्हैयाजी की तरह पहना। बस, सिर पर मोर मुकुट और हाथों में मुरली की कमी थी। उनकी मृत्यु के बाद मैं नहीं रोया। जब श्राद्ध वगैरह संपन्न कर पटने लौटा, तो मैं बिस्तर पर पड़ा रहता था और मेरी आँखों से चुपचाप आँसू बहते रहते थे। उनकी स्मृतियाँ उलट–पुलटकर मेरे मानस में आती थीं और मुझे बेचैन बनाए रखती थीं। उसी समय मैंने जाना कि पितृ–प्रेम क्या होता है। भैया पूर्ण विक्षिप्त हो चुके थे, सो उनका उपद्रव बढ़ गया था। लेकिन बाबू ने कभी उन्हें कुछ नहीं कहा और सबसे बड़ा लड़का होने के कारण उन्हें बहुत ज्यादा मानते रहे। अंत में स्थिति यह हो गई कि भैया उन्हीं के हाथ से खाना खाते थे। उनके खाने के वक्त पर वे जहाँ कहीं हों, जरूर चले आते थे। जब वे नहीं रहे, तो उनके श्राद्ध के बाद भैया रोते फिरते थे और कहते थे कि बाबू चले गए, अब मैं भी चला जाऊँगा और एक महीने के भीतर हृदयाघात से वे चले भी गए।

अब सिर्फ ईआ रह गई थी, जिसे युगल नियम से सौ रुपए मासिक भेजा करता था। इतने रुपए उसके लिए काफी थे। एक बार मैं गाँव गया, तो पच्चीस रुपये में घर का सारा काम करने के लिए एक दाई रख आया। मैं पटना पहुँचा और ईआ ने उसको निकाल बाहर किया।

युगल साठ के दशक के अंत में टायफायड का शिकार होकर अस्पताल में भर्ती हुआ। उसका इलाज बहुत सुंदर ढंग से डा. आर.पी. सिन्हा ने किया। जब उसे अस्पताल से छुट्टी मिली, तो बाबू ने उसे कंधे पर लेकर रिक्शे पर बैठाया और फिर कंधे पर लेकर ही उसे जहाज से उतारकर रिक्शे पर बैठाया। मेरी पत्नी उसे दवा और पथ्य देने के लिए अस्पताल से ही मेरे घर आ गईं। चाची और ईआ उसकी सेवा के लिए अस्पताल में उसके साथ थीं, लेकिन सेवा का मुख्य भार मेरी पत्नी पर था। हम सब लोग गाँव चले। बाबू ने पहले की तरह ही उसे घर पर उतारा। चूँकि महनार रोड पीच का हो गया था, इसलिए हम लोग उसी से होकर रहिमापुर होते हुए गाँव आए। मेरी पत्नी दो–तीन हफ्ते फर्श पर सोई थीं, जो उसे माफिक नहीं आया। दिल्ली में शाहपुर जाट में अपूर्व के घर मैं उन्हें बिस्तर पर सुलाता था और खुद नीचे सोता था। अस्पताल में सोने के कारण गाँव से पटना लौटने पर उन्हें टायफायड और न्यूमोनिया हो गया, जिससे वे भी अस्पताल में भर्ती हुईं। एक दिन वे लकवाग्रस्त होने और कोमा में जाने ही वाली थीं, लेकिन डा. श्रीनिवास ने उन्हें बचा लिया। यही कारण है कि युगल और मेरी पत्नी के बीच बहुत दिनों तक अच्छा संबंध रहा। अस्पताल में अपनी देवरानी को देखने के लिए भौजी भी जमालपुर से आई थीं।

मैं चूँकि भाइयों में सबसे कमजोर था, इसलिए माँ–बाप का मुझ पर विशेष स्नेह था। बाबू जब घर से आते थे, तो मेरे लिए दही–चूड़ा और चीनी भी लिये आते थे। ईआ उनसे कहती थी कि अपने सामने उसे खिलाकर आइएगा। उनके लौटने पर उनकी और ईआ की बातचीत का यह नमूना देखिए :

ईआ— हे, उसने खाया?

बाबू— हाँ।

ईआ– आपके सामने खाया कि नहीं ?

बाबू– अरे, मेरे सामने खाया !

ईआ– आपने अपनी आँखों से उसे खाते देखा कि नहीं ?

बाबू– हाँ, देखा।

उसके बाद ही ईआ संतुष्ट होती थी। जब तक वह जीवित रही, मैं बीच–बीच में जाकर उसे देख आता रहा। पाँच वर्षों के बाद की बात है। वह भली–चंगी थी कि तीन बजे रात में बाइक पर सवार मेरे एक चचेरे भाई के साथ गाँव के दो युवक पहुँचे और मुझे सूचना दी कि चाची कुएँ में डूबकर मर गईं। उसी समय मैं बाइक के पीछे बैठकर गाँव रवाना हो गया। ईआ का शव आँगन में रखा हुआ था और मेरी भाँजी साधना ने उस पर कुछ फूल लाकर रख दिये थे। थोड़ी ही देर बाद मेरी पत्नी बाल–बच्चों के साथ, मेरे हमजुल्फ सुबोधजी को लिये हुए, जो उस समय पटने के रेलवे एसपी थे, घर पहुँचीं। मैंने ईआ को मुखाग्नि दी और लोगों को खिला–पिलाकर घर लौटकर विधिवत् मुखाग्नि देनेवाले के नियमों का पालन किया। दसवें दिन शेखर भूखे–प्यासे घर पहुँचा। वह मेरी शारीरिक दुर्बलता ज़ानता था, सो श्राद्ध का भार अपने ऊपर ले लिया। श्राद्ध के बाद जब मैं पटना लौटने के एक दिन पहले चौकी पर लेटा था, तो सोच रहा था कि इस घर में मेरी यह आखिरी रात है। वह सही साबित हुआ। उस घर को मैंने अपने जिस चचेरे भाई को दिया, उसके यहाँ मैं पानी भी नहीं पी सकता हूँ। वह मेरा परम शत्रु है, इसलिए कब मुझे जहर दे देगा, कहना मुश्किल है।

ईआ कुएँ में डूब गई। ऐसा लगता है कि बाबू का वियोग अंततः उसे सहन नहीं हुआ। वह तो चली गई, उसका यह प्यारा बेटा भी उसके पास जल्दी से जल्दी पहुँचने का इंतजार कर रहा है। फिराक का यह शेर मैं अक्सर दुहराता हूँ :

सब मरहले हयात के तय करके अब फ़िराक़,
बैठा हुआ हूँ मौत में ताख़ीर देखकर।

एक लहर टूटे ना

रवींद्र भ्रमर का एक गीत है—'पाल धीरे-से झुकाओ,/एक लहर टूटे ना!' अपने इस गीत पर उन्हें बहुत नाज था, क्योंकि उसका सस्वर पाठ करने के पहले वे बाहर खड़े श्रोताओं से माइक पर कहते थे कि वे सिर्फ कुछ मिनटों के लिए भीतर आ जाएँ। मुझे यह गीत आज भी एकदम नापसंद है, क्योंकि यह निरर्थक है। लेकिन जब मैं नन्हकी चा पर संस्मरण लिखने के लिए लेख का शीर्षक ढूँढ़ने लगा, तो इस गीत के ध्रुवक की दूसरी पंक्ति मेरे सामने आकर खड़ी हो गई। मुझे लगा कि यही लेख का उपयुक्त शीर्षक हो सकता है। नन्हकी चा कितने कायदे के आदमी थे, यह इसी बात से जाना जा सकता है कि किसी पुस्तक के मुड़े हुए कोने से भी उनके दिल पर छुरी चल जाती थी। वे उसे सीधा ही नहीं करते थे, मोड़ का चिह्न मिटाने के लिए उसे उलटकर उस पर भी दो-चार बार हाथ फेरते थे।

नन्हकी चा का पूरा नाम रामसभाखन सिंह था, जबकि अपना नाम वे रामसभाषण सिंह लिखते थे। मिडिल स्कूल के हिंदी शिक्षक श्री राजेंद्र चौधरी, जो साहित्य-प्रेमी थे, उनके नाम के 'स' पर एक बिंदी दे देते थे, जिससे वह 'संभाषण' हो जाता था। वे 'नन्हकी' क्यों थे, यह बात आज तक मेरी समझ में नहीं आई, जबकि उनके एक छोटे भाई भी थे। भू-संपदा की दृष्टि से गाँव में उनका स्थान तीसरा था, जिस कारण बिंदा चा हमेशा उन्हें 'छोटे बाबू' कहा करते थे।

सुनते हैं कि नन्हकी चा युवावस्था के आरंभ में गाने-बजाने के भारी शौकीन थे। वे बगल के चमारों के साथ मिलकर गाते थे और तानसेन को खसी की बलि देते थे। बाद में उनका गाना-बजाना छूट गया, पर उसमें उनकी रुचि बनी रही। हम लोगों ने पाकड़ तर एक बार गांधी-जयंती मनाई। उसमें दयालपुर हाई स्कूल के प्रधानाध्यापक श्री गणेश मिश्र भी आए थे। वे कवि तो थे ही, गाते भी बहुत अच्छा थे। नन्हकी चा को उन्होंने पंतजी का प्रसिद्ध राष्ट्रीय गीत 'भारतमाता ग्रामवासिनी' गाकर सुनाया, जिसे उन्होंने बहुत ध्यान से सुना और उनके काव्य-प्रेम तथा उनके गाने के कायल हो गए। गणेश बाबू ने ब्रह्मानंद के यहाँ रात बिताई। वहाँ उन्होंने बच्चन के दो गीतों का पाठ कर गुरुजी सहित हम सबों को मुग्ध कर लिया। पहले हम उनके स्वर के ही प्रशंसक थे, अब उनकी पाठ-कला के भी प्रशंसक हो गए। जहाँ तक मुझे याद है, उन्होंने श्री हरिनंदन चौधरी की विदाई के अवसर पर रचित अपना यह गीत भी गाकर ही सुनाया था :

भँवरे, चल रे मत कर देर।
फूल-फूल पर जाना है रे,
कली-कली पर गाना है रे,

दर-दर अलख जगाना है रे,
एक कली नन्ही पर तुमने कर दी बहुत अबेर!

बच्चन के जिन दो गीतों का उन्होंने पाठ किया था, वे थे—'जो बीत गई, सो बात गई' और 'है अँधेरी रात/पर दीवा जलाना कब मना है?' जब एक गीत में यह पंक्ति आई—'मिट्टी के हैं बने हुए, मधुघट फूटा ही करते हैं', तो गुरुजी ने उच्छ्वसित भाव से कहा—'बच्चन का दर्शन!' ब्रह्मानंद के यहाँ बहुत ज्यादा खटमल था, सो गणेश बाबू रात भर ठीक से सो न सके होंगे। दूसरा अवसर पाकड़ तर मेरे गाँव के नाई दौन ठाकुर द्वारा आयोजित सत्यनारायण की कथा थी, जिसमें उसके गाँव की कीर्तन-मंडली भी आई थी। उस मंडली ने ऐसे झमकाकर कीर्तन गाए कि हम लोग देखते रह गए। मेरे गाँव की कीर्तन-मंडली टूट गई थी। नन्हकी चा ने कोशिश की कि प्रत्येक रविवार की शाम लोग पाकड़ तर जुटें और कीर्तन गाँवें। कीर्तन क्या होता, कुछ दिनों तक लोग जुटे, ताली बजाकर कुछ गीत गाते रहे, फिर वह सिलसिला भी बंद हो गया।

गाने-बजाने से छूटकर नन्हकी चा कांग्रेस के कार्यकर्ता बन गए और खादी पहनने तथा कांग्रेस के कार्यक्रम के अनुसार चलने लगे। नमक-सत्याग्रह में उन्होंने गाँव के लोगों के साथ मिलकर नोनी मिट्टी से नमक भी बनाया था, पर कोई गिरफ्तार नहीं हुआ। उस समय का एक समूह-चित्र तीन-चार दशकों के बाद पता नहीं कैसे मेरे पास आ गया था। इतने दिनों में गाँव के लोगों के चेहरे इतने बदल गए थे कि उन्हें पहचानना मुश्किल था। विलास बाबा की मदद से मैंने लोगों को पहचाना। उस चित्र में विलास बाबा तो थे ही, मेरे छोटका काका भी थे, अपनी किशोरावस्था में। वह चित्र जैसे मेरे पास आया था, वैसे ही पता नहीं कहाँ चला गया। आज वह मुझे मिलता, तो उसे एक कीमती धरोहर की तरह मैं जुगो कर रखता। 1942 में कांग्रेस ने 'अंग्रेजो, भारत छोड़ो' का नारा दिया और गांधीजी ने 'करो या मरो' का। छात्र स्कूल-कालेज छोड़कर बाहर आ गए और राष्ट्रव्यापी आंदोलन में शामिल हो गए। मेरे गाँव के मिडिल स्कूल से 'महात्मा गांधी की जय', 'अंग्रेजो, भारत छोड़ो' तथा 'इन्कलाब जिंदाबाद' का नारा लगाते हुए छात्रों का तिरंगा लिये हुए जुलूस निकला और बिदुपुर स्टेशन जलाने गया। मैं उस समय नंग-धड़ंग कुतूहलवश जुलूस के पीछे-पीछे जा रहा था। बाबू मुझे महीपत महतो के घर के सामने से पकड़कर ले आए थे। भैया जुलूस में शामिल थे। वे शाम को लौटे, तो स्टेशन से ढेर सारे टिकट लाए। छोटा बालक रहने पर भी वह घटना मुझे याद है। चूँकि कांग्रेस के सारे नेता जेल में डाल दिये गए थे, इसलिए बयालीस का आंदोलन दिशाहारा हो गया था और लोग तोड़-फोड़ और आगजनी करने लगे थे। यह गांधीजी के सिद्धांतों के खिलाफ था, इसलिए नन्हकी चा उस आंदोलन में शुरू से अंत तक मूक दर्शक बने रहे। बावजूद इसके कि वे कांग्रेस और गांधीजी के पक्ष में थे। वे देश की आजादी के लिए शांतिपूर्ण आंदोलन चाहते थे।

जब गांधीजी की हत्या कर दी गई, तो संभवत: उन्हीं की प्रेरणा से रात में उनके दरवाजे से लौटकर गुरुजी ने घर पर मुझे पुकारा और कहा कि गांधीजी की हत्या हो गई है। सवेरे हम लोग प्रभातफेरी निकालेंगे, जिसमें तुमको भी रहना है। गुरुजी के नेतृत्व में वह प्रभातफेरी निकली और 'रघुपति राघव राजा राम' गाते हुए हम लोग गाँव के चक्कर लगाते हुए अंत में जगदीश बाबू के दरवाजे पर पहुँचे, क्योंकि उस समय रेडियो सिर्फ उन्हीं के पास था। हम लोग भरे गले से बैठे थे और रेडियो पर पं. नेहरू बोल रहे थे, जो मेरी समझ में बिलकुल

नहीं आ रहा था। इसी बीच कोई व्यक्ति कुर्सी उठाकर एक तरफ से दूसरी तरफ ले गया, जिसमें कुर्सी के पाए का एक कोना मेरी आँख में लग गया। मैं भरा हुआ तो था ही। किसी ने जैसे बादलों को फोड़ दिया हो और वे बरस पड़े हों। मेरी आँखों से अविरल अश्रुपात होने लगा। बाद में नन्हकी चा ने पाकड़ तर गांधीजी का विधिवत् श्राद्ध किया और हरिजनों को निमंत्रण देकर खिलाया। वहाँ पर गांधीजी और जवाहरलाल के दो बड़े चित्र लगाए गए थे, जो बाद में नवयुवक पुस्तकालय में चले गए। हरिजनों को एक और भोज उन्होंने मिडिल स्कूल के सामने बगीचे के मैदान में दिया। मेरा खयाल है कि उस भोज में दूसरे गाँव के हरिजन निमंत्रित किए गए थे। दोनों भोज विशाल पैमाने पर किए गए थे, जो मेरे गाँव के लिए ऐतिहासिक घटना की तरह है। श्राद्ध और भोज-स्थल खूब स्वच्छ थे, सो चमक रहे थे।

चुनाव के दिनों में नन्हकी चा कांग्रेसी उम्मीदवार का प्रचार करते थे, जो हम लोगों को अच्छा नहीं लगता था। उसका एक कारण यह भी था कि हमारे हाई स्कूल के मंत्री भरत बाबू सोशलिस्ट पार्टी के टिकट पर खड़े थे। दूसरे, गुरुजी भी सोशलिस्ट थे और तीसरी बात यह कि भैया बेनीपुरीजी द्वारा संपादित सोशलिस्ट पार्टी का मुखपत्र 'जनता' ले आते थे। गाँव के लगभग सारे नौजवान सोशलिस्ट थे। भरत बाबू का प्रचार करते थे और उनके लिए जुलूस भी निकालते थे। हमारे नारे होते थे—'सोशलिस्ट पार्टी जिंदाबाद', 'वटवृक्ष के बक्से में/सोशलिस्ट को वोट दो' और 'लोहिया-मेहता-जयप्रकाश/इन्कलाब जिंदाबाद।' लेकिन जनता पर कांग्रेस और नेहरू का भयानक असर था। लोग शासन पर कांग्रेस का अधिकार होना हर तरह से वाजिब मानते थे। फल यह हुआ कि बहुत कमजोर कांग्रेसी उम्मीदवार जीत गए और भरत बाबू की जमानत तक जब्त हो गई। मैं चुनाव के दिनों में आठवें वर्ग में था और हाजीपुर में सोशलिस्ट पार्टी के चुनाव-कार्यालय में अक्सर जाता था। वहाँ कार्यकर्ता सभी सीटों पर जीत हासिल करने का ख्वाब देख रहे थे, क्योंकि बयालीस के आंदोलन में उन्होंने जमकर हिस्सा लिया था और उसकी आग बुझने पर भी जयप्रकाश नारायण उसे नेपाल की जेल से छूटकर सुलगाते फिर रहे थे। सुनते हैं कि चुनाव का परिणाम अभी घोषित भी नहीं हुआ था और मुख्यमंत्री, जो उन दिनों प्रधानमंत्री कहलाता था, के पद के लिए सोशलिस्ट नेता बाबू गंगाशरण सिंह और श्री रामनंदन मिश्र में इतने जोरों से मनमुटाव हो गया था कि रामनंदन मिश्र ने सक्रिय राजनीति से हमेशा के लिए संन्यास ले लिया। परिणाम घोषित होने पर जयप्रकाशजी भागकर राजगृह चले गए और वहाँ अरसे तक शोकमग्न रहे तथा अनुचिंतन करते रहे। लेकिन मुझे देखिए कि उसके बाद भी मैं सोशलिस्ट पार्टी का सदस्य बन गया और अपने वर्ग के एक दर्जी मित्र इशाक से सिलवाकर अपने घर पर सोशलिस्ट पार्टी का झंडा लगा दिया। प्रकृति से व्यवस्था-विरोधी होने के कारण मैं अपनी साइकिल में भी सोशलिस्ट पार्टी का झंडा बाँधकर बड़ी शान से चलता था। रामबल्ली बाबू भी कांग्रेस के ही पक्षधर थे, जिनका अनुयायी प्रायः संपूर्ण गाँव था। बड़का बाबू और बाबू ने भी लोकसभा के लिए कांग्रेस को ही अपना मत दिया था। अब मुझे जनता की राजनीतिक सूझ-बूझ समझ में आती है।

प्रत्येक गणतंत्र-दिवस पर नन्हकी चा पाकड़ के पेड़ पर राष्ट्रीय ध्वज फहरवाया करते थे। एक बार उनके निर्देश पर अर्जुन चा ने पेड़ पर चढ़कर बड़े उत्साह से झंडा फहराया था और उसके बाद ऊपर ही नारे लगाने लगे थे। इस उत्साह का कारण यह था कि वे हाल

ही में कहीं से सामाजिक और राष्ट्रीय कार्यों का प्रशिक्षण लेकर आए थे। नन्हकी चा और कई लोगों ने 1933 में मिलकर गाँव में नवयुवक पुस्तकालय की स्थापना की। रामबल्ली बाबू के चचेरे बड़े भाई सूरुज बाबू के नाम पर बाद में पुस्तकालय में वाचनालय खुला, जिसे उन्होंने पसंद नहीं किया और करीब चार दशकों के बाद पुस्तकालय को नष्ट करके ही रहे। पहले पुस्तकें गाँव में नए खुले हाईस्कूल को दे दी गईं और उसके बाहरी दोनों कमरों में हाईस्कूल के शिक्षक रहने लगे। धीरे-धीरे पुस्तकालय का विस्तृत और शानदार भवन जीर्ण होता गया और अब तो उसका छप्पड़ भी बैठ रहा है। भवन तो वीरान है ही, जिसे देखकर मेरा कलेजा विदीर्ण हो जाता है, क्योंकि 1950 में उस पुस्तकालय का सदस्य बनकर मैंने साहित्य की पहली शिक्षा उसकी पुस्तकों और उसके पुस्तकाध्यक्ष गुरुजी से ही ली थी।

हम लोगों ने हाजीपुर के किरण-मंडल के अनुकरण पर प्रेरणा-मंडल नामक एक साहित्यिक-सांस्कृतिक संस्था बनाई थी। प्रत्येक रविवार को उसकी ओर से साहित्यिक गोष्ठियाँ आयोजित होती थीं, जिनमें मुख्य रूप से कविताएँ पढ़ी जाती थीं और कभी-कभी किसी साहित्यिक विषय पर चर्चा भी होती थी। खास तौर से होली के दिन हम लोग ब्रह्मस्थान के आगे-पीछे के दोनों तरफ की सड़कें साफ करते थे और पाकड़ तर वाले मैदान में गुलाल-पर्व मनाते थे। उसमें लेख और कविताएँ पढ़ी जाती थीं, होली के दिन कीचड़ वगैरह के इस्तेमाल को रोकने का अनुरोध किया जाता था और लोगों को गुलाल लगाया जाता था। बाद में प्रेरणा-मंडल की ओर से अनेक नाटक खेले गए, जिनमें से भारतेंदु का नाटक 'सत्यहरिश्चंद्र' का मंचन सर्वाधिक सफल रहा। लोगों ने अंत में विष्णु के प्रकट होने पर जयकार की और फिर परम संतुष्ट होकर अपने गाँव को लौट गए। सत्यनारायण भाई, जो लंगट सिंह कालेज, मुजफ्फरपुर में हिंदी ऑनर्स के छात्र थे, मंडल के अध्यक्ष और मैं उसका सचिव था। 'सत्यहरिश्चंद्र' का निर्देशन वस्तुत: मैंने ही किया था। मैंने इस बात का खास तौर से ध्यान रखा था कि 'स्टेज कंट्रोल' कर सकूँ, जो नाट्य-मंचन के लिए सबसे अधिक आवश्यक है। उक्त नाटक की सफलता देखकर मुझे भारतेंदु के संबंध में डा. रामविलास शर्मा का यह कथन याद आया कि भारतेंदु की उँगली पर्दे पर कभी गलत जगह नहीं पड़ी। अफसोस कि सत्यनारायण भाई के इलाहाबाद चले जाने और मेरे पटना चले आने के कारण मंडल धीरे-धीरे निष्क्रिय हो गया। नई पीढ़ी में उसे चलाने की कोई रुचि ही नहीं थी। नन्हकी चा ने मंडल के संचालन में न केवल पूरा योग दिया था, बल्कि उस पर आंतरिक उल्लास भी प्रकट किया था। 'सत्यहरिश्चंद्र' नाटक दुर्गापूजा के मौके पर उनके घर के सामने वाले खेत में हुआ था, जो शायद उन्हीं का था।

1953 में हम लोगों ने मंडल की ओर से तुलसी-जयंती मनाई। इसका जो निमंत्रण-पत्र छपा था, उसके ऊपर दिनकर की दो पंक्तियाँ दी गई थीं : 'आज यह राजवाटिका छोड़/चलो कवि वनफूलों की ओर'। हम लोगों ने बिहार के सभी कवियों को उसके कवि-सम्मेलन में आने के लिए निमंत्रित किया था। मनोरंजन बाबू ने कार्ड पर यह पद्यबद्ध संदेशा भेजा था—'महाशय, नमस्ते। कृपा-पत्र पाया।/क्षमा कीजिएगा, नहीं आ सकूँगा।/सफल आप हों और उत्सव सफल हो,/यहीं से हमेशा मनाया करूँगा'। तुलसी-जयंती चूँकि श्रावण शुक्ल सप्तमी को मनाई जाती है, इसलिए उस दिन वर्षा का डर हमेशा बना रहता है। आखिर उस दिन भी तीन बजे दिन में जोरों की वर्षा हुई और चार बजे रुकी। उसके बाद हम लोगों के

लिए बड़ी मुसीबतें खड़ी हो गईं। लेकिन हम लोग शानदार ढंग से समारोह करके रहे। इस अवसर पर मुख्य वक्ता थे प्रो. हरिनंदन चौधरी, जो पहले मेरे गाँव के मिडिल स्कूल में प्रधानाध्यापक थे और बाद में जंदाहा हाई स्कूल होते हुए लंगट सिंह कालेज के हिंदी विभाग में अध्यापक हो गए थे। उनके साथ मुजफ्फरपुर से आनेवाले कवि थे—रामइकबाल सिंह 'राकेश', रेवती रमण, सुहृद-संघ के सचिव बदरीनारायण लाल 'पयोद' और श्यामनंदन किशोर, जो उन दिनों युवा कवि के रूप में बहुत लोकप्रिय थे। देखने में वे सुंदर भी बहुत थे और खास ढंग से सस्वर अपनी कविताओं का पाठ करते थे। हाजीपुर से आनेवाले कवि थे—रामगोपाल शर्मा 'रुद्र', जो पटने से हाजीपुर पहुँचे थे, रामजीवन शर्मा 'जीवन', महावीर प्रसाद शर्मा 'विप्लव' और तरुण कवि सिद्धिनाथ मिश्र, जो बाद में मेरे अभिन्न मित्र हो गए।

प्रो. चौधरी आदि के व्याख्यान के बाद 'रुद्र'जी की अध्यक्षता में कवि-सम्मेलन हुआ, जिसका उद्घाटन रमणजी ने किया। 'जीवन'जी ने उसमें जो कविता पढ़ी थी, वह मुझे आज भी याद है—'तुलसीदास आज यदि होते,/तो क्या लिखते रामचरित्र?/किसी मिनिस्टर का गुण गाते,/होती जिससे गिरा पवित्र'। 'जीवन'जी कितने सधे हुए कवि थे, यह उनकी इन पंक्तियों में प्रयुक्त 'गिरा' शब्द से मालूम पड़ता है, जिस पर तुलसीदास का ठप्पा है—'*गिरा* अरथ जल बीचि सम, कहियत भिन्न न भिन्न'। 'किशोर'जी ने यह गीत गाया था—'हर साल याद किसकी लेकर/आ जाता है सावन, बोलो।/किसकी समाधि पर चढ़ा रहा,/नयनों का जल पावन, बोलो'। 'रुद्र'जी ने अंत में अपने बाँसुरी-जैसे स्वर में दर्जनों नए-पुराने गीत सुनाकर श्रोताओं का दिल जीता था। यह कवि-सम्मेलन मिडिल स्कूल की प्राथमिक कक्षाओं वाले हॉल में हुआ था और कवियों के भोजन की व्यवस्था नवयुवक पुस्तकालय के वाचनालय में थी, जिसमें दो बड़ी और खूबसूरत टेबुलें और अनेक कुर्सियाँ लगी थीं। भोजन की व्यवस्था करने का भार नन्हकी चा पर था। उन्होंने कवियों को बहुत प्रेम से बहुत सुंदर भोजन कराया। तत्पश्चात् मुजफ्फरपुर के कवि कार से लौट गए और 'रुद्र'जी सहित हाजीपुर से आए हुए कवि हॉल में ही सो गए। सवेरे पैदल ही हम लोग उन्हें छोड़ने बिदुपुर स्टेशन गए। सत्यनारायण भाई ने 'विप्लव'जी के कहने पर 'जीवन'जी को कुछ पत्रंपुष्पम् भी दिया। ट्रेन आने पर उन लोगों को चढ़ाकर हम लोग लौट आए। नन्हकी चा न होते, तो प्रेरणा-मंडल का यह आयोजन सफल नहीं होता।

1954 की गर्मियों में मैं 'रुद्र'जी के साथ पटने में उनके लंगरटोली वाले डेरे में रुका था। मैं 'मूर्च्छना' और 'हिमशिखर' नामक उनके कविता-संग्रहों की प्रेस कापी तैयार करता था और वे बदले में मेरे प्रथम कविता-संग्रह 'मंजीर' की कविताएँ संशोधित करते थे। उन्होंने अपने परिवार को अपनी ससुराल भेज दिया था, जिससे डेरे पर हमीं दो रह गए थे, जो कभी होटल में और कभी उनके मित्रों के यहाँ भोजन करते थे। शाम को उनके यहाँ 'नारायण'जी, कौंडिन्यजी और कभी-कभी शिवनंदन सांकृत्यायन, हंसकुमार तिवारी और राँची के वन-अधिकारी योगेंद्र प्रसाद सिन्हा की, जो अंग्रेजी की प्रसिद्ध पुस्तक 'एराउंड द वर्ल्ड' के यशस्वी लेखक और हिंदी के अत्यंत सार्थक कहानीकार थे, मंडली बैठती थी। उसमें हँसी-मजाक और साहित्य-चर्चा के साथ कविता-पाठ भी होता था। उसी में मैंने 'नारायण'जी की 'अनारकली' शीर्षक प्रसिद्ध कविता का पाठ सुना था। उनका पाठ बहुत प्रभावशाली होता था। बाद में वह कविता 'अवंतिका' में निकली। बीच-बीच में मैं स्टोव पर चाय बनाकर

ले आता था। 'रुद्र'जी को रतजगा करने की आदत थी, सो रात में वे भी लिखते थे और कौंडिन्यजी तथा 'विह्वल'जी को भी, जो गया से आकर उसी मकान के एक हिस्से में रहते थे, लिखने के लिए कहते थे। जब मेरा जगे रहना असंभव हो जाता था, तो मैं छत पर जाकर सो जाता था। दिन में 'रुद्र'जी बिहार राष्ट्रभाषा परिषद् में नौकरी पर चले जाते थे, सो मैं कुछ देर दिन में सोकर रात की नींद पूरी करता था।

1954 में ही 'रुद्र'जी मेरे घर आए, तो नन्हकी चा उनके स्वागत में हाजिर थे। उन्हें शाम में रमदौली बारात जाना था, सो उन्होंने उन्हें अपनी नई रैले साइकिल दी। मास्टर साहब और 'अनल'जी के साथ हम लोग रमदौली चले। सड़क के दोनों ओर आम के टिकोले से लदे वृक्ष और 'रुद्र'जी का हम लोगों को सुनाते हुए अपने गीत गाते चलना एक यादगार अनुभव है। दूसरे दिन उनके साथ हम लोग अपने घर लौट आए। शाम को नन्हकी चा ने पुस्तकालय के प्रांगण में उनके काव्य-पाठ का आयोजन कर रखा था। वाचनालय की एक बड़ी टेबुल बाहर निकाल दी गई थी और ढेर-सी कुर्सियाँ और बेंचें श्रोताओं के लिए लगा दी गई थीं। 'रुद्र'जी ने टेबुल पर आराम से बैठकर अपने दर्जनों गीत और कविताएँ सुनाईं। गाँव-भर के साहित्य-प्रेमी जुटे थे। नन्हकी चा के साथ वे लोग भी बहुत मुदित हुए। उसी रात 'रुद्र'जी, मैं तथा मास्टर साहब पैदल निकले और झटककर हम लोगों ने ट्रेन पकड़ी, जो कुछ देर से पता नहीं कैसे स्टेशन पर खड़ी थी। मास्टर साहब लौट गए। इस तरह नन्हकी चा का साहित्य-प्रेम अद्भुत था।

वे साक्षर मात्र थे और कैथी लिपि से मिलती-जुलती लिपि में लिखते थे, लेकिन उनके नागराक्षर भी इतने सुंदर और पुष्ट होते थे कि उनकी कलम चूम लेने की इच्छा होती थी। वे पुस्तकालय के सारे रजिस्टर यानी सामान्य पुस्तक-सूची, विषयानुसार पुस्तक-सूची और हस्ताक्षर-पुस्तिका बहुत सुंदर नागराक्षरों में तैयार करते थे। पुस्तकालय में 'हस्ताक्षर करते जाइए' के अलावा अनेक देशी-विदेशी विद्वानों के आदर्श-वाक्य सुंदर अक्षरों में लिखकर टँगे थे। पुस्तकालय के भवन के बड़े होने की बात मैं कह चुका हूँ। वह इतना सुंदर भी था कि दस-बीस गाँवों में वैसा पुस्तकालय-भवन नहीं था, बल्कि हाजीपुर का नामी श्रीकृष्ण पुस्तकालय भी उससे घटकर था। बीच-बीच में बड़े-बड़े विद्वान और नेता आते रहते थे और सम्मति-पुस्तिका पर अपना अभिमत लिख जाते थे। आदर्श-वाक्यों में से मुझे कुछ वाक्य अभी भी याद हैं—

1. मैं नरक में भी उत्तम पुस्तकों का स्वागत करूँगा, क्योंकि ये जहाँ होंगी, वहाँ आप ही स्वर्ग बन जाएगा।

—बाल गंगाधर तिलक

2. आपकी बात दूसरे नहीं मानते, इसलिए आपको नाराज नहीं होना चाहिए, क्योंकि आप भी उनकी बात नहीं मानते।

—लांगफेलो

एक कविता का यह अंश भी मोटे अक्षरों में लिखकर टँगा था, जिसके रचयिता का नाम नहीं दिया गया था। पंक्तियाँ थीं :

यह असत्य निश्चय ही जग में नष्ट एक दिन होगा,
पर उस क्षण तक उसे देखने बैठा कौन रहेगा?

पुस्तकालय में नन्हकी चा ने राष्ट्रपिता महात्मा गांधी और प्रधानमंत्री पं. नेहरू के दो बड़े चित्र लगा रखे थे। प्रेरणा-मंडल को लेकर जब बड़े लोगों की तरफ से विवाद उठाया गया, तो उन्होंने हमेशा हम लोगों का साथ दिया।

अब नन्हकी चा के कायदे-कानून की बात। उनका दरवाजा चौड़ा और बड़ा था। दीवार पर अलग-अलग भगत सिंह और बटुकेश्वर दत्त के बड़े चित्र लगे थे और कुछ आदर्श-वाक्य भी लिखकर लटकाए हुए थे। पश्चिम की तरफ नन्हकी चा का निजी कमरा था, जिससे हटकर दरी-जाजिम के साथ एक चौकी लगी थी, जिसके दोनों तरफ कपड़े वाली आराम-कुर्सियाँ दीवार से सटाकर रखी गई थीं। चौकी पर नन्हकी चा की लेखन-सामग्री थी। एक छोटा-सा काठ का बक्सा और उसमें कलम-दावात तथा उनकी पिछले साल की डायरी के साथ चालू साल की डायरी। वे हर चीज को करीने से सजाकर रखते थे। उनके दरवाजे पर छप्पर से रस्सी में बाँधकर भोजनोपरांत दाँत खोदने के लिए जो खरिका टँगा होता था, वह एकदम बराबर होता था। खरिका तोड़ने पर वह जैसे-जैसे ढीला होता था, वे उसे कसते जाते थे। कागज पर गोंद लगाने से पहले वे चाकू से उसे रुखड़ा करते थे, जिससे गोंद पर दूसरा कागज अच्छी तरह चिपक जाए। उन दिनों रेगुलर फाउंटेन पेन प्रचलन में था। दावात में कलम को डुबोकर पीछे से खींचकर उसमें रौशनाई भरी जाती थी। दावात में डुबोने से कलम के मुँह पर कुछ दूर तक रौशनाई लग जाती थी, जिसे पोंछने के लिए दावात के डिब्बे में वे अलग से एक छोटा-सा कपड़ा रखते थे। उनकी लालटेन का शीशा हमेशा चमकता रहता था और बत्ती बराबर से कटी होती होती थी, जिससे चारों ओर समान प्रकाश फैलता था।

जब कभी वे साइकिल से चलते थे, उनके पास दो गमछे होते थे। सिर गांधी टोपी के साथ बढ़िया गमछा उनके कंधे पर होता था और पुराना गमछा साइकिल के हैंडिल में बँधा होता था। जहाँ वे साइकिल से उतरते थे, उसे हैंडिल में बँधे गमछे से झाड़ते थे, फिर उसे यथास्थान बाँध देते थे। इसके अलावा प्रतिदिन नहाने के पहले वे अपना शौचालय साफ करके चमकाते थे और कुएँ की जगत तथा नाली को रगड़-रगड़कर उसमें बैठ गई काई को छुड़ाते थे। उनके पास दो कुत्ते हो गए थे। खाना खाकर दोनों के लिए कौरा लिये हुए वे एक-एक कर दोनों को बुलाते थे। कुत्ते भी उनका अनुशासन मानकर एक कुत्ते के लिए फेंके गए कौरे पर टूट पड़ने का लोभ सँवरण करते थे।

संभवत: 1945 में बिहार सरकार ने गाँव की सफाई पर पुरस्कार देने की घोषणा की थी। नन्हकी चा ने पूरे गाँव को इस कदर साफ कराकर चमका दिया था कि निरीक्षण के लिए अधिकारियों का जो दल आया था, उसने चाँदपुरा को स्वच्छ और निर्मल देखकर उसकी भूरि-भूरि प्रशंसा की। प्रतियोगिता में पहला पुरस्कार वैशाली के निकट स्थित गाँव बसाढ़ को मिला, पर दूसरा पुरस्कार हमारे गाँव को, जिस पर उचित ही हम लोगों को गर्व हुआ था। संभवत: यह प्रतियोगिता सब-डिवीजनल थी। इस समय की एक बात मुझे याद आती है। मेरे बथान की उस कोठरी को, जिसमें रहकर मैंने मैट्रिकुलेशन तक की पढ़ाई की थी, नन्हकी चा ने व्यायामशाला बनाया था और बाहर उसके छप्पर से लटकाकर बड़ा-सा बोर्ड टाँगा था, जिस पर उन्होंने बड़े और खूबसूरत अक्षरों में 'व्यायामशाला' लिखा था। कोठरी में पीली मिट्टी बिछाई गई थी और उसमें दो मुद्‌गर रखे गए थे। निरीक्षक-दल के कई लोग कोठरी में घुसे और उनमें से एक ने मुद्‌गर को उठाकर और घुमाकर अपनी ताकत का भी

अंदाजा लगाया था। वे मुद्गर काफी दिनों तक उस कोठरी में पड़े रहे थे। फिर नन्हकी चा ने उन्हें मँगवा लिया था।

जाड़ों के दिन थे, सो मैं बगलवाले सज्जन के यहाँ सुबह में उनके तथा उनके छोटे भतीजे के साथ घूरा ताप रहा था। अर्जुन चा ने वहीं से मुझे और मिंटो को मेरी कोठरी पर लटका बोर्ड पढ़ने के लिए कहा। मुझे 'व्यायाम' के उच्चारण में कठिनाई हुई, सो मैंने उसे नहीं पढ़ा, लेकिन मिंटो ने तुरत कह दिया—'व्यामशाला'। अर्जुन चा ने उसे पास और मुझे फेल कर दिया, लेकिन मैं भीतर से यह मानने को तैयार नहीं था कि मिंटो ने सही पढ़ा है। जब मैं कुछ आगे बढ़ा, तो मुझे अच्छी तरह स्पष्ट हो गया कि मिंटो गलत था और मेरी कठिनाई ही सही थी। मैंने अपनी पाठ्य-पुस्तक में भी एक कविता पढ़ी, जिसमें कहा गया था कि 'जिन विषयों का ज्ञान नहीं हो, वहाँ मौन रहना अच्छा'। अजाने ही मैं इस नीति-वचन का पालक बन गया था। नन्हकी चा ने प्रत्येक कुएँ पर 'कुआँ नं.1', 'कुआँ नं. 2' लिखकर छोटा-छोटा बोर्ड लगाया था। इस सबसे मेरे छोटे-से गाँव की शोभा निखर उठी थी।

पुस्तकालय में अनेक पत्रिकाएँ आती थीं। जो पत्रिका बड़े कवर में लपेटकर भेजी जाती थी, उसे पत्रिका में साटकर वे उससे उसकी जिल्द बना देते थे, जिससे वह गंदी न हो, जैस 'विशाल भारत'। पुस्तकालय में साप्ताहिक और मासिक ही नहीं, दैनिक पत्रों की भी फाइल थी, जो वाचनालय के एक तरफ रेक पर रखी थी। अफसोस कि सूरुज बाबू से ईर्ष्या होने के कारण रामबल्ली बाबू ने पुस्तकालय के साथ पत्र-पत्रिकाओं की फाइल को भी नष्ट कर दिया। वाचनालय में ही मैंने 'जनवाणी', साप्ताहिक 'विश्वमित्र' और 'विशाल भारत'-जैसी पत्रिकाओं की फाइल पढ़ी। 'विशाल भारत' में मुझे 'राकेश'जी के अनेक लेख और कविताएँ मिलीं। 'राकेश'जी लोक-साहित्य के भी ज्ञाता थे। स्मरणीय है कि डा. अमरनाथ झा ने अपनी अध्यक्षता के काल में उनसे 'मैथिली लोकगीत' नामक पुस्तक लिखवाकर उसे सम्मेलन से प्रकाशित कराया था। उसके अनेक लेख 'विशाल भारत' में छपे थे। द्वितीय विश्वयुद्ध के काल में कुछ दिन अज्ञेय ने इस पत्र का संपादन किया था। उस दौरान उसमें उनके पिता हीरानंद शास्त्री के पुरातात्त्विक लेख तो निकले ही थे, स्वयं अज्ञेय के 'शेखर : एक जीवनी' के अंश भी कई अंकों में छपे थे, शायद आचार्य हजारीप्रसाद द्विवेदी की 'बाणभट्ट की आत्मकथा' के अंश भी। इसी पत्रिका में मुझे हरिनंदन चौधरी का यह गीत मिला—'इस खारे सागर में आकर मैं एक बूँद जल पी न सका'। साप्ताहिक 'विश्वमित्र' में बिहार के कवि खूब छपते थे, जो उस समय एकदम युवा थे। आरसी बाबू की युवाकालीन सुंदर तसवीर मैंने उसी में देखी थी। वाचनालय के रेक पर 'बिजली' और 'आरती' की भी फाइलें थीं। मैंने उन्हें भी पढ़ा। स्मरणीय है कि ये दोनों पत्रिकाएँ पटने से प्रफुल्लचंद्र ओझा 'मुक्त' के संपादन में निकली थीं और 'आरती' के संपादक-मंडल में अज्ञेय भी थे। अंदाजा लगाया जा सकता है कि नन्हकी चा कितने गहन साहित्य-प्रेमी थे और आजादी के दिनों में गाँव में एक बड़ा पुस्तकालय खोलकर उन्होंने गाँव के लोगों में साहित्य-चेतना जगाने के लिए कितना बड़ा काम किया था।

नन्हकी चा के बारे में मुझे महावीर भाई ने बतलाया था कि बाबू रे, उनके यहाँ रोज गाँव की हर बात दर्ज की जाती है। मैं इस बात से काफी विस्मित हुआ था। छठे वर्ग में नवयुवक पुस्तकालय का सदस्य बन जाने के बाद मैं उनके यहाँ जाने लगा था। वहाँ मालूम हुआ कि वे रोज डायरी लिखते थे, कानूनी डायरी, जो उस समय बहुत प्रसिद्ध थी। उसमें वे गाँव की

हर बात नहीं, बल्कि किसी महत्त्वपूर्ण घटना का ही जिक्र करते थे। मैंने एक दूसरी डायरी लिखने वाले को उन्हें यह कहते हुए सुना—डायरी में भी कहीं झूठा लिखा जाता है! डायरी अपने को अपने अभिभावकत्व में रखने की ही चीज नहीं है, उसमें लेखक आत्मनिरीक्षण भी करता है और कभी झूठ नहीं लिखता। यही कारण है कि डायरी विश्व-साहित्य में एक साहित्यिक विधा के रूप में स्वीकृत हुई है। संसार के अनेक महान लेखकों और कवियों की डायरियों से उनकी रचनाओं और उनकी रचना-प्रक्रिया पर प्रकाश पड़ता है। मैं उन दिनों स्वयं भी डायरी लिखता था, इसलिए महावीर भाई की बात पर बहुत हँसी आई। मैं धीरे-धीरे नन्हकी चा के कमरे में भी जाने लगा था। मुझे एक ऐसा नोट बुक मिला, जिसमें नागराक्षरों में खड़ीबोली की कविताएँ लिखी थीं। उनमें दिनकर की कविता 'सिपाही' भी थी, साथ-साथ हरिनंदन चौधरी की कविता 'शहनाई' ('यह कैसी मोहक तान, सखे!') भी। तात्पर्य यह कि साक्षर-मात्र होते हुए भी वे हिंदी कविता के गहन प्रेमी थे। उन्हीं की पुरानी डायरियों में मैंने 1937 की डायरी खोजी। ईआ और बाबू ने मुझे अपनी हिंदी जन्मतिथि बतला रखी थी। ईसवी सन् भी उन्होंने बतलाया था। नन्हकी चा की पुरानी डायरियों में से मैंने 1937 की डायरी ढूँढ़ कर निकाली और हिंदी तिथि के अनुसार अपने जन्म की अंग्रेजी तिथि मालूम की। दोनों तिथियाँ पूर्णत: मिल गई थीं। दोनों में दिन भी एक ही था—बृहस्पतिवार। अंग्रेजी तिथि मालूम करने के लिए मैं इसलिए बेचैन था कि यदि वह नहीं मालूम हुई, तो लोग मेरे प्रमाण-पत्र में अंकित गलत तिथि पर मेरी जयंती मनाएँगे। आज मैं छठे वर्ग के एक बालक की महत्त्वाकांक्षा पर मन ही मन जोरों से हँसता हूँ!

तिरबेनी सिंह यानी नन्हकी चा के छोटे भाई महीन कूटनीतिज्ञ होने के कारण उनकी देह भी दबाते थे और उन्हें अपने ढंग से पंचैती करने को भी कहते थे। नन्हकी चा का हृदय उनके मस्तिष्क से प्रबल था, सो वे अपने छोटे भाई के कहने में आ जाते थे। शायद उन्हें यह डर भी था कि उनके छोटे भाई को लड़का नहीं था, एक बेटी ही थी, जिसे वे अपनी जमीन कहीं लिख न दें। उन्होंने उनकी बेटी की शादी पटेढ़ा में एक बहुत अच्छे घर में की। लड़का भी बहुत सुंदर था, लेकिन लड़की वीणा सुशील होते हुए भी एकदम काली और कुरूप थी, इस कारण लड़के ने यथाशीघ्र उसे छोड़ दिया और दूसरी शादी कर ली। नन्हकी चा के प्रभाव से इतना जरूर हुआ कि उसने वीणा को अपने घर से निकाला नहीं। उसकी शादी में जो बारात आई थी, उसमें नाचने-गाने वाली एक वेश्या भी थी, जो उन दिनों बारात लाने वालों के लिए 'स्टेटस सिंबल' माना जाता था। नन्हकी चा चूँकि समाज-सुधारक भी थे, इसलिए उन्होंने जिद पकड़ ली कि वह उनके दरवाजे पर होने वाली महफिल में नहीं आएगी। कूटनीतिज्ञ-शिरोमणि भुनेसर सिंह ने धीरे-धीरे अपनी चाल से उन्हें तैयार कर लिया। पहले उन्होंने कहा कि वह सिर्फ पहन-ओढ़कर बैठेगी। फिर कहा कि बैठे-बैठे ही कुछ गाए, तो क्या हर्ज है? उसके बाद बोले—खड़ी होकर भी गावे, तो वही बात है। अंत में उन्होंने नन्हकी चा से कहा कि वह गाते-गाते एक-दो चक्कर लगा ले यानी नाचने लगे, तो एतराज की कोई बात नहीं होनी चाहिए। नन्हकी चा चूँकि भुनेसर सिंह को बहुत मानते थे, इसलिए अंत में झल्लाकर उन्होंने कहा—आप जो चाहें, कीजिए। वह वेश्या खड़ी भी हुई, गाया भी और नाची भी। नन्हकी चा कुपित थे, पर गाँव के सारे महफिली लोग मुदित।

भावुक होने के कारण नन्हकी चा को जब जोरों का गुस्सा आता था, तो उनकी थोड़ी-सी अक्ल भी गुस्से की भाप में उड़ जाती थी। मुक्तिबोध ने लिखा है कि वर्गीय संस्कार का

ओराग-उटांग कब प्रगतिशील विचारों के व्यक्ति को भी दबोच लेगा, कहना मुश्किल है। इसलिए उसे हमेशा सावधान रहने की जरूरत है। नन्हकी चा जमींदार-मनोवृत्ति के थे, भले वे अपनी संपत्ति बचाने के लिए और कोई व्यक्तिगत लाभ उठाने के लिए कांग्रेस में न गए हों। एक बार की बात है। मैं किशोरावस्था में था। उनके दरवाजे पर पंचैती हो रही थी। सेठजी यानी रामाश्रय सिंह प्रतिवादी थे और मिलन बाबू पंच थे। मिलन बाबू ने जो फैसला सुनाया, उसे मानने को सेठजी तैयार नहीं थे। उनकी विशेषता थी कि जब कोई उनका फैसला नहीं मानता था, तो वे जोरों से चिल्ला-चिल्लाकर उसे फैसला मानने को बाध्य कर देते थे। सेठजी पर भी उन्होंने भयानक गर्जन-तर्जन किया और गुस्से में अपनी कपड़े की बाँह वाली गंजी फाड़ डाली। फिर सेठजी के सामने उन्हें फैसले को मानने के अलावा कोई और विकल्प नहीं रह गया। संभवत: इसके पहले ही कुसहर नामक युवक धानुक ने कोई अमर्यादित बात कही थी। उसे तो मैंने नहीं सुना, पर नन्हकी चा को भीतर से बहुत क्रुद्ध, लेकिन ऊपर से एकदम शांत बाँस का एक मजबूत डंडा लिये आते हुए देखा। वे चुपचाप कुसहर के पास आए, उसकी टीक पकड़कर उसके सिर को झुकाया और उसकी पीठ पर पूरी शक्ति से पाँच-सात डंडे बरसाए। फिर वे शांत भाव से जाकर अपनी आराम कुर्सी पर बैठ गए, ऐसे जैसे कुछ हुआ ही न हो। इधर कुसहर कह रहा था—मालिक ने मारा है। खैर, कोई बात नहीं है।

लेकिन कामेश्वर भाई जो मेरी बगल में खड़े थे, इस पिटाई से भीतर ही भीतर सिहर रहे थे और मुझमें विद्रोह-भाव जग रहा था। मैं सोच रहा था कि यदि किसी ऊँची जाति का युवक होता, तो नन्हकी चा को उसे पीटने का साहस न होता। पिछड़ों को अब तक इतना दबाकर रखा गया था कि वे गुलामी को सहर्ष अपनी नियति मानने लगे थे। मैं किशोर था, इसलिए कुछ कर नहीं सकता था। लाचारी में भीतर ही भीतर ऐंठ कर रह गया। इसी तरह मैंने जगदीश बाबू को भी अपनी आँखों के सामने जोरी के किनारे एक चमार को लाठियों से पीटते देखा था। उसका कसूर सिर्फ इतना था कि उसने उसमें मछली मारी थी। जोरी किसी की बपौती नहीं थी, इसलिए जगदीश बाबू सिर्फ अपना जमींदारी रौब दिखा रहे थे। उस समय भी मेरी आँखों में खून उतर आया था, लेकिन उनके आतंक से सारा गाँव इस तरह थर-थर काँपता था कि मैं कुछ कर न सका। एक बात पर नंद बाबू के दरवाजे से उन्होंने मुझे भी खदेड़ा था और नन्हकी चा के कहने पर मैं उनके पिछले दरवाजे से भाग गया था। मेरी एक चप्पल उनके आँगन में छूट गई थी, जिसे दिखलाकर तिरबेनी सिंह झूठ-मूठ मेरे सामने अपने कारुणिक होने का प्रदर्शन कर रहे थे।

श्री बाबू के मंत्रिमंडल के सदस्य बाबू दीपनारायण सिंह हाजीपुर के निकट के चाँदीधनुखी नामक गाँव के राजपूत थे। वे कांग्रेस के नामी कार्यकर्ता थे, जो बाद में अपने समर्पण-भाव के चलते नेता बन गए थे। पहले वे हाजीपुर लोकल बोर्ड के चेयरमैन हुए, तत्पश्चात् श्रीबाबू के मंत्रिमंडल में आए। उनकी देन सहकारिता-आंदोलन था, जिसमें गाँव में कंट्रोल के जमाने में अनाज और किरासन तेल के वितरण के लिए को-ऑपरेटिव सोसाइटी खुल गई थी। मुझे याद है कि उसमें एक बार अरब का खजूर भी आया था, जिस पर मधुमक्खियाँ बहुत टूटती थीं। नन्हकी चा की दीप बाबू से पुरानी जान-पहचान थी, सो उन्होंने उनके कहने पर अपने गाँव में को-ऑपरेटिव सोसाइटी खोली और बहुत दिनों तक उसे शानदार ढंग से चलाया। जब अनाज वगैरह का वितरण होता था, तो बिंदा चा, विधाता चा आदि उनकी मदद में होते

थे। इस सोसाइटी के चलते स्वाभाविक रूप से उनका ध्यान नवयुवक पुस्तकालय से कुछ हट गया था। बाद में दीप बाबू ने उन्हें महनार रोड को ऊँचा और पीच करने का ठेका भी दे दिया, कुछ मीलों का। वे उनसे 'ना' नहीं कह सकते थे, इसलिए उसे भी स्वीकार कर लिया। उनके साथ और भी कई ठेकेदार थे। वे चूँकि पूर्णतावादी थे, इसलिए उनका कागज-पत्तर भी ले आते थे और उसे दुरुस्त करने में बहुत देर तक लगे रहते थे।

नन्हकी चा के चरित्र पर एक धब्बा और लगा है। मेरा अनुमान है कि उसके पीछे तिरबेनी सिंह थे, वरना वे झूठ बोलने और चोरी करने-जैसा जघन्य कृत्य कभी न करते। बिहार सरकार ने प्रत्येक गाँव में वयस्कों को साक्षर बनाने के लिए रात्रि-पाठशाला खोलने का कार्यक्रम बनाया था। वयस्कों के लिए स्लेट-पेंसिलें, पुस्तकें और लालटेन के लिए किरासन तेल के मद में एक राशि दी जाती थी। रात्रि-पाठशाला के शिक्षक के लिए भी एक वेतन तय था। नन्हकी चा उसके शिक्षक नियुक्त हुए। स्वभावत: उनके नाम सरकार से पूरी राशि आती रही, जिसे झूठ बोलकर वे गटकते रहे। जब कभी रात में निरीक्षण के लिए डिपुटी इंस्पेक्टर श्री कुंजविहारी शर्मा आते थे, वे नन्हकी चा को पूर्व-सूचना दे देते थे, क्योंकि वे उनके समधी थे। नन्हकी चा भुनेसर सिंह के दरवाजे पर लालटेन की रोशनी में कुछ साक्षर वयस्कों को मुरेठा बाँधकर बैठा देते थे, जिनके हाथों में उनके घर के बच्चों की स्लेट-पेंसिल और कापी-किताबें होती थीं। डिपुटी इंस्पेक्टर उनकी संक्षिप्त परीक्षा लेते थे और संतुष्ट होकर लौट जाते थे। वे परम ईमानदार व्यक्ति थे, जिन्हें भी नन्हकी चा ने छला।

इसके बावजूद नन्हकी चा बहुत अच्छे आदमी थे। गाँव के प्रत्येक व्यक्ति की लंबी बीमारी में वे उसके दरवाजे पर हाजिर रहते थे। एक बार मेरे एक बैल को डकहा नामक रोग हो गया। नन्हकी चा ने बहुत कोशिश की कि वह बच जाए, लेकिन वह बचा नहीं। मुझे बैल की पूँछ के नीचे थर्मामीटर लगाकर उनका उसका बुखार देखना और उसे होमियोपैथिक दवाएँ खिलाना याद है। जब तक बैल ने दम नहीं तोड़ दिया, वे मेरे बथान में बैठे रहे। आखिर जब वह नहीं बच सका, तो वे भी चले गए और बड़का बाबू भीतर से अत्यंत दुखी कंधे पर कुदाल रखकर खेत कोड़ने निकल गए। एक बार नन्हकी चा के दरवाजे पर मैं किसी से झगड़ रहा था। दोनों का कहना था कि मैं बड़ा समाज-सेवी हूँ, तो मैं। नन्हकी चा ने जब देर तक हम लोगों को वाद-विवाद करते देखा, तो सिर्फ इतना कहा—काम करनेवाला आदमी भी कहीं इतना बोलता है! उनका यह वाक्य मुझे अभी भी याद है। उनमें नई बातें सीखने की भी प्रबल इच्छा थी। एक बार एक ग्राम-सभा में व्यक्ति-विशेष ने एक व्यक्ति का नाम अध्यक्षता के लिए प्रस्तावित किया। नन्हकी चा ने उठकर कहा—मैं इस प्रस्ताव का अनुमोदन करता हूँ। 'समर्थन' की जगह 'अनुमोदन' शब्द का प्रयोग हम युवकों के लिए एक नई बात थी। यह बिलकुल शुद्ध प्रयोग था, यद्यपि हम सबों के लिए वह अपरिचित था। हम उनकी जिज्ञासा के कायल हो गए।

मैं कह चुका हूँ कि वे अंतिम दिनों में बाबू के मित्र हो गए थे। दो बार रानीघाट में मेरे यहाँ आकर भी ठहरे। उन्होंने मेरी पत्नी के खाने की बहुत तारीफ की और कहा कि मैं तो बहुत मना करता हूँ, लेकिन मेरे घर की औरतें सब्जी में बहुत मसाला डाल देती हैं। दूसरी बार आए, तो मेरे भाँजे सुप्रभात ने, जो मेरे यहाँ ही रहता था, उनसे मेरा लिखा और साहित्य अकादेमी से प्रकाशित मोनोग्राफ 'महावीरप्रसाद द्विवेदी' की चर्चा कर दी। उन्होंने माँगकर वह पुस्तक देखी और उसकी बहुत तारीफ की। अगली बार मैं जब गाँव गया, तो उनके लिए

वह मोनोग्राफ लेता गया। उसमें जिल्द लगाकर उन्होंने उसे खुद भी पढ़ा और गाँव के कई दूसरे लोगों को भी पढ़ाया। वे शेखर की बारात भी गए थे। रात में जनवासे में मैं चित लेटा हुआ सो रहा था। मेरा एक हाथ मेरी छाती पर था। हृदय पर हाथ पड़ने से उसकी गति बाधित होती है और मनुष्य दु:स्वप्न देखता है। नन्हकी चा ने सवेरे मुझे बतलाया कि मैंने सोचा था कि तुम्हारी छाती पर से तुम्हारा हाथ हटा दूँ, पर यह सोचकर रुक गया कि कहीं उससे तुम्हारी नींद न खुल जाए।

वे हर्निया के मरीज थे, सो बेल्ट बाँधा करते थे। एक बार उनकी तकलीफ बहुत बढ़ गई, तो उनके घर के लोग उन्हें अखिलेश्वर मामू के कंकड़बाग वाले क्लिनिक में ले आए। मुझे मालूम हुआ, तो हम सपत्नीक उन्हें देखने गए। वे इस बात से बहुत उपकृत हुए और मेरी पत्नी को लक्ष्य कर कहा कि मेरे लिए यह बहुत खुशी की बात है कि इनकी कृपा भी मुझ पर रहती है। थोड़े दिनों में वे बिना ऑपरेशन के ठीक होकर गाँव लौट गए।

नन्हकी चा प्राकृतिक चिकित्सा के प्रशंसक थे, सो उनके यहाँ आरोग्य मंदिर, गोरखपुर का मासिक पत्र 'आरोग्य' नियम से आता था। उन्होंने पूरे गाँव में उक्त चिकित्सा का प्रचार किया। गुरुजी भी उसके कायल थे और कभी-कभी तलपेट पर मिट्टी की पट्टी लिया करते थे। उससे उनका बिगड़ा हुआ पेट सँभल जाता था। नन्हकी चा ने प्राकृतिक चिकित्सा से ही अपने पोते की कुकुरखाँसी ठीक की थी, जो प्राय: अंग्रेजी चिकित्सा से ही ठीक होती है। किशोरावस्था में मुझे एक बीमारी हो गई, जिससे मास्टर साहब बाबू रामदयाल सिंह बहुत चिंतित हुए। वे मुझे बहुत मानते थे, जिससे फुसलाकर उन्होंने मुझसे मेरी बीमारी के बारे में जान लिया। उसी शाम उन्होंने मुझे 'आरोग्य' का एक अंक लाकर दिया, जिसके एक लेख में मेरी बीमारी और उसके कारण तथा निवारण का उपाय बतलाया गया था। मास्टर साहब ने मुझसे कहा कि मैं रात का भोजन दिन में ही कर लिया करूँ और सुबह स्नान कर तथा एक दवा लेकर टहलने के लिए निकल जाऊँ। टहलने के बाद मैं मिसरी खाकर आधा सेर गाय का धारोष्ण दूध पिऊँ। दवा यह थी कि रात में सेमल की छाल पानी में फूलने के लिए रख दी जाए और सवेरे उसमें चीनी मिलाकर मैं पी जाया करूँ। उन्होंने मुझे आगाह किया कि उसे ज्यादा नहीं पीना है, वरना बहुत ठंडा होने के कारण मेरे घुटनों में दर्द होने लगेगा।

वह सब तो ठीक था, लेकिन गाय के आधा किलो दूध की व्यवस्था करना मेरे लिए कठिन था। मेरे पिता की ऐसी स्थिति ही नहीं थी कि वे मेरे दूध पर साढ़े सात रुपए खर्च करते। मास्टर साहब ने एक रास्ता निकाला। वे उस समय दीघी ट्रेनिंग स्कूल में परीक्षणार्थी थे। उन्हें मेस के लिए सरकार से प्रतिमाह पंद्रह रुपये मिलते थे। उन्होंने मुझसे कहा कि आप साढ़े सात रुपए के लिए निश्चिंत रहें। मेस में उन्होंने एक ही शाम खाना शुरू किया और साढ़े सात रुपये मेरे लिए बचा लिए। ईश्वर की कृपा से मैं एक-दो महीने में ही पूर्णत: स्वस्थ हो गया और उन्हें रुपए देने से मना कर दिया। अब मुझे दूध पीने की जरूरत नहीं थी। आश्चर्य कि वह बीमारी मुझे फिर कभी नहीं हुई।

प्रसंगवश मैं यहाँ यह भी बतला दूँ कि मास्टर साहब के घर की स्थिति बाद में बहुत अच्छी हो गई थी, सो तीन वर्षों तक एम.ए. की परीक्षा छोड़ने के बाद 1965 में जब मैं पटने आया, तो यहाँ का सारा खर्च उन्होंने वहन किया। मेरी परीक्षा फीस और होस्टल का व्यय-भार उठाने के साथ उन्होंने मेरे माँगने पर हर्षपूर्वक मुझे एक लांग कोट सिलवाने के

लिए भी पैसा दिया, जिसे मैं बहुत दिनों तक जाड़ों में पहनता रहा। उन्होंने मेरे सामने शर्त रखी थी कि वे मुझे तभी रुपए देंगे, जबकि मैं उन्हें न लौटाऊँ। मैंने उनसे पूछा—तो फिर आपका यह ऋण मैं कैसे उतारूँगा? उन्होंने उत्तर दिया—मैं भी कभी जरूरत में रहूँ और आपकी आर्थिक स्थिति अच्छी हो, तो आप भी मेरी सहायता करें। कई वर्ष पूर्व वे मेरे घाघा घाट वाले डेरे पर आए, तो उस समय मेरे पास विश्वविद्यालय से अवकाश-प्राप्ति के बाद मिले कई लाख रुपए थे। मैंने उनसे पूछा—मास्टर साहब, रुपए की जरूरत हो, तो मुझे कहिए। उन्होंने सीधे कहा कि नहीं, जरूरत नहीं है। मैं उन्हें समय नहीं दे पाता था, सो सीढ़ी से नीचे उतरते हुए उन्होंने 'रुद्र'जी की ये पंक्तियाँ दुहराईं : 'अपने मन की बात कहो तुम अपने से/किसको इतना अवकाश, तुम्हारा मन देखे?' मेरी पत्नी उनके मुँह से अपने बाबूजी की ये पंक्तियाँ सुनकर दंग रह गईं।

उनके बड़े भाई की मृत्यु के बाद उनके घर में बँटवारा हो चुका है। उनके जिम्मे उनके बड़े भाई की एक विधवा बहू और उसकी बेटी है। उन्होंने तो मुझसे कभी कुछ नहीं माँगा, पर मैंने सोचा है कि उस लड़की की शादी में कुछ आर्थिक सहायता देकर उनकी मदद करूँगा। उनकी पत्नी पहले ही गुजर चुकी हैं और उनके लड़के उन्हें नहीं पूछते हैं। उनका बड़ा भतीजा उन्हें अपशब्द तक कहता है। इस कारण घर में उनकी स्थिति विषम है। वे हृदय और उच्च रक्तचाप की बीमारी से पीड़ित हैं। मैं दिल्ली ले जाकर उनके हृदय का ऑपरेशन करवा सकता था, पर चूँकि उनकी उम्र पच्चासी से ऊपर है, इसलिए किसी डाक्टर ने इसकी सलाह नहीं दी। मैं उन्हें अपने यहाँ बुला कर रख भी सकता था, पर हम पति-पत्नी तो स्वयं बूढ़े और पाँव से लाचार हैं, इसलिए उनसे उनके लिए कभी नहीं कहा। उन पर बहू और उसकी बेटी की जिम्मेवारी भी है, सो सब कुछ झेलते हुए वे गाँव में ही रहना पसंद करते हैं। एक बार फिर वे मेरे डेरे पर आए और मुझसे पूछा कि मेरे पास बारह लाख रुपए हैं, उनका मैं क्या करूँ? मैंने उनसे कहा कि वे रुपए उनके सभी हकदारों में बाँट दें। उन्होंने वैसा ही किया। अब उनके पास उनके हिस्से के रुपए हैं और दैनिक तथा मासिक खर्च के लिए सिर्फ उनकी पेंशन।

यह नन्हकी चा का ही प्रभाव था कि मैं 1962 में बीमार पड़ा और बड़े से बड़े हर पंथ के डाक्टर मुझे अच्छा नहीं कर सके, तो मैं सीधे आरोग्य मंदिर, गोरखपुर चला गया। लेखक होने के नाते वहाँ के चिकित्सक बिट्ठलदास मोदी से मेरी निकटता हो गई थी। उन्होंने उस कारण मेरे कमरे का किराया भी कम कर दिया था, लेकिन मुझे लगने लगा था कि मेरी चिकित्सा यहाँ ठीक नहीं हो रही है, सो बाईस दिनों के बाद वहाँ से मैं घर चला आया। मास्टर साहब मुझे लेकर एक नामी-गरामी वैद्य के पास गए, पर वे भी मुझे ठीक न कर सके। अंत में 1963 में मैं सपत्नीक जसीडीह चला गया। वहाँ महावीर प्रसाद पोद्दार ने पाँच महीनों तक मेरी चिकित्सा की। प्राकृतिक चिकित्सा के नियमानुसार पाँचवें महीने के अंत में मेरी नाक से दुर्गंध आने लगी और बीमारी पकड़ में आ गई। मैंने पढ़ रखा था कि इस स्थिति में सर्जिकल ऐसिस्टेंस की जरूरत होती है, जिससे पोद्दारजी से अनुमति लेकर मैं तुरत पटना आ गया। यहाँ पटना अस्पताल के प्रिंसिपल शारदा बाबू ने एक छोटा-सा ऑपरेशन करके मुझे रोग से मुक्ति दिलाई। 1965 में मैंने एम.ए. की परीक्षा दी और उसमें प्रथम श्रेणी में प्रथम होकर उत्तीर्ण हुआ। मुझे तुरत पटना कालेज में रख लिया गया। यहाँ मैं कह दूँ कि जसीडीह का बकाया भी मास्टर साहब ने ही चुकाया था और मेरे अध्यापक

हो जाने के बाद भी मेरा खर्च नहीं चलता था, तो जब जितने रुपए की दरकार होती थी, मैं उनसे मँगवा लिया करता था।

किसकी मौत कैसे आएगी, यह कोई नहीं जानता। जिस बैल की देह पर नन्हकी चा मच्छड़ भी नहीं बैठने देते थे और जिसको हमेशा गमछे से झाड़ते रहते थे, वही न जाने किस बात पर एक दिन उनसे गुस्सा हो गया और उनकी आँत में अपना तेज सींग घुसेड़ दिया। उनकी तत्काल मृत्यु हो गई। गाँव में शोक व्याप्त हो गया। वे तो चले गए, पर अपनी एक अमिट स्मृति हम सबों के बीच छोड़ गए। उनके जैसा कायदेवाला आदमी गाँव में तो क्या, शहर में भी नहीं मिलता।

गाँव की शोभा

होली के मौके पर गाँव के कुछ तेज-तर्रार लड़के 'बुरा न मानो होली है!' ऊपर लिखकर गाँव के मुख्य लोगों पर उपाधि-वर्षा किया करते थे और उसकी सूची को पाकड़ तर कन्या पाठशाला की दीवार पर रात में चिपका देते थे। सवेरे लोग उसे देखते थे, तो गाँव-भर में जैसे बिजली दौड़ जाती थी। उसके कुछ नमूने देखिए। राघो बाबू बहुत गुस्सैल थे। उनकी बड़ी-बड़ी आँखें किस बात पर लाल हो जाएँगी और वे गरजने लगेंगे, कहना मुश्किल था। लेकिन उनका गुस्सा टिकाऊ नहीं होता था, सो उन्हें उपाधि दी गई थी—'फूस की आग'। भट्टू सिंह उन्हीं के चचेरे भाई थे, जो जगदीश बाबू और मिलन बाबू से निराश होकर रामबल्ली बाबू की खुशामद करनेवालों की पाँत में शामिल हो गए थे। इस कारण उन्हें कहा गया था—'तेरे कदमों में सर अपना झुकाकर हम भी देखेंगे'। रामकृपाल चा पुलिस की नौकरी करते थे, इसलिए उन्हें 'बमपुलिस' से नवाजा गया था। 'अनल'जी अपने घर में फालतू माने जाते थे, इसलिए वे 'यम का दीया' थे, जिसे दीवाली से पहले की रात ही घर से निकालकर बाहर घूरे पर रख आया जाता है। गुरुजी परिस्थितिवश अब सिर्फ अपने विचारों में ही क्रांतिकारी रह गए थे, इसलिए लड़कों ने उन्हें उपाधि दी थी—'गर्म राख'। बाबू प्राय: पूरे गाँव के खिलाफ रहते थे, इसलिए उन्हें 'उलटा हल' कहा गया था। एक ग्रामीण की अधेड़ पत्नी गाँव के एक युवक में अनुरक्त थी। उस युवक को यह कहकर अलंकृत किया गया था कि 'पाँचों उँगली डालडा में'। सुखदेव बाबा लाख समझाने पर भी अपनी बात पर अड़े रहते थे, सो वे 'कुत्ते की दुम' थे। इसी तरह देनी चा अपने को गाँव भर में बुद्धिमान मानते थे। उन्हें लड़कों ने 'अकिला फुआ' कहा। अकिला फुआ को लेकर एक कहानी है। एक लड़की की शादी में वर-पक्ष से जेवरात, साड़ी वगैरह आए। उनके साथ एक जोड़ी कामदार जूतियाँ भी थीं। गाँव भर की औरतों की समझ में यह बात नहीं आ रही थी कि यह कौन-सा आभूषण है? उन्होंने अकिला फुआ को फौरन बुलाया। वे आईं और सभी औरतों को ठेलकर पीछे करते हुए लड़की के दोनों कानों में दोनों जूतियाँ लटका दीं। इन्हीं लड़कों ने जगरनाथ बाबा को उपाधि दी थी—'गाँव की शोभा'। ऊपर से साधारण लगते हुए भी यह उपाधि बहुत मारक थी, भले 'स्थितप्रज्ञ' जगरनाथ बाबा पर उसका कोई असर न पड़ा हो। आज उन पर यह संस्मरण लिखाते हुए उक्त उपाधि मुझे सर्वाधिक उपयुक्त लगती है। इसलिए इसे इसका शीर्षक बनाया है।

जगरनाथ बाबा यानी जगन्नाथ सिंह गाँव के सबसे निठल्ले व्यक्ति थे। करीब पूरी जिंदगी उन्होंने बिना कोई काम किए बिता दी। यदि वे सोवियत संघ में होते, तो उन्हें मानसिक रूप से बीमार घोषित कर अस्पताल में भर्ती कराया जाता, क्योंकि वे मनुष्य की प्रकृति—काम करना—के विरुद्ध चल रहे थे। लेकिन संयोग से वे भारत में थे, जिसके बारे में कहा गया है

कि 'गायन्ति देवा : किल गीतकानि/धन्यास्तु ते भारतभूमिभागे'। तात्पर्य यह कि भारत में ठल्ले और निठ्ठले, कृष्ण-भक्त या उनकी भक्ति से कोई निरपेक्ष हो, सब चलता है। कहा जाता है कि जब जगरनाथ बाबा का ईंट का मकान उनके सभी चचेरे भाई और बेटा मिलकर बना रहे थे, तो वे सावल लेकर उठते थे और बनी हुई दीवार को ढहा देते थे। अंत में उन लोगों ने लाचार होकर उन्हें रस्से से खंभे में बाँधकर घर बनाया। ईश्वर की कृपा से एक बार उन्हें सुबुद्धि आई और वे अपने चचेरे भाइयों और बेटे के साथ बर्नपुर कारखाने में काम करने के लिए तैयार हो गए। वे वहाँ जाने के लिए एक लोटा पानी लेकर निकले, जो शुभ माना जाता था, तो पुरवारी टोले की सारी औरतें अपने दरवाजे पर खड़ी हाथ जोड़े भगवान से दुआ माँग रही थीं कि वे वहाँ टिक जाएँ और काम करें। वहाँ भी उन्होंने अपने बेटे को खाने के बाद आदरवश अपने चाचा लोगों की थाली उठाने के लिए डाँटा और वैसा करने से मना किया, पर उनकी बात को गंभीरता के साथ उनके बेटे ने कभी नहीं लिया।

औरतों की दुआ थोड़े ही दिन कामयाब रही। कहाँ गाँव की शानदार जिंदगी और कहाँ यहाँ खलासियों के साथ खटना! सो गाँव उन्हें सुखद स्वप्न की तरह बार-बार याद आता था और खींचता था। कुछ दिन तक तो उनके भाइयों और बेटे ने उन्हें घर नहीं आने दिया, पर जब उन्हें विश्वास हो गया कि वे छुट्टी के बाद घर से लौट आएँगे, तो उन्हें आने दिया। पर जगरनाथ बाबा तो जगरनाथ बाबा थे, वे गाँव के स्वर्ग को छोड़कर बर्नपुर के नरक में फिर नहीं गए। लोगों ने पूछा कि आप क्यों नहीं जा रहे हैं, तो उन्होंने उत्तर दिया—'मुझे एक ऐसी बीमारी है, जिसकी जड़ी इसी गाँव में मिलती है, इसलिए मैं उसे छोड़ दूँगा, तो मर जाऊँगा।' चाँदपुरा में उनके लिए कौन-सी जड़ी या मोहिनी मंत्र था, लोग अच्छी तरह से जानते थे, सो वे चुप रह गए।

उसके पहले की एक घटना है, जो मुझे किसी विश्वसनीय व्यक्ति ने सुनाई थी। उनके निठल्लेपन से जब उनके पट्टीदार भी तंग आ गए, तो एक रात कई लोगों ने सोए में उन्हें खाट से अच्छी तरह बाँधकर पूरब गाँव से बाहर खेतों के बीच से गुजरने वाली एक सड़क पर रख आए। जगरनाथ बाबा रात-भर सुख से सोए रहे, क्योंकि गर्मियों की रात थी, और सवेरे किसी ने देखा, तो उन्हें खोल दिया। वे चुपचाप खाट उठाए, बिस्तर को कंधे पर रखे और हाथ में रस्सी लिये हुए अपने घर आए और किसी से कुछ नहीं कहा। कहना चाहिए, वे धैर्य की प्रतिमूर्ति थे, वर्ना अपने को बाँधकर रात में गाँव से बाहर रख आने के लिए वे अपने पट्टीदारों से झगड़ सकते थे। उन्हें बँधा देखकर कुत्ते और सियार भी नोचकर खा सकते थे, लेकिन उन्होंने भी उन्हें अपने आहार के योग्य नहीं समझा।

जगरनाथ बाबा की दिनचर्या बहुत पक्की थी। वे सुबह-शाम खेत में दीपा बाबा के ताड़ के चारों तरफ बैठकर टट्टी करते थे। इससे गाँव के लोग उन्हें यह कहकर चिढ़ाते थे कि दीपा सिंह के ताड़ पर रेडियो बजता है। मतलब यह कि सवेरे और रात को जगदीश बाबू के रेडियो की आवाज वहाँ से साफ सुनाई देती थी। उन्होंने कभी इस आक्षेप का भी जवाब नहीं दिया। टट्टी से आने के बाद वे पाँच बार मिट्टी से हाथ रगड़कर धोते थे और दोपहर को पाकड़ तर वाले कुएँ पर, जिसकी जगत बँधी हुई थी, स्नान करते थे। वहाँ ढेकुल भी था, इसलिए पानी खींचने में उन्हें सुविधा होती थी। स्नान करने के बाद गमछे से शरीर पोंछकर धोती वे कैसे पहनते थे, मुझे याद नहीं है, पर इतना याद है कि पिछुआ वे गाँव में अकेले ऐंठकर खोंसते थे। फिर कंधे पर गीली धोती और गमछा रखकर एक हाथ में पानी से भरी हुई बाल्टी और दूसरे

हाथ में पानी से भरा हुआ लोटा लेकर घर लौटते थे। चूँकि वे निठल्ले थे, इसलिए घर में उनकी कोई कदर नहीं थी। उनकी पत्नी भी उनकी भरसक उपेक्षा करती थीं। खाने के वक्त पर ही वे घर खाने जाते थे और पीढ़े पर बैठकर थाली का इंतजार करते थे। जो कुछ मिलता था, उसे वे चुपचाप खा लेते थे। एक रात उनका खाना घट गया, तो उन्होंने बहुत हंगामा किया और भूँजा भुँजवाकर उसी थाली में उसे खाकर उठे। यह घटना भी दिलचस्प है। खाने की पूर्ति उसी थाली में शायद ही किसी ने भूँजे से की हो।

खाने के बाद जगरनाथ बाबा कभी नन्हकी चा के दूसरे कमरे में पड़ी हुई खाट पर जाकर आराम करते थे और कभी इस–उस के दरवाजे पर ट्वेंटी एट ताश खेलते थे। ताश खेलने में उन्हें महारत हासिल थी। उसमें कभी–कभी वे ऐसी टिटकारी मारते थे कि देखकर लगता था कि उनके भीतर कितनी लपट है। डेढ़–दो बजे प्रतिदिन वे कभी बिदुपुर, कभी धरमपुर और कभी सिंदुआरी भी हाट चले जाते थे। प्रत्येक हाट अलग–अलग दिन हफ्ते में दो–दो दिन लगती थी, जिससे वे हफ्ते–भर अपने को व्यस्त रखते थे। सभी हाटों के दुकानदार उन्हें पहचानते थे। वे किसी भी दुकानदार की दुकान पर बिछे बोरे पर एक तरफ बैठकर गमछे से दोनों पाँवों सहित पीठ को भी बाँध लेते थे और हाट के उठने तक बैठे रहते थे। गेहूँ की दुकान होती थी, तो गाहक से कहते थे—इसकी रोटी साग–पात की तरह मुलायम होगी। खाइएगा तो कहिएगा। इससे दलिया, ठकुआ, दुधपिट्ठी कुछ भी बना सकते हैं। ऐसा गेहूँ आपको किसी दुकान पर नहीं मिलेगा। चावल की दुकान पर बैठते थे, तो गाहकों से यह कहते थे—इसका भात खाइएगा, तो कहिएगा। इसका माँड़ भी उतना ही मीठा होता है। खिचड़ी और खीर तो ऐसी बनती है कि मुँह से नहीं छूटेगी। इस वकालत का परिणाम यह होता था कि अंत में दुकानदार उन्हें एक मुट्ठी अनाज देता था, जिसे चूनेवाली को देकर वे अपनी चुनौटी में चूना भरवाते थे। खैनी का मुट्ठा उन्हें कहाँ से मिल जाता था, कोई नहीं जानता। लेकिन इतना तय है कि वे चोर नहीं थे। उन्होंने दूसरे के पेड़ से गिरे हुए आम के फल को भी कभी नहीं उठाया।

जगनारथ बाबा एकदम वीतराग थे। किसी के प्रति उनमें राग–द्वेष नहीं देखा गया। गाँवों में झगड़े होते ही रहते थे, लेकिन वे किसी पक्ष के बारे में कुछ नहीं कहते थे। जैसे गंगादास, वैसे ही जमुनादास। वे न किसी से कुछ लेते थे, न किसी को कुछ देते थे। वे खैनी खास ढंग से लगाते थे। बाएँ हाथ की हथेली पर उसे रखकर जब चूने के साथ मलते थे, तो उनके उस हाथ की तर्जनी का 'मूवमेंट' देखने लायक होता था। एक दिन वे खैनी मलते हुए हाट जा रहे थे। पीछे से किसी ने पुकारा—हो जगरनाथ चा, एक खिल्ली खैनी देते जाइए। उन्होंने उलटकर पीछे देखा भी नहीं और यह कहते हुए कि 'बान पड़ जाएगी', सीधे जाते रहे। उन दिनों मेरे गाँव का डाकखाना बिदुपुर में था। कोई रेकर्ड नहीं है कि उन्होंने वहाँ से किसी की चिट्ठी लाए हों, या किसी की चिट्ठी जाकर डाक में डाली हो। वे पैसा देने पर भी एक पोस्टकार्ड लाने को तैयार नहीं होते थे। वे अपने घर की चिट्ठी भी नहीं लाते थे, न कोई चिट्ठी छोड़ते थे, न पोस्टकार्ड–लिफाफा की ही खरीदकर घरवालों का श्रम बचाते थे। अँधेरा होने पर वे लौटते थे और दरवाजे पर रखी अपनी खाट पर लेटकर आराम फरमाते थे। फिर खाने के वक्त पर हाथ–पाँव धोकर और एक लोटा पानी लेकर भीतर जाते थे और जो कुछ भी मिलता था, खा आते थे।

ऐसा लगता है कि रात में वे सोते नहीं थे, या उनकी नींद इतनी पतली थी कि दरवाजे के सामने के रास्ते से गुजरने वाले की पदचाप–मात्र से वह खुल जाती थी। उधर से जो जाता

था, उससे वह पूछते थे—के है? जानेवाला उत्तर देकर चला जाता था। एक बार चोरों का गिरोह सामने से गुजर रहा था। जगरनाथ बाबा ने अपनी आदत के मुताबिक उससे पूछा—के है? गिरोह से एक चोर ने उत्तर दिया—यदि जतरा बिगड़ी, तो लौट कर हम आपको बतलाते हैं कि हम कौन हैं। संयोग कि चोरों की यात्रा बन गई, जिससे लौटकर उन्होंने उनकी मरम्मत नहीं की। वे अपने को गाँव से एकदम अलग समझते थे, इसलिए न कभी पंचैती में गए, न किसी शादी-ब्याह में, न किसी मरनी-हरनी में। सुनते हैं कि पहले वे हर मंजिल में जाते थे, लेकिन जब बार-बार लोग यह कहने लगे कि उन्हें भी उठाकर इसी चिता में डाल दो, तो उन्होंने मंजिल जाना बंद कर दिया। इसी तरह वे गाँव में भोज खाने भी जाते थे, लेकिन लोगों की फब्तियों से तंग आकर उसमें भी जाना छोड़ दिया। अब वे सिद्ध हो चुके थे—न ऊधो का लेना, न माधो का देना। उनके बेटे दया करके उन्हें धोती या अपनी पुरानी हाफ कमीज दे देते थे। वे वही पहनते थे। पर्व-त्योहार में भी उनकी कोई रुचि नहीं थी और छठ तक में उन्हें कभी घाट पर नहीं देखा गया, जबकि वहाँ गाँव वालों की भीड़ इकट्ठी होती थी और कभी-कभी कीर्तन भी होता था। जगरनाथ बाबा के लिए ये सब व्यर्थ की बातें थीं, जिनसे उन्होंने, सिद्धि प्राप्त कर, हमेशा के लिए अपने को दूर कर लिया था। अपने घर वालों के लिए भी वे दया के पात्र थे और गाँव वालों के लिए चर्चा का एक अच्छा मसाला।

वे मेरे पड़ोसी थे और उनका घर मेरे घर के पूरब था। बाबू अप्रैल से लेकर नवंबर तक अँगनई में सोते थे। नवंबर के महीने में उनका बिस्तर ओस से तर हो जाता था, लेकिन उससे उन्हें कोई फर्क नहीं पड़ता था। अँगनई में मनोरंजन के लिए वे जगरनाथ बाबा को छेड़ते थे। लोगों का जवाब देते-देते उनकी वाचा-शक्ति काफी तीव्र हो गई थी, सो वे बाबू की बातों से घबड़ाते नहीं थे और धीरतापूर्वक उनसे वाक्-युद्ध करते रहते थे। लेकिन उनके मन में उनके प्रति कोई विरोधी भाव नहीं था। इस कारण बाबू जब बर्नपुर होते हुए कलकत्ता जाते थे, तो वे उनसे अपने भाइयों और बेटे का समाचार जानने के लिए अधीर रहते थे। घर के लोगों से पूछते थे—अरे, परोहन आया? बर्नपुर में टिके नहीं, पर वे वहाँ रहनेवाले अपने घर के लोगों से निरपेक्ष नहीं थे।

भारत में एक ऐसे देवता हैं, जिन्होंने ऋषि-मुनियों को भी पराजित किया है। वे कितने भी सिद्ध महात्मा रहे हों, उस देवता ने बड़ी आसानी से उन्हें मुट्ठी में कर लिया है। विश्वामित्र-मेनका और पराशर-सत्यवती की कथा प्रसिद्ध है। फिर उस देवता के आगे जगरनाथ बाबा की क्या चलती? पहले चूँकि बाल-विवाह होता था, इसलिए उनका लड़का बड़ा होकर नौकरी करने लगा था और दूसरा लड़का अभी पढ़ रहा था। इन दोनों के बीच उनकी एक लड़की भी थी, जिसकी शादी की जा चुकी थी। लेकिन जगरनाथ बाबा की उम्र पचास के आस-पास रही होगी। स्वभावत: हफ्ते में कम से कम दो बार आधी रात को उनका पुरुषत्व जगता था और वे किसी बहाने घर का दरवाजा खुलवाना चाहते थे। कहते थे—हे सरसती की माय, जरा तेल दे जाइए। उनकी पत्नी उनकी नीयत से परिचित थीं, इसलिए वह बहुत देर तक दरवाजा नहीं खोलती थीं। लेकिन जगरनाथ बाबा लगातार रट लगाए रहते थे, जिसका परिणाम यह होता था कि टोला-मुहल्ला उनके अनुनय से जग जाता था। हारकर उनकी पत्नी दरवाजा खोल देती थीं और वे सुट्-से अंदर दाखिल हो जाते थे। फिर वे अपना काम बनाते थे और उसके बाद पत्नी को बेरहमी के साथ अपनी लातों से पीटना शुरू करते थे। उन्हें इस बात का आक्रोश होता था कि उसने उनसे दरवाजा खोलने के लिए इतनी आरजू-मिन्नत क्यों करवाई?

करीब एक-दो बजे रात में उनकी पत्नी का करुण क्रंदन उठकर चतुर्दिक् छा जाता था, जो बहुत हृदय-विदारक होता था। एक बार अगले दिन उनकी पत्नी मेरे यहाँ आईं, तो मैंने उनसे कहा—रात जगरनाथ बाबा बहुत हल्ला किए हुए थे? उन्होंने उत्तर दिया—दुर्, तुम वही सब सुनते हो! मैं चुप रह गया।

एक बात और। वे हीन-ग्रंथि के शिकार थे, इसलिए उनके यहाँ जब कभी शादी-ब्याह अथवा मरनी-हरनी होती थी, तो स्वभावत: गाँव को भोज दिया जाता था। दिन हो या रात, जब गाँव के लोग खाकर चले जाते थे, तो घर वाले और बारिक लोग खाने बैठते थे। जगरनाथ बाबा की पत्तल भी लगाई जाती थी और उस पर भी खाना परोसा जाता था। तत्पश्चात् कोई उन्हें बुलाने जाता था, तो वे कहते थे—मैं नहीं खाऊँगा। फिर दूसरे, तीसरे, चौथे व्यक्ति आते थे, पर वे अपनी बात से टस से मस नहीं होते थे। घर वालों को यह बुरा लगता था कि गाँव के लोग खाकर गए, कंक-फकीरों ने भी पहले ही खाया, पर घर का एक आदमी, वह कैसा भी हो, भूखा रह जाएगा। पर जगरनाथ बाबा तो अपना अस्तित्व प्रमाणित कर रहे थे, सो वे खाने नहीं गए, तो नहीं ही गए। कभी चार आदमी उन्हें टाँग कर ले गए, तो उन्होंने जबर्दस्ती कुछ खाया हो, वर्ना वे अपनी जिद पर हमेशा कायम रहते थे।

बाढ़ के दिनों में वे नहर पर बने लचके पर कई लोगों के साथ देर रात तक बैठे रहते थे। वहाँ मछलियाँ उछलकर कभी ऊपर आ जाती थीं, तो इंतजार कर रहे लोग फुर्ती से उन्हें पकड़ लेते थे। कभी-कभी कोई मछली जगरनाथ बाबा के भी हाथ लग जाती थी, तो उस रात वे इस तरह घर लौटते थे, जैसे कुछ उपार्जन करके लौटे हों। शायद उस दिन घर में उनकी कुछ कदर भी हो जाती थी। एक बार उन पर क्या धुन सवार हुई कि वे खुरपी लेकर कासीपुर अपने खेत में केरौनी करने चले गए। दोपहर को जब वे हाथ में खुरपी लिये हुए लौटे, तो उनके हाथ में वह अजीब लग रही थी, जैसे किसी ब्राह्मण के कंधे पर हल हो! बाबू पाकड़ तले चबूतरे पर बैठे थे। उन्होंने यह दृश्य देखकर उनसे कहा—आज बाँह पुजवा लीजिएगा। वे रिश्ते में उनके चाचा लगते थे, सो वे जब कभी बाहर से आते थे, तो परंपरानुसार उम्र में अपने से काफी छोटे होने के बावजूद उन्हें प्रणाम करना नहीं भूलते थे। जगरनाथ बाबा ने उनकी बात का कोई जवाब नहीं दिया और वे सीधे चले जाते रहे। ऐसा उन्होंने इसलिए नहीं किया कि वे बाबू के प्रति आदर का भाव रखते थे, बल्कि इसलिए कि उनकी बात का उनके पास कोई उत्तर नहीं था।

मैं पटने में था कि जगरनाथ बाबा गुजर गए। काफी दिनों के बाद मैं गाँव गया, तो उसमें उनका कोई चिह्न नजर नहीं आया। इस कारण मुझे उनकी मृत्यु की तफसील नहीं मालूम हो सकी। इतने ही दिनों में लोग उन्हें भूल गए थे, जैसे वे नाचीज हों, जिसे याद रखना कोई गुनाह हो! लेकिन यह संस्मरण इस बात का सबूत है कि मैं उन्हें आज तक नहीं भूला हूँ। मुझे लगता है कि उनके जाने से गाँव श्रीहीन हो गया। मैं कभी-कभी यह भी सोचता हूँ कि प्रत्येक गाँव में एक जगरनाथ बाबा होने चाहिए, जिससे उसकी रौनक बनी रहे।

पीस परिस्थितियों ने डाला

गुरुजी यानी बाबू रामसोहाग सिंह सिर्फ मिडिल पास थे, लेकिन स्वाध्याय से आगे चलकर उनका अविश्वसनीय रूप में विकास हुआ। दुख की बात यह है कि बीमारी के कारण उन्होंने कष्ट भी बहुत उठाया और धीरे-धीरे गाँव के बाबू लोगों के षड्यंत्र से उनकी परिस्थितियाँ भी उन्हें अपनी पकड़ में लेती गईं, जिनसे किसी तरह वे पिंजड़े में बंद पक्षी की तरह छुटकारा नहीं पा सकते थे। बाबू लोगों ने ऐसा षड्यंत्र किया कि ऊपर से वह उनके लिए हितकर मालूम पड़े, लेकिन भीतर से उनकी स्वतंत्रता छीनता जाए। बहरहाल।

युवा-काल में गुरुजी मरणांतक पीड़ा वर्षों झेलते रहे। उन्हें भगंदर का रोग हो गया, जो जानलेवा था। इधर-उधर के बहुत जोग-टोना करनेवाले आए, पर उनका मर्ज बढ़ता ही गया। वे बतलाते थे कि टट्टी कराने के लिए उन्हें दो आदमी उनके कंधे और पाँव पकड़कर नीचे उतारते और फिर उसी तरह उठाकर खाट पर रखते थे। खाट पर चढ़ाना, उनके शब्दों में, जैसे एवरेस्ट पर चढ़ने के बराबर था। उनके घर के लोग यानी उनकी माँ और चचेरी मामा निराश हो गईं। उनकी माँ ने तो जब दवा खरीदने के लिए विलास बाबा से कुछ पैसे माँगे, तो यहाँ तक कहा कि पहले दिन के लिए भी यानी कफन वगैरह के लिए भी तो घर में कुछ पैसे होने चाहिए। आखिर छोटकी मामा ने साहस किया और उन्हें पटना के सरकारी अस्पताल में ले आईं। उनकी हालत देखकर डाक्टरों ने उन्हें तुरत भर्ती कर लिया और कुछ दिन बाद उनके भगंदर का ऑपरेशन कर दिया, जिससे दर्द से धीरे-धीरे उन्हें निजात मिली, लेकिन टट्टी रोकने में वे असमर्थ हो गए। दूसरे उनके दाहिने पाँव को ऊपर उठाकर काफी दिनों तक बाँधकर लटकाया गया, जिससे उनका वह पाँव कुछ छोटा हो गया और उसकी एड़ी जमीन से ऊपर ही रहने लगी। लिहाजा वे दाएँ पाँव के अग्रभाग से चलते थे और गाँव में 'लँगड़ा' कहलाने लगे। काफी दिनों बाद कभी-कभी वे तुकबंदी भी करते थे, जिसमें वे अपना उपनाम 'लंगर' रखते थे। पाँड़ेजी चाँदपुरा मिडिल स्कूल के अवकाश-प्राप्त शिक्षक थे। दरभंगा जिले के कमतौल नामक प्रसिद्ध गाँव के निवासी। वे बाद में भी कभी-कभी हमारे गाँव आते थे और नंदबाबू के यहाँ रुकते थे। गुरुजी से उन्हें कुछ कहना होता था, तो उन्हें 'ए लाँगर कवि' कहकर संबोधित करते थे। उनके संबोधन की स्नेहपरकता और अहिंसकता देखकर मुझे बहुत मजा आता था।

कई वर्षों के बाद गुरुजी फिर पटना अस्पताल में गए, डाक्टरों ने उनके पाँव को ठीक करने का बहुत प्रयास किया, लेकिन उन्हें कोई खास फायदा नहीं हुआ। उस समय वे सवेरे लड़कों को पढ़ाने लगे थे। जो समर्थ थे, वे उन्हें ट्यूशन फी देते थे, लेकिन जो असमर्थ थे, जैसे मैं, उनसे उन्होंने न कभी कुछ माँगा, न उन्होंने कभी कुछ दिया। बाबू ने तो कभी जानना भी नहीं चाहा कि वे मुझे यों ही पढ़ाते हैं, या उनका कुछ मेहनताना भी होता है। यह उस समय

की बात है, जब वे दुबारे पटना अस्पताल से लौटे थे। उसके बाद की सारी घटनाओं का मैं प्रत्यक्षदर्शी हूँ। बहुत बाद में छाती का कैंसर होने के डर से वे अपनी पत्नी को पटना अस्पताल ले गए। उन्हें उस समय भर्ती कराने में मैंने बहुत मदद की थी। मेरे सहायक मेरे पूर्वपरिचित उस समय मेडिकल कालेज के छात्र डा. अंगद और उनके एक मित्र थे। वहाँ उनका ऑपरेशन हुआ, जिससे वे एक छाती गँवाकर ठीक हो गईं।

गुरुजी को दमा का भी रोग था। यह रोग खास तौर से गर्मियों के बाद जब बरसात आती थी, तब उभरता था। उस समय तक दमा का कोई इलाज नहीं निकला था, सो वे खाट के पायताने उत्तर की ओर मुँह किए बैठे हफ्तों कुत्ते की तरह हाँफते रहते थे। बलगम से वे सालों-भर परेशान रहते थे। बहुत दिनों के बाद वे डाइक्रेस्टीसिन का इंजेक्शन लेने लगे, जिससे उन्हें कुछ लाभ महसूस होता था। काफी दिनों से अब यह एंटी-बायटिक भारत में प्रतिबंधित है। अब गुरुजी नस लेने पर उतर आए। जो लोग खैनी खाते थे, उनसे वे उसकी गर्द लेकर एक डिबिया में बंद कर लेते थे और कीमती तथा सुगंधित नस की जगह उसी को लेते रहते थे। इससे दमा निर्मूल क्या होता, उन्हें थोड़ी-सी राहत मिलती थी। साढ़े नौ-दस में विलास बाबा के जगत बँधे कुएँ पर स्नान करते थे और नाक से पानी सुड़कते थे, तो उससे ढेर-सी नस निकलती थी। गुरुजी की बाईं कमर में, जहाँ धोती बाँधते हैं, उसके ठीक ऊपर अक्सर एक घाव रहता था, जिससे थोड़ा-थोड़ा पीव बहता रहता था। जब लोग पूछते थे कि वह क्या है, तो वे उसका मजाक उड़ाते हुए दिनकरजी के 'कुरुक्षेत्र' की यह पंक्ति उन्हें सुनाते थे—'अनल-गिरि फूटता जब ताप होता है अवनि में'। कहते थे, जब यह घाव बना रहता है, तो उनकी तबीयत कुछ ठीक रहती है। इसी प्रसंग में उन्होंने मुझे बतलाया था कि असम में एक जाति होती है, जो बीमारी से बचने के लिए अपने शरीर में एक घाव बनाकर रखती है। चीर-फाड़ के अनुभव से वे छोटे-मोटे शल्य-चिकित्सक हो गए थे। उन्होंने ईआ की एक छाती के घाव का ऑपरेशन भी किया था, जिसमें ढेर-सा खून निकला था, लेकिन उससे वह धीरे-धीरे अच्छी हो गई। टिंचर आयोडिन का काम वे नीम की पत्तियों से लेते थे। उन्हें पिसवाकर उनमें लपेटकर वे घाव में बत्ती देते थे और उसके ऊपर भी उसे लगाकर पट्टी बाँध देते थे। ड्रेसिंग भी समय पर आकर वे कर दिया करते थे। मेरे बाएँ कान के पीछे एक घाव हुआ। उसे भी चीरकर उन्होंने ही नीम की पत्तियों के लेप से ठीक किया था। उसका चिह्न अभी भी मेरे कान के पीछे मौजूद है।

वे जन्मजात शिक्षक थे। बहुत ही सख्त और नियमित। न खुद चैन लेते थे, न छात्रों को लेने देते थे। मैं सवेरे उनसे पढ़ने जाता था, लेकिन उनसे बहुत डरता था। इस कारण मैं रोज रात में सोते समय देर तक 'राम-राम' जपता था और भगवान से प्रार्थना करता था कि गुरुजी मर जाएँ। लेकिन मैं तड़के देखता था कि वे सामने के अपने खेत में केरौनी कर रहे हैं, तो बहुत निराशा होती थी और भगवान पर क्रोध आता था कि उन्होंने मेरी प्रार्थना नहीं सुनी। कुछ दिन गुरुजी ने गाँव के मिडिल स्कूल की प्राथमिक कक्षाओं में भी पढ़ाया था। उस समय मैं बाल-वर्ग में था और वर्णमाला पर अधिकार कर लिया था, पर यह मैं नहीं समझता था कि उसमें तीन 'स' क्यों हैं—तालव्य श, मूर्धन्य ष और दंती (दंत्य) स। गुरुजी वर्णमाला पर अधिकार की परीक्षा छात्र से एक खास ढंग से लेते थे। वे कागज में एक छेद बनाते थे और उस कागज से और वर्णों को ढँककर छेद से विशेष वर्ण को दृश्य बनाते थे और छात्र से पूछते थे कि वह कौन-सा अक्षर है? मेरी परीक्षा भी उन्होंने उसी तरह ली। दंती 'स' को कागज के छेद से दृश्य बनाया और मुझे उसे पहचानने को कहा। कोई शिक्षक यह नहीं बतलाता था

कि तीन 'स' क्यों है, और उनके अलग-अलग उच्चारण हैं। सो, मैं दुविधा में था। अपना दिमाग लगाया और 'दंती स' के पहले अक्षर के आधार पर कहा कि यह 'द' है। गुरुजी ने मेरे गाल पर इतने जोरों से चमाटा मारा कि मैं अभी तक उसे नहीं भूला हूँ। लेकिन मैं वार्षिक परीक्षा में बाल-वर्ग में प्रथम आया। उस समय मैं प्रथम आने का अर्थ भी नहीं जानता था, सो हाथ में माला लिये खड़ा रहा। कामेश्वर भाई ने कहा कि अरे, तुम फर्स्ट हुए, रिजल्ट सुनानेवाले हेडमास्टर साहब को माला पहनाओ। एक-दो बार छोड़कर मैं मैट्रिकुलेशन तक अपने वर्ग में प्रथम ही आता रहा। इसके पीछे भी गुरुजी का हाथ था, जिन्होंने मेरी बुनियाद पक्की कर दी थी। बाद में जब मैं कालेज की छुट्टियों में घर जाता था, तो गुरुजी कहते थे—नवल, जो लड़के तुमसे जितना फायदा उठा सकते हैं, उन्हें उठाने दो। मैं गाँव के लड़कों का अंग्रेजी ट्रांसलेशन तो देखता ही था, उन्हें हिंदी कविता और लेखों की समरी भी लिखाता था।

तीस वर्षों तक मैं पटना विश्वविद्यालय में अध्यापक रहा। शुरू में छः वर्षों तक बी.एन. कालेज में था, जहाँ से 1976 के दिसंबर में मेरा तबादला पोस्ट-ग्रेजुएट में हो गया। दरभंगा हाउस में एम.ए. के लड़कों को पढ़ाते हुए मुझे पटना कालेज में आई.ए. और बी.ए. ऑनर्स तथा हिंदी रचना के वर्ग भी लेने पड़ते थे। मैंने गुरुजी की सीख को हमेशा याद रखा और छात्रों के प्रति सहयोगात्मक रुख अपनाए रहा। इससे एक लड़के को गलतफहमी हो गई। एक दिन मैं विभाग से लौट रहा था, तो वह मेरे पीछे-पीछे आ रहा था। मैं रुक गया और उससे पूछा—क्या बात है? उसने डरते-डरते कहा कि सर, अमुक जगह मेरी परीक्षा की कापी गई है। आप परीक्षक के यहाँ जरा मेरी पैरवी कर देते। मैंने उसे डाँटा और कहा कि मुझसे जो भी मदद लेनी हो, वह परीक्षा-भवन में घुसने के पहले ही आप लोग ले लें। फिर उसे भगा दिया। मैं सख्त शिक्षक तो था ही, लड़कियों का मामला होने पर भी वर्ग में उन्हें कभी कोई विशेष छूट नहीं दी और उन्हें भी हमेशा कठोर अनुशासन में रखा। स्वभावतः मेरे विभाग के चपरासी गौरीशंकर पांडेय ने मुझसे कहा—सर, आपसे लड़का-लड़की इतना डरते क्यों हैं? मैंने कहा कि उन्हें गलतफहमी है। मैं अनुशासन में कोई ढील नहीं देता, लेकिन मेरा दिल बहुत कोमल है, मैं भीतर से उन्हें बहुत प्यार करता हूँ। मेरी निष्पक्षता के कारण ही आज तक किसी लड़के ने मेरे साथ कोई बदसलूकी नहीं की। मैं कह चुका हूँ कि शुरू में मैंने ट्यूशन भी किया करता था, लेकिन जैसे-जैसे मेरा वेतन बढ़ता गया, मैं ट्यूशन करना छोड़ता गया। जब ट्यूशन करता था, तब भी मैंने सारे छात्र-छात्राओं से कह रखा था कि आपको कुछ पूछना हो, तो मेरे घर पर आकर पूछ लें। पांडेयजी को मेरे घर का पता मालूम है। मैं रात के आठ बजे एकदम खाली हो जाता हूँ। छात्राओं को यह बतलाते हुए मैंने कहा कि रात में आप अपने पिता, भाई या पतिदेव को लेकर आएँ। कई छात्र रात में आकर मुझसे पढ़ जाते थे। परीक्षा में भी मेरी उदारता का कुछ लड़कों ने फायदा उठाना चाहा, खासकर मुझसे ट्यूशन पढ़ने वाले लड़कों ने, लेकिन उन्हें भी मैंने पकड़ा और सजा दिलवाई। सभी परीक्षार्थियों से मैंने उपर्युक्त बात ही कही कि मुझसे जो भी सहायता लेनी हो, परीक्षा-भवन में आने के पहले ही लें।

स्वभावतः छात्र मेरे अध्यापन और अनुशासन के कारण मुझे बहुत सम्मान देते थे। एम. ए. में मैं जिन-जिन कवियों को पढ़ाता था, उनका संपूर्ण साहित्य पढ़ जाता था। मैंने उन सबों पर पुस्तकें और निबंध लिखे, जैसे मैथिलीशरण, प्रसाद, निराला, पंत, शमशेर, नागार्जुन, मुक्तिबोध, दिनकर, रघुवीर सहाय और केदारनाथ सिंह। इसी कारण अपने विदाई-समारोह में मैंने छात्रों से कहा था—मैंने आपको क्या दिया, मैं नहीं जानता, पर आपने मुझे क्या दिया,

यह मैं भली भाँति जानता हूँ। सो, मेरी इच्छा है कि मेरे मरने के बाद मेरा शव कुछ देर के लिए विभाग में जरूर लाया जाए। मैं आधुनिक कविता का इतिहास भी पढ़ाता था। डा. नामवर सिंह के निर्देश से सभी आधुनिक कवियों का संपूर्ण और गहन अध्ययन करके भारतीय ज्ञानपीठ के फेलोशिप पर मैंने 'आधुनिक हिंदी कविता का इतिहास' लिखा, जिसमें मेरा ध्यान आधुनिक हिंदी कविता के प्रवहमान और संश्लिष्ट रूप को सामने लाने पर रहा है।

बाद में गाँव की कन्या पाठशाला में गुरुजी की स्थायी नियुक्ति हो गई। तब पाठशाला रामबल्ली बाबू के घर के उत्तर तरफ पोखर के किनारे पर थी। उसकी छत फूस की थी, लेकिन बहुत मोटी और मजबूत। सतह भी जमीन से कुछ ऊपर थी, सो पाठशाला की जमीन में कभी नमी नहीं रहती थी। गुरुजी बहुआरा के बाबू जगन्नाथ सिंह के बाद आए थे। जगन्नाथ बाबू बहुत सुयोग्य शिक्षक और साहित्य-प्रेमी थे। नवयुवक पुस्तकालय को उन्होंने भी कुछ समय दिया था और मेरा खयाल है कि उसमें टँगे कुछ आदर्श-वाक्य उनकी सुंदर हस्तलिपि में भी थे। गुरुजी का वेतन, जैसा कि उन्होंने मुझे बतलाया था, सिर्फ साढ़े तीन रुपए था। पाठशाला संभवत: लोकल बोर्ड के अधीन थी, जिससे प्रत्येक माह उनका वह वेतन उसके मंत्री रामबल्ली बाबू के नाम आता था। जब उनका वेतन ग्यारह रुपए हुआ, तो डाकिए से मालूम करके वे रामबल्ली बाबू से वे रुपए ले आते थे। वे उन्हें हमेशा दस रुपए देते थे और बाकी एक रुपए के बारे में कहते थे कि वह बाद में ले लीजिएगा। वे कुछ फक्कड़ और भुलक्कड़ स्वभाव के थे, सो एक रुपया न उन्होंने गुरुजी को कभी दिया, न गुरुजी ने ही उनसे कभी माँगा। दस रुपए में उस जमाने में भी घर क्या चलता, सो बाकी उपार्जन वे सवेरे और रात में बच्चों को ट्यूशन पढ़ाकर किया करते थे। बढ़ते-बढ़ते उनका वेतन सौ रुपए हो गया, लेकिन महँगाई भी जोर लगाए हुए थी, सो और सौ रुपए उन्हें ट्यूशन से कमाना पड़ता था। वे सवेरे अपने घर पर बच्चों को पढ़ाते थे, दिन में स्कूल में रहते थे और रात में कभी नंद बाबू, कभी विलास बाबा और अंत में जगदीश बाबू के यहाँ पढ़ाने लगे थे। इस तरह उनकी जान को कभी फुर्सत नहीं मिलती थी। जगदीश बाबू के यहाँ उन्हें बदल-बदलकर नाश्ता भी मिलता था, जिससे हम लोग उनसे चुटकी लेते थे। निराला की बात अपने शब्दों में कहते थे : 'कैसी शिक्षा, कैसे विराम पर आए!'

कन्या पाठशाला का शिक्षक होने के साथ गुरुजी ने पुस्तकालय के पुस्तकाध्यक्ष का भार भी अपने ऊपर ले लिया था। सो, चार बजे पाठशाल से छूटते थे, तो घर पर अलुआ-सुथनी जो मिलता था, खाकर चाभी लेकर सीधे पुस्तकालय पहुँच जाते थे। शरीर से अक्षम होने के बावजूद वे उस विशाल पुस्तकालय में पहले झाड़ू लगाते थे, फिर टेबुल-कुर्सियों तथा रजिस्टरों को भी झाड़ते-पोंछते थे। तब तक उनकी मंडली के पाँच-सात युवक, जो पुस्तकें निर्गत कराकर जमकर उन्हें पढ़ते थे, पहुँच जाते थे। 1951 से मैं भी उस मंडली का सदस्य हो गया। गुरुजी ने शुरू में मुझे महापुरुषों की जीवनियाँ पढ़ने को दीं, जो मुझे जरा भी अच्छी नहीं लगती थीं और मैं उन्हें बिना पढ़े लौटा देता था। अंत में उन्होंने मुझे कपिलदेव नारायण सिंह 'सुहृद' का राष्ट्रीय खंडकाव्य 'प्रेम-मिलन' पढ़ने को दिया, जो मुझे बहुत पसंद आया। अपने मन से मैंने अपने नाम पर 'किशोर'जी की 'शेफालिका' भी निर्गत करायी, जिसे मैं बहुत दिनों तक अपने पास रखे रहा। उसके अनेक गीतों के मुखड़े मुझे अभी भी याद हैं।

जब गुरुजी कन्या पाठशाला में थे, तो वह लड़कियों से भरी रहती थी। जब मैं मिडिल स्कूल से लौटता था, तो रोज उन्हें लड़कियों को पंक्तिबद्ध खड़ा करके गिनती गिनाते देखता

था। पाठशाला में स्त्री-शिक्षा का असर पूरे गाँव पर इस कदर पड़ा था कि प्राय: सभी घरों की लड़कियाँ वहाँ नाम लिखवाकर पढ़ती थीं। एक मेरा घर अपवाद था, क्योंकि मेरी मामा मरते समय बाबू को कह गई थी कि रामपरोहन, लड़की को कभी मत पढ़ाना। मुझे लोभ हुआ, तो अपने बाद की छोटी बहन को मिडिल स्कूल जाते समय पाठशाला में भेज दिया। तब से मेरे घर में चली आ रही परंपरा टूट गई और बाद की सभी लड़कियाँ पढ़कर निकलीं। मेरी सबसे छोटी बहन तो हाई स्कूल तक गई। बहुत दिनों के बाद पाठशाला पाकड़ के पेड़ से पश्चिम के गबड़े पर, जिसमें श्राद्ध की हाँड़ी फेंकी जाती थी और करमी की लत्तियाँ फैली रहती थीं, किसुन प्रसाद बाबा के विरोध के बावजूद ईंट के बने एक मकान में आ गई। अब उसमें कोई कोठरी बने या नहीं, इसको लेकर विवाद शुरू हुआ। बाबू रामफलित सिंह ने, जो महान कूटनीतिज्ञ थे और 'हाकिम' कहलाते थे, कोठरी बनाने का बहुत जोरों से विरोध किया। पाठशाला में हालाँकि छोटी लड़कियाँ पढ़ती थीं, फिर भी उन्होंने कहा—हो, कौन सोने का जामा पहने हुए है? जब गुरुजी को यह बात मालूम हुई, तो दृढ़तापूर्वक वे बोले—हाँ, मैं सोने का जामा पहने हुए हूँ। बीच का रास्ता यह निकाला गया कि पाठशाला में कोठरी तो बने, लेकिन उसमें किवाड़ न लगाया जाए। उसकी एक दीवार में छोटी अलमारी भी बनी थी, पर वह बेकार थी और गुरुजी रोज रजिस्टर और कलम-दावात अपने घर ले जाते थे। कोठरी में किवाड़ न लगने से यह जरूर हुआ कि गाँव के मनचले युवक रात में उसका दुरुपयोग न कर सके। गुरुजी के निधन के कुछ वर्षों बाद पाठशाला का पूर्ण सरकारीकरण हो गया, जिससे उस पर जनता की निगरानी समाप्त हो गई। अब वहाँ दो शिक्षक थे। एक देवीजी और एक देवताजी। कुछ वर्षों बाद मैं गाँव गया, तो यह देखकर मेरा हृदय कराह उठा कि देवीजी कुर्सी पर बैठी स्वेटर बुन रही थीं और देवताजी अपनी कुर्सी देवीजी के निकट लाकर उस पर पाँव चढ़ाकर बैठे खैनी मलते हुए उनसे गप कर रहे थे। उधर चार-पाँच लड़कियाँ थीं, जो गोटी खेल रही थीं।

चार बजे जब छुट्टी होती थी, तो जगत् बाबा लाठी टेकते हुए पाठशाला आ जाते थे और उसके स्टूल पर बैठकर लड़कियों को पंक्तिबद्ध कर गिनती गिनाते थे। इसमें लड़कियों को और उन्हें दोनों को आनंद मिलता था। फुर्सत पाकर गुरुजी पाकड़ के चबूतरे पर बैठ जाते थे और मुझसे कहते थे—नवल, चार बजते-बजते मेरा माथा एकदम चटा जाता है। उनका स्वास्थ्य भी जर्जर होता जा रहा था, सो वे सहगल का गाया हुआ एक गीत गाने लगते थे—'पंछी, पिंजड़ा भया पुराना।' सरकार ने नस्ल-सुधार के लिए गाँव को एक साँढ़ भी दिया था और एक बकरा भी। हम दोनों बैठे ही थे कि रास्ते से वह बकरा गुजरा। कैसे गुरुजी का दूसरा बेटा ललितेसर भी वहाँ पहुँच गया था। उसने उसकी तरफ गुरुजी का ध्यान खींचते हुए कहा—बाबू, सरकारी बोका! गुरुजी ने उत्तर दिया—अरे बेवकूफ, सरकारी बोका तो यहाँ बैठा है! इसी तरह हँस-रोकर वे अपनी जिंदगी काट रहे थे।

पुस्तकालय की पुस्तकें और पत्रिकाएँ पढ़ते-पढ़ते गुरुजी के विचार क्रांतिकारी हो गए थे। महात्मा गांधी और पं. नेहरू के प्रति उनका भक्ति-भाव कभी कम नहीं हुआ, पर अब वे सोशलिस्ट पार्टी के प्रशंसक हो गए थे और जयप्रकाश नारायण की चर्चा बहुत आदर से करते थे। परिणामत: उनकी शिष्य-मंडली भी सोशलिस्ट पार्टी के प्रभाव में आ गई। 1948 में पटना लॉन में सोशलिस्ट पार्टी का प्रथम अधिवेश आचार्य नरेंद्रदेव की अध्यक्षता में हुआ था। गुरुजी उसमें मुझे छोड़कर बाकी सभी युवकों के साथ पहुँचे थे। लौटकर उन्होंने आचार्य नरेंद्रदेव की धज, दृढ़ता और व्याख्यान की भूरि-भूरि प्रशंसा की थी। वे अपने विचार गुप्त नहीं रखते थे

और इस मामले में मुखर थे। फलतः उनकी आँखों में दो अत्याचारी धनिक बहुत खटकते थे। नंद बाबू ने एक दुसाध को बाँधकर पिटवाया था। कारण यह कि उसकी गर्भवती पत्नी ने उससे नए धान का चूड़ा खाने की इच्छा प्रकट की थी। उसकी इच्छा-पूर्ति के लिए एक रात वह नंद बाबू के खेत से, जिसे उसी ने बोया, केराया और पटाया था, कुछ धान काटकर ले आया। लेकिन यह बात छिपी नहीं रही और उन्होंने उसे पकड़ मँगाया। फिर उसने अपनी चोरी और उसका कारण भी बतलाया, पर कठोर, स्वार्थी और हृदयहीन व्यक्ति को दया नहीं आई और उसने उसे मन-भर पिटवाया। ऐसी बातों से गुरुजी का खून खौल उठता था। चूँकि उनके साथ युवकों की एक टोली थी, इसलिए गाँव के दोनों धनिक उनसे खौफ खाते थे और किसी तरह उन्हें शांत करना चाहते थे।

उन्हें खुराफातों से दूर रखने और व्यस्त रहने के लिए सबसे पहले भुनेसर सिंह ने उन्हें एक बछिया दे दी। गुरुजी उसे ले आए और खिला-पिलाकर उसे बड़ा करने में लग गए। एक बार उसने पाल भी खाया था, जिसकी तारीख कामेश्वर भाई ने गुरुजी के दरवाजे के एक खंभे पर पेंसिल से लिख रखी थी : 'अमुक तारीख को गुरुजी की बछिया उठी।' फिर उसका क्या हुआ, मुझे याद नहीं। गुरुजी उससे थोड़ा व्यस्त तो हुए, लेकिन उनकी क्रांतिकारिता समाप्त नहीं हुई। कहा जा चुका है कि महात्मा गांधी के साथ वे पं. नेहरू के भी भक्त थे, क्योंकि वे देश के पहले समाजवादी माने जाते थे। आजादी के बाद संभवतः 1951 में वे मुजफ्फरपुर आए। भारी भीड़ उमड़ी और मुजफ्फरपुर में अकाल पड़ गया। किसी दुकान पर खाने को कुछ नहीं था। गुरुजी भी गाँव के बहुत-से लोगों के साथ उन्हें देखने और सुनने गए थे। लौटकर उन्होंने एक बात बतलाई थी, जो मुझे नहीं भूलती। कहा था कि पं. नेहरू बिहार के कांग्रेसी नेताओं के जातिवाद करने से बहुत क्रुद्ध थे, सो उन्होंने भाषण में यहाँ तक कहा कि 'बिहार के नेता भठियारे हैं'। इस बात पर मंचस्थ श्री बाबू को लज्जित होना चाहिए था, लेकिन वे इतने मँजे हुए खिलाड़ी थे कि खुल-खुल हँस रहे थे। पं. नेहरू का क्रोध प्रसिद्ध है। जब जनता उनका पाँव छूने के लिए झुकती थी, तो वे उस पर डंडे बरसाते थे, जिसे वह उनका प्रसाद मानती थी। अपने भाषण के क्रम में उन्होंने एक गिलास पानी माँगा। बिहार का कोई कांग्रेसी प्रधानमंत्री को सादा पानी कैसे देता, सो उसने उन्हें शरबत का गिलास बढ़ाया। एक घूँट लेकर उन्होंने जोरों से गिलास पटका और बोले—'क्या बेहूदगी है!' यह सब माइक के कारण जनता भी सुन रही थी और लौटकर सारे लोग रस ले-लेकर इन बातों को सुनाते थे।

जब गुरुजी शिक्षक बना दिये जाने और बछिया दिये जाने के कारण भी पूर्णतः शांत नहीं हुए, तो धनिकों ने एक उपाय सोचा कि उनकी शादी करा दी जाए। गुरुजी की दो मामा थीं—छोटकी मामा और चोंचो मामा। छोटकी मामा ने गुरुजी के साथ ही झोपड़ी की जगह मिट्टी का घर बनाया था, यद्यपि अपना चूल्हा अलग रखा था। शायद उनकी जमीन गुरुजी ही जोतते थे और उन्हें अनाज का हिस्सा देते थे। छोटकी मामा ने जमीन को लेकर उन पर मुकदमा भी किया था, पर बाद में सुलह हो गई थी। उन्होंने भी सोचा कि जमीन दूसरे को बँटाई पर देने से अच्छा है कि रामसोहाग को ही दें। उन्हें रात-दिन यह चिंता सताती थी कि उनका वंश कैसे चलेगा और उनकी संपत्ति का वारिस कौन होगा? सो एक दिन वे मेले से एक दस-ग्यारह साल की लड़की को खरीदकर ले आईं, खरीदकर इसलिए कि उस लड़की का मन अपने घर और माँ-बाप से बिलकुल टूट चुका था, जिससे उसने न अपनी जाति के बारे में कुछ बतलाया, न घर और माँ-बाप ने ही कभी उसे खोजा। वह अब सहर्ष नरक के

कुंड में कूदने को भी तैयार थी। उसे देखने गाँव-भर के लोग आए थे, पर किसी ने थाने को खबर नहीं दी। वह लड़की एकदम भोली-भाली और अनजान थी, सो जाड़े की धूप में दीवार से लगकर बैठी थी।

कुछ वर्षों के बाद जब वह कुछ बड़ी हुई, तो गाँव के धनिकों को यह खयाल आया कि क्यों न गुरुजी की शादी उसी से करा दी जाए, जिससे उनका सारा आदर्शवाद हवा हो जाए और वे घर-गृहस्थी में उलझकर रह जाएँ। लेकिन गुरुजी उसके लिए बिलकुल तैयार नहीं थे। जिन गुरुजी को छुआछूत के विरोध में दुसाध के हाथ का पानी पीने के कारण बिरादरी-बाहर कर दिया गया था, उन्हीं की शादी कराने के लिए बाबू लोग उन पर तरह-तरह से दबाव डाल रहे थे। गुरुजी को बिरादरी-बाहर कर दिया गया था, लेकिन उनकी नौकरी नहीं गई थी, क्योंकि तब वे पूर्ण स्वतंत्र हो जाते। इसके अलावा वे इतने ईमानदार और परिश्रमी शिक्षक थे कि कन्या पाठशाला बहुत शान से चल रही थी। लोगों ने सोचा कि उनके बाद पता नहीं कैसा शिक्षक आए। अब गुरुजी पुस्तकालय में रामसोहाग सिंह 'हरिजन' के नाम से हस्ताक्षर बनाने लगे। इसी समय नंद बाबू के यहाँ एक भोज हुआ। उन्होंने उन्हें भी निमंत्रण दिया, लेकिन नौकरों के साथ घर से बाहर बिठाकर खिलाया। गुरुजी खाकर उठे, तो उन्हीं की तरह अपनी पत्तल भी उठा ली। यह नंद बाबू के गाल पर उलटा तमाचा था, जिसकी गाँव-भर में चर्चा हुई। लोगों ने कहा कि उन्हें गुरुजी को नहीं खिलाना था, तो नहीं खिलाते, पर इस तरह एक व्यक्ति को अपमानित करने का उन्हें कोई हक नहीं है।

इससे पहले की घटना है। गुरुजी गांधीजी के प्रभाव में अहिंसा को परम धर्म मानने लगे थे। मेरे गाँव में जगदंबा-स्थान में चैत और आसिन की निर्धारित तिथि पर सैकड़ों खस्सी की बलि दी जाती थी। वह दृश्य बहुत कारुणिक होता था और बलि चढ़ाने वाला सिधारी दुसाध क्रूरता की साक्षात् मूर्ति लगता था। बाद में वह शीशम को पाँगते हुए उसकी फुनगी से गिर पड़ा, तो उसका हाथ मरोड़ खाने से ऐंठ गया। अर्जुन चा इस बात पर बहुत खुश हुए और मुझसे कहा—दोनों हाथ से एक के बाद एक खस्सी के गले पर पघरिया हँसुआ पूरी शक्ति से मारता था, जिससे एक ही वार में उसका सिर और धड़ अलग-अलग हो जाता था और दोनों कुछ देर तक छटपटाते रहते थे। भगवान ने उसका हाथ ही मचोड़ दिया! बहरहाल, गुरुजी ने बलि-प्रथा को रोकने के लिए गाँव के सुदीठ चा को तैयार किया, जो टी.वी. के मरीज थे और स्वयं अनशन पर चले गए। गाँव के लोगों ने उनका विरोध भी किया, पर उनके अनशन का हाल-चाल चिंतित भाव से जगदीश बाबू भी रोज रात में हाजीपुर से लौटकर लेते रहे। गुरुजी और सुदीठ चा का कहना था कि जगदंबाजी पर फल, मिठाई और पकवान चढ़ाएँ, पर उनके नाम पर बलि देना महात्मा बुद्ध, वर्धमान महावीर और महात्मा गांधी—तीनों महापुरुषों की शिक्षा के विरुद्ध है। यह एक आदिम और क्रूर प्रथा है, जिसे अविलंब बंद किया जाना चाहिए।

आखिर बलि की तिथि आई। जिस गड्ढे में खस्सी को उतारकर उसके सामने कुछ भिंगोए चने रखकर धोखे से उसकी गर्दन पर पघरिया हँसुए से वार किया जाता था, सुदीठ चा अंत में उसी गड्ढे में बैठ गए और बोले कि पहले मेरी बलि दो, फिर खस्सी की बलि देना। आखिर में जनार्दन तिवारी द्वारा संकल्पित खस्सियों की जान बच गई और फिर वह प्रथा दुहराई नहीं गई। लोग अपने-अपने बलि के बकरों को लिये हुए घर लौट गए। तत्पश्चात् गुरुजी ने खुशी-खुशी अपना अनशन तोड़ा। इतना ही नहीं, वे ऐसे समाज-सेवी थे कि होली के दिन पाकड़ तले के दोनों तरफ की सड़कें स्वयं ही और लड़कों से भी साफ कराते थे। जहाँ

होलिका-दहन परंपरा से होता आया था, उससे अगल-बगल के आम के कुछ पेड़ों के मंजर झड़क जाते थे। ये गुरुजी ही थे, जो होलिका-दहन का स्थल वहाँ से कुछ दूर एक निरापद स्थान पर ले गए। इसके अलावा नन्हकी चा के प्रयास से जब कभी गांधी-जयंती पर गाँव में सूत-यज्ञ होता था, वे खपड़े को गोल काटकर और घिसकर तथा उसमें छेद करके एक सीधी और लंबी लकड़ी डालकर उस पर बहुत बढ़िया सूत कातते थे। इसी तरह प्रत्येक रविवार को उनका नियम था कि वे कुदाल लेकर निकलते थे और सारे गाँव की सड़कों और गलियों के दोनों तरफ जो टट्टी होती थी, उसे वे मिट्टी से ढँक देते थे। इस प्रकार उनकी समाज-सुधार से युक्त क्रांतिकारिता बनी हुई थी। गाँव के लोग इसके लिए उनकी हँसी भी उड़ाते थे, पर अपने सही काम के लिए मैंने कभी उन्हें लज्जित होते हुए नहीं देखा।

'आर्यावर्त' वे नियम से पढ़ते थे और राष्ट्रीय ही नहीं, अंतर्राष्ट्रीय राजनीति में भी रुचि लेते थे। पाठशाला में भी उनके हाथ में कोई न कोई पत्रिका- प्राय: 'विशाल भारत'-अवश्य होती थी। द्वितीय विश्वयुद्ध के आरंभिक काल में अज्ञेय ने उसका संपादन किया था, फिर उनके फौज की नौकरी में चले जाने के कारण मोहन सिंह सेंगर ने। वे बनारसीदास चतुर्वेदी के साथ दोनों की संपादन-कला और संपादकीय टिप्पणियों की प्रशंसा करते थे। उन्हीं के प्रयास से हिंदी की सारी मुख्य पत्र-पत्रिकाएँ गाँव में आने लगी थीं। रामवृक्ष 'नई धारा' मँगाता था, ब्रह्मानंद 'प्रवाह' (अकोला), काका (सियाराम) 'वीणा' और मैं शुरू में 'बालक' और बाद में 'अवंतिका' मँगाने लगा था। कामेश्वर भाई के पिता रामदेव बाबू मिडिल स्कूल के शिक्षक थे, सो साप्ताहिक 'विश्वमित्र' उन्हें आसानी से मिल जाता था। इस तरह उस समय मेरा गाँव साहित्यमय था।

लोग तीन काव्य-ग्रंथ पढ़ते आ रहे थे—विद्यापति पदावली, रामचरितमानस और बिहारी सतसई। गुरुजी ने उनमें तीन खड़ी बोली के काव्य जोड़े थे—'प्रियप्रवास', 'साकेत' और 'कुरुक्षेत्र'। 'प्रियप्रवास' अपनी ऊटपटाँग भाषा और वर्णिक छंद के कारण लोकप्रिय नहीं हुआ। मैंने सिर्फ मिडिल स्कूल के प्रधानाध्यापक बाबू रामपदार्थ सिंह को 'प्रियप्रवास' पूरी तन्मयता से गा-गाकर पढ़ते सुना था। वे 'साहित्य-संदेश' मँगाया करते थे, जिसे पढ़ने की ललक गुरुजी के मन में भी थी। उन्हें मैंने जाड़ों में घूरे के निकट हमेशा कोई न कोई उपन्यास पढ़ते देखा। वे सूरुज बाबू से सोनपुर मेले से मँगाकर 'कामायनी' भी पढ़ गए थे। वे उसे एक कठिन काव्य मानते थे। मैंने उन्हें 'अँधेरे में' और 'मुक्तिप्रसंग' भी सुनाया था, जिससे वे हिंदी कविता के विकास से परिचित हो गए थे। उसके प्रति उनका दृष्टिकोण सकारात्मक था, जबकि हिंदी में उन्हें लेकर विवाद की स्थिति थी। वे लोगों को साहित्यिक पुस्तकें पढ़ने में मदद भी करते थे, मास्टर साहब मिडिल स्कूल में शिक्षक हो गए थे। मैंने उन्हें गुरुजी के दरवाजे पर उनसे 'कुरुक्षेत्र' पढ़ते देखा था।

1959-60 के ग्रीष्मावकाश में मैंने उनसे बिना टीका के 'रामचरितमानस' और 'पद्मावत' पढ़ा था। बदले में मैंने उन्हें निराला की 'राम की शक्ति-पूजा' और अनुवाद करते हुए रवींद्रनाथ की अंग्रेजी 'गीतांजलि' पूरी सुनाई थी—कई दिनों तक पुस्तकालय के बरामदे में बैठकर। साहित्य-संगीत मनुष्य को संवेदनशील बनाते हैं, इसलिए बाबू लोग गुरुजी के भीतर जलती उसकी शिखा को कुचल देना चाहते थे। एक बार वे मुझे दुर्गापूजा में शास्त्रीय संगीत सुनने के लिए कोन्हारा घाट ले गए थे, जहाँ दशमी के दिन पटना से आए सारे गायक, नर्तक और वादक पहुँच जाते थे। भीड़ की वजह से हम उस आयोजन में घुस नहीं सके थे और राजनारायण

कालेज के बरामदे में सोकर दूर से संगीत सुनते हुए रात बिताई थी। वे मिडिल स्कूल के समारोह में मंच पर जाकर बेहिचक धोती का आधा हिस्सा सिर पर डालकर स्त्री के रूप का आभास देते हुए लोकगीत गाने लगते थे। तब से स्कूल के शिक्षक छात्रों को उन्हीं की तरह बेधड़क होने की शिक्षा देने लगे। लोकगीत गाने में उन्हें कोई हिचक नहीं होती थी। पहले अर्घ्य के दिन शाम को वे मुझे अक्सरहा छठ के गीत गाकर सुनाते थे। उन्होंने ही मुझे स्त्री–सौंदर्य और कलात्मक चित्रों को सराहने की शिक्षा दी।

वे आदर्शवादी थे, शिक्षक थे, समाज–सुधारक थे और उनका एक पाँव खराब था, साथ ही उन्हें दमा भी था, सो वे किसी हालत में उस लड़की के साथ शादी करने को तैयार नहीं थे, जो उम्र में उनसे करीब तीस साल छोटी थी और कहीं से खरीदकर लाई गई थी। वह कुल–गोत्र–हीन भी थी। लेकिन बाबू लोग आमादा थे कि रामसोहाग सिंह को शांत करने का यही उपाय है कि उन्हें नैतिकता–च्युत कर दिया जाए और घर–गृहस्थी में फँसा दिया जाए। छुट्टा रहने से वे गाँव के लड़कों को क्रांतिकारी बनाते रहेंगे। सारे लोग थक गए, तो बाबुओं के पक्षधर तिरबेनी सिंह उन्हें सूरुज बाबू की कोठरी में ले गए और दरवाजा बंद कर उनके पाँवों पर गिर पड़े। गुरुजी चूँकि उन्हें अपना गुरु और सबसे बड़ा हितू मानते थे, इसलिए बेबस हो गए और शादी के लिए अपनी स्वीकृति दे दी। तब गाँव वाले यह कहने लगे कि वे दुसाध के हाथ का पानी पीकर बिरादरी–बाहर हो गए हैं, सो जब तक उनका शुद्धीकरण नहीं होगा, हम उनकी शादी को स्वीकार नहीं करेंगे। शुद्धीकरण का मतलब था गाय का गोबर निगलकर गंगाजल का पान करना और गंगा में स्नान कर जनेऊ बदलना। तिरबेनी सिंह ने जोर लगाकर इसके लिए भी उन्हें तैयार कर लिया। रामजी बाबा उन्हें साइकिल पर बिठाकर कोन्हारा घाट ले गए, तो उन्होंने गोबर निगलने से इनकार कर दिया। कहा कि विष्ठा खाने से कहीं कोई पवित्र होता है! फिर उनके बहुत कहने–सुनने पर नाम–मात्र का गोबर निगलकर उन्होंने गंडक का जल पिया, क्योंकि गंगा के साथ उसका संगम तो कुछ आगे चलकर होता है, और गंडक में स्नान कर तथा जनेऊ बदलकर गाँव लौटे। उनकी बारात में हमीं लोग शामिल थे। गाँव के लोग भी मुफ्त का तमाशा देखने आए थे। रामजी बाबा की साइकिल पर ही वे अपने दरवाजे पर लाए गए। फिर उनके आँगन में ही उनकी शादी की गई। वह बालिका, जो वधू बनकर बैठी थी, जो–जो कहा गया, वह सब उसने बेहिचक किया।

आखिर धीरे–धीरे वह किशोरी हुई और युवावस्था की देहली पर पाँव रखा। गुरुजी ने उसके साथ पति–पत्नी का संबंध बनाया, जिससे उन्हें पाँच–छः संतानें हुईं। उनके तीन लड़कों के नाम मुझे याद हैं—सैलेसर, ललितेसर और मिथिलेसर। उन्हें दो लड़कियाँ भी हुईं—अनीता और सुजाता। सैलेसर कुछ बड़ा हो गया था, यानी सात–आठ साल का। गुरुजी के दरवाजे पर रखी चौकी पर मैं बैठा था और मेरे हाथ में 'धर्मयुग' का नया अंक था। उसमें एक बेहद खूबसूरत मॉडेल का चित्र था, जो किसी चीज का विज्ञापन कर रही थी। सैलेसर को उसे दिखलाकर मैंने पूछा—सैलेसर, इससे शादी करोगे? उसने सहर्ष कहा—हाँ। गुरुजी ने उसे फटकारा—तुम इससे शादी करोगे? यह रोज उठकर सवेरे तुम्हें दस जूते लगाएगी। इसी तरह एक दिन ललितेसर ने सुखदेव बाबा के यहाँ से सीखकर उन्हें 'बाबूजी' कहकर पुकारा। गुरुजी उसे मारने के लिए उठे। मैंने कहा कि वह एक अच्छी बात सीखकर आया है, तो आप उसे मारने क्यों उठे हैं? उन्होंने उससे कहा—'बाबू' कह और मुझे उत्तर दिया कि 'बाबूजी' कहता है, तो लगता है कि मुझे गाली दे रहा है!

गुरुजी किसी की बारात नहीं जाते थे, क्योंकि पाँव खराब रहने से वे सोचते थे कि घर वाले इसे अशुभ मानेंगे। लेकिन मेरे बहुत आरजू-मिन्नत करने के बाद वे भैया की बारात जमालपुर (मुंगेर) गए थे। बारातियों में रामबल्ली बाबू भी थे। वहाँ लड़की वालों के दरवाजे पर जो महफिल लगी, उसमें एक गायक के कंठ से शास्त्रीय संगीत सुनकर वे पूर्ण तृप्त हो गए। उन्हें लगा था कि उनका बारात आना सफल हो गया। उन्हें एक ही लोभ था साहित्यकारों के दर्शनों का। उनमें राजा राधिकारमण प्रसाद सिंह, आचार्य शिवपूजन सहाय, रामवृक्ष बेनीपुरी और दिनकर थे। राजा साहब और दिनकरजी के दर्शन तो वे नहीं कर सके, लेकिन आचार्य शिवपूजन सहाय और बेनीपुरीजी को नजदीक से देखा। किरण-मंडल में जब एक बार होली मनाई गई, तो उसमें बेनीपुरीजी भी आए थे। वे तुरत-तुरत विलायत से लौटे थे, सो उन्होंने उसी को केंद्र में रखकर ऐसा भाषण दिया, जिससे सारे लोग लहालोट हो गए। वैसा भाषण फिर किसी का मैंने नहीं सुना। न मुझे किसी में बेनीपुरीजी वाली मस्ती मिली और न बज्जिका का उनके-जैसा सुघड़ प्रयोग। वे वस्तुत: भारतेंदु-युग की परंपरा की अंतिम कड़ी थे। भैया की शादी के चार वर्षों बाद मेरी शादी हुई। उसमें गुरुजी को बारात जाने के लिए तैयार करने में मुझे विशेष श्रम नहीं पड़ा। 'रुद्र'जी से वे गाँव में ही परिचित हो चुके थे। अन्य कुछ लेखकों के दर्शन मेरी शादी में होंगे, यह सोचकर वे सोत्साह पटना आए। 'रुद्र'जी का क्वार्टर गर्दनीबाग में था और जनवासा पटना हाई स्कूल में, जहाँ से वह क्वार्टर काफी करीब था। ठीक गोधूलि के समय बारात निकली। सबसे आगे बहुत अच्छे बैंड वाले थे, उनके पीछे बग्घी पर मैं और मेरे पीछे पूरी बारात। जब बारात दरवाजे पर पहुँची, तो शिवपूजन बाबू ने मेरी अगवानी की। बग्घी से उतरकर मैं उनके चरण-स्पर्श को झुका, तो उन्होंने मुझे झुकने नहीं दिया और उठाकर गले से लगा लिया। उन्होंने मेरे हाथों में अपना आशीर्वाद भी लिखकर थमाया था, लेकिन अफसोस कि शादी-ब्याह के धक्के में वह कहीं खो गया। 'रुद्र'जी ने बहुत बढ़िया बैंड बाजा किया था। कहते थे, 'आशिक की सवारी है, जरा धूम से निकले।' उनका 'रिसेप्शन' का इंतजाम भी बहुत अच्छा था। लोग प्लेट में रखी सामग्री को ग्रहण करने में व्यस्त थे और गुरुजी किसी को साथ लिये शिवपूजन बाबू, केदारनाथ मिश्र 'प्रभात', ब्रजकिशोर नारायण आदि साहित्यकारों को पहचानते फिर रहे थे। 'रुद्र'जी ने तीन लड़कियों की शादी और की, लेकिन वैसी शोभा किसी में नहीं देखी गई।

गुरुजी की पत्नी को सैलेसर के जन्म में भयानक कष्ट हुआ था। वे दिन-भर दौड़ते रहे कि कोई तो इस कष्ट से उबारने वाला मिले, लेकिन जब कोई नहीं मिला, तो वे निराश होकर घर लौट आए और अत्यंत दुखी होकर बोले—मरने दो अभागी को। यदि वे शहर में रहते, तो डाक्टर सीजिरियन करके बच्चे को निकाल देता, लेकिन गाँव में कोई उपाय नहीं था। गुरुजी से प्रगाढ़ संबंध के कारण मैं भी बहुत चिंतित था। रात में भगवान से गुहराता रहा था कि प्रसव सरलता से हो जाए और कोई दुर्घटना न हो। आखिर सवेरे होकर उठा, तो मालूम हुआ कि गुरुजी को बेटा हुआ है और जच्चा-बच्चा दोनों स्वस्थ हैं। मैं निश्चिंत हुआ। उनकी पत्नी की मानसिकता की कल्पना की जा सकती है। पता नहीं, कहाँ से वे एक दरिद्र घर में लाई गई थीं और चौदह-पंद्रह की उम्र में ही एक लँगड़े तथा दमा के मरीज से उनकी शादी कर दी गई थी, सो वे कोई भी अमानवीय काम कर सकती थीं। अनीता की शादी को लेकर गुरुजी और उनमें मतभेद हो गया, तो झगड़े को खत्म करने के लिए उन्होंने अनीता को विष दे दिया। जो लड़की खरीदकर लाई गई थी, जिसने अपने घर और माँ-बाप को बिलकुल भुला दिया हो

तथा नए घर में जिसकी शादी एक रोगी और लँगड़े वयस्क व्यक्ति से कर दी गई हो, उसकी मानसिकता और क्या हो सकती थी?

गुरुजी कुछ करने में असमर्थ थे, सो उन्होंने भीषण पीड़ा झेलकर अनीता की मौत को स्वीकार कर लिया। इस घटना के कुछ दिनों बाद गाँव में एक युवक आया, जो पूर्ण दिगंबर था। स्वाभाविक आकर्षण से खिंचकर गाँव की औरतें उसे देखने दौड़ीं। सैलेसर ने गुरुजी से कहा—बाबू, ईआ भी उसे देखने जाएगी। मैं उनके दरवाजे की चौकी पर बैठा था। गुरुजी हाथ में बाँस का एक बड़ा टुकड़ा लेकर घर के मुँह पर बैठ गए और बोले—देखता हूँ, वह कैसे जाती है; टाँग तोड़ दूँगा। लेकिन सैलेसर की ईआ गोद में एक बच्चे को लेकर निकली और गुरुजी के इरादे को रौंदते हुए ठाठ से चली गई। गुरुजी दाँत पीसकर रह गए। मैंने सोचा कि ऐसी दुस्साहसी और निडर औरत कुछ भी कर सकती है। मेरा यह सोचना आगे और सत्य सिद्ध हुआ। तिरबेनी सिंह ने उनके उसूलों को भाँड़ में झोंककर उनसे भयानक अपराध करा लिया था। बाद में मैंने उन्हें समझाया कि तिरबेनी सिंह कूटनीतिज्ञ हैं और कूटनीतिज्ञ व्यक्ति के प्रति पूज्य-भाव रखना गलत है। पूज्य-भाव का अधिकारी वह होता है, जो छल-कपट और कुटिलता से दूर रहते हुए श्रेष्ठ मानव-मूल्यों का वहन करता है। वे मेरी बात से सहमत हुए थे और भीतर से तिरबेनी सिंह से दूर हो गए थे।

वे मुझसे कहा करते थे कि नवल, मैं एक-दो दिन भी बीमार पड़ता हूँ, तो मुझे भयानक कमजोरी हो जाती है। मैंने उनसे कहा—आप थोड़ा दूध लिया कीजिए। उन्होंने उत्तर दिया कि बच्चों को दूध न मिले और मैं दूध लूँ, यह नहीं हो सकता है। एक बार वे कई दिनों तक बीमार पड़े। 1969 का साल था। विधान सभा का चुनाव निकट था। गुरुजी सोशलिस्ट पार्टी के बिखराव से निराश होकर कम्युनिस्ट हो गए थे और कॉमरेड डांगे को सर्वाधिक पसंद करते थे। कहते थे कि डांगे की बात देश सुनता है। इसी के आसपास उन्होंने मुझसे कहा था कि तुम जरा मार्क्सवाद को ठीक से पढ़ो। यह उन्हीं के परामर्श का परिणाम था कि 1971 से लेकर 1975 तक मैं केवल मार्क्सवाद और मार्क्सवादी सौंदर्यशास्त्र पढ़ता रहा। और तो और, मैं माओ की रचनावली के चारों खंड भी पढ़ गया, जिसका परिणाम यह हुआ कि मैं नक्सलवादियों से प्रश्न करने लगा। मैं पहले उन्हें लेवी देता था, शेल्टर देता था, 'लिबरेशन' का वितरण करता था और सेल बनाने के लिए समान विचार वालों से उनकी मुलाकात भी कराता था। जब उन्होंने देखा कि मैं उनके हाथ से निकलता जा रहा हूँ, क्योंकि लेनिन से लेकर माओ तक ने वामपंथी कम्युनिज्म को एक बचकाना मर्ज कहा है, तो उन्होंने मेरे यहाँ आना बंद कर दिया। गुरुजी बीमार थे, सो चुनाव के दौरान पटने से घर आने पर मैं उन्हें देखने गया। उनसे मैंने कहा कि कम्युनिस्ट पार्टी से किशोरीप्रसन्न सिंह खड़े हैं और गाँव के बाबू लोग उनके खिलाफ कांग्रेसी मंत्री दीप बाबू का समर्थन कर रहे हैं। उन्होंने दृढ़ता से मुझे उत्तर दिया—'घेरकर वोट ले लो।'

चुनाव के बाद मैं पटना चला आया। पीछे से 'अनल'जी का पत्र मिला कि गुरुजी नहीं रहे। उनकी उम्र उस समय सिर्फ बाबन-तिरपन साल थी। उन्होंने मुझसे कहा था कि लड़की के जन्म का समाचार सुनकर मुझे लगता है कि ठनका गिरा, फिर मैं ठीक हो जाता हूँ। मैंने भी गुरुजी के निधन के समाचार से यही महसूस किया कि मेरे ऊपर ठनका गिरा। जीवन के कुछ ही दिन पूर्व अर्थोपार्जन के चलते व्यस्तता बढ़ जाने के कारण उन्होंने पुस्तकालय के पुस्तकाध्यक्ष बने रहने से विनम्रतापूर्वक अस्वीकार कर दिया था। उनकी क्रांतिकारिता अब सार्वजनिक न रहकर सिर्फ उनके गोपनीय विचारों में रह गई थी। इसीलिए लड़कों ने उन्हें होली

में 'गर्म राख' की उपाधि दी थी। बाबू लोग उनकी जिस क्रांतिकारिता से डरते थे, वह बुझी तो नहीं, पर उन लोगों ने इस तरह उसे ढँक दिया था कि उसका प्रकाश बाहर न निकले। उनके बाद कोई पुस्तकाध्यक्ष पुस्तकालय को ठीक से न चला सका और वह गिरावट का शिकार होने लगा, जिसे अंतिम परिणति उसे गर्त में डुबोकर रामबल्ली बाबू ने दी। गुरुजी के श्राद्ध में मैं गाँव गया, तो उनकी पत्नी मुझे देखकर रोने लगीं। मैं भी रोने लगा, लेकिन बाद में मुझे गाँव में मालूम हुआ कि गुरुजी को उनकी पत्नी ने विष दिया था। गुरुजी ने उनके साथ विवाह करके जो अपराध किया था, उसका यही दंड था। उनकी पत्नी उनके चले जाने से भीतर से इतना प्रसन्न थीं कि थोड़े दिनों बाद ही उन्होंने कोई जमीन बेचकर या गिरवी रखकर मिट्टी की जगह ईंट का मकान बनाया और उसी में सुख के साथ रहने लगीं। गुरुजी की माँ पहले ही गुजर चुकी थीं, छोटकी मामा और चोंचों मामा भी, जो अकेली एक झोपड़ी में रह रही थीं। उनके एक-मात्र पुत्र बुद्धि सिंह पागल होने के कारण अपनी दहशत से गाँव को दहलाकर पहले ही जा चुके थे।

गुरुजी की शिष्य-मंडली में उनके दो शत्रु भी पैदा हो गए थे—काका और सत्यनारायण भाई। उनके मंत्र-दाता एक तीसरे युवक थे, जो दूर पर खड़े होकर घटना का निरीक्षण कर रहे थे। गुरुजी जब दोपहर को शौच से लौट रहे थे, सत्यनारायण भाई ने उन्हें दो चाँटे मारे। गुरुजी कुछ नहीं बोले, खाना खाया और नन्हकी चा के यहाँ दूसरी कोठरी में खाट पर गर्मियों की दोपहर बिताने चले गए। बाद में भी उन्होंने किसी से कुछ नहीं कहा। अनुमान लगाया जा सकता है कि उनके दिल-दिमाग पर क्या बीता होगा। लेकिन बात खुलकर रही और उनकी पट्टी के लोग उन्हें मारनेवालों से मार-पीट करने को तैयार हो गए। लेकिन गुरुजी ने ही उन्हें रोका और सारा जहर पचा गए।

वे जब किसी युवक से नाराज होते थे, तो उससे बोलना बंद कर देते थे, जिससे वह युवक छटपटाने लगता था। कामेश्वर भाई से जब वे नाराज हुए, तो उन्होंने साप्ताहिक 'विश्वमित्र' के एक स्तंभ में पत्र लिखकर पूछा कि मैं क्या करूँ? उसका जो उत्तर छपा था, सो मैंने देखा था। मुझसे तो गुरुजी कई बार नाराज हुए। रामबल्ली बाबू के चचेरे बड़े भाई सूरुज बाबू की, जो निःसंतान थे, दूसरी शादी उनसे बचपन से ही भावात्मक प्यार करने वाले तिरबेनी सिंह ने गोंगटी में कराई थी। चूँकि रात में ही लौट आना था, हम सभी उनकी बारात गए, गुरुजी भी। जब जनवासे में ग्रामीणों द्वारा स्वागत के लिए हम लोग बैठे थे, मैंने गुरुजी के रेशमी कुर्ते को लक्ष्य कर कहा—गुरुजी, यह कुर्ता भी तो सूरुज बाबू का ही दिया हुआ है! मैंने अपने जानते उचित मौके पर सूरुज बाबू का गुण-गान किया था, लेकिन वे भीतर ही भीतर मुझसे बिगड़ गए। साथ-साथ लौटे, पर वे चुप रहे। आखिर उनके घर जाते वक्त एकांत पाकर मैंने उनसे पूछा कि मुझसे क्या गलती हुई है? उन्होंने कहा कि तुमने भरी महफिल में मुझे बेइज्जत किया है। फिर मुझे अपनी गलती का एहसास हुआ। मैंने उनसे क्षमा-याचना की। एक बार चलते-चलते मैंने रामबल्ली बाबू से कुछ कह दिया, जो उनके विरुद्ध जाता था। वे फिर मुझसे नाराज हो गए। मैंने ढिठाई से उनसे कहा कि आप मुझे लिखकर दे दीजिए कि मैं उनसे क्या कहूँ और क्या नहीं? उन्होंने मुझे निरुत्तर करने वाला उत्तर दिया—बोलने के पहले तुम्हारा मन तुम्हें खुद बतला देगा कि तुम्हें क्या बोलना चाहिए और क्या नहीं।

नंद बाबू का पाखाना उठाऊ था। एक दिन मैंने देखा कि मेहतरानी हाथ से पाखाने को काछकर बालटी में डाल रही थी। मैंने गुरुजी से कहा—बाप रे बाप, वह हाथ से पाखाने को

काछ रही थी! गुरुजी ने मुझसे पूछा—तुम किस चीज से काछते हो? उनके कथन की व्यंजना यह थी कि मेहतरानी तुमसे अधिक प्रतिष्ठा की अधिकारी है, क्योंकि तुम जहाँ अपने हाथ से अपना पाखाना काछते हो, वह दूसरे का पाखाना काछकर सिर पर उठाकर ले जाती है। उनकी इस बात का मुझ पर बहुत ज्यादा असर हुआ, जो दिनों-दिन बढ़ता गया। इसी तरह एक बार मैंने उनसे कहा—मेरे पास धन होता, तो गरीबों में मैं उसे खूब बाँटता। उनका जवाब था—जितना है, उतने में ही जितना बाँट सकते हो, बाँटो। उनका कहना सही था, क्योंकि समाज के बहुत लोगों की तुलना में मेरी स्थिति बेहतर थी। एक बार गाँव में हाई स्कूल खोलने के लिए सभा बुलाई गई। लोग चंदा लिखाने लगे। गुरुजी से पूछा, तो उन्होंने कहा—पच्चीस रुपए। लोगों ने कहा—कुछ और बढ़िए। गुरुजी ने माकूल उत्तर दिया—मेरा यह चंदा टाटा-बिड़ला के चंदे से ज्यादा है। लोगों ने इस बात को समझा नहीं, तो उन्होंने समझाया—वे जो चंदा देते हैं, वह उनकी आमदनी के प्रतिशत से बहुत कम होता है, जबकि मेरा चंदा मेरी आमदनी के हिसाब से प्रतिशत में उनसे बहुत ज्यादा है। लोग चुप हो गए।

गुरुजी बहुत बुद्धिमान और विवेकी भी थे। कभी-कभी उनकी मेधा बिजली की तरह चमकती थी। वे स्वयं बहुत चढ़ाव-उतार से गुजरे थे, इसलिए गाँव के प्रत्येक व्यक्ति के मानस से परिचित हो गए थे। मैंने बाबू के बारे में उनसे पूछा, तो उन्होंने कहा—वे कूटनीतिज्ञ नहीं हैं। उस समय कूटनीतिज्ञता को मैं एक बड़ी योग्यता मानता था, सो मैं थोड़ा दुखी हुआ। पर बाद में बड़े होने पर मुझे उनकी बात सौ प्रतिशत सही लगी। एक बार किसी ने रामबल्ली बाबू से कह दिया कि रामसोहाग सिंह कह रहे थे कि आप उनसे डरते हैं। वे उठे और गुस्से में गुरुजी से पूछने आ धमके। गुरुजी से कहने पर उन्होंने कहा—आप ही कहिए न, आप क्या मुझसे डरते हैं? रामबल्ली बाबू ने कहा कि मैं आपसे क्यों डरूँगा! गुरुजी—फिर जिस बात को आप स्वयं झूठा समझते हैं, उसे लेकर मुझसे जवाब-तलब करना गलत है। उनकी बातों में मात्र वाग्मिता ही नहीं होती थी, हार्दिकता भी होती थी। उनकी माँ की मृत्यु के बाद गाँव के लोगों ने उनसे कहा—आपको गाँव को भोज देना चाहिए। गुरुजी ने उन्हें उत्तर दिया—मैं एक शाम आप लोगों को खिला दूँगा, इससे आपका कुछ नहीं बने-बिगड़ेगा, पर मैं उसी में उजड़ जाऊँगा। लोग निरुत्तर होकर चुप रह गए और लौट गए। वे काफी हँसोड़ भी थे। एक बार हम लोग उनके साथ गाँव की एक बारात में कठघोड़वा का नाच देख रहे थे। गुरुजी ने हँसकर कहा—भाई, कठघोड़वा पर नाचनेवाला सवार है, या वही नाचनेवाले पर अपनी सवारी गाँठे हुए है? हम लोग उनकी इस बात पर देर तक हँसते रहे।

हमारे गाँव के पुरोहित पं. जनार्दन तिवारी थे। उन्हें गाँव के सभी घर अपना मानते थे और सब उनसे अपना सुख-दुख, झगड़ा-झंझट के बारे में बतलाते थे, पर उन्होंने कभी इधर की बात उधर नहीं की। शादी-ब्याह-जनेऊ-श्राद्ध और पूजा-पाठ करते-कराते, अपने लंबे अनुभव के कारण कर्मकांडों की निस्सारता उनके सामने प्रकट हो गई थी, सो ईश्वर, देवी-देवता, पुनर्जन्म, स्वर्ग-नरक आदि में उनका विश्वास नहीं रहा था और वे इन सबको मिथ्या बतलाते थे। एक दिन नन्हकी चा के दरवाजे पर गुरुजी और मुझे वे यही बतला रहे थे कि गुरुजी ने उनसे कहा—पंडितजी, आप ये बातें हम लोगों के लिए छोड़ दें और अपने मुँह से नहीं कहें, वर्ना उससे आपकी पुरोहिती को क्षति पहुँचेगी। पंडितजी ने फिर कभी किसी के सामने ये बातें नहीं दुहराईं, जबकि वे बहुत तर्क-कुशल और प्रत्युत्पन्नमति के थे। उसका एक उदाहरण। पाकड़ तर चबूतरे पर गाँव के कुछ लोग बैठे थे। उनमें से एक मुँहफट व्यक्ति ने उनसे कहा

कि श्राद्ध में जो चीजें हम लोग दान करते हैं, उन्हें अपने घर ले जाकर आप बेच देते हैं और झाँसा देते हैं कि वे स्वर्ग में मृतात्मा को मिलेंगी। उन्होंने तुरत उत्तर दिया—आप जो नोट मनिआर्डर से भेजते हैं, क्या उस व्यक्ति को वही नोट मिलते हैं? मैं उनके इस उत्तर से उनके प्रति और श्रद्धावान हो गया। मुझे अफसोस है तो इस बात का कि कालेज में जब मुझे नौकरी मिल गई, तो मैं उनके घर जाकर उनके पाँवों पर एक जोड़ धोती रखकर उन्हें प्रणाम नहीं कर सका। उनकी स्मृति-शक्ति इतनी जबर्दस्त थी कि मानस का पूरा सुंदरकांड उन्हें कंठस्थ था और वे उसे धाराप्रवाह सुनाते चले जाते थे।

कुछ दिनों के बाद काका तो माफी माँगकर गुरुजी की मंडली में फिर शामिल हो गए, पर सत्यनारायण भाई छटपटाते रहे। कारण यह कि गाँव में वैसा बहुआयामी व्यक्तित्व कोई दूसरा नहीं था, जिसके साथ मुजफ्फरपुर के लंगट सिंह कालेज से आने के बाद वे कुछ समय बिता सकें। सो, एक दिन संबंध जोड़ने के विचार से उन्होंने गुरुजी को प्रणाम कर दिया। गुरुजी ने स्लेट पर यह लिखकर एक लड़की को उन्हें वह दिखलाने को भेजा—'जिस व्यक्ति को तुम चाँटा मार सकते हो, उसे अब प्रणाम क्यों करते हो?' लेकिन अंततः गुरुजी ने अपनी विशालहृदयता और सुबुद्धि के कारण उन्हें क्षमा कर दिया और उनकी मंडली में वे भी शामिल हो गए। सत्यनारायण भाई और सूरुज बाबू के छोटे भाई रघुनाथ बाबू नाटक खेलने में बहुत रुचि रखते थे। उनका कोई भी नाटक गुरुजी के पूर्ण सहयोग के बिना कभी पूरा नहीं हुआ। 'नगद नारायण' नामक नाटक की तो उन्होंने पांडुलिपि भी लिखी थी।

मेरे परिवार के विध्वस्त होने में तो कुछ समय लगा, पर गाँव की मेरी दुनिया तो उसी दिन उजड़ गई, जिस दिन गुरुजी इस दुनिया से विदा हो गए। गाँव की प्रकृति के अलावा बस मास्टर साहब का प्यार मुझे गाँव से जोड़े हुए है, वर्ना मैं बेगाँव और बेघर हूँ। सैलेसर बहुत अच्छा लड़का है। गुरुजी के बाद उसने छोटी बहन की शादी भी की और अपनी माँ को भी अपने साथ ले गया। काफी दिनों बाद किसी ने मुझे बतलाया कि अंतिम दिनों में वे वैद्यनाथधाम में भीख माँगती हुई देखी गई हैं। पता नहीं, सच क्या है, पर उनके साथ कुछ भी हो सकता है, जिसके लिए समाज भी दोषी है, जिसमें अबोध लड़कियाँ बेची-खरीदी जाती हैं और उन्हें बाद में किसी अंधे कुएँ में ढकेल दिया जाता है।

2

नागार्जुन

नागार्जुन के गाँव के बुजुर्ग उन्हें 'ठक्कन मिसिर' कहते हैं, जबकि उनका असली नाम 'वैद्यनाथ मिश्र' था। शादी के बाद हिंदू धर्म की वर्ण-व्यवस्था, कर्मकांड, पाखंड और रूढ़ियों से तंग आकर उन्होंने गाँव-घर का त्याग कर दिया और बौद्ध हो जाने का मन बनाया। इसी समय की उनकी लिखी गई कविता है 'माँ मिथिले, ई अंतिम प्रणाम', जो इतनी प्रसिद्ध हुई कि उसने मैथिली कविता में उन्हें शीर्ष स्थान पर प्रतिष्ठित कर दिया। इस कविता के व्यापक प्रसार का अनुमान इस बात से लगाया जा सकता है कि इसकी चार पंक्तियाँ मैंने कम्युनिस्ट नेता स्व. चतुरानन मिश्र के मुँह से, जो बाद में केंद्र में मंत्री भी हुए, एक सभा में सुनी थीं। कितने ऐसे कवि हैं, जिनकी कविताएँ नेता संभाओं में उद्धृत किया करते हैं? 'बाबा' नाम उन्हें बाद में मार्कंडेय ने दिया था, जिसे धीरे-धीरे संपूर्ण हिंदी संसार ने अपना लिया और उन्हें इसी नाम से जाना जाने लगा। प्रसंगवश मैं यह बतला दूँ कि बाबा कई-कई वर्षों तक इलाहाबाद के दारागंज मुहल्ले में रहते थे। वहाँ की एक घटना उन्होंने मुझे बतलाई थी। निराला भी दारागंज में ही थे। एक दिन बाबा अपने डेरे से बाहर थे। उनका कमरा बंद था, लेकिन दरवाजा खुला हुआ था। उनकी अनुपस्थिति में निराला आए और अपनी तहमत उतारकर आँगन में लगे नल के नीचे बैठकर स्नान करने लगे। विशाल काया और दिगंबर। इसी बीच बाबा की दाई आई। उसने जो यह दृश्य देखा, तो प्राण लेकर भागी।

उस समय बाबा के साथ नए लेखकों की एक पूरी जमात थी, जिसने उनसे प्रेरणा लेकर नई कहानी में सामाजिकता की धारा को दृढ़ता से आगे बढ़ाया। उन नए लेखकों में मार्कंडेय, कमलेश्वर, अमरकांत, शेखर जोशी और दुष्यंत कुमार थे। दुष्यंत कवि थे। मार्कंडेय, कमलेश्वर और दुष्यंत से संबंधित एक दिलचस्प घटना मैं नहीं भूल पाता हूँ। ये सभी हिंदी एम.ए. के छात्र थे और डा. रामकुमार वर्मा हिंदी विभाग के अध्यक्ष। उनका जन्मदिन आया, तो उक्त तीनों नए लेखकों ने विचार किया कि उन्हें एक गुलदस्ता भेंट किया जाए और बधाई दी जाए। कमलेश्वर के हाथ में गुलदस्ता देकर उन्हें आगे किया गया और कहा गया कि तुम वर्माजी को यह गुलदस्ता भेंट करके कहोगे—सर, हम लोग आपके जन्मदिन पर आपको बधाई देने आए हैं। उनसे यह वाक्य बोलने के लिए कई बार रिहर्सल भी करवाया गया। लेकिन विभागाध्यक्ष का आतंक कुछ ऐसा था कि तीनों काँपते हुए उनके सामने पहुँचे और कमलेश्वर ने उन्हें गुलदस्ता भेंट करते हुए कहा—सर, हम लोग आपके जन्मदिन पर आपको आशीर्वाद देने आए हैं। वर्माजी बोले—क्यों नहीं, क्यों नहीं, तुम लोगों के आशीर्वाद का ही तो भरोसा है! कमलेश्वर अपनी गलती महसूस कर चुके थे और तीनों वहाँ से जल्दी से जल्दी भागे। कहने की आवश्यकता नहीं कि मार्कंडेय और दुष्यंत ने उनकी बहुत लानत-मलामत की। लेकिन जो दुर्घटना होनी थी, वह तो हो चुकी थी।

बाबा के सामने उनके शिष्यों ने कभी घबड़ाहट का अनुभव नहीं किया। उनसे उनकी इतनी आत्मीयता थी। पटना कालेज के कामन रूम में वहाँ के छात्रों ने कमलेश्वर को बुलाया, क्योंकि वे पटना रहकर ही 'नई धारा' के कहानी-विशेषांक का संपादन कर रहे थे। बाबा गोष्ठी के अध्यक्ष थे। जब किसी ने नई कहानी में दो अंतर्धाराओं की चर्चा की, तो कमलेश्वर ने स्पष्ट शब्दों में कहा कि उसमें जो सामाजिकतावादी धारा है, उसके प्रेरक नागार्जुन और उनका उपन्यास 'बलचनमा' है। उन्होंने यह भी कहा कि यह बात मैं इसलिए नहीं कह रहा हूँ कि नागार्जुन यहाँ मौजूद हैं।

1957 में इलाहाबाद के नए प्रगतिशील लेखकों ने नामवरजी के सहयोग से बहुत बड़े पैमाने पर साहित्यकार सम्मेलन का अयोजन किया, जिसमें पंत, महादेवी, यशपाल, आचार्य हजारीप्रसाद द्विवेदी, अमृत राय, शमशेर, स्वयं नागार्जुन, मुक्तिबोध और हरिशंकर परसाई-जैसी हस्तियों ने भाग लिया था। नामवरजी, केदारजी, अशोक वाजपेयी आदि तो थे ही। 'परिमल' संस्था के कथित व्यक्तिवादी लेखकों ने, जिनमें धर्मवीर भारती सबसे ज्यादा सक्रिय थे, यह प्रवाद फैलाना शुरू किया कि यह सम्मेलन कम्युनिस्टों का है। बाबा के शिष्यों ने विचार किया कि इस प्रवाद को खत्म करने के लिए उनमें से एक-एक लेखक को हिंदी क्षेत्र के प्रमुख शहरों में जाना चाहिए। पटना मार्कंडेय आए थे। बाबा उस समय मछुआटोली की पंडुई कोठी में रह रहे थे। वहीं शाम को हिंदी के सभी नए लेखकों को बुलाया गया और मार्कंडेय ने उक्त प्रवाद का खंडन किया। नए लेखक विश्वस्त हो गए। अंत में बाबा ने 'अकाल और उसके बाद' शीर्षक अपनी कविता सुनाई, जिसकी विशेषकर अंतिम पंक्तियों से मार्कंडेय इतने प्रभावित हुए कि बहुत आंतरिक और मार्मिक शब्दों में बाबा की तारीफ करते हुए वे थके नहीं।

मुझे याद है कि बाबा नए लेखकों की एक नई टोली लेकर इलाहाबाद पहुँचे थे। सभी लेखकों को वहाँ के अलग-अलग लेखकों के घर एक-दो करके टिकाने का इंतजाम था। बाबा ने मुझे भी उसमें चलने के लिए कहा था, लेकिन मैं इसलिए नहीं गया कि नई कविता और नई कहानी को समझने का अभी प्रयास ही कर रहा था, सो अधकचरे ज्ञान को लेकर मैं उस सम्मेलन में श्रोता की हैसियत से भी भाग नहीं लेना चाहता था। अब लगता है कि वहाँ न जाकर मैंने गलती की। जाता तो कम से कम मुक्तिबोध के दर्शन तो हो जाते। कई वर्षों के बाद की घटना है कि जब दुष्यंत का पहला कविता-संग्रह 'सूर्य का स्वायत' निकला, तो उसकी पीठ पर बाबा का अभिमत उद्धृत था। बाद में मैंने सुना कि उसके लिए उन्होंने दुष्यंत को बहुत डाँट पिलाई। मैंने समझा कि कवि ने बाबा के पत्र से, बिना उनकी अनुमति लिए, उनकी प्रतिक्रिया छाप दी थी। लेकिन परमानंद श्रीवास्तव ने मुझे बतलाया कि वह बातचीत थी। दुष्यंत अपनी गलती के कारण बाबा की फटकार को पी गए। इसके अलावा चारा ही क्या था? मुझे नए कवि की प्रशंसा-लिप्सा पर तरस आया।

बाबा जन्मजात यात्री थे। वेदों में कहा गया है कि 'चरैवेति चरैवेति' और बुद्ध ने कहा था—'चरथ हे भिक्खव'। स्वभावत: फाहियान से लेकर ह्वेनसांग समेत आज के राहुल सांकृत्यायन और नए चिंतक कृष्णनाथजी महान यात्री रहे। कृष्णनाथजी ने देश-विदेश की यात्रा की थी या नहीं, मुझे नहीं मालूम, लेकिन आचार्य नरेंद्रदेव और बौद्धधर्म से प्रभावित वे पिछली पीढ़ी के एकमात्र लेखक हैं, जो हिमालय की काफी ऊँचाइयों तक चले गए थे। बाबा बौद्ध तो बाद में हुए, पर उनके चरण हमेशा चलते रहे, फूल हो या शूल, शुष्क मरुप्रदेश हो या हरित श्यामल भूमि, वे कभी रुके नहीं। वे कहा करते थे कि मुझे बुखार हो, तो उठाकर

ट्रेन में फेंक दो, मेरा बुखार उतर जाएगा। यात्रा से वे तभी विमुख हुए, जब उनका शरीर गिर गया। यह बात सभी जानते हैं कि एक बार वे सोवियत संघ गए थे, जिसकी देन उनकी दो अपूर्व कविताएँ हैं—एक, राहुलजी की पत्नी मिसेज लोला पर लिखित, जिन्हें स्तालिन ने उनके साथ भारत आने की इजाजत नहीं दी थी, और दूसरी, मैथिली में सोवियत संघ की हवाई यात्रा पर लिखित।

लेकिन यह खुला हुआ सत्य है कि वे संपूर्ण उत्तर भारत को और मुंबई से लेकर आंध्रप्रदेश को लगातार धाँगते रहे। वे केरल भी हो आए थे और शायद कर्नाटक भी। केरल के हाथियों पर उनकी एक विलक्षण कविता है। कलकत्ते को वे 'महाग्राम' कहते थे और वहाँ बस जाने की योजना भी उन्होंने बनाई थी। गढ़वाल (जहरीखाल) उन्हें विशेष प्रिय था, जहाँ वे वाचस्पति के यहाँ पाँच-पाँच महीने रुक जाते थे। इस बीच वे वहाँ कभी एक और कभी दो संग्रह तैयार कर लेते थे। एक उपन्यास भी वहाँ लिखा था। गढ़वाल जितना तो नहीं, पर श्रीनगर में भी वे क्षमा कौल के यहाँ महीना-भर रहे थे। क्षमा कौल से उनका परिचय मेरे कारण ही हुआ था। वह मेरे निर्देशन में पटना विश्वविद्यालय में साठोत्तरी हिंदी कविता पर पीएच.डी. की उपाधि के लिए शोध करती थी, सो अक्सरहा मेरे यहाँ आकर ठहरती थी।

एक बार की बात है कि वह मेरे यहाँ आई हुई थी और बाबा भी मेरे यहाँ ही रुके हुए थे। प्रो. विश्वंभरनाथ उपाध्याय भी मेरे यहाँ ही ठहरते थे। एक बार वे कदमकुआँ में स्थित जयहिंद होटल में टिक गए, क्योंकि उनके साथ उनकी एक सहयोगी मित्र भी थी। मैंने उनसे कहा कि आप हमारे घर खाने पर तो आइए। उन्होंने कहा कि आऊँगा, पर पहले तुम लोग मेरे निमंत्रण को स्वीकार करो और आज रात डिनर के लिए किसी होटल में आओ। 'तुम लोग' से उनका मतलब मेरे 'परिवार' से था। मैंने उनसे कहा कि मेरी पत्नी तो सिर्फ शाकाहारी होटल राजस्थान में खाती हैं। हम लोग क्षमा कौल को लिये हुए राजस्थान होटल पहुँचे और उन लोगों को छोड़कर मैं कॉफी हाउस उपाध्यायजी को बुलाने गया। वहाँ बाबा भी मिल गए। मैंने उनसे कहा कि आज उपाध्यायजी की तरफ से राजस्थान में डिनर है, जिसमें आपको भी चलना है। हम तीनों राजस्थान आए और डिनर शानदार ढंग से संपन्न हुआ। जब बाहर निकले, तो उपाध्यायजी अपने होटल गए और मेरी पत्नी तथा क्षमा कौल रिक्शे पर साथ-साथ बैठीं। मेरा इरादा बाबा के साथ लौटने का था। लेकिन उन्होंने मेरी पत्नी को रिक्शे से उतार दिया और क्षमा कौल के साथ स्वयं बैठ गए। मैं पत्नी के साथ लौटा। इसी बीच बाबा और क्षमा कौल में घनिष्ठता हो गई और शायद उन्होंने तभी उसके घर श्रीनगर आकर कुछ दिन रहने का वचन दे दिया।

कुछ दिनों के बाद मुझे क्षमा कौल का पत्र मिला कि बाबा यहीं हैं। उनके पास सिर्फ कल्हण की 'राजतरंगिणी' है। बाबा का स्वाध्याय कभी नहीं रुका। जब तक उनकी आँखें काम करती रहीं, वे संस्कृत, हिंदी, बंगला और मराठी की पुस्तकें पढ़ते रहे। अखबारों के बिना वह रह नहीं सकते थे, क्योंकि वे उन्हें देश और विश्व की रोज-रोज की घटनाओं से परिचित कराते थे। अखबार भी वे कई भाषाओं के पढ़ते थे, विशेष रूप से अंग्रेजी, हिंदी और बंगला के। मैं भी जब जहाँ-तहाँ साहित्यिक गोष्ठियों और सम्मेलनों में जाने लगा, तो उन्होंने मुझे परामर्श दिया कि मेरे पास दो चीजें होनी ही चाहिए, एक चीज छोटा-सा एटलस और दूसरी चीज एक छोटा-सा ट्रांजिस्टर। मैं सोचता रहा कि बाबा ने दो चीजें ही साथ रखने को क्यों कहा? फिर मैं इस नतीजे पर पहुँचा कि उनका देश और काल का बोध इतना प्रचंड था कि वे उसे सर्वोपरि

महत्त्व देते थे। एटलस उन्हें देश का बोध कराता था और ट्रांजिस्टर काल का। बहुत बाद में उन्होंने मुझसे यह भी कहा कि एक रेलवे टाइम टेबुल भी अपने पास रखा करो, जिससे हर स्टेशन पर उसका नाम न पूछना पड़े। इसका मतलब यह है कि वे ट्रेन में रात में सोते नहीं थे और हर स्टेशन को देखते जाते थे। मुझे एक घटना याद आई। मेरी पत्नी जब बाँकीपुर गर्ल्स हाई स्कूल में 1956 में दसवीं की छात्रा थीं, तो स्कूल से लड़कियों की ट्रिप दिल्ली गई। वे यात्रा के उत्साह से इस कदर भरी हुई थीं कि रातभर जगकर कापी पर प्रत्येक स्टेशन का नाम लिखती गईं। मैंने विवाहोपरांत वह कापी देखी थी और उनके यात्रा-प्रेम से चकित रह गया था। एक बात तो कहना मैं भूल ही गया। वह यह कि श्रीनगर में रहकर बाबा ने कश्मीर की सुषमा और वहाँ की नदियों का वर्णन करते हुए कई अनमोल कविताएँ लिखीं।

बाबा क्या थे, इसका अंदाजा इस एक छोटी-सी बात से लगाया जा सकता है। उन्होंने मुझे बतलाया था कि अंग्रेजी का साहित्य उन्होंने बंगला के माध्यम से पढ़ा था, जैसे शेक्सपियर की ग्रंथावली। स्मरणीय है कि कभी किताब घर, इलाहाबाद के लिए उन्होंने शरच्चंद्र के समग्र का हिंदी में अनुवाद किया था। उन्होंने मुझसे यह भी कहा था कि शरत् बाबू के उपन्यासों का अनुवाद करते हुए उन्हें लगा कि ऐसा तो वे खुद भी लिख सकते हैं। उनकी इसी सोच का सुफल है उनका पहला मैथिली उपन्यास 'पारो', जिसका हिंदी में संभावना प्रकाशन, हापुड़ के लिए बहुत बाद में मेरे अभिन्न मित्र कुलानंद मिश्र ने अनुवाद किया। तत्पश्चात् उनका हिंदी उपन्यास 'रतिनाथ की चाची' आया। उससे वे हिंदी में कवि के साथ-साथ विलक्षण उपन्यासकार भी मान लिए गए। डा. रामविलास शर्मा इस उपन्यास से बहुत प्रभावित थे। उन्होंने इसी संदर्भ में मुझसे कहा था—कितनी ताजगी थी नागार्जुन में! बाबा के उपन्यासकार-रूप का ही यह प्रभाव था कि उन्होंने अपनी पुस्तक 'भारतेंदु हरिश्चंद्र और हिंदी नवजागरण की समस्याएँ' कवि नहीं, 'यशस्वी उपन्यासकार नागार्जुन को' समर्पित की है। सहरसा जाते हुए ट्रेन में बाढ़ की प्रसिद्ध लाई खाने के बाद बाबा ने मेरे कान में फुसफुसाकर कहा था, जैसे कोई दूसरा न सुन ले—रामविलास को मेरी कविताएँ पसंद नहीं हैं। वह सीधी-सादी कविता पसंद करता है। उसने मुझे उपन्यासकार मानकर जो पुस्तक समर्पित की है, उसका यही रहस्य है। जब उनकी कविता पर 'नई कविता और अस्तित्ववाद' नामक डा. शर्मा की पुस्तक में संकलित बाबा पर उनका निबंध पहले एक पत्रिका में छपा, जिसमें संक्षेप में ही सही, उन्होंने उनकी काव्य-कला का बहुत सुंदर ढंग से विश्लेषण किया था, तो मैंने उनसे कहा कि अब तो आपको उनसे शिकायत नहीं होनी चाहिए। वे चुप रह गए, जिसका मतलब यह था कि वह लेख ठीक है, पर अपर्याप्त है।

उनके पाँव में सनीचर का वास था। वे एक स्थान पर स्थायी रूप से रह ही नहीं सकते थे। उनका कार्यक्रम बदलता भी रहता था। उनका एक पत्र आता था कि रतलाम से दिल्ली जाऊँगा, फिर दूसरा कि अब रतलाम से विदिशा के लिए प्रस्थान करना है, फिर अंतिम पत्र कि बंबई के अमुक सम्मेलन में भाग लेना जरूरी है, सो वहीं जाकर अपना पता तुम्हें लिखूँगा। तात्पर्य यह कि जहाँ उनका मन कुछ रम जाता था, वहाँ वे कुछ दिन के लिए रुक जाते थे। उन्होंने मुझको कुल एक सौ तिरपन पत्र लिखे थे, जिनमें से एक अंतर्देशीय नष्ट हो गया। बाकी उनके एक सौ बाबन पत्र मेरे पत्र-संग्रह 'मैं पढ़ा जा चुका पत्र' के आरंभ में ही संकलित हैं। उनके 1958-59 तक के पत्रों का हवाला मैं उन पर लिखे गए अपने संस्मरण 'लौट आ ओ फूल की पंखरी' में दे चुका हूँ। मैं उसके अंत में यह भी लिख चुका हूँ कि बाबा मेरी एक

छोटी-सी बात पर मुझसे रुष्ट हो गए थे। उन्होंने उसके बारे में पूछने पर मुझे झिड़ककर जवाब दिया था। इतना उनके लिए काफी था। वे जब बिगड़ते थे, तो बोलना बंद कर देते थे और पत्राचार तो सबसे पहले। लेकिन उनका क्रोध अधिक दिन टिकता नहीं था, और वे जिससे क्रुद्ध होते थे, कुछ वर्षों के बाद उसे माफ कर देते थे।

1969 की जनवरी से उन्होंने फिर मुझे पत्र लिखना शुरू किया। मैंने समझा कि बाबा इतनी परिष्कृत रुचि और संस्कार के हैं कि मेरी एक छोटी-सी गलती के लिए मुझे करीब एक दशक का कारावास दिया। मैं डर गया कि कभी मुझसे बड़ी गलती हो गई, तब तो वे मुझसे सदा के लिए संबंध तोड़ लेंगे। खैर, मैं आश्वस्त हुआ कि बाबा का क्रोध अब शांत हो चुका है और अब उन्होंने फिर से मुझ पर अपने स्नेहामृत की वर्षा शुरू कर दी है, जिसमें मैं 1955 यानी हाई स्कूल के दिनों से भींगता आ रहा था। उनके पत्रों से उनका एक ऐसा व्यक्तित्व उभरता है, जो आत्मीयता से पूर्ण, पारिवारिक, वत्सल, साहित्यिक, उत्साहपूर्ण और दिशा-निर्देशक है। वे हिंदू से बौद्ध हुए, बौद्ध से मार्क्सवादी, संभवतः महापंडित राहुल सांकृत्यायन के सान्निध्य से, जिसने उन्हें विश्व-व्यवस्था और देश-व्यवस्था से लेकर परिवार, कुटुंबियों, आत्मीय जनों, साहित्यिकों, विभिन्न जन-संगठनों, जनांदोलनों और कम्युनिस्ट पार्टी से जोड़ ही नहीं दिया, उन्हें बेचैन भी बनाए रखा। हम संक्षेप में उनके उस व्यक्तित्व को देखेंगे, भले ही उसमें क्रमबद्धता न हो। संस्मरणों में क्रमबद्धता और सुसंगति संभव भी नहीं है। मेरे मित्र प्रो. तरुण कुमार कहते हैं कि तब वह संस्मरण न होकर व्यक्ति-विशेष पर लिखा गया लेख हो जाएगा। निराला की प्रसिद्ध कविता 'सरोज-स्मृति' में स्मृतियाँ उलट-पुलट कर आती हैं। आश्चर्य है कि हिंदी के विदग्ध आलोचक पं. नंददुलारे वाजपेयी ने उक्त कविता के बारे में लिखा है कि उसमें कोई क्रम और संगति नहीं है! वस्तुतः स्मृतियाँ ही क्रमहीन और असंगतिपूर्ण होती हैं।

पत्रों के पहले हम बाबा से संबंधित कुछ छिटपुट बातें देखें, जिन्हें यहाँ मैं न लिखूँ, तो उन्हें भूल जाने का खतरा है। उन दिनों मैं रानीघाट में ही अखिलेश बाबू के मकान में रहता था। उसमें दो कमरों के अलावा अलग से एक रसोई थी। शौचालय भी। जो तीसरा कमरा था, वह ऊपर जाने वाली सीढ़ियों के ठीक सामने पड़ता था और उस कमरे से गुजरकर ही अंदर जाया जा सकता था। यह बात और है कि मेरी पत्नी ने उसी को अपने सोने का कमरा बना रखा था। उनके साथ चिंतन भी सोता था, जिसकी उम्र उस समय मुश्किल से छः-सात वर्ष थी। उस कमरे की बगल से एक छोटा-सा पैसेज पश्चिम की ओर जाता था और मेरे कमरे तक जाकर खत्म होता था। पैसेज में रेलिंग लगी हुई थी और मेरे कमरे के सामने छोटी-सी बालकोनी थी, जो तीन तरफ से करीब छाती-भर ऊँची दीवारों से घिरी थी। उस मकान की सबसे बड़ी दिक्कत यह थी कि उसमें पानी की कोई व्यवस्था न थी। पाठक समझ गए होंगे कि यह मकान पहली मंजिल पर था। नीचे सीढ़ियों के दाएँ एक नल था। हम लोग उसी नल से बाल्टी से पानी भरकर ऊपर लाते थे। उसमें मेरे यहाँ काम करनेवाली दाई मदद करती थी। मेरे मकान के नीचे परमानंद श्रीवास्तव की ससुराल थी, सो वे जब कभी अपनी ससुराल आते थे, तो मेरे कमरे में आकर देर तक बैठते थे और साहित्यिक गपशप करते थे। बहुत बाद में चलकर अखिलेश बाबू ने हम लोगों का कष्ट समझकर बालकोनी के कोने मे एक चाँपाकल लगवा दिया, जो नीचे के सरकारी पाइप से जोड़ दिया गया था। एक बात और। चिंतन अपनी माँ के साथ सोता था और मेरी बिटिया पूर्वा मेरे साथ। मैं साढ़े तीन बजे भोर में जग जाता था

और पड़े-पड़े आठ बजे तक पढ़ता रहता था। मेरे साथ पूर्वा भी जग जाती थी और बार-बार कहती थी 'पापा, जानते हैं...'। जब उसके सवालों से मैं आजिज आ जाता, तो उसे गोद में उठाकर अपने सामने सुला लेता था और एक हाथ से उसका मुँह बंद किए रहता था और दूसरे हाथ में किताब लेकर उसे पढ़ता रहता था। वह भी शान से अपना मुँह बंद करवाए रहती थी। एक दिन उसी अवस्था में मेरी पत्नी ने उसको देख लिया, तो वे हँसते-हँसते लोट-पोट हो गईं। कभी पूर्वा माँ के साथ सोने की जिद करती थी, तो मैं चिंतन को अपने साथ ले आता था। रात में उठकर वह कब माँ के साथ सोने चला जाता था, मुझे मालूम नहीं होता था। भोर में जगने पर मुझे पता चलता था कि बौआ मेरे पास नहीं है। मेरी बालकोनी के नीचे एक खेत था, जो झाड़-झंखाड़ों से भरा रहता था। बाबा जब मेरे इस डेरे पर पहली बार आए, तो उस खेत को देखकर बोले—तुम्हारे यहाँ थूकने की बहुत सुविधा है!

वे मेरी पत्नी को बहुत मानते थे, क्योंकि वह उनके मित्र की बेटी और रुचि से भी साहित्यिक थीं। 'रुद्र'जी के संबंध से ही वे उन्हें 'चच्चा' कहती थीं, जबकि सारा हिंदी संसार उन्हें 'बाबा' कहता था। मेरे बच्चे भी उन्हें 'नानाजी' कहकर ही बुलाते थे। मेरे बच्चों में से पुरबी पर उनका विशेष स्नेह था। एक दिन बाबा मेरे यहाँ आए और मेरे बिस्तर पर बैठ गए, क्योंकि मेरी कुर्सी पर दिघड़ा (दरभंगा) के एक बुजुर्ग बैठे हुए थे। दिघड़ा मेरी दूसरी बहन ब्याही थी। इसी नाते वे अक्सरहा मेरे डेरे पर आकर कभी मुझको और कभी मेरे पिताजी हुए तो उनको अपनी बातों से उबाया करते थे। उस रोज उनकी शामत आई थी कि बाबा से उन्होंने पूछ दिया—आपको दमा है क्या? बाबा ने झुँझला कर उत्तर दिया—है, तो क्या? वे लगे उन्हें दमा की दवाएँ बतलाने। बाबा ने उनसे कहा—मैंने आपसे दवा पूछी है कि आप बतलाते चले जा रहे हैं? उसके बाद वे सटक सीताराम हो गए और फिर मेरे डेरे पर सोच-समझकर ही कभी आने लगे। बाबा कभी-कभी मेरी पत्नी से फरमाइश करते थे—रागिनी, आज भूँजा फँकाओ। साथ में प्याज भी देना। वे बिस्तर पर भूँजा लेकर बैठ जाते थे और पुरबी को भी बैठा लेते थे। मैंने देखा कि वे प्याज का एक टुकड़ा उठाते थे और चार-पाँच साल की पुरबी से कटवाकर बाकी हिस्से को स्वयं खा जाते थे। बाबा के इस वात्सल्य-प्रेम को देखकर मैंने मन में कहा—वात्सल्य का एक स्वर्गिक दृश्य!

एक बार वाचस्पति मेरे यहाँ आए। बाबा उन दिनों डा. धर्मेंद्र ब्रह्मचारी के मकान के एक हिस्से में रहते थे। वाचस्पति वहीं टिके थे और वहीं से मुझसे मिलने चले आए थे। कुछ देर बाद बाबा आए और सीढ़ी चढ़ने के बाद उन्होंने देखा कि मेरी पत्नी बच्चों को रोटी-सब्जी खिला रही थीं। यह उनका नाश्ता था, क्योंकि शाम हो चुकी थी। उन्होंने उनसे कहा—रागिनी, दो फुलके मैं भी खाऊँगा। मेरी पत्नी उन्हें नाश्ता दे गईं। वाचस्पति उनके घर से ही खाकर आए थे, इसलिए जहाँ तक मुझे याद है, मेरे यहाँ उन्होंने कुछ भी ग्रहण नहीं किया। मैं कालेज से देर से लौटता था, सो उसी समय इतना खाना खा लेता था कि मुझे नाश्ते की जरूरत नहीं होती थी। वाचस्पति और मैं तृप्त थे ही, बाबा भी तृप्त होकर हम लोगों के साथ निकले। जब हम लोग महेंद्रू से गुजर रहे थे, तो वे एकाएक बंसी साह की नाश्ते की दुकान में घुस गए। हम दोनों चकित थे। मैंने सोचा कि आजकल बाबा की जेब भरी हुई है। दुकान में उन्होंने शायद कचौड़ी और मिठाइयाँ लाने का आदेश दिया। वे आ गईं, तो हम तीनों को खाना ही था। हम लोग पहले से तृप्त थे, अब परितृप्त हुए। फिर वहाँ से बाबा की अगुआई में हम लोग निकले, तो राजकमल होते हुए कहाँ गए, मुझे याद नहीं है।

बाबा ने स्वयं ही मैथिली कविताओं का अपना दूसरा संग्रह 'पत्रहीन नग्न गाछ' प्रकाशित कराया था। उन्होंने कहा कि एक सज्जन ने पूछा कि जब 'पत्रहीन' शब्द है ही, तो फिर 'नग्न' लिखने की जरूरत आपको क्यों महसूस हुई? उन्होंने हँसते हुए हम लोगों को बतलाया कि वृक्ष में पत्र तो नहीं ही हैं, उसमें छाल भी नहीं है! उन दिनों वे हिंदी साहित्य सम्मेलन के एक कक्ष में रहते थे। उन्होंने उक्त पुस्तक के लिए मुझसे कहा कि पाँच रुपए निकालो। मैंने उन्हें पाँच रुपए दिये, तो उन्होंने यह लिखकर वह पुस्तक मुझे भेंट की कि 'प्रिय नवल को सस्नेह'। मैं चकित था कि जब पुस्तक मैंने उनसे खरीदी है, तो उन्होंने यह क्यों लिखा? बाद में मैंने सोचा कि उन्होंने वैसा इसलिए किया कि कोई देखकर यह न समझे कि वह पुस्तक मैंने उनसे खरीदी है। बाबा का एक पक्ष यह भी है, जो उन्हें मुक्तिबोध-जैसे कवि से, जो कि खरी धातु थे, अलग करता है। अरुण कमल ने कभी मुझसे कहा था कि जो 'इंटिमेसी' मुक्तिबोध से कायम होती है, वह नागार्जुन से नहीं। जो मुक्तिबोध के काव्य की आग के दरिया से गुजरा है और नागार्जुन को भी पढ़ा है, वह इस बात को समझेगा। मेरी वह प्रति त्रिलोचन ले गए और उनसे उसे उनके एक शिष्य ने ले लिया। वे मुजफ्फरपुर या वैशाली के ही निवासी हैं, सो सिद्धनाथ मिश्र ने मुझे फोन पर बतलाया कि तुम्हारी वह प्रति अब अमुक व्यक्ति के पास है।

अब बाबा का दूसरा पक्ष। थोड़े ही दिनों के बाद उक्त पुस्तक पर मैथिली का साहित्य अकादेमी पुरस्कार उन्हें प्राप्त हुआ। उन दिनों हम लोगों का अड्डा सम्मेलन भवन ही था। वहीं पर साढ़े सात में मैं रानीघाट से पैदल पहुँचता था और सचिवालय से पैदल कुलानंद मिश्र। शिवबच्चनजी अभी गोपालगंज कालेज में प्राध्यापक नहीं हुए थे, सो रोज वे भी आ जाते थे और उनके साथ कभी उनके जिगरी दोस्त देवेंद्रजी भी, जो बाद में पहले कवि, फिर कथाकार हुए। सम्मेलन में हरेंद्रदेव नारायण मिल जाते थे। ऊपर के पुस्तकालय में उनकी पत्नी प्रकाशवतीजी थीं, जिन्हें वे छोड़ चुके थे। वे हम लोगों से देर तक बातें करती थीं। वासुदेव नारायण 'आलोक' और सत्यदेव नारायण अस्थाना भी करीब-करीब नियमित थे। बाबा में साफगोई बहुत ज्यादा थी। बरसात के बादल घिरे थे। मैं गर्दनीबाग यानी अपनी ससुराल से 'रुद्र'जी की साइकिल लेकर उनके सम्मेलन वाले कक्ष में पहुँचा, जहाँ कुछ दिनों से वे ठहरे थे। उन्होंने तुरत मुझसे कहा—अभी तुम जाओ। मैं कविता लिखूँगा। मेरा खयाल है कि तभी उन्होंने अपना यह लाजवाब गीत लिखा था—'फूले कदंब'। लेकिन सम्मेलन की अड्डेबाजी में वे भी शामिल रहते थे। एक बार मेरे एक मित्र ने कहा—'मेरा कमरा संकीर्ण है।' मैंने उसे समझाया— जब 'संकीर्ण' कहते हो, तो 'कमरा' को 'कक्ष' बोलो। बाबा ने तुरत कहा—नहीं, अच्छी हिंदी है—'मेरा कमरा तंग है।' फिर उन्होंने हम लोगों को बतलाया कि उन्होंने हिंदी प्रेमचंद की 'आजादकथा' और शमशेर के 'पी कहाँ और हश्शू' से सीखी है। ये तीनों पुस्तकें उर्दू के प्रसिद्ध उपन्यासकार रतननाथ सरशर की हैं, जिनका हिंदी में अनुवाद क्रमश: प्रेमचंद और शमशेर ने किया है। 'आजादकथा' तो मैं पढ़ चुका हूँ, पर दूसरी पुस्तक मुझे अभी तक नहीं मिली। मैंने पता लगाया, तो अपूर्वानंदजी ने कहा—वह पुस्तक आलोक राय के पास है, जो दिल्ली विश्वविद्यालय में अंग्रेजी के प्रोफेसर थे, पर अवकाश-प्राप्ति के बाद वे इलाहाबाद चले गए हैं। इलाहाबाद में मेरा कोई ऐसा मित्र नहीं, जो अमृत राय के सुपुत्र आलोक राय से वह पुस्तक लेकर उसकी छाया-प्रति मुझे सुलभ कराए। एक बार सम्मेलन वाले अड्डे पर बेनीपुरीजी पहुँचे और बरामदे पर रखी बेंच पर बैठ गए। केंद्र के किसी बड़े नेता को अपनी तरह के ही एक दूसरे बड़े नेता मिल गए थे, जो उन्हें मुँहतोड़ जवाब देते थे। दोनों में वाक्-युद्ध

चल रहा था, जिससे वे बहुत प्रसन्न थे। वे रेघा-रेघाकर बज्जिका की यह कहावत दुहराने लगे—'जैसन खोजल हो कुटुम,/वैसन मिलल हो कुटुम'। हम लोग उनकी उस अदा पर हँसते रहे। वे सचमुच भारतेंदु-युग के मस्ती भरे लेखकों की परंपरा की अंतिम कड़ी थे। अफसोस कि अब सिर्फ उनकी स्मृतियाँ ही हमारे पास रह गई हैं। अकादेमी का पुरस्कार मिलने के बाद बाबा ने स्वयं हम लोगों से कहा—चलो मेरे साथ। हम सब लोग उनके पीछे लग गए। वे हथुआ मार्केट पहुँचे और चार-पाँच गिलास लस्सी का आदेश दिया। हम लोगों ने लस्सी पी।

इसी तरह एक दिन बाबा मुझे राजकमल में मिल गए। राजकमल चौधरी अस्पताल में थे। बाबा ने मुझसे कहा—चलो, राजकमल को देख आते हैं। हम लोग रिक्शे पर बैठे और रिक्शा राजेंद्र सर्जिकल ब्लॉक के द्वार पर रुका। उस समय राजकमल से वहाँ तक का भाड़ा सिर्फ चार आने था, लेकिन बाबा के पास अठन्नी थी। मेरे पास चवन्नी थी, लेकिन मुझे साहस नहीं हुआ कि रिक्शे वाले को चवन्नी थमाऊँ। मुझे एक घटना याद आई। बच्चन निराला के साथ ताँगे पर बैठकर कहीं गए। ताँगा गंतव्य पर पहुँचा, तो बच्चन ताँगे वाले को पैसा देने लगे, जिससे निराला बिगड़ गए। उनसे बोले—तुम मुझे पैसा दिखलाते हो? बच्चन दुबक गए। मैं भी उन्हीं की तरह दुबका रहा। रिक्शावाला छः आने पर आया। फिर बाबा से कहा—दो आने मेरे पास नहीं हैं। यह रिक्शेवालों का सुपरिचित बहाना है। अंत में बाबा खिसियाकर बोले—तो क्या तुम्हें आठों आने दे दूँ? मैं यह दृश्य देख रहा था कि अब क्या होता है? तभी बाबा ने अठन्नी थमाकर उससे कहा—जाओ। फिर हम लोगों ने अस्पताल में प्रवेश किया।

एक बार बाबा मुझे हथुआ मार्केट में मिल गए। उन्होंने साथ टहलते हुए मुझे बतलाया कि फीस न दे पाने के कारण उनके दोनों बच्चों के नाम स्कूल में कट गए। फिर मुझसे बोले—चलो, तुम्हें पान खिलाते हैं। पान की पश्चिमी दुकान पर पहुँचकर उन्होंने दो स्पेशल पान बनाने का आदेश दिया। उन दिनों पान दस पैसे में मिलता था। पान वाला पान पकड़कर ग्राहक को अलग से कत्था, चूना और जर्दा देता था, लेकिन स्पेशल पान का उन दिनों चार आने लगता था। पान वाला यह पान सभी चीजों के साथ आदेशकर्ता को तश्तरी में रखकर पेश करता था। तश्तरी से पान उठाकर बाबा ने भी खाया और मैंने भी। मैं सोचने लगा कि बाबा की साधनहीनता का एक कारण उनका फक्कड़पन भी है, जो यदा-कदा उनकी कविताओं में भी दिखलाई पड़ता है, जैसे कांग्रेस के विभाजन के समय इंदिरा गांधी के समर्थन में लिखी गई उनकी यह कविता—'नहीं चलेगा, नहीं चलेगा रगड़ा-रगड़म्,/महिष-मर्दिनी का त्रिशूल है तगड़ा-तगड़म्।' बाबा ने यह कविता मुझे स्वयं मेरे कमरे में सुनाई थी और उक्त दोनों पंक्तियों के बारे में मुझसे हँसते हुए पूछा था—कैसा है यह प्रयोग? मैंने उत्तर दिया था—बहुत ही तगड़ा। जो कवि भाषा को नहीं नचाता, उसे भाषा ही नचाती है और वह रूढ़िपंथी कवि बनकर रह जाता है।

बाबा को कभी पच्चीस रुपए से ज्यादा की जरूरत नहीं होती थी। वे मेरे डेरे आते थे और मेरी पत्नी से कहते थे—रागिनी, मुझे पच्चीस रुपए की जरूरत है। चूँकि मेरा वेतन उस समय बहुत कम था, इसलिए मेरी पत्नी का हाथ हमेशा तंग रहता था। लेकिन उन्होंने कभी भी बाबा को 'ना' नहीं कहा और हर बार नीचे की किराने की दुकान के मालिक रामदयाल से रुपए लेकर उन्हें दिये। मेरी पत्नी अगले महीने वे रुपए रामदयाल को लौटा देती थीं। उससे कुछ ऐसा घरेलू संबंध हो गया था कि वह भी कभी बहाना नहीं बनाता था और विश्वासपूर्वक रुपए दे देता था। उसके लिए मैं आज भी रामदयाल का शुक्रगुजार हूँ और महेंद्रू की तरफ वह जब

मिलता है, मैं उसे धन्यवाद देता हूँ। बेचारा इतना सज्जन है कि मेरे धन्यवाद देने से गल जाता है। एक बार रानीघाट में ही ओझा लॉज वाले बड़े मकान में बाबा आए और मेरी पत्नी से कहा—नवल के विश्वविद्यालय में तो शिक्षकों की हड़ताल चल रही है, सो तुम्हें आर्थिक दिक्कतें होंगी। मेरी पत्नी ने किंचित् हँसते हुए उनसे कहा—चच्चा, कुछ दीजिएगा क्या? बाबा ने जेब से निकालकर उन्हें पाँच सौ रुपए दिये और कहा कि ये रुपए तुम सिर्फ मुझे दोगी, किसी और को, यानी शोभाकांत को नहीं। उनमें से तीन सौ रुपए वे समय-समय पर आकर ले गए, लेकिन जब उनका दरभंगा से पटना आना बंद हो गया, तो जहाँ तक मुझे याद है, बाकी दो सौ रुपए शोभाकांतजी मेरी पत्नी से ले गए। यह उन्होंने बाबा के कहने से ही किया होगा, क्योंकि उन्होंने किसी और को यह बात बतलाने से मना किया था।

कुछ बातें और। बाबा पटना आने पर कभी-कभी नया टोला स्थित चंदन होटल में ठहरते थे। उस होटल के लिए उन्होंने आठ-दस पंक्तियों की एक कविता लिख दी थी, जो बाहर साइनबोर्ड राइटर से लिखवाकर दीवार पर टँगी थी। उसकी आरंभिक दो पंक्तियाँ मुझे याद हैं—'कोई खुश हो या नाराज,/नहीं मिलेगा लहसुन-प्याज।' स्व. शीलभद्र साहित्यरत्न को पूरी कविता याद थी। उन्होंने ही हम लोगों को वह कविता सुनाई थी और बतलाया था कि यह नागार्जुन की रचना है, क्योंकि उसके नीचे उनका नाम नहीं था। एक बार की बात है। चाणक्य-मंडली पिछले एक दशक से गोविंद मित्रा रोड स्थित जनता होटल में बैठती थी। जब बाहर से कोई साहित्यकार आते थे, तो लेखकों से मिलने के लिए जनता होटल जरूर आते थे। वे जानकीवल्लभ शास्त्री हों, चतुरसेन शास्त्री या फिर उर्दू के अफसानानिगार सुहैल अजीमाबादी, जो उन दिनों कश्मीर रेडियो में थे। उन्होंने पं. नेहरू के संबंध में एक घटना सुनाई थी। वे श्रीनगर में घूम रहे थे कि रास्ते में उन्हें एक झील मिली। उस पर यह बोर्ड लगा था कि इसका पानी बहुत ठंडा है, इसलिए इसे न छुएँ। पं. नेहरू ने वह पढ़ा और तपाक से पानी को छूने के लिए झुके कि उनके सुरक्षा गार्डों ने पीछे से कई जगह उनकी शेरवानी और उनका हाथ पकड़ लिया। यह अवरोध देखकर उन्होंने गार्डों से कहा—यह क्या बेहूदगी है? सुरक्षा गार्डों के वरिष्ठतम गार्ड ने उनसे कहा—'सर, दिस इज आवर ड्यूटी'। पं. नेहरू दाँत पीसकर आगे बढ़ गए। जनता होटल के नियमित अड्डेबाज थे—'रुद्र'जी, नारायणजी, शुकदेव राय (संपादक, साप्ताहिक 'हुंकार'), चित्रकार श्यामलानंद, अंजनी कुमार सिन्हा (पटना वि.वि.), सुरेंद्र कौंडिन्य, पांडेय कपिल और पांडेय सुरेंद्र। कभी-कभी अशर्फी बाबू (अशोक प्रेस), वासुदेव नारायण 'आलोक' और डा. जगदीश नारायण चौबे भी आ जाते थे। बेनीपुरीजी और दिनकरजी जब पटने में होते थे, तब जरूर आते थे और दुनिया-भर की बातें बतलाते हुए खास कर कविता के संबंध में अपना अमूल्य अनुभव सुनाते थे। बेनीपुरीजी तो अपनी बातों से हँसाते-हँसाते लोट-पोट कर देते थे।

नगीना बाबू, जो बलिया के रहनेवाले थे, होटल के प्रबंधक थे, जिन्होंने लेखकों की अड्डेबाजी के लिए उसके स्वामी जद्दू बाबू से अनुमति प्राप्त कर ली थी। उन्होंने उनसे कहा था—विक्रमादित्य के दरबार में नवरत्न थे, जो राजा से तरह-तरह की सुविधाएँ पाते थे, जबकि आपको मुफ्त में नवरत्न मिले हैं। वे आपसे कुछ पाते नहीं, उलटे महीने-भर होटल में नाश्ता कर अगले महीने के शुरू में बिल चुकाते हैं। जद्दू बाबू इस बात पर मान गए थे। नगीना बाबू कवियों के प्रति प्रीतिवान थे, जिसका एक कारण यह था कि उनके खानदान में भी कोई कवि हो चुके थे। वह होटल काफी जमा हुआ था, जिसमें प्रांगण भी था। चाणक्य-मंडली रविवार

को भी वहाँ पहुँचती थी और नगीना बाबू के कमरे में ताश का खेल 'ब्रे' खेलती थी। उससे संबंधित एक कापी भी थी, जिसे सँभालकर रखा जाता था। मुझे याद है कि 'नारायण'जी ने 'चाणक्य' का एक पूरा अंक जनता होटल की ऊपरी मंजिल पर जाड़ों की धूप में बैठकर मुझे लिखवाया था।

मैं चूँकि मिंटो होस्टल में रहता था, जिसके नियम बहुत कड़े थे, इसलिए शनिवार की शाम और रविवार के दिन ही जनता होटल जा पाता था। कारण यह कि शनिवार की शाम और रविवार की सुबह 'स्टडी-आवर' नहीं हुआ करता था। होस्टल के वार्डेन प्रसिद्ध इतिहासकार डा. के.के. दत्ता थे। वे शाम को छड़ी लेकर टहलने निकलते थे और ठीक छः बजे होस्टल आकर स्टडी आवर की घंटी बजवाते थे। फिर उनका 'राउंड' शुरू हो जाता था। उनकी गति का यह हाल था कि घंटी बजने के बाद ऊपर से नीचे अपने कमरे में आने के पहले वे उससे गुजर चुके होते थे। जो छात्र अनुपस्थित रहते थे, उन्हें नौ बजे के बाद अपने डेरे पर भेज देने के लिए 'प्रिफेक्ट' को कह जाते थे। लड़के जब डरते-डरते उनके डेरे पहुँचते थे, तो वे उन्हें सिर्फ यह कहते थे—यदि होस्टल के नियम नहीं मानते हो, तो बाहर जाकर होटल में रहो। फिर उन्हें 'जाओ' कहकर लौटा देते थे। मैं भी उनसे बहुत डरता था, इसलिए 'स्टडी आवर' में प्रायः अपने कमरे में मौजूद रहता था। इस कारण मुझे कभी डा. दत्ता के डेरे नहीं जाना पड़ा। कभी उसकी नौबत भी आई, तो मैं टाल गया।

नगीना बाबू को कवियों ने परामर्श दिया कि अब आपको होटल चलाने का पूरा अनुभव हो गया है, सो अलग अपना होटल खोलिए। 'नारायण'जी ने उसका नामकरण किया—'नंदन होटल'। नगीना बाबू को नया टोला की एक गली में जगह मिली और उन्होंने उसी में एक दोमंजिला मकान लेकर अपना होटल खोल दिया। अब कवि-लेखक वहीं बैठने लगे। वह होटल भी लेखकों के अड्डे के रूप में प्रसिद्ध होने लगा। दिनकरजी कुछ ज्यादा और बेनीपुरीजी कुछ कम, पर ये दोनों उसमें भी आ आते थे। वहीं मैंने रेणुजी के दर्शन किए थे। धोती, रेशमी कुर्ता, कंधे पर रेशमी चादर, करीने से सजे हुए सिर के लंबे बाल और सुनहले फ्रेम का चश्मा। वे 'रुद्र'जी-'नारायण'जी से मिलने के लिए आए थे, पर वे अभी होटल पहुँचे नहीं थे, सो नगीना बाबू से पूछकर बाहर से ही लौट गए। उनके लौट जाने के बाद मैंने उनसे जिज्ञासा की, तो उन्होंने कहा कि रेणुजी थे। मैं 'मैला आँचल' का प्रथम संस्करण, जिसे उन्होंने समता प्रकाशन से स्वयं छपवाया था, पढ़ चुका था, सो उनके दर्शन से बहुत प्रसन्न हुआ। जिस होटल के परामर्शदाता कवि-लेखक हों, उसके मालिक भगवान ही हैं। आश्चर्य नहीं कि वह होटल कुछ ही वर्षों बाद बंद हो गया। लेखक-कवि भी दूर-दूर चले गए थे। स्वभावतः उनकी अड्डेबाजी के लिए अब कोई स्थान नहीं रह गया।

लेकिन उस होटल से संबंधित एक अविस्मरणीय घटना है, जिसे मैं सुनाना ही चाहता हूँ। बाबा चंदन होटल में ठहरे थे। एक शाम अपनी कविता की कापी लिये हुए आए और हम सबों से कहा—मैंने कुछ कविताएँ लिखी हैं, आप लोग सुनिए। उनसे निवेदन किया गया कि सुनाइए। मैं यह देखकर दंग था कि छायावादी गीतकार जहाँ बहुत अनुरोध करने पर भी अपने गीत नहीं सुनाते, कभी याद नहीं रहने और कभी गला खराब रहने का बहाना करते हैं, बाबा का आत्मविश्वास इतना दृढ़ था कि वे स्वयं कविता सुनाने आ गए थे। उन्होंने अपनी अनेक कविताएँ सुनाईं, यथा—'आए दिन बहार के', 'पीच रोड पर मचल रही है तीस हजारी कार,/हुआ भोथ ऊपर का अंकुश, दल में पड़ी दरार', 'कैसा लगेगा तुम्हें', 'यह कैसे होगा' आदि। आरंभिक

दो कविताएँ तो चुनाव टिकट पा जाने वाले कांग्रेसी और कांग्रेस में पड़ी फूट पर लिखी गई थीं, पर अंतिम दो कविताएँ असाधारण कविताएँ थीं, जिन्हें उनकी रचनावली में पूरा पढ़कर मेरे कथन की परीक्षा की जा सकती है। उससे पता चलेगा कि बाबा का क्या 'स्केल' था। आरंभिक पहली कविता के शिल्प का विश्लेषण करते हुए डा. शर्मा ने उनकी बहुत प्रशंसा की है और कहा है कि इस कविता का स्रोत नौटंकी का यह गीत है—'गुलशन में बिखरे हैं दाने अनार के।' अनुमान लगाया जा सकता है कि बाबा की कविता के स्रोत कितने विविध और व्यापक थे। शास्त्र से लेकर लोक तक। वैसी काव्य-संध्या मेरे जीवन में फिर नहीं आई। एक बार हाजीपुर के किरण-मंडल के कवि-सम्मेलन की समाप्ति के बाद डा. दामोदर प्रसाद के यहाँ भोजनोपरांत 'रुद्र'जी ने रात-भर हम लोगों को अपने गीत सुनाए थे। अब तक मैं उसी को अविस्मरणीय मानता था। लेकिन बाबा जिस ऊँचाई पर थे, वहाँ आधुनिक काल के बड़े कवियों की भी कम पहुँच थी।

इलाहाबाद में मार्कंडेय के दामाद ने 'टैमरेंड ट्री' के नाम से एक बहुत बढ़िया कॉफी हाउस खोल रखा है। अंतिम दिनों में 'कथा' में लिखने के कारण मार्कंडेयजी से मेरी निकटता हो गई थी। एक बार मैं इलाहाबाद पहुँचा, तो मालूम हुआ कि वे वहाँ से बाहर आजमगढ़ में अपनी दूसरी सुपुत्री के साथ, जो डॉक्टर है, रह रहे हैं। जब उन्हें पता चला कि मैं इलाहाबाद में हूँ, तो उन्होंने फोन पर संतोष चतुर्वेदी को बार-बार कहा कि तुम नवलजी को कॉफी हाउस जरूर ले जाना। मुझे संतोषजी वहाँ ले गए। मार्कंडेय के दामाद और सुपुत्री ने सामने बैठकर मुझे दक्षिणी खाना खिलाया और जब मैं पैसा देने को उद्यत हुआ, तो वे किसी सूरत में लेने को तैयार नहीं हुए। मेरे पास नंदन होटल का अनुभव था, सो चलने के पहले मैंने पूछा—यह कॉफी हाउस आपने मार्कंडेयजी के सुझाव से तो नहीं खोला है? उन्होंने कहा—नहीं। मैंने फिर पूछा—आपके परामर्शदाता लेखक-कवि तो नहीं हैं? उन्होंने उसी तरह कहा—नहीं। मेरा अंतिम सवाल था—यहाँ लेखकों की अड्डेबाजी तो नहीं होती है? इस बार भी उन्होंने मुझे आश्वस्त करते हुए कहा—नहीं। मैंने उनसे कहा कि आप लेखक-कवियों से बचकर रहें। कल मैंने संतोष चतुर्वेदी से फोन कर पूछा कि 'टैमरैंड ट्री' का क्या हाल है? वह बंद तो नहीं हो गया? उन्होंने बतलाया कि वह बंद नहीं हुआ है और शान से चल रहा है। मैं निश्चिंत हुआ। लेखक-कवियों ने इलाहाबाद के कॉफी हाउस को उजाड़ बना डाला और पटने के कॉफी हाउस को तो बंद ही करा दिया। तुलसीदास की प्रसिद्ध पंक्तियाँ याद आती हैं—'जेहिं गिरि चरण देइ हनुमंता, चलेउ सो गा पाताल तुरंता।'

1974 में जयप्रकाशजी के नेतृत्व में इंदिरा गांधी की सरकार के खिलाफ आंदोलन शुरू हुआ। उसके मुख्य मुद्दे थे—महँगाई, बेरोजगारी, भ्रष्टाचार और शिक्षा। स्वभावत: उन्होंने इसे नाम दिया—'संपूर्ण क्रांति'। छात्र गुजरात में चमनभाई पटेल की सरकार गिरा चुके थे। उसका सीधा असर बिहार पर पड़ा और यहाँ के छात्र भी नारा लगाने लगे—'गुजरात की जीत हमारी है,/अब बिहार की बारी है।' जयप्रकाशजी ने कैडर के अभाव में छात्रों को ही कैडर बनाया और इस तरह अपनी दूरदर्शिता का परिचय दिया। उनकी उम्र हो चुकी थी और वे बीमार भी रहते थे, सो जब तक उनकी धर्मपत्नी प्रभावतीजी जीवित रहीं, उन्हें सक्रिय राजनीति में भाग लेने से रोकती रहीं। उनके गुजरते ही जयप्रकाशजी ने संपूर्ण क्रांति का आंदोलन छेड़ दिया। छात्रों ने कमाल किया। वे रिवॉल्वर लेकर दुकानदारों से चंदा वसूलते थे और पटना बंद का आह्वान करते थे, तो उनके डर के मारे सारी दुकानें और सवारियाँ बंद हो जाती थीं। उस पूर्ण

बंद को अखबार वालों ने बहुत उछाला और उस आंदोलन को जनांदोलन कहना शुरू किया। गाँवों में भी इस आंदोलन की चर्चा पहुँची। छात्रों ने यह प्रचारित किया कि जो इस आंदोलन में जेल जाएगा, उसे भी स्वतंत्रता-सेनानियों की तरह बाद में पेंशन मिलेगी, साथ-साथ प्रथम श्रेणी के दो पास भी। इंदिरा गांधी ने प्रसिद्ध इतिहासकार प्रो. रामशरण शर्मा को शांति-वार्ता के लिए जयप्रकाशजी के पास भेजा, लेकिन उन्होंने वार्ता के प्रस्ताव को ठुकरा दिया और आंदोलन जारी रखा।

इस आंदोलन ने कविता में एक नई विधा को जन्म दिया—नुक्कड़ कविता को। नुक्कड़ों पर कवि-गोष्ठियाँ होने लगीं और उनके लिए कविताएँ लिखी जाने लगीं। इन गोष्ठियों से दो अच्छे कवि उभरे—सत्यनारायणजी और रवींद्र राजहंस। बाबा आरंभ से ही जयप्रकाश-विरोधी थे। मैथिली में उन्होंने उन पर अपनी यह बेजोड़ कविता लिखी थी—'आजुक महाकारुणिक बुद्ध'। इस कविता के अंत में उन्होंने कहा था :

वियतनाम दिश केने पीठ,
तकई छयि तिब्बत दिश
आजुक महाकारुणिक बुद्ध।

जयप्रकाशजी को कुछ दिन डाकुओं से आत्मसमर्पण कराने की झक सवार हुई थी। उस समय बाबा ने उन पर ये पंक्तियाँ लिखी थीं :

तरुणों को डाकू बनने दो, फिर करवाओ आत्मसमर्पण;
अपराधों की राख मलो तो चमके प्रजातंत्र का दर्पण।

शहर में इस बात का शोर था कि चंबल घाटी से ढेर-सारे डाकू आए हैं, जिनके संरक्षक जयप्रकाशजी हैं। बाबा चूँकि सर्वप्रथम जनता के पक्षधर थे, इसलिए वे भी आंदोलन में उतर आए और उसके प्रत्येक कार्यक्रम में रेणुजी के साथ शामिल होने लगे। इसी दौरान गांधी मैदान में जयप्रकाशजी ने एक बार उनसे आमसभा की अध्यक्षता करवाई थी और बाबा ने घोषणा की थी कि आगे से वे बिहार राष्ट्रभाषा परिषद् से मिलनेवाली मासिक कलाकार पेंशन नहीं लेंगे। तभी शायद लालू प्रसाद यादव ने जयप्रकाशजी को 'लोकनायक' की उपाधि दी थी। कम्युनिस्ट नेता इंद्रदीप सिन्हा के अनुसार जर्मन में उसका अर्थ 'तानाशाह' होता है। बाबा नुक्कड़ कवि-गोष्ठियों में उपस्थित होकर अपनी विद्रोह से भरी हुई जनप्रिय कविताएँ सुनाने लगे। इस दौरान उन्होंने इंदिरा गांधी के विरोध में और जयप्रकाशजी की प्रशंसा में कई कविताएँ लिखीं। इंदिरा गांधी के बारे में उन्होंने एक कविता में कहा—'इस बाघिन को रक्खेंगे हम चिड़ियाघर में' और जयप्रकाशजी के बारे में कहा कि 'जयप्रकाश पर पड़ीं लाठियाँ लोकतंत्र की।' जयप्रकाशजी तीखी धूप में सिर पर तौलिया रखे आंदोलनकारियों का नेतृत्व करते सचिवालय की ओर बढ़ रहे थे। तभी पुलिस उन पर टूट पड़ी और उन पर भी लाठियाँ बरसाईं।

उन्होंने देश-भर के निराश नेताओं को एकत्र किया। अफवाह थी कि चरण सिंह जाट रेजिमेंट को फोड़कर संसद का घेराव करनेवाले हैं। पता नहीं इंटेलिजेंस ने इंदिरा गांधी को क्या गुप्त रिपोर्ट दी कि उन्होंने जून, 1975 में आपातकाल की घोषणा कर दी और जनता के मौलिक अधिकारों पर रोक लगाते हुए अखबारों पर भी सेंसर बिठा दिया, जिसे संत विनोबा ने 'अनुशासन पर्व' कहा। उसी के बाद लोग उन्हें 'सरकारी संत' कहने लगे। आपातकाल की घोषणा के साथ एक बीससूत्री कार्यक्रम भी प्रचारित किया गया। जयप्रकाशजी सहित संपूर्ण क्रांति के सभी छोटे-बड़े नेता गिरफ्तार करके जहाँ-तहाँ जेलों में डाल दिये गए। जनता को

उपद्रवियों से निजात मिली, लेकिन फासिस्ट मनोवृत्ति के संजय गांधी के सरकार पर हावी होने के समाचार ने इंदिरा गांधी के सारे कार्यक्रमों पर पानी फेर दिया। जनता धीरे-धीरे आपातकाल के विरुद्ध होने लगी और संजय गांधी ने जो गर्भ-निरोध को अनिवार्य कर दिया था, उसे लेकर नारा लगाने लगी—'इंदिरा हटाओ,/इंद्री बचाओ।' पता नहीं, इंटेलिजेंस ने 1977 में प्रधानमंत्री को फिर क्या गोपनीय रिपोर्ट दी कि उन्होंने आपातकाल को स्थगित कर आम चुनाव की घोषणा कर दी। सारे छोटे-बड़े नेता भी जेलों से छूटकर 'हीरो' बन गए। सीपीएम 'संपूर्ण क्रांति' के आंदोलन को पूँजीवाद का अंतर्विरोध कहकर तमाशा देख रही थी और संजय गांधी के कारण सीपीआई भी कांग्रेस से हट गई थी। एमएल के लोग जरूर आंदोलन में साथ थे और जेल भी गए थे।

बाबा को मैंने नुक्कड़ कवि-गोष्ठियों में परेश सिन्हा की इस कविता पर कि 'खेल भाई खेल, कुर्सी का खेल' ताली बजा-बजाकर गोष्ठी की परिक्रमा करते हुए देखा था। दूर पर खड़ा मैं सोच रहा था कि बाबा किस तरह कविता की लय से एकान्वित हो उठते हैं और फिर अपने बस में नहीं रहते । सहरसा में उन्होंने अपनी कविता 'बापू के भी ताऊ निकले तीनों बंदर बापू के' सुनाई थी और एकदम नाच गए थे। संपूर्ण क्रांति-आंदोलन की ओर से उन्हें छपरा समानांतर सरकार बनाने के लिए भेजा गया। जयप्रकाशजी ने यह नारा भी दिया था कि 'पुलिस हमारा भाई है,/उससे नहीं लड़ाई है।' लेकिन उसने संपूर्ण क्रांति वालों की एक नहीं सुनी और बाबा भी गिरफ्तार करके जेल में डाल दिए गए। जेल में उन्होंने अनेक कविताएँ लिखीं। उन्हीं में नेवले पर लिखी गई उनकी एक लंबी कविता थी, जिसके त्रिलोचन भारी प्रशंसक थे। बाबा ने मुझे अपनी कविता की कापी ही दे दी थी, जिनमें से पाँच छोटी कविताएँ चुनकर मैंने त्रैमासिक 'धरातल' में छापी थीं। कविताएँ चूँकि बहुत अच्छे ढंग से छपी थीं, इसलिए वे मुझसे बहुत प्रसन्न हुए। फिर मैंने वह कापी उन्हें लौटा दी थी।

जेल में जयप्रकाशजी के आंदालन से तब उनका पूर्णत: मोह-भंग हो गया, जब उन्होंने देखा कि इस आंदोलन की बागडोर आरएसएस के हाथों में है। उस समय इस संगठन के सरसंघचालक बाला साहब देवरस थे। बाबा ने उन पर भी एक कविता लिखी थी, जिसकी दो भयानक पंक्तियाँ हैं : 'देवरस—दानव-रस,/ पी लेगा मानव-रस।' दूसरी तरफ जेल में उनकी तबीयत भी खराब रहने लगी थी, सो अपनी गलती महसूस करने के बाद वे माफी माँगकर जेल से बाहर आ गए। मैं ब्रह्मचारीजी वाले मकान में उन्हें देखने गया, तो वे खाट के किनारे पाँव लटकाकर बैठे जोर-जोर से हाँफ रहे थे और उनका शरीर कंकाल-मात्र रह गया था। मैं उन्हें देखकर चिंतित हो गया और डेरे आकर अपनी पत्नी से कहा—बाबा की हालत बहुत खराब है। वे कोई दवा भी नहीं लेते। भगवान जाने, क्या होनेवाला है! मेरी पत्नी भी चिंतित हो गईं। कुछ दिनों के बाद मैं फिर उनके यहाँ गया, तो देखा कि वे केवल प्याज के साथ रोटी खा रहे हैं। यह दशा थी उनकी। लेकिन इस झटके से वे जल्दी ही उबर गए और मुझ पर तथा खगेंद्रजी पर दबाव डालने लगे कि मैं 'जनशक्ति' के लिए उनका एक साक्षात्कार लूँ। वे और खगेंद्रजी मेरे डेरे पर पहुँचे। बाबा ने प्रश्नों का उत्तर देना शुरू किया। प्रश्न खगेंद्रजी करते थे और मैं प्रश्न और उत्तर दोनों लिखता था। अचानक बाबा बोले—'मैं रंडियों और भड़ुओं की गली में चला गया था।' मैं रुक गया। बाबा मेरी ओर देखने लगे। मैंने उनसे पूछा—क्या इस वाक्य को भी लिखूँ? वे बोले—हाँ, लिखो। अगले दिन बारिश हो रही थी, लेकिन उसी में छाता लिये हुए बाबा के द्वितीय पुत्र सुकांत, जो उन दिनों 'जनशक्ति' में ही काम करते थे, मुझसे वह

साक्षात्कार ले गए। उसके कल के अंक में जब वह छपा, तो उक्त वाक्य पर कोहराम मच गया। लोगों ने कहा—जरूर यह वाक्य बाबा का नहीं है, नवलजी का है। हम लोगों के विभागाध्यक्ष प्रो. केसरी कुमार संपूर्ण क्रांति आंदोलन के समर्थक थे, लेकिन हर तरह से अपनी चमड़ी बचाते हुए। एक दिन वे राजकमल में बैठे थे, तो बाबा पहुँचे। पहुँचते ही उन्होंने उनसे पूछा—क्या वह वाक्य भी आपका ही है? बाबा ने दृढ़ता से उत्तर दिया—हाँ। केसरी बाबू चुप हो गए।

1977 में आम चुनाव हुआ। जयप्रकाशजी ने पोस्टर छपवाया—'आजाद रहने का आखिरी मौका'। हम लोगों ने सीपीआई के लिए काफी काम किया था, लेकिन विरोधियों की ऐसी भीड़ उमड़ी कि सीपीआई सहित प्राय: पूरे उत्तर भारत से कांग्रेस का शासन समाप्त हो गया। इंदिरा गांधी और संजय गांधी भी चुनाव हार गए। चुनाव के पहले ही संसद में आपातकाल का प्रस्ताव पेश करने वाले जगजीवन राम कांग्रेस छोड़ चुके थे, साथ-साथ यशवंत राव चौहान भी। सुनते हैं, मोरारजी देसाई ने अपनी आत्मकथा में लिखा है कि मैं यदि कभी प्रधानमंत्री हुआ, तो जयप्रकाश को कभी मंत्री नहीं बनाऊँगा। इसे भुलाकर जयप्रकाशजी ने उन्हें भारतीय राजनीति का भीष्म पितामह कहा और उन्हें ही प्रधानमंत्री नियुक्त किया। बापू की समाधि के निकट सभी मंत्रियों ने शपथ ली। जयप्रकाशजी के साथ इंदिरा गांधी भी थीं और रो रही थीं, क्योंकि नेहरू-परिवार से जयप्रकाशजी का गहरा संबंध था। वे जब कभी दिल्ली जाते थे, पं. नेहरू के साथ ही ठहरते थे। पटने के पोलो ग्राउंड में एक बार कांग्रेस का अधिवेशन हुआ। पं. नेहरू जब हलवा-पूड़ी खाते-खाते ऊब गए, तो सीधे जयप्रकाशजी के यहाँ पहुँचे और उनसे कहा—अधिवेश का खाना खाते-खाते मैं तंग आ गया हूँ, तुम मुझे खाना खिलाओ। जयप्रकाशजी के यहाँ खाना खाकर वे लौट गए।

जनता सरकार का क्या हुआ, शायद नवीनतम पीढ़ी के लोग न जानते हों। अपने अंतर्विरोधों से वह सरकार दो वर्षों में ही टूट गई। मोरारजी देसाई इंदिरा गांधी को जेल भेजन पर आमादा थे, लेकिन सांसदों के विरोध पर उन्होंने उन्हें सिर्फ एक दिन के लिए जेल भेजा। जनता ने देखा कि संपूर्ण क्रांति क्या होगी, यह संपूर्ण भ्रांति है, सो वह नारा लगाने लगे—'आधी रोटी खाएँगे,/इंदिरा को बुलाएँगे।' जयप्रकाशजी ने सभी पार्टियों को तोड़कर जनता पार्टी बनाई थी। जब पार्टियाँ फिर अलग-अलग हुईं, तो सबसे ज्यादा फायदे में भारतीय जनसंघ रहा, जो कि आरएसएस की राजनीतिक शाखा है। जयप्रकाशजी के कंधे पर चढ़कर संसद में उसकी संख्या दो से बढ़कर बेरासी हो गई थी। जनता पार्टी से अलग होकर उसने अपना नया नाम रखा 'भारतीय जनता पार्टी', जिसे संक्षेप में हम 'बीजेपी' कहते हैं। अब बाबा संपूर्ण क्रांति और जयप्रकाशजी के विरोध में कविताएँ लिखने लगे, जिनमें से चार-पाँच कविताएँ नामवरजी ने 'आलोचना' में छापी थीं। जयप्रकाशजी अकेले हो गए थे और जेल में उनकी किडनी भी खराब होने लगी थी, सो बाद में वे डाइलिसिस पर चलने लगे थे। पता नहीं, उनके निधन की झूठी खबर कैसे दिल्ली पहुँची कि मोरारजी देसाई ने उनके निधन पर संसद में शोक प्रस्ताव तक पास करा लिया। ऐसा राजनीति का भीष्म पितामह ही कर सकता था। उन पर बाबा की एक लाजवाब कविता है, जिसकी कुछ पंक्तियाँ हैं :

भाई भले मुरार जी!
हाय तुम्हारे बिना लगेगा सूना यह संसार जी!
गिरवी कौन रखेगा हमको सात समुंदर पार जी!
भाई भले मुरार जी!

भाकपा चूँकि जयप्रकाशजी के आंदोलन की विरोधी थी और आपातकाल की समर्थक, इसलिए आपातकाल में भी अपनी गतिविधि के लिए उसे पूरी छूट थी। मई, 1975 में गया में अखिल भारतीय प्रगतिशील लेखक संघ के पुनर्गठन के लिए सम्मेलन हुआ। उसमें पार्टी की ओर से निरीक्षक थे पार्टी के मुख पत्र दैनिक 'जनयुग' के संपादक एच.के. व्यास। वे मार्क्सवाद के गहरे जानकार थे, लेकिन साहित्य के प्रति उनकी पहुँच शुद्ध राजनीतिक थी। उक्त सम्मेलन में कैफी आजमी, भीष्म साहनी, दीपेंद्र वंद्योपाध्याय और देवेश राय सहित ढेर सारे नए लेखक पहुँचे थे। संगठन-सत्र के पहले रात में व्यासजी के कमरे में पार्टी-सदस्यों की बैठक हुई। उसमें तय किया गया कि बंगला के शीर्षस्थ कवि विष्णु डे अध्यक्ष और भीष्म साहनी सचिव होंगे। विष्णु डे तो कभी प्रगतिशील लेखक संघ के जलसों में नहीं दिखलाई पड़े, लेकिन भीष्मजी ने बिना अपना रचनात्मक लेखन बाधित किए अपने दायित्व को शुरू से अंत तक पूरी जिम्मेवारी के साथ निभाया। जहाँ तक मुझे याद है, उसी वर्ष जाड़ों में बिहार राज्य प्रगतिशील लेखक संघ का मढ़ौरा (सारण) में सम्मेलन हुआ। बाबा सीधे ब्रह्मचारीजी वाले डेरे से वहाँ पहुँचे थे और मैं पटने से अपने प्रकाशक मित्र बहादुर सिंह सोलंकी के साथ वहाँ गया था। रात में हम लोग एक हॉल में पुआल पर बिछी लंबी दरी पर सोए थे। बाबा जब सोने के पहले अपना ऊनी फुलपैंट उतारने लगे, तो उसे उतारते ही चले गए। मैं डर गया कि बुढ़ापे में क्या उन्हें अपने शरीर की सुध-बुध भी नहीं रही? इसी बीच मैंने देखा कि फुलपैंट के नीचे से पूरा पाजामा निकला। मुझे हँसी आ गई, जिसे मैंने मुश्किल से रोका। एक बार 'रुद्र'जी के फुलपैंट के नीचे से लुंगी निकली थी। मैं समझ गया कि कवि-कलाकार ऐसे ही होते हैं, तिस पर बाबा तो अथक यात्री थे, सो यात्रा में उनका सामान संक्षिप्ततम होता था।

मढ़ौरा में मैंने एक आलेख पढ़ा, जो बाद में 'जनशक्ति' में छपा, और बाबा ने बहुत मार्मिक व्याख्यान दिया, जिसका फल यह हुआ कि वे रो पड़े। यह एक ऐतिहासिक क्षण था, जिसे मैंने अपने दिमागी कैमरे में कैद किया। वहाँ बंगला के प्रसिद्ध लेखक और 'परिचय' नामक प्रगतिशील पत्रिका के, जिसे अर्थ-संकट से उबारने के लिए सत्यजीत राय ने भी लोगों के आगे झोली फैलाई थी, संपादक दीपेन दा भी आए थे। वे मेरी ही बगल में बैठे थे और हिंदी न के बराबर जानते थे, सो जब बाबा अपना वक्तव्य दे रहे थे, तो वे बार-बार मुझसे पूछते थे—क्या बोला? बाबा चूँकि हिंदी के राष्ट्रीय ख्याति के लेखक थे, इसलिए दीपेन दा की रुचि केवल उन्हीं में थी। वहाँ संगठन-सत्र के पहले रात में 'फ्रैक्शन मीटिंग' हुई, जिसमें बाबा को बिहार प्रगतिशील लेखक संघ का अध्यक्ष बनाया गया और खगेंद्रजी को सचिव। मुझे सचिव-मंडल में रखा गया। मढ़ौरा से बाबा, मैं और सोलंकीजी साथ पटना लौटे। संयोग से ट्रेन में भीड़ नहीं थी, सो शांत वातावरण में बाबा ने हम लोगों को अपनी जेल में लिखी गई सारी कविताएँ सुनाईं। उन्हीं में नेवला वाली उनकी लंबी कविता भी थी, जिसका जिक्र ऊपर किया जा चुका है।

रास्ते में हम लोग छपरा में रुके थे और वहाँ यशपाल के निधन के समाचार के उपरांत एक शोक-सभा हुई थी। उसमें बाबा ने बहुत दुखी होकर यशपाल को श्रद्धांजलि अर्पित की थी। ट्रेन में हम लोगों को एक नेपाली बालक मिल गया, जो बहुत सुंदर था। मैंने सोचा कि यह काम की तलाश में है, इसलिए इसे अपने साथ ले चलता हूँ, जिससे कि उसे घरेलू नौकर बना सकूँ। चूँकि उसे हम लोगों की शर्तें पसंद नहीं आईं, इसलिए वह कहीं और चला गया। बाबा दूसरे दिन आए, तो मुझसे पूछा—वह बालक कहाँ है? मैंने उन्हें बतलाया कि हमारी शर्तों पर वह हमारे यहाँ रहने को तैयार नहीं था, इसलिए कहीं और चला गया।

एक बार की बात है कि बाबा इलाहाबाद से कुछ दिन पटना रहने के विचार से आए थे। मछुआ टोली में आर्य कुमार रोड के पूरब राजापुर नाम का मुहल्ला है। उन्होंने वहीं किराए पर एक मकान लिया। मैं उनसे मिलने पहुँचा, तो देखा कि वे रईसी ठाठ से बिस्तर बिछी चौकी पर बैठे थे और उनके सामने पटने के ढेर-सारे नए लेखक मौजूद थे। बाबा के आगे उनकी चौकी पर ही पाँच-सात दावातें रखी हुई थीं। उनमें से किसी में कतरी हुई सुपारी थी, किसी में इलायची, किसी में लौंग, किसी में सौंफ और इसी तरह बाकी दावातों में भी मुख-सुख की कुछ चीजें। हो सकता है, किसी में पान खानेवालों के लिए उम्दा जर्दा भी रहा हो! मैं पहुँचा, तो बाबा ने जैसे शतरंज की गोटी चलते हैं, एक-एक कर उन दावातों को मेरी ओर बढ़ाया। बाबा का यह ठाठ देखकर मन ही मन मुझे हँसी आ रही थी, लेकिन मैं उसे रोके हुए था। मैंने भी अधिकांश दावातों से कुछ न कुछ लिया और फिर उन्हें अपनी जगह पर रख दिया। कई दिनों के बाद मैं बाबा के पास फिर गया, तो उन दावातों का कहीं पता नहीं था, न चौकी पर पूर्ववत् वे विराजमान ही थे। उनसे इधर-उधर की बातें हुईं और मैं लौट आया। कई दिनों के बाद मैं फिर गया, तो वे नंगे बदन कुछ कपड़े धोने के लिए कुएँ पर जा रहे थे। मुझे देखकर मुझसे बातें करने लगे। बोले—उपन्यास लिखने के लिए मन कसमसा रहा है। निश्चय ही इस मानसिक कसमसाहट के बिना कोई रचना नहीं हो सकती। बाबा की इस कसमसाहट से ही पटने में उनके उपन्यास 'उग्रतारा' का जन्म हुआ।

'लोहा सिंह' नामक हास्य-नाटक के प्रसिद्ध रचयिता प्रो. रामेश्वर सिंह काश्यप के यहाँ एक गोष्ठी हुई। उद्देश्य था, निराला के दिवंगत होने के बाद उन पर लिखी गई बाबा की पुस्तक 'एक व्यक्ति : एक युग' को उनके मुँह से सुनना। प्रभाशंकर मिश्र आदि के साथ मैं भी उक्त गोष्ठी में पहुँचा। बाबा ने मुझे देखकर मुझसे पूछा—किसी कालेज में आ गए? मैंने उत्तर दिया—अभी नहीं, क्योंकि उन दिनों मैं यूजीसी के रिसर्च स्कॉलरशिप पर शोध कर रहा था। जब सारे लोग आ गए, तो बाबा ने पुस्तक का पाठ शुरू किया। उनकी भाषा-शैली पर सभी मुग्ध थे। जब कोई चित्रात्मक और मार्मिक स्थल आता था, तो काश्यपजी अनायास बोल पड़ते थे—बाबा की जय हो! ऐसा उन्होंने अनेक बार कहा। बाबा प्रायः पूरी पुस्तक सुना गए थे, पर जब वह पुस्तक छपकर आई, तो मैंने उसे ध्यानपूर्वक पढ़ा। मैं उससे इतना प्रभावित हुआ कि सम्मेलन भवन में उनसे कहा—बाबा, यह आपकी गिनती के योग्य पुस्तक है, जैसे आपका प्रसिद्ध उपन्यास 'बलचनमा'। वे चुप रह गए, जिसका मतलब मेरी बात से उनकी असहमति थी। कुछ दिन पूर्व पटना कालेज में प्रो. हरिहर प्रसाद उपाध्याय की अध्यक्षता में चलनेवाली संस्था हिंदी साहित्य परिषद् की ओर से एक कवि-सम्मेलन आयोजित हुआ। मैं बाबा के डेरे से उन्हें रिक्शे पर बैठाकर बी.ए. लेक्चर थिएटर में लिये जा रहा था। वे तुरत-तुरत मध्यवर्गीय व्यक्तियों के मन पर 'और तू चक्कर लगा आया तमाम' शीर्षक कविता लिखी थी, जिसमें कहा था—'क्षुद्र मन, छिछोर मन!/डाकू मन, चोर मन!/बेहद भगोड़े मन!/लगाऊँ कोड़े मन?' उस समय इस कविता का महत्त्व मैंने नहीं समझा था, लेकिन जैसे-जैसे मेरा साहित्यिक ज्ञान बढ़ता गया और मेरी रुचि प्रौढ़ होती गई, वह कविता मुझे बेहतर से बढ़कर बेहतरीन लगने लगी। आपने उनकी 'मधुक्षरा' शीर्षक कविता पढ़ी होगी। उसमें उन्होंने कहा है : ''मधुक्षरा...'/यानी शहद टपकाने वाली!/इतना प्यारा नाम!/हाय राम!' यह कविता भी उनकी मन पर लिखी गई कविता के आशय को लेकर ही चलती है।

अब मैं सोचता हूँ कि बाबा के पत्रों का जिक्र मैं सबसे अंत में करूँ और उनके बारे में शेष बातें भी लिख ही डालूँ। इस संस्मरण का समापन मैं गोर्की पर लिखी गई उनकी कुछ पंक्तियाँ उद्धृत करके करूँगा। 1979 में बाबा पूरा एक महीना मेरे यहाँ रुके थे। उस समय की उनकी स्मृतियाँ बाहर आने के लिए मुझे बेचैन बनाए हैं, खास कर इसलिए कि अब वे नहीं रहे। इस कारण पहले मैं स्मृतियों को लिपिबद्ध कराकर उनसे मुक्त होना ही चाहता हूँ, ताकि मुझे शांति मिले। लेकिन उसके पहले भी कुछ बातें।

बाबा कवि-सम्मेलनों में गंभीरता से भाग लेते थे, क्योंकि उनके लिए वह साधारण साहित्य-प्रेमी जनता से सीधे साक्षात्कार का एकमात्र अवसर था। मैं अपने मित्रों से अक्सरहा कहता हूँ कि उनकी कविता का पाठ उसी तरह किया जा सकता है, जिस तरह वे करते थे। किरण-मंडल के एक कवि-सम्मेलन में उन्होंने अपनी 'शासन की बंदूक' शीर्षक कविता सुनाई थी। जब उसकी अंतिम पंक्ति 'बाल न बाँका कर सकी शासन की बंदूक' आई, तो उन्होंने नाटकीय ढंग से दाहिने हाथ का अंगूठा उलटकर उसे हिलाया। इससे कविता का प्रभाव एकदम खुल गया। एक बात मैंने और देखी। कवि-सम्मेलनों में वे अपनी ऐसी सहज संप्रेषणीय कविताएँ सुनाते थे कि उनके बाद आने वाले कवियों के लिए एक संकट उपस्थित हो जाता था। बाबा की कविता पर वे झूम उठे थे, तालियाँ बजाई थीं और उनके साथ-साथ वे कविता का उत्तरांश भी दुहराते गए थे। अब वे सन्नाटे में होते थे, फिर कोई दूसरा कवि क्या जमता? इस कारण बाबा आयोजकों से पहले ही कह देते थे कि मुझसे अंत में कविता पढ़वाओ। यदि पहले पढ़वाई, तो तुम्हारा कवि-सम्मेलन 'पंक्चर' हो जाएगा। एक बार मेरे गुरु और सहयोगी प्रो. सीताराम शर्मा ने मेरे यहाँ पैरवी की कि मैं बाबा को बिदुपुर के कवि-सम्मेलन में चलने को तैयार कर दूँ। वे जो पारिश्रमिक माँगेंगे, हम देंगे। मैंने बाबा तक उनकी बात पहुँचा दी। उन्होंने पूछा कि क्या वे एक सौ एक रुपए देंगे? उनके जैसे कवि के लिए यह माँग कम ही थी, लेकिन वे आयोजकों की कठिनाई का भी खयाल रखते थे। सीताराम बाबू तैयार थे ही। बाबा को उन दिनों धोती को दुहरा कर लुंगी पहनने की धुन थी, जिससे कि वे दक्षिणात्य प्रतीत हों। इसी पहरावे में मैंने उन्हें सीताराम बाबू के साथ बच्चा बाबू के जहाज पर छोड़ा, जो सीधे हाजीपुर कोन्हारा घाट जाता था।

बिहार में महामाया बाबू के मुख्यमंत्रित्व में कांग्रेस-विरोधी संविद सरकार बनी, तो कूर्परी ठाकुर ने हिंदी को प्रथम और उर्दू को द्वितीय राजभाषा का दर्जा देने की घोषणा की। विधानसभा में इसका विरोध सर्वप्रथम कांग्रेस विपक्षी दल के नेता महेश प्रसाद सिंह ने किया। कांग्रेस के घोषणापत्र में उर्दू को यह स्थान देने की खुलेआम बात कही गई थी, फिर भी इसका विरोध पूरी बिहार कांग्रेस ने किया। इसका साथ सरकार के घटक दल भारतीय जनसंघ ने दिया। लक्ष्मीनारायण सुधांशु ने, जो उस समय विधानसभा के अध्यक्ष थे, उर्दू-विरोध में एक विरोध-पत्र जारी किया, जिस पर बाबा से भी हस्ताक्षर करवा लिए, जो कि उन दिनों भी सम्मेलन के एक कक्ष में रह रहे थे। सुधांशुजी ने सम्मेलन को मंच बनाया और वे तथा जनसंघी नेता उससे दनादन उर्दू-विरोध में भाषण देने लगे। रेणुजी और मुझ-जैसे उदीयमान लेखक उसके विरुद्ध थे और इस बात से आश्चर्यित थे कि बाबा ने कैसे अपने हस्ताक्षर बना दिये। मुझसे नहीं रहा गया। मैंने जाकर बाबा को समझाया कि बिहार में उर्दू को द्वितीय राजभाषा बनाने की बात कांग्रेस के कार्यक्रम में थी, फिर उसका उर्दू-विरोध समझ में नहीं आता। इसके अलावा उनसे मैंने यह भी कहा कि सुधांशुजी के पास अपना मंच है—सदांकत आश्रम

का कांग्रेस कार्यालय, फिर वे उस मंच का इस्तेमाल न कर सम्मेलन के मंच का इस्तेमाल क्यों कर रहे हैं? बाबा मेरी बातों से विश्वस्त हो गए और उसी क्षण से उर्दू-विरोधियों का साथ छोड़ दिया। जो उनसे पूछता था, उसके सामने वे मेरे तर्क को अपना बनाकर रख देते थे और उसे निरुत्तर कर देते थे।

तत्पश्चात् आइएमए हॉल में रेणुजी की उपस्थिति में उर्दू-समर्थकों की सभा हुई। रेणुजी ने मुझसे भी बोलने का आग्रह किया। मैंने कहा—मुस्लिम-विरोध तीन तरह से समाप्त किया जा सकता है। एक तो इस देश के आठ करोड़ मुसलमानों को कत्ल कर दिया जाए, जो संभव नहीं है। दूसरा विकल्प यह है कि उन्हें इस देश से बाहर पाकिस्तान भेज दिया जाए, जो भी संभव नहीं है, क्योंकि पाकिस्तान की आबादी आठ करोड़ से बहुत कम है। अब तीसरा विकल्प ही रह जाता है। वह यह कि उनके साथ मिल-जुलकर रहा जाए और उनकी भाषा को भी उसी प्रकार स्वीकार किया जाए, जिस प्रकार पं. रतननाथ सरशार और प्रेमचंद से लेकर उपेंद्रनाथ अश्क और शमशेर तक ने स्वीकार किया है। मुझे इतना याद है कि वह सभा सफल हुई थी और मंच से उतरने के बाद सुहैल अजीमाबादी ने एकदम मुसलमानी तरीके से मुझे अपने अंकवार में ले लिया था। मुसलमान के डरने की कोई बात ही नहीं थी, क्योंकि उर्दू-भाषियों की संख्या की दृष्टि से भी वे संवैधानिक तौर पर उर्दू को द्वितीय राजभाषा बनाने की माँग करने के हकदार थे।

बहुत कम लोग जानते हैं कि मैथिली-भाषियों की प्रसिद्ध संस्था 'चेतना-समिति' के संस्थापक नागार्जुन थे। आज उसकी कार्यसमिति में नागार्जुन यानी यात्री को लेकर पुरानी पीढ़ी और नई पीढ़ी में तीखी नोक-झोंक होती है कि यात्री मैथिली के महत्त्वपूर्ण कवि हैं या नहीं। कहने की जरूरत नहीं कि उस भाषा में महाकवि और महाकाव्य-रचना का युग अभी भी चल रहा है। ऐसे लोगों को भला यात्री की युग-प्रवर्तक कविताएँ कैसे पसंद आएँगी? 1965 में सुरेंद्र चौधरी और चंद्रभूषण तिवारी ने गया में पूर्वांचल लेखक सम्मेलन अयोजित किया। बाबा नए लेखकों की एक अच्छी-खासी टुकड़ी लेकर गया पहुँचे थे। गया में ही मैंने नामवरजी को पहली बार देखा। हम लोग एक रद्दी कमरे में बैठे हुए थे और सभी उनका इंतजार कर रहे थे। वे आए, तो मैंने उन्हें नहीं पहचाना, क्योंकि उनके लेखन से सूट-बूट और टाई वाले लेखक का चित्र उभरता था। एक आदमी घुसा, उसकी दाढ़ी बढ़ी हुई थी, शरीर पर खादी का मैला कुर्ता था, जो शायद कमरे में घुसते समय सिर झुकाने से उनके पिछुए पर काफी कुछ अँटका हुआ था। मैंने सिद्धिनाथ मिश्र से पूछा—अरे, नामवरजी कब आएँगे? उसने उक्त व्यक्ति की ओर संकेत करते हुए मुझसे कहा कि यही न नामवरजी हैं! मेरा जैसे स्वप्न-भंग हुआ। नामवरजी ने धीरे-धीरे दाढ़ी बनाई। इसी बीच किसी ने कहा कि जगजीवन कालेज के एक अध्यापक से मैंने पूछा कि वह इन दिनों क्या कर रहा है, तो उसने उत्तर दिया कि मैं घास छील रहा हूँ। यह सुनकर नामवरजी ने कहा कि वे यह भी कह सकते थे कि मैं हिंदी में आलोचना लिखता हूँ।

उनका असली रूप उद्‌घाटन-सत्र में मेरे सामने आया। सुधांशुजी सत्र की अध्यक्षता कर रहे थे। नामवरजी बोले, तो पहली बार उनके मुँह से मैंने एस. नायपाल की भारत पर लिखी गई पुस्तक 'ऐन ऐरिया ऑफ डार्कनेस' का नाम सुना और उनका यह कथन कि भारत में 'ऐन अनइक्जामिंड सेंस ऑफ कन्टीन्युटी' है, जो इसे पिछड़ा बनाए हुए है। नामवरजी ने उसका अनुवाद किया था—'निरंतरता का अपरीक्षित बोध', जिसे बाद में छुटभैयों ने दुहराकर बहुत

प्रशंसाएँ बटोरीं। अंत में उन्होंने सुधांशुजी और श्रोताओं को यह विश्वास दिलाया था कि नया साहित्य रचनेवाले लेखकों की जो पीढ़ी है, उससे एक भी पत्ती अलग नहीं होगी। यह ऐसा आत्मीयतापूर्ण और मार्मिक आखिरी 'स्ट्रोक' था कि मैं तो उनकी विशिष्टता का कायल होकर गहरे मौन में डूब गया। उसके बाद जितनी गोष्ठियाँ हुईं, नामवरजी ने सबों में विलक्षण व्याख्यान दिये। सिद्धिनाथ उन्हें पीछे से तंबाकू बनाकर बढ़ाता था, जिसे वे चुटकी से लेकर अपने होंठों में दबा लेते थे। वहीं मैंने मार्कंडेय को भी देखा और उनसे गोष्ठी की अध्यक्षता करने का तरीका सीखा। कहने की जरूरत नहीं कि वे बहुत सख्त अध्यक्ष थे, जैसा अध्यक्ष को होना चाहिए। उन दिनों के मेरे और सिद्धिनाथ के मित्र शिवदेवजी की भी एक याद आती है। उन्हें सिद्धिनाथ ने उनके विधायक के 'सर्वेंट क्वार्टर' से लिया था, जिसे वे अपनी हास्योत्पादक भाषा में 'दास-निवास' कहते थे। गया में खाने की व्यवस्था होटल में थी, इसलिए शिवदेवजी अपने डेरे से जो दस रुपए लेकर चले थे, उनके खर्च न होने से वे बहुत प्रसन्न थे, सो धीरे-से मेरे कान में कहा—जेब में दस रुपए का नोट अछूता है। एक बात सिद्धिनाथ की भी। जब हम लोग सम्मेलन-समाप्ति के बाद दिन में गया से पटना लौट रहे थे, तो उसने ऊपर के बर्थ पर सोए-सोए मुझसे सवाल किया—नवल, वह 'दाढ़ीजार' कौन था? सम्मेलन में अनेक कलकतिया लेखक पहुँचे थे। उन्हीं में से एक ने दाढ़ी बढ़ा रखी थी। मैंने उसे उस लेखक का नाम बतलाया। इस तरह नामवरजी की महिमा के कायल होकर हम लोग पटना पहुँचे, फिर अपने-अपने निवासों को गए।

संभवत: 1979 के जाड़ों में एक महीना बाबा मेरे यहाँ ठहरे थे। वे कलकत्ते से आए थे और हम सबों के लिए कुछ न कुछ लाए थे। मैंने उन्हें ऊपर के अपने कमरे की बगल के कमरे में टिकाया। जब कभी वे मेरे यहाँ रुकते थे, उसी कमरे में टिकते थे। गर्मी हुई, तो मैं उन्हें टेबुल फैन लगा देता था, लेकिन वे उसे कभी चलाते नहीं थे। एक दिन मैंने उनसे पूछा—बाबा, टेबुल फैन कभी चलाते हैं या नहीं? उन्होंने उत्तर दिया—चलाता हूँ। कभी-कभी उसका 'आनंद' लेता हूँ। उनके 'आनंद' शब्द के प्रयोग पर मैं सोचने लगा—पंखे से मिलनेवाली हवा को तो मैंने कभी उससे मिलने वाला 'आनंद' समझा ही नहीं था। ये बाबा थे, जिनकी ऐंद्रिए संवेदना इतनी तीव्र थी कि वे प्रत्येक वस्तु का गुण-धर्म अलग-अलग अनुभव करते थे। इस बार जाड़ा था, इसलिए मैं अपने हाथों से उन्हें मच्छरदानी लगा देता था। वे अपने शरीर को सूती और ऊनी कपड़ों से इस कदर ढँके रहते थे कि सिर्फ एक कंबल से उनका काम चल जाता था। उनका रहन-सहन तिब्बती था, लेकिन रुचि और बोध अत्यंत सुसंस्कृत। एक बार मैंने अपनी पत्नी से कहा—बाबा देहाती हैं। इस पर उन्होंने उत्तर दिया—उन्हें देहाती कौन कहेगा? मैं उनकी तीक्ष्ण दृष्टि का कायल हो गया। बाबा का खान-पान बहुत नियंत्रित था और वे बहुत थोड़ा खाते थे। पता नहीं, इतना कम खाकर उनकी काया कैसे चलती थी? वे प्रत्येक खाद्य-पदार्थ का अलग-अलग स्वाद लेते थे और मेरी पत्नी से अमुक सब्जी बनाने के लिए फरमाइश भी करते थे। एक बार उनके आदेशानुसार मेरी पत्नी ने सेम की सब्जी बनाई। उसमें सेम कुछ ज्यादा गल गया था। बाबा ने उनसे कहा—रागिनी, तुमने तो सेम का कचूमर ही निकाल दिया है। खाने के बाद वे उनसे एक चम्मच चावल भी देने के लिए गिड़गिड़ाते थे। वे कहती थीं—नहीं, आपको बहुत वायु बनती है, इसलिए चावल नहीं मिलेगा। अंत में उन्हें बाबा को थोड़ा चावल देना ही पड़ता था। उसके बाद वे तृप्त होकर खाने की टेबुल से उठते थे। सच पूछिए तो खाने का स्वाद लेना मैंने बाबा से ही सीखा।

वे कभी नहाते नहीं थे। दाढ़ी बनाने का तो कोई सवाल ही नहीं था। वे मुँह भी नहीं धोते थे और शौच जाते हैं या नहीं, इसे लेकर मेरे बच्चों में बहस होती थी। लेकिन मेरा कोई अतिथि हो और न स्नान करे, न मुँह धोए, यह संभव नहीं है। बाबा मेरी पत्नी को बहुत प्यार करते थे, सो उनके बहुत जोर देने पर वे स्नान करने के लिए तैयार हो गए। उसके बाद कभी-कभी वे उन्हें नल के करीब बैठाकर मग से नहलाती थीं और उनके पूरे शरीर में साबुन लगाती थीं। यह सब तो बाबा ने करने दिया, लेकिन मुँह धोने के लिए वे फिर भी तैयार नहीं हुए। मेरी पत्नी ने जब इसके लिए उन पर बहुत दबाव डाला, तब वे सिर्फ गर्म पानी से कुल्ली करने के लिए तैयार हुए। 1980 की गर्मियों की बात है। वे घर से जब पटना आए, तो उनकी दाढ़ी गायब थी। लोगों ने उनसे पूछा—बाबा, यह कैसे हुआ ? वे बोले—ब्राह्मणी ने काट दिया है ! हुआ यह था कि वे सोए थे कि उनकी धर्मपत्नी ने कैंची लेकर उनकी दाढ़ी जगह-जगह से काट दी थी। अब उसे मुड़वाने के सिवा उनके पास और कोई चारा नहीं रह गया था।

जाड़ों की रात में मेरी पत्नी के कमरे में कंबल ओढ़े कुर्सी पर बैठे, वे माँ के पलंग पर मेरे दोनों बच्चों—चिंतन और पूर्वा—को बैठाकर तरह-तरह की दिलचस्प कहानियाँ सुनाते थे, जिनमें मैथिली का पुट उनमें जान डाल देता था। मैंने दोनों बच्चों से कह रखा था कि बाबा कभी शंखनाद करें, तो हँसना नहीं है। चूँकि चिंतन कुछ बड़ा था, इसलिए वह तो अपनी हँसी रोक लेता था, लेकिन पूर्वा उससे छोटी थी, इसलिए वह हँसी को अपने हाथों से दबाए बाहर भागती थी। एक दिन मैं बाहर खड़ा था। पूर्वा ने मुझसे कहा—पापा, मुझसे हँसी नहीं रोकी जाएगी ! उसे चूँकि बाबा हद से ज्यादा प्यार करते थे, सो उसके हँसते हुए बाहर भागने पर वे कहते थे—इससे बच्चों का मनोरंजन होता है।

रात में मेरे घर के बाहर जानेवाली सीढ़ियों पर एक बल्ब जलता रहता था। बाबा चाहते, तो वे अपने कमरे का बल्ब जलाकर जो चाहे कर सकते थे, लेकिन वे किसी तरह से घरवालों की नींद में बाधा नहीं डालना चाहते थे। इस कारण नीचे आकर सीढ़ियों पर बैठकर हिंदी और कभी बंगला में कविताएँ लिखा करते थे। मैं और मेरी पत्नी उनकी कविता के भारी प्रशंसक थे, सो वे अगले दिन मुझे अपनी हिंदी कविताएँ सुनाते थे और मेरी पत्नी को बंगला कविताएँ भी, क्योंकि वे बंगला समझती हैं। यही कारण है कि मैं बंगला की फिल्में उन्हीं के साथ देखता था। वे मुझे बीच-बीच में समझाती जाती थीं। यह विचित्र बात है कि रवींद्रनाथ की बंगला कविताओं को मैं अच्छी तरह समझ लेता हूँ, क्योंकि उनकी भाषा संस्कृतनिष्ठ है, बावजूद इसके कि वह भोजपुरी, मगही और मैथिली की तरह ही एक लोकभाषा है, जिसे उक्त महाकवि ने बहुत ऊपर उठा दिया है, जैसे तुलसीदास ने अवधी को।

जब कभी रात में मेरी पत्नी के कमरे में बत्ती जलती रहती थी, तो वे उसमें जाकर कुर्सी पर बैठ जाते थे और उनसे तरह-तरह की चर्चा किया करते थे। एक बार वे 'सेक्स' की भी चर्चा करने लगे, तो मेरी पत्नी ने उन्हें डाँट दिया और कहा—मुझसे इस तरह की बातें न किया करें। वे चुप हो गए। मेरी पत्नी अत्यंत पवित्रतावादी हैं। बंगला में जिसे शुचि-वात या शुचि-व्याधि कहा करते हैं, उससे ग्रस्त। बाबा को भी वे अपने नियमों का उल्लंघन नहीं करने देती थीं। इस कारण वे चप्पल बाहर ही उतारकर कभी रसोई में घुसते थे। एक बार जब वे मेरी पत्नी के पवित्रतावाद से ऊब गए, तो देर तक उन पर बरसते रहे। गुस्से में उनका चेहरा बहुत विकृत हो जाता था, जिसके पीछे से उनकी गहरी पीड़ा झाँकती रहती थी। यह बहुत अच्छा हुआ कि मेरी पत्नी एकदम चुप रहीं और उन्हें एक शब्द भी नहीं कहा। उसका उन पर गहरा

असर हुआ। वे स्वयं और कड़ाई से उनके पवित्रतावादी नियमों का पालन करने लगे। मैंने बाद में पत्नी से कहा कि चुप रहकर आपने बहुत अच्छा किया, वर्ना वे मेरा घर छोड़कर चले जाते, तो पूरे हिंदी संसार में यह शोर होता कि नवलजी ने बाबा को अपने घर से निकाल दिया। उनके पत्र बतलाते हैं कि स्नेह से वे मेरी पत्नी को 'गिनी' कहा करते थे और बाहर से बराबर उन्हें और पूर्वा को पत्र लिखा करते थे, प्राय: अंतर्देशीय में। वे पत्र निहायत व्यक्तिगत होने के कारण अब तक मैंने नहीं छपाए।

बाबा ने नया उपन्यास देने के लिए लोक भारती और राजपाल एंड संज से अग्रिम रुपए ले रखे थे। इलाहाबाद में ही रहकर उन्होंने 'जमनिया का बाबा' नामक उपन्यास लिखा और उसे लोक भारती को दे दिया। उसके बाद राजपाल के स्वामी विश्वनाथजी ने उनसे तगादा किया, तो उसी उपन्यास के परिच्छेदों को आगे-पीछे करके 'इमरतिया' नाम से उन्हें भी दे दिया। जब लोक भारती के स्वामी दिनेशजी ने उस उपन्यास को देखा कि वह तो वस्तुत: उन्हीं के यहाँ से प्रकाशित उपन्यास है, तो उन्होंने बाबा को अपने वकील की तरफ से नोटिस भिजवा दी। उस रात वे मेरे यहाँ ही थे। वे बेचैनी में रात-भर मेरी छत पर टहलते रहे थे और बार-बार एक ही बात दुहराते थे—'उसे (यानी दिनेश को) महादेवीजी से डँटवा दूँगा।' मुझे उनकी दशा देखकर उन्होंने जो कुछ किया था, उस पर हँसी भी आती थी और उसके मूल कारण उनके अर्थ-कष्ट को सोचकर हृदय द्रवित भी होता था। आखिर मुझे नींद आ गई और भोर में उठा, तो पाया कि बाबा उसी तरह बेचैनी में छत पर टहल रहे हैं। संवेदनशीलता का ऐसा उदाहरण सिर्फ निराला के यहाँ मिलेगा।

एक बार मैं सब्जी खरीदने जा रहा था। बाबा ने मुझसे कहा—तुम्हारे साथ मैं भी चलूँगा। वे कंबल ओढ़कर मेरे साथ लग गए। मैंने अपनी और उनकी पसंद की सब्जियाँ खरीदीं और चलने को हुआ कि उन्होंने कहा—दो कागजी नीबू भी ले लो। नीबू का उपयोग करते हुए मैंने उन्हें एक ही बार देखा था, जब मुझे भी अपने साथ लेकर वे हम लोगों के मित्र स्व. हरिहरजी के यहाँ मछली खाने के लिए गए थे। मुझे मछली यों ही अच्छी लगती थी, लेकिन बाबा ने मैथिलों की तरह उसमें नीबू निचोड़कर खाया था। उन्होंने मुझसे भी वैसे ही खाने को कहा, पर मैंने अपनी रुचि के मुताबिक ही खाया। सब्जी खरीद चुकने के बाद उन्होंने मुझसे दो नीबू ले लेने के लिए भी क्यों कहा, यह मैं सोचता रहा, क्योंकि मेरे यहाँ उन्होंने नीबू का सेवन कभी नहीं किया। अंत में मैं इस नतीजे पर पहुँचा कि चूँकि नीबू सब्जियों का अंतिम सखा है, इसलिए उसके बिना उनकी खरीद पूरी नहीं होती। बाबा को हर चीज के पूरेपन का इतना ध्यान रहता था।

एक बार रात में वे मेरे कमरे में आकर बैठे तो बतलाया कि माचवे के निर्देशानुसार वे रात में थोड़ी-सी ब्रांडी लिया करते हैं, जिससे उन्हें दमा अधिक तंग नहीं करता। वैसे वह बहुत ज्यादा उन्हें है भी नहीं। बाबा मिथिला-निवासी थे, जहाँ भंग-सेवन का आम रिवाज है, लेकिन वे उसका सेवन भी नहीं किया करते थे। मुझे एक घटना याद आती है। आचार्य हजारीप्रसाद द्विवेदी के ग्रामीण जयनारायण पांडेय 'वाचाल बाँकीपुरी' के नाम से साप्ताहिक 'योगी' में 'गोलघर के मुंडेरे से' शीर्षक हास्य-स्तंभ लिखा करते थे। वे एक दिन नंदन होटल पहुँचे। बाबा भी वहाँ मौजूद थे। उन्होंने उन्हें यह कहते हुए कि बिहार में तो एक ही महान हैं, उनकी तरफ भंग की गोलियाँ बढ़ाईं। बाबा ने यह कहते हुए उन्हें लेने से इनकार कर दिया कि नहीं, मुझे रात में काम करना है। तरुणजी का कहना है कि पहले के लेखक, वे आचार्य शुक्ल हों

या 'उग्र', भंग का नियमित रूप से दिन में एकाधिक बार सेवन किया करते थे। अब उस भंग की जगह शराब ने ले ली है। लेकिन बाबा तो ब्रांडी दवा के तौर पर लेते थे। यहीं मैं इस घटना का भी उल्लेख कर दूँ, जो नामवरजी ने एक सभा में सुनाई थी। बाबा आचार्य द्विवेदी से मिलने गए। उनसे उन्होंने कहा कि कुछ कविताएँ सुनाइए। बाबा ने कुछ कविताएँ सुनाईं, तो फिर उन्होंने कहा कि और सुनाइए। मतलब यह कि बाबा की कविताओं से उनका मन नहीं भरा था। वे जैसे उनमें दिनकर के बाद लोक से प्रतिश्रुत अपना मनोवांछित कवि पा गए थे।

मैं कह चुका हूँ कि बाबा मढ़ौरा में बिहार प्रगतिशील लेखक संघ के अध्यक्ष मनोनीत किए गए थे। अब पश्चिमी पटने में उसकी कार्यकारिणी की पहली बैठक थी। बाबा और मैं रिक्शे पर मंकी कैप लगाए वहाँ के लिए चले। मेरी शामत आई थी कि मैंने उनसे पूछ दिया—बाबा, क्या आप दिल्ली जानेवाले हैं? वे जोरों से मुझ पर बिगड़ गए। मुझे डर हुआ कि कहीं अपने रिक्शे से मुझे उतार न दें और कहें कि तुम दूसरा रिक्शा लेकर आओ। लेकिन उन्होंने ऐसा कुछ नहीं किया और कुपित स्वर में बोले—तुमने यह कैसे सोच लिया कि तुम्हें बिना बतलाए मैं दिल्ली चला जाऊँगा? मेरी तो सिट्टी-पिट्टी गुम थी। चुपचाप हम लोग कार्यकारिणी की बैठक में पहुँचे।

बाबा कभी-कभी मुझे अपनी संस्कृत कविता भी सुनाते थे। 'भारतभवनम्' शीर्षक कविता उन्होंने मुझे पूरी सुनाई थी। फिर 'लेनिनस्तोत्रम्' के कुछ श्लोक भी। मुझे उनसे काफी आनंद आया था, खास तौर से पहली कविता से। एक बार वे केदारजी को अपनी संस्कृत कविताएँ सुना रहे थे। संयोग से विजयमोहन सिंह भी वहाँ बैठे थे। उनसे नहीं रहा गया, तो उन्होंने उनसे कहा—बाबा, आप यह सब क्या लिखते हैं? उन्होंने उन्हें कठोर शब्दों में कहा—तुम चुप रहो। आश्चर्य कि विजयमोहनजी को उनसे कोई आनंद नहीं आया, क्योंकि उन्होंने अपने को अंग्रेजी और हिंदी में कैद कर लिया था और पूरी तरह से 'आधुनिक' थे। इसी समय की बात है कि बाबा से उनकी कुछ कविताएँ सुनने के लिए हम लोगों ने पटना प्रगतिशील संघ की तरफ से आईएमए हॉल में एक आयोजन किया। कार्ड का प्रारूप मैंने उन्हें दिखलाया। उसमें लिखा था—'हिंदी के प्रसिद्ध प्रगतिशील कवि नागार्जुन'। वे चूँकि हिंदी के साथ मैथिली, बंगला और संस्कृत में भी काव्य-रचना करते थे, इसलिए मुझसे कहा कि इसमें 'हिंदी के' इन शब्दों को काट दो। मुझे यह दिलचस्प लगा, पर किया मैंने वही, जो वे चाहते थे।

इसी दौरान शमशेर पटना आए। हम लोगों ने उसी हॉल में उनका काव्य-पाठ रखा, जिसमें उन्हें अपनी रचनाशीलता के बारे में भी कुछ बतलाना था। चूँकि वे अच्छे वक्ता थे और उनका अध्ययन जितना ही विस्तृत था, उतना ही वैविध्यपूर्ण, वे विस्तार से बोलने लगे कि अध्यक्ष-पद से बाबा ने उनका कुर्ता खींचना शुरू कर दिया और अंत में उन्हें बैठा ही दिया। श्रोता अतृप्त रह गए, पर उन्होंने उठकर कहा—ऐसा है कि बुढ़ापे में टेपी खुल जाती है, तो आदमी बोलता ही चला जाता है! तत्पश्चात् शमशेर ने अपनी अनेक कविताएँ सुनाईं। उनका काव्य-पाठ इतना प्रभावशाली था कि हमारे रूढ़िपंथी सहयोगी प्रो. सीताराम झा 'श्याम' भी उससे प्रभावित हो गए। वे भीष्मजी के 'तमस' के भी प्रशंसक थे। वे हम लोगों द्वारा आयोजित सभा में 'विश्‍वशांति' पर बोलने आए थे। 'श्याम'जी ने भी उनका भाषण सुना और बाद में मुझसे कहा—उन्होंने 'मन:शांति' के बारे में कुछ नहीं कहा! शमशेरजी को मोतियाबिंद की शिकायत थी। हम लोगों ने उनसे बहुत अनुरोध किया कि पटना में आप आँखों का 'आपरेशन' करा लें। उसमें सिर्फ पाँच-दस मिनट लगेंगे। पर इसके लिए वे डर के मारे किसी तरह तैयार नहीं

हुए और कभी आपरेशन नहीं कराया। मोतियाबिंद के चलते ही वे कुछ भी एकदम आँखों के करीब लाकर पढ़ते थे।

बाबा कभी-कभी मुझसे मेरी पुस्तकें भी ले जाते थे। एक बार महेंद्र शास्त्री अभिनंदन-ग्रंथ ले गए, तो उसे पढ़कर तत्परता से दे गए। फिर उपन्यास की शैली में लिखित लेनिन की जीवनी 'लेनिन कथा' ले गए, तो उसे नहीं लौटाया। वे जहाँ-तहाँ अपनी पुस्तकें छोड़ देते थे। 'धरातल' में रामइकबाल सिंह 'राकेश' पर उन्होंने मेरा लेख देखा, तो बोले—ये बिहार के सबसे सशक्त कवि थे, पर गाँव जाकर चुप बैठ गए। ज्ञातव्य है कि 'राकेश'जी और 'यात्री' दोनों गहरे मित्र थे। आखिरी बार बाबा मुझसे साहित्य अकादेमी से नागराक्षरों में प्रकाशित रवींद्रनाथ की कविताओं का संकलन 'एकोत्तरशती', जो मेरा प्रिय ग्रंथ है, ले गए, तो काफी दिनों तक नहीं लौटाने के कारण मेरी आशंका बढ़ गई। वे कहाँ-कहाँ यात्रा पर चले गए थे। लौट कर पटना आए, तो कॉफी हाउस में मुझे मिल गए। मैंने उनसे पूछा—बाबा, मेरी पुस्तक 'एकोत्तरशती' सुरक्षित है न? उन्होंने अपने चिर-परिचित अंदाज में कहा—'उसे चाँपे हुए हूँ'। फिर उन्होंने मुझे वह ग्रंथ लौटा दिया। ठीक एक महीना रहने के बाद मेरी पत्नी से दिल्ली का किराया लेकर वे दिल्ली रवाना हो गए।

मेरे यहाँ से जाने के पहले एक बार वे कभी पटना आए, तो प्रो. रामखेलावन राय ने उन्हें महेंद्रू में एक डेरा दिलवाया। एक दिन वहाँ मैं उनसे मिलने गया, तो उनके यहाँ पहले से एक कवि, जो गीत लिखते थे, विराजमान थे। उनके सामने किसी पत्रिका में छपा उनका गीत रखा था। मैंने उसे पढ़ा, तो शुरू में ही मुझे उसमें मात्रा-दोष मिला। मैंने उनसे कहा कि इस पंक्ति में एक मात्रा कम है, तो बाबा बोले—उसे लय से पूरा कर देंगे! मैं उनकी इस बात पर भीतर ही भीतर खूब हँसा, पर कविजी ने उनका व्यंग्य नहीं समझा। बाबा तो यात्री थे, सो कुछ दिन उस मुसाफिरखाने में रहकर बिना किराया चुकाए चले गए। मकान-मालिक कुछ दिनों तक उनका इंतजार करने के बाद रायजी के पास गया और बोला—मुझे किराया नहीं मिला। उन्होंने उसे उत्तर दिया—जाइए, कवि कहीं किराया देता है? इलाहाबाद में बाबा कई बार ऐसा कर चुके थे, जिस पर 1967 में अपने घर भोजन पर आमंत्रित कर मेरे दिवंगत मित्र श्रीराम वर्मा ने मुझे अपनी एक कविता सुनाई थी, जिसका शीर्षक था—'आँगन के पार द्वार'। रायजी ने जब हम लोगों को वह घटना सुनाई, तो मुझे अपने मित्र की उक्त कविता याद आ गई।

अब हम उनके पत्रों पर आते हैं। उनके पत्र उनके पूरे व्यक्तित्व का दर्पण हैं। उन्हें क्रमबद्ध करना मुश्किल है, सो मैं तिथिक्रम से ही उन्हें उद्धृत करना करूँगा। एक पत्र में उन्होंने मुझे लिखा : 'एक ही युग की धड़कनों की रिकार्डिंग उम्र और तजर्बे के मुताबिक जुदा-जुदा ढंग से होती आई है, होती चलेगी यानी, अभिनव पीढ़ी के जितना करीब तुम हो, उतना भला मैं आ ही कैसे सकूँगा।...'अफ्रो-एशियाई' साहित्यकारों का मजमा लगेगा, सत्रह से बीस तक। पटना से भी कन्हैयाजी लेखकों का काफिला ला रहे हैं...भारी जुटान होगा। कई कारणों से अपन लेकिन 'तटस्थ' रहेंगे। उन कारणों पर अभी मैं जरा भी प्रकाश नहीं डालूँगा। हो सकता है, बाद में किसी पत्रिका में तुम्हें इन कारणों का पता चले।' फिर अगले पत्र में : ''अफ्रो-एशियाई साहित्यकार समारोह' वाला 'अनाटक' चल रहा है, कल समाप्त होगा।' बाबा इस समारोह से क्यों दूर रहे, इसका पता मुझे तब चला, जब खगेंद्रजी ने उन्हें बिहार प्रगतिशील लेखक संघ के अध्यक्ष-पद से हटा दिया। उसके कुछ कारण और भी थे, जिनका जिक्र मैं आगे यथास्थान करूँगा।

उस समय मैं 'सिर्फ' नामक त्रैमासिक लघुपत्रिका का संपादन कर रहा था। बाबा को इसकी भारी चिंता रहती थी। पहले पत्र में ही उन्होंने यह भी लिखा था कि ' 'सिर्फ' की सारी जिम्मेवारी (व्यवस्था : संपादन) तुमने अपने कंधों पर उठा ली है न? कोई बात नहीं, वर्ष में यदि दो अंक ही ठिकाने से निकालते जाओ तो भी यह एक भारी काम होगा। डटे रहो...' यहीं मैं कह दूँ कि सातवें दशक के अंत में मैं बी.एन. कालेज में अध्यापक हुआ था, जिससे मेरा वेतन सिर्फ चार सौ रुपए था। छोटे भाई को डेढ़ सौ भेजकर ढाई सौ रुपए बचते थे। उतने रुपयों में घर चलाना मुश्किल था, फिर 'सिर्फ' के प्रत्येक अंक के लिए मैं तीन सौ रुपए कहाँ से लाता? स्वभावत: मुझे इधर-उधर से रुपए जुटाने पड़ते थे। मैं शुरू से ही एम.ए. का वर्ग लेने भी बी. एन. कालेज से दरभंगा हाउस जाता था। मैं चूँकि छपाई-सफाई का बहुत ध्यान रखता हूँ, सो उक्त पत्रिका यतीन प्रेस में छपती थी। मैटर 'मेकरेडी' था और तुरत उसे प्रिंटिंग मशीन पर चढ़ाना था। लेकिन मेरे पास कागज के लिए पैसे नहीं थे। मैंने हिंदी विभाग के कार्यालय-सहायक हरगोविंद बाबू से कहा—तुरत तीन सौ रुपयों का मेरे लिए इंतजाम कीजिए। वे जानकी नामक चपरासी के पास मुझे ले गए, जो रुपयों की लेन-देन करता था। जानकी ने बाजाप्ता मुझसे हैंडनोट बनवाया और उस पर मुझसे दस्तखत करवाए। फिर उसने मुझे तीन सौ रुपए दिये, जिन्हें लेकर मैं प्रेस की ओर भागा। जानकी को आश्चर्य हुआ कि अध्यापक होते हुए भी मैं उससे हैंडनोट बनाकर रुपए क्यों ले रहा हूँ? मेरे जाने के बाद उसने हरगोविंद बाबू से पूछा—ये रंडीबाजी करते हैं क्या? हरगोविंद बाबू ने बाद में मुझे बतलाया, तो सुनकर मैं हँसता रहा, फिर उनसे कहा कि वह बेचारा क्या जाने कि मैं कौन-सी 'बाजी' करता हूँ! अगले हफ्ते जब मुझे ट्यूशन के रुपए मिले, तो उसके पास जाकर मैंने उससे हैंडनोट माँगा और उसे रुपए थमाकर वह फाड़ दिया। वह थोड़ा दुखी हुआ कि मुझसे उसे कुछ भी सूद न मिला।

'सिर्फ' का कारोबार उसी तरह चलता रहा। हरगोविंद बाबू स्वयं अपना बड़ा परिवार चलाते थे, फिर वे मेरी मदद कैसे करते? इस बार वे मुझे एक मोगल के यहाँ ले गए, जिससे वे स्वयं जब-तब रुपए लिया करते थे। उन्होंने उससे मेरा परिचय कराया और मुझ पर विश्वास करने को कहा। स्टांप चिपके एक कागज पर हस्ताक्षर कराकर उसने मुझे तीन सौ की जगह दो सौ सत्तर रुपए दिए। दस रुपए प्रति सैकड़ा सूद के मद में वह पहले ही काट लेता था। मैं महीने के अंत में जाकर कोई जोगाड़ करके उसे अगले महीने के सूद के तीस रुपए दे आता था, वर्ना वह महीने के शुरू में ही मुझे खोजते हुए मेरे विभाग में पहुँच जाता। एक बार प्रो. सीताराम शर्मा को खोजते हुए वह पहुँच भी गया था। सीताराम बाबू नहीं थे, सो उसने विभाग में उपस्थित प्रो. रामबुझावन सिंह से पूछा—'किध्र गया सर्मा?' मैंने युवा लेखक सम्मेलन के बाद अपनी पत्रिका का एक सामान्य अंक और एक विशेषांक निकालकर उसे बंद कर दिया। उक्त मोगल चिरैयाँटाँड़ पुल से पश्चिम चलने पर थोड़ा बाएँ एक मकान के अंदर जाकर एक कमरे में रहता था। मैं पत्नी के साथ उधर से गुजर रहा था। रिक्शा रोककर और उस पर उन्हें छोड़कर मैं अंदर मोगल के पास गया, यह कहने कि मैं जल्दी ही आपके सात सौ रुपए लौटा दूँगा। मेरे लौटने में थोड़ी देर हुई, तो मारे चिंता के मेरी पत्नी भी मेरे पास पहुँच गईं। वे यह दृश्य देखकर विस्मित थीं। लौटकर मैं रिक्शे पर बैठा, तो उन्होंने मुझसे पूछा—उसके कितने रुपए आपके यहाँ बाकी हैं? मैंने कहा कि सात सौ। उन्होंने घर लौटकर अपनी बहन से लेकर उतने रुपए मुझे दिए और कहा कि कल जाकर उसे दे आइए। मैंने वैसा ही किया और बाद में फिर कभी उसके पास नहीं गया।

उक्त युवा लेखक सम्मेलन को लेकर बाबा हद से ज्यादा उत्साहित थे। यह सम्मेलन मैंने 27–28 दिसंबर, 1970 को पटना के लाला लाजपत राय भवन (छज्जू बाग) में 'सिर्फ' की ओर से आयोजित किया था। नीचे के हॉल में गोष्ठियाँ होती थीं और ऊपर लेखक ठहराए गए थे। भवन के बाहर उसके परिसर में ही उत्तर तरफ मारवाड़ी बासा अपना होटल ही उठाकर ले आया था, जहाँ लेखक भोजन करते थे। बाबा को पूरी सूचना मिलती जाती थी। उन्होंने एतत्–संबंधी पहले पत्र में मुझे लिखा : '24.11 वाला पत्र (परिपत्र सहित) मिला। मुझे कल हस्तगत हुआ क्योंकि चंडीगढ़ चला गया था। वहाँ कुमार विकल ने तुम्हारे इस परिपत्र के दर्शन करवा दिये थे मुझे...यह कित्ता बड़ा यज्ञ तुम ठान बैठे हो!...जानकर बड़ी खुशी हुई...मैं तो परम पुलकित हूँ इस समाचार से।...बस, पुराने मनीषियों की आयु–सीमा तुम पचास ही रखना। पच्चीस से पचास तक की आयु–सीमा 'युवा लेखक सम्मेलन को नवचिंतन की सही धुरी से च्युत नहीं होने देगी।'' अगले पत्र में उन्होंने राय दी कि उसमें मैं अतिवाम और मध्यवाम से लेकर धुर दक्षिणपंथी लेखकों को भी आमंत्रित करूँ, क्योंकि 'वादे वादे जायते तत्त्वबोध:'।

नामवरजी को बुलाने पर वे बहुत जोर दे रहे थे। उन्हें बार–बार पत्र लिखने की बात कहते थे, साथ ही हवाई जहाज का किराया देने की। उनका यह भी निर्देश था कि कलकत्ता और मध्य प्रदेश ही नहीं, दक्षिण के जो युवा हिंदी लेखक हों, मैं उन्हें भी बुलाऊँ। एक पत्र में उन्होंने लिखा : 'अंधे बुजुर्ग ने तब संजय से पूछा—हे महाप्राज्ञ, कर्मक्षेत्र–कुरुक्षेत्र के मैदान में कौन–कौन महारथी धनुर्धर उतरनेवाले हैं?...तब संजय ने कहा—बतलाता हूँ, सुनिए आदरणीय!...अब बतलाओ, क्या–क्या चल रही हैं तैयारियाँ? खूब व्यस्त हो न? फिर भी एकाध पोस्टकार्ड इधर डालते जाओ...'। बाद के पत्र में : 'परिपत्र के मुद्दे पसंद आए। यह भी अच्छा लगा कि 'जरूरी नहीं कि किसी निर्णय पर पहुँच ही जाएँ'।' अंतिम पत्र में बाबा ने लिखा : 'मेरी तरफ से तुम सभी तरुण एवं युवक एवं प्रौढ़ साहित्यकारों को इस बात का पक्का वादा कर सकते हो कि यह बूढ़ा बंदर पागल हो जाएगा तब भी उन्हीं का पक्षधर बना रहेगा—यानी बहुजन के पक्षधरों का पक्षधर बना रहेगा।...समारोह के कार्यक्रमों में सम्मिलित होने के लिए दूर–दूर से पटना पहुँचनेवाले बंधुओं को मेरा सलाम बोलो...।'

इस प्रसंग में मुझे एक घटना याद आती है। बाबा ने अपने को सम्मेलन से दूर रखने की बात कहते हुए 'बूढ़ा बंदर' कहा था, पर जब हमारे कार्यकर्ता महाकवि (!) केदारनाथ मिश्र 'प्रभात' को निमंत्रण–पत्र देने गए, तो उन्होंने उसमें अपना नाम न देखकर उसे उसी के सामने फाड़ करके फेंक दिया। एक और महाकवि इस नगर में हुए हैं—काशीनाथ पांडेय। ये दोनों महाकवि गुजर चुके हैं, इसलिए अफसोस की बात है कि फिलहाल पटना महाकवियों से खाली है!

युवा लेखक सम्मेलन मेरे मनोनुरूप ढंग से संपन्न हुआ। इसमें चार विचार–गोष्ठियाँ थीं—सुबह नौ बजे से और तिपहर तीन बजे से। पहली गोष्ठी की अध्यक्षता डा. नामवर सिंह ने की थी, दूसरी गोष्ठी की कुमारेंद्र पारसनाथ सिंह ने, तीसरी गोष्ठी की दूधनाथ सिंह ने और चौथी गोष्ठी की अशोक वाजपेयी ने। मैं रेणुजी को स्वयं आमंत्रित करने गया था। उन्होंने कहा कि जितने ज्यादा लेखकों को बुला सकते हो, बुलाइए। शुरू से लेकर अंत तक वे न केवल नामवरजी के साथ मंच पर विराजमान रहे, बल्कि गोष्ठियों में बोले भी। बोलनेवाले, आलेख–पाठ करनेवाले और बहस में भाग लेने वाले लेखक थे : रमेश गौड़, इब्राहिम शरीफ, नामेश्वर लाल, धूमिल, रवींद्र कालिया, कुमारेंद्र पारसनाथ सिंह, नवल किशोर, कामतानाथ, चंद्रभूषण तिवारी, नामवरजी, परमानंद श्रीवास्तव, चंद्रकांत देवताले, विजेंद्र, अशोक वाजपेयी,

जगदीश चतुर्वेदी, कुमार विकल, सौमित्र मोहन, विष्णु खरे, ऋतुराज, दूधनाथ सिंह, विजयमोहन सिंह, जितेंद्र भाटिया, अशोक अग्रवाल, ममता कालिया, गंगा प्रसाद विमल, सुरेश सेठ, प्रभात कुमार त्रिपाठी, विश्वेश्वर, काशीनाथ सिंह, गिरिराज किशोर, नंद चतुर्वेदी, नरेंद्र मोहन और विश्वनाथ प्रसाद तिवारी। इनके अलावा सम्मेलन में ज्ञानरंजन, राजामोहन झा, वेणु गोपाल, वीरेन डंगबाल आदि भी उपस्थित थे। ज्ञानरंजन उसमें बोले भी थे। यह आयोजन अनेक दृष्टियों से महत्त्वपूर्ण सिद्ध हुआ, क्योंकि युवा लेखकों ने विभिन्न विषयों पर न केवल विचार किए थे, बल्कि उन पर छाई धुंध भी छाँटी थी।

बाबा अपने स्वाध्याय के प्रति सदा सजग रहते थे। आरंभिक सारे पत्र उन्होंने मुझे दिल्ली से लिखे थे। एक पत्र में उन्होंने मुझे कलकत्ते से लिखा कि 'नेशनल लाइब्रेरी में इधर प्रतिदिन आठ-आठ, दस-दस घंटे बैठना हुआ। यशपाल एवं उनके समकालीन विप्लवियों के बारे में जानकारी हासिल करना मुख्य उद्देश्य था–बल्कि, है...दूसरा कारण रहा ऋतुचक्र की धुरी का, अपनी लपेट में समुद्री झंझावात को लिये-लिये प्रतिदिन अपराह्न में उद्दाम नर्तन...रोज आँधी! रोज तूफान! रोज वर्षा! 'काल वैशाखी' प्रकृति का ऐसा रुद्र रूप लगभग 40 वर्षों के बाद ही साक्षात् अनुभव कर रहा हूँ...तीसरा कारण? रहन-सहन की अनियमितता!' इस पत्र में बाबा ने प्रकृति के रुद्र रूप का जैसा वर्णन किया है, वैसा सिर्फ रवींद्रनाथ या नेरुदा कर सकते थे, जिसका प्रमाण उनकी 'स्मृतियाँ' शीर्षक पुस्तक है। इसी पत्र में आगे : 'सचमुच ही मैं कलकत्ता रहने लग सकता हूँ! दिल्ली में भी लिखाई की तरफ से वितृष्णा (पटना की तरह)... हाँ, इलाहाबाद में लिखने का जी करता है...'कुंभीपाक' पूरा का पूरा 56 में कलकत्ते में पूरा किया था। 'प्यासी पथराई आँखें' (संकलन) की अधिकांश रचनाएँ उन्हीं दिनों तैयार हुई थीं–इसी महानगर में!' पत्र के अंत में : 'चिं-पू-रा' के क्या हाल हैं? रा-चिं-पू? पू-पू-पू-पू...' इन पंक्तियों से रागिनी के प्रति उनका प्रेम और बच्चों यानी मेरा बेटा चिंतन और बिटिया पूर्वा के प्रति उनका प्यार छलका पड़ता है। इस संबंध में मैं अब उनके अन्य पत्रों से कोई उद्धरण नहीं दूँगा, यदि बहुत आवश्यक नहीं हुआ। बाबा के बहुत कम पत्र है, जिनमें उन्होंने इन सबके प्रति अपने आशीर्वादपूर्ण उद्गार और चिंताएँ प्रकट नहीं की हैं। आगे चलकर बच्चों में एक नाम और जुड़ गया था–मोहन का, जो सुप्रभात नामक मेरे भानजे का पुकारू नाम था। वह मेरे यहाँ रहकर ही पहले स्कूल और बाद में कालेज की पढ़ाई करने लगा था।

कलकत्ते से ही बाबा का यह पत्र मिला : 'अरुण कमल की रचनाएँ बिल्कुल ताजा और मार्मिक हैं–बेहद और अपूर्व! एक अलग पत्र में लिखूँ न?' वहीं से : 'स्वास्थ्य यों काफी शिथिल चल रहा है–खाँसी, जुकाम आदि, दमा तो, खैर पुराना साथी है ही। तो क्या हुआ? अंदर के प्राण तो वज्रमय ठहरे न? कोई बात नहीं, सब कुछ इसी तरह चलेंगे।' कलकत्ते से वे दिल्ली चले गए। वहाँ से मेरे नाम तीन सौ रुपए शोभाकांतजी को देने के लिए भेजे। आत्मीयतावश वे मैथिली पर उतर आए : 'शोभाकांतक ओ निवास-स्थान तोरा ध्यान में कदाचित् नहि हेतहु। तें अंकिम कें संग ल' कऽ जइहऽ...' रुपए मिलते ही मैंने उन्हें तुरत पहुँचा दिये। मैं जब साहित्य अकादेमी के लिए अपना 'महावीरप्रसाद द्विवेदी' नामक मोनोग्राफ लिख रहा था, तो उन्होंने लिखा : 'आ. महावीरप्रसाद द्विवेदी की 'सौर-ऊर्जा' वाली छत्रच्छाया तुम्हें नहला रही है न?' पुनः : 'आप लगे हाथ इतना तो जरूर सूचित करो कि 'धरातल' और 'उत्तरशती' को जुकाम-सर्दी तो नहीं हुआ? ये दोनों 'शिशु' बीमार नहीं पड़ें...वक्त पर दिखलाई पड़ें...' फिर उन्होंने दिल्ली से ही लिखा : 'पूर्वी को एक बड़ा पत्र लिखने का जी करता है। वो मेरी

प्रियतमा नतनी है...मैं उसका प्रियतम नाना हूँ। भला यह कैसे होगा कि पूर्वी के नाम न जपूँ?' वहीं से उन्होंने आगे के एक पत्र में सूचना दी : 'पूर्वी के संदर्भ में 14 अपूर्व पंक्तियाँ आज निशाशेष की पतली नींद के 'प्रसाद'-स्वरूप कागज पर उतरी हैं...['युग-परिबोध', आनंद प्रकाश] को इतनी मार्मिक लगीं कि उन्होंने इन टुकड़ों को अपनी कॉपी में उतार लिया है...' पाठकों की उत्सुकता-शांति के लिए मैं कविता की नीचे की कुछ पंक्तियाँ उनकी रचनावली (2) से नीचे उद्धृत कर रहा हूँ :

जी हाँ, पूर्वी तो सो गई
सो गई पुरबिया...
ढेर सारे नाम हैं उसके तो...
जी हाँ, बस करूँ अब इस वक्त
मल्का-ए-तरन्नुम नूरजहाँ गा रही
मात्राएँ दीर्घ हैं, क्यों न कर लूँ प्रणाम?
बच्चों के लाड़ को चाहिए ज्यादा ही दाम!
बोल री पूरब, यहाँ खीझ का क्या काम
छंदों में तो मुश्किल से आएगा ये नाम
मात्राएँ दीर्घ हैं, क्यों न कर लूँ प्रणाम?

इसी कविता के बीच में उन्होंने लिखा है : 'पूर्वी फिर कहाँ गई? कहाँ गई पूर्वा/दूब तो ओझल हुई, हाथ आई दूर्वा'। इसमें अंतिम पंक्ति का अर्थ थोड़ा पेचीदा है। बाबा कहते हैं कि अब तो 'दूर्वा' की जगह उसका तद्‌भव 'दूब' ही चलता है, लेकिन इस प्यारी बच्ची का नाम 'पूर्वा' की तुक 'दूर्वा' से मिलती है। यह विचित्र बात है कि उस रूप में 'दूर्वा' तो ओझल हो गई है और 'पूर्वा' से 'दूर्वा' की तुक मिलाने के लिए ही उसे लिखना पड़ता है। यह कविता बाबा के कविता-संग्रह 'पुरानी जूतियों का कोरस' में 'मात्राएँ दीर्घ हैं...' शीर्षक से संगृहीत है।

बाबा आम के शौकीन थे, यद्यपि एक बार में वे एक आम से ज्यादा नहीं खाते थे, यदि आम मालदह या सुकुल हुआ। एक पत्र में मुझे उन्होंने लिखा था : 'यदि आमों की फसल अच्छी हुई तो रागिनी और पूर्वा की निगरानी में तुम्हारे गाँव की 'चंदनवर्णी धूल' का सौरभ ले सकता हूँ न?' लेकिन दिल्ली से उन्हें कलकत्ते ने अपने पास खींच लिया और वे वहीं चले गए, इसलिए उनके मेरे गाँव जाने की इच्छा पूरी नहीं हुई। यदि वे वहाँ जाते, तो उनके चरण-स्पर्श से मेरे गाँव की मिट्टी पवित्र हो जाती और वह एक ऐतिहासिक घटना होती। लेकिन मेरे गाँव के भाग्य में यह न लिखा था। कलकत्ता पहुँचकर दूसरे पत्र में उन्होंने मुझे लिखा : '24-25-26 (तीन अहोरात्र) यहाँ पूरा आराम करता रहा! खटमलों ने बहुत दिनों के बाद इस काया के शोणित का स्वाद चखा तो कल जगह बदलकर मैंने उन्हें छका दिया है...'। इस तरह बाबा के पत्रों में कभी-कभी हास्य-व्यंग्य का पुट भी होता था।

कलकत्ते से ही उन्होंने मुझे लिखा, मुझे मेरी लिखावट के लिए मधुर फटकार के साथ, : 'इधर तुम्हारी लिखावट 'दुष्पाठ्य' होती जा रही है। अब आगे या तो आप 'टाईपराइटर' का अभ्यास डालो या खुद बोलकर किसी और से लिखवाओ। बिना शीर्ष-रेखा के गुजराती या कैथी स्टाइल में लिख सकते हो न?' तब से मैं उन्हें पत्र लिखने में सावधानी बरतने लगा। उन्हें जब अगला पत्र लिखा, तो उन्होंने उत्तर दिया : 'पत्र मिला...यह सुपाठ्य निकला! कैसी

सुंदर लिखावट होती है तुम्हारी तो...'। बाबा मुझे कलकत्ते से तरह-तरह की सूचनाएँ देते रहते थे। एक सूचना : 'मृणाल सेन 'वरुण के बेटे' को फिल्माने का विचार किए बैठे हैं।' दूसरी सूचना : 'मैं तबीयत को बाँधे हुए हूँ कि सीधे दिल्ली पहुँचूँ—भले ही हमारी ट्रेन पटना छूकर आगे निकल जाए और ऊपरी बर्थ पर जान-बूझकर लेटा रहूँ...इतना कठोर रह सकूँगा क्या?' तीसरी सूचना : 'बंगभूमि का जादू अबके कुछ इस तरह सिर पर सवार हुआ है कि बंगला भाषा में लगभग 10 कविताएँ तैयार हो गई हैं।'

मैं ऊपर कह चुका हूँ, बाबा ने परिषद् से मिलनेवाली पेंशन को ठुकरा देने की घोषणा की थी। उन्हें जब मालूम हुआ कि संपूर्ण क्रांति का आंदोलन एक 'खिचड़ी विप्लव' था, तो वे चतुराननजी के माध्यम से प्रयास करने लगे कि उनकी पेंशन पहले की राशि के साथ उन्हें फिर मिलने लगे। उन्होंने अगले पत्र में मुझे सूचना दी : 'चतुराननजी का पत्र मिला है। शिक्षा विभाग के आयुक्त ने मुख्यमंत्री के समक्ष उनसे कहा—श्री नागार्जुनजी के पेंशन का रिन्यूअल कर दिया गया है, और हाँ, स्थगित दिनों की पिछली वृत्ति के लिए एक और आवेदन नागार्जुन से दिलवा दीजिए। चतुराननजी ने लिखा है—यह आवेदन यथाशीघ्र मेरे पास भेज दें...। सो, मैं भेज रहा हूँ...।'

अब बाबा दिल्ली में थे। बिहार से वे बहुत निराश थे। मुझे लिखा : 'बिहार रहता हूँ तो अर्थ-संकट परेशान करता है और स्वास्थ्य भी ढीला पड़ जाता है! सरकारी रकम हाथ आने की बात तो बस 'बकांड-प्रत्याशा' हुआ करती है...कौन यहाँ कोई फालतू या अपंग कोटि का मेरुदंडविहीन जीव है जो पटना अगोरता रहे! सच! लगता है, मुझे हमेशा के लिए बिहार की भूमि को 'नमस्कार' ही बोल देना चाहिए।' मेरी आलोचनावाली बाल-कृति पूरी होने पर वे बहुत प्रसन्न हुए। मुझे लिखा : 'आलोचना वाली किताब पूरी करके अब थोड़ा-सा आराम कर रहे हो, यह तो बहुत शुभ समाचार रहा मेरे लिए...कम से कम एक महीना पूरा आराम कर लो—तनावमुक्त स्थिति में! लेकिन सचमुच ऐसा कर सकोगे क्या?' वे लिखने के नशे को जानते थे। बहुत बाद में दूधनाथजी ने इलाहाबाद के कॉफी हाउस में मुझसे कहा—'नवल, तुम्हें तो अमर करने के लिए 'निराला रचनावली' का संपादन ही काफी था, पर तुम लगातार लिखते रहे। वस्तुत: लिखना ड्रग का सेवन करना है।' उनका कहना सही था। मेरी तो स्थिति यह है कि बिना लिखे रह ही नहीं सकता हूँ। मेरे चिकित्सक भी मुझसे कहते हैं—यह लिखना-पढ़ना ही आपको बचाए हुए है। उनका कहना भी सही है।

एक पुस्तक पूरी करने के बाद मैं संस्कृत से लेकर हिंदी और अंग्रेजी तक की कई पुस्तकें पढ़ जाता हूँ और पढ़ते ही रहना चाहता हूँ, लेकिन फिर कोई नई पुस्तक लिखाने की योजना बन जाती है और मैं लिखाने लगता हूँ। उस अवधि में न अखबार ठीक से पढ़ पाता हूँ, न दाढ़ी बना पाता हूँ और न नियमित व्यायाम कर पाता हूँ। बाबा महान लेखक थे, इसलिए यह बात उनसे कैसे छिपी रहती? कभी-कभी उनके पत्रों में सुंदर प्रकृति-वर्णन भी हुआ करते थे। एक पत्र पटने से ही उन्होंने मुझे लिखा : 'बादल कई दिन से अपनी मौजूदगी का अहसास दिला रहे हैं—तपिश कुछ कम हुई है, मगर 'घनश्याम' का जादू उनके माथे पर कहाँ चढ़े हैं अब तक।' वे पटने से दिल्ली पहुँचे और वहाँ से फिर कलकत्ता। मुझे मुक्तिबोध समारोह में भाग लेने के लिए राजनाँद गाँव जाना था। बाबा ने मुझे लिखा : 'रायगढ़ से लेकर राजनाँद गाँव-खैरागढ़ तक छतीसगढ़ अंचल ही पड़ता है। यह पूरा का पूरा अंचल हरियाली से 'सर-सब्ज' है। धान ही मुख्य उपज है उधर की...।'

दिल्ली से बीच में एक-दो दिनों के लिए भोपाल गए थे, सो मुझे लिखा : 'अरुण कमल ने भोपाल में इस बार श्रोताओं से भूरि-भूरि अभिनंदन प्राप्त किए।' दिल्ली से उन्होंने मुझे लिखा था : ' 'चाँद का मुँह टेढ़ा है' का मराठी रूपांतर श्री शरच्चंद्र मुक्तिबोध ने तैयार किया था। वो प्रकाशित है, उसकी भूमिका बहुत ही महत्त्वपूर्ण है...नागपुर जाने पर श्री श. मुक्तिबोध से मिलकर वह पुस्तक प्राप्त करने की कोशिश करूँगा...'। किसी समारोह में वे फिर भोपाल गए थे। वहीं से लिखा : 'राजेश जोशी और कमला पांडे को तुम्हारा और अरुण कमल का यहाँ न आना बेहद अखरा। हमने भी तुम्हारी आस लगा रखी थी...'। पुन: दिल्ली से : 'तुमने 'आलोचना' का सह-संपदकत्व स्वीकार करके बहुत अच्छा किया। इस पत्रिका को नए 'ब्लड' की जरूरत थी...' अब विदिशा से उनका पत्र आया : 'मिलना-जुलना, गोष्ठी-वोष्ठी, कहीं 'चाय पर', कहीं 'खाना-वाना', ग्रूपों में घूमने से भी आप इंकार कैसे करेंगे...कहने को द्विदिवसीय होता है, मगर पूरे पाँच दिनों का अंदरूनी बुखार घोल जाता है, तन में भी और मन में भी!! तुम्हें भी तो बीच-बीच में इस प्रकार के स्वादों का आनंद मिलता रहता है न? स्वादों का 'सांकर्य' अनूठा होता है न। व्यस्तता की भी अलग कोटियाँ होती हैं न?' यह पत्र इस बात का सूचक है कि वे सूक्ष्म मन:स्थितियों की पकड़ और उनकी अभिव्यक्ति में कितने कुशल थे। अब दिल्ली से : 'ठिठुरन की अति है। बूढ़ी-पुरानी हड्डियों को तो और भी संवेदनशून्य बनाए दे रही है यह।' वे आत्मविश्वास से भी पूर्ण थे, सो 'अन्नहीनं क्रियाहीनं' (स्फुट गद्यों का संकलन) आने के बाद उन्होंने मुझे दिल्ली से ही लिखा : 'ऐसे-ऐसे दो और संकलन (स्फुट गद्यों के) आनेवाले हैं। इन संकलनों से हिंदी संसार को अभिनव आस्वाद मिलेगा...'।

1985 के अप्रैल में बाबा फिर मुझसे नाराज हो गए। इस बार उनकी नाराजगी का कारण था पटना प्रगतिशील लेखक संघ की पत्रिका 'धारा' की ओर से प्रकाशित पुस्तिका 'नागार्जुन की राजनीति'। यह पुस्तिका उनकी नाराजगी का ही नहीं, हिंदी में एक बवाल का कारण बनी, इसलिए मैं इस पर किंचित् विस्तार से आपको बतलाना चाहूँगा।

यूरोप में फासिज्म के उदय के बाद जुलाई, 1935 में पेरिस में 'वर्ल्ड कॉन्फ्रेंस ऑफ राइटर्स फॉर द डिफेंस ऑफ कल्चर' नामक संस्था का सम्मेलन हुआ था, जिसके आयोजकों में गोर्की, रोलाँ और टॉमस मान-जैसी विश्वविख्यात हस्तियाँ थीं। उसी से प्रेरणा लेकर सज्जाद जहीर और उनके कुछ मित्रों ने, जो लंदन के ऑक्सफोर्ड यूनिवर्सिटी के छात्र थे, वहीं पर प्रगतिशील लेखक संघ की स्थापना की थी। इस अवसर पर उन्होंने एक घोषणा-पत्र भी तैयार किया था, जिसे भारत के सभी महत्त्वपूर्ण लेखकों के पास किसी न किसी माध्यम से पहुँचाया था। प्रेमचंद उस घोषणा-पत्र से बहुत प्रभावित हुए थे और 'हंस' के संपादकीय में उस पर अनुकूल टिप्पणी भी की थी। उसे सज्जाद जहीर सहित उनके साथियों ने भी पढ़ा था। उन लोगों ने सोचा कि लंदन में रहकर भारतीय लेखकों को प्रभावित नहीं किया जा सकता है, इसलिए उक्त संघ की स्थापना भारत में भी की जाए और लंदन की संस्था उसकी एक शाखा के रूप में कार्य करे।

सज्जाद जहीर कम्युनिस्ट पार्टी के सदस्य थे, सो उन पर यह जिम्मा दिया गया कि वे भारत जाकर वह काम करें। वे यहाँ आकर पार्टी-दफ्तर में गए और उसके बड़े नेताओं से मुलाकात की। वे सभी उनकी बात से सहमत हुए। पार्टी की सेंट्रल कमिटी ने बाजाब्ता प्रस्ताव कर उन्हें निर्देश दिया कि वे अखिल भारतीय प्रगतिशील लेखक संघ का स्थापना-सम्मेलन आयोजित

करें। संघ का मुख्य मुद्दा था फासिज्म के विरोध में लेखकीय स्वतंत्रता की रक्षा। यहाँ यह प्रश्न उठता है कि इस बात को लोगों से छिपाया क्यों गया? सज्जाद जहीर किसके इशारे पर यह सब कर रहे हैं, यह बात प्रेमचंद को भी, जिन्होंने 1936 में लखनऊ में स्थापना-सम्मेलन की अध्यक्षता की थी, नहीं बतलाई गई थी। उक्त प्रश्न का उत्तर यह है कि सोवियत संघ में लेखकों के साथ जो व्यवहार किया गया था, उस कारण कम्युनिस्ट पार्टी भारतीय लेखकों को नहीं संगठित कर सकती थी। सोवियत संघ में लेखकीय स्वतंत्रता का पक्षधर होने के कारण किसी को देश निकाला दे दिया गया था, किसी को साइबेरिया भेज दिया गया था और मायकोव्स्की-जैसे क्रांतिकारी कवि और येसनिन-जैसे प्यारे गीतकार को आत्महत्या करने के लिए बाध्य किया गया था। स्वभावत: यहाँ कम्युनिस्ट पार्टी पर्दे के पीछे से सूत्र-संचालन करती रही। यह स्तालिन के बाद की घटना है कि पास्तरनाक को उनके उपन्यास 'डा. जिवागो' के लिए नोबेल पुरस्कार दिया गया, तो सरकार ने उनसे कहा कि उक्त पुरस्कार लेना है, तो आप देश छोड़ें और देश में रहना है, तो उसे छोड़ें। पास्तरनाक को अपना देश प्यारा था, सो वे नोबेल पुरस्कार छोड़ने को बाध्य हुए। यह भी ज्ञातव्य है कि प्रेमचंद के अलावा हिंदी के एक ही लेखक—जैनेंद्र कुमार—ने अखिल भारतीय लेखक संघ के स्थापना-सम्मेलन में भाग लिया था। अपनी पुस्तक 'रौशनाई' में सज्जाद जहीर ने उन पर घनघोर प्रतिकूल टिप्पणी की है, क्योंकि उनका स्वतंत्र लेखकीय व्यक्तित्व था और उसी के अनुरूप उनका लेखन भी स्वतंत्र था। अमृतलाल नागर उस समय बच्चे थे, सो भीड़ के पीछे से उझककर झाँक रहे थे कि यहाँ क्या तमाशा हो रहा है।

प्रगतिशील आंदोलन के पीछे कम्युनिस्ट पार्टी थी, ऐसा विश्वासपूर्वक कहने का आधार अखिल भारतीय प्रगतिशील लेखक संघ के महामंत्री रह चुके डा. रामविलास शर्मा का 'कम्युनिस्ट पार्टी और प्रगतिशील लेखक संघ' शीर्षक वह दस्तावेजी महत्त्व का लंबा लेख है, जिसका पहला वाक्य है : 'प्रगतिशील लेखक संघ की स्थापना कम्युनिस्ट पार्टी की पहल से हुई थी' और अंतिम वाक्य : 'मार्च, 1953 के बाद प्रगतिशील लेखक संघ को समाप्त करने का श्रेय कम्युनिस्ट पार्टी के नेतृत्व को है।' अब वह संस्था पार्टी का जन-संगठन नहीं रही, तब भी उसका निर्देशन पार्टी ही कर रही है! हम देख चुके हैं कि कैसे गया में जब प्रगतिशील लेखक संघ का पुनर्गठन किया गया, तो पार्टी की ओर से निरीक्षक के रूप में उसके केंद्रीय नेता एच.के. व्यास उपस्थित थे।

मैं अपने अनुभव के आधार पर कह सकता हूँ कि वह सिलसिला पार्टी के विभाजन के बाद भी भाकपा अभी भी चला रही है। मैं जब प्रगतिशील लेखक संघ का सदस्य था, तो कम्युनिस्ट नेता गंगाधर दास की अध्यक्षता में एक सब-कमिटी थी, जिसका एक सदस्य मैं भी था। कार्ड होल्डर ही उसका सदस्य हो सकते थे। पार्टी समेत सब-कमिटी को 'सर्व-सम्मति' से बहुत प्यार था और उसे सबसे ज्यादा डर जनतंत्र से लगता था। इसलिए संघ के सम्मेलनों में जो संगठन-सत्र होता है, उसके पदाधिकारियों की नामावली अभी भी उक्त सब-कमिटी ही तैयार करती है। डर के मारे उसका कोई विरोध नहीं करता, क्योंकि यदि उसने किसी प्रकार के विरोध का साहस किया, तो तुरत उसे 'गद्दार', 'बुर्जुआ' और 'भाजपाई' समझ लिया जाता है। 1985 में सब-कमिटी ने दो निर्देश दिए—नागार्जुन को अध्यक्ष-पद से हटाकर मगही के पार्टी-कवि मथुरा प्रसाद नवीन को बिहार राज्य प्रगतिशील लेखक संघ का अध्यक्ष बनाया जाए और मुझे सचिव-मंडल से हटाकर उपाध्यक्ष की श्रेणी में डाल दिया जाए। संयोग से मैं

सब-कमिटी की उस बैठक में अनुपस्थित था, सो अगली बार उसकी बैठक में गया, तो मैंने कहा—पिछली बैठक में जो निर्णय लिया गया है, नियमानुसार उसकी जानकारी के लिए उसकी पूरी कार्यवाही को पढ़कर सुनाया जाए और फिर सारे सदस्य उस पर हस्ताक्षर करें। मेरी इस बात पर प्रो. ब्रजकुमार पांडेय ने कहा—यह बुर्जुआ तरीका है। मैं समझ गया कि मुझसे वह कार्यवाही छिपाई जा रही है, सो मन ही मन कहा—अब भगवान ही इस पार्टी के मालिक हैं! ज्ञातव्य है कि हम प्रगतिशील लेखक संघ के सदस्यों से यह झूठ कहते थे कि यह संस्था पूर्ण स्वतंत्र है और पार्टी से इसका कोई संबंध नहीं है।

सब-कमिटी की उक्त बैठक के बाद बिहार राज्य प्रगतिशील लेखक संघ की कार्यकारिणी की बैठक हुई, जिसके सचिव खगेंद्रजी थे। इस बैठक में सब-कमिटी के निर्णय को स्वीकार किया गया। इसका सबसे बड़ा कारण यह था कि कार्यकारिणी में पार्टी सदस्य ही थे, एकाध हमदर्द भी। खगेंद्रजी की पार्टी से संबद्धता सभी लोग जानते थे, इसलिए वे जब प्रस्ताव रखते थे, तो उसे पार्टी का प्रस्ताव मानकर सभी उसका समर्थन करते थे। बैठक में चतुराई से 1985 में जमशेदपुर में होनेवाले सम्मेलन के इतर पदाधिकारियों के नाम मुझसे छिपाए गए थे। इसकी जगह उसमें यह तय किया गया कि नागार्जुन के राजनीतिक विचारों की असंगतियों पर एक पुस्तिका प्रकाशित की जाए। उसका भार मुझ पर दिया गया। तत्पश्चात् खगेंद्रजी मुझे पीपीएच में मिले, तो मुझे उक्त पुस्तिका का नाम 'नागार्जुन का राजनीतिक शीर्षासन' रखने का सुझाव दिया। मुझे यह सुझाव जरूरत से ज्यादा कठोर लगा, इसलिए मैंने मन ही मन उसे अस्वीकार कर दिया। बात यह थी कि केंद्रीय कम्युनिस्ट नेता इंद्रदीप सिन्हा संपूर्ण क्रांति के विरोध में जयप्रकाशजी पर अंग्रेजी में एक पुस्तिका लिख चुके थे, जिसका हिंदी अनुवाद 'जयप्रकाश का राजनीतिक शीर्षासन' के नाम से निकला था। आगे की कथा नीचे दी जा रही है, पर उसके पहले एक बात और। इधर अखिल भारतीय प्रगतिशील लेखक संघ के अध्यक्ष नामवरजी थे। वे अपने भाषणों और निर्देशों से उसे किसी हद तक प्रासंगिक बनाए हुए थे, लेकिन खगेंद्रजी को वह मंजूर नहीं हुआ और उसके पिछले सम्मेलन में उन्हें अध्यक्ष-पद से हटाकर स्वयं उस पर आसीन हो गए। मेरे एक मित्र ने उनसे पूछा—यह आत्मघाती कदम आपने क्यों उठाया, तो उन्होंने उत्तर दिया—नामवरजी ठहर गए हैं! मुझे उनका उत्तर मालूम हुआ, तो मैंने कहा—अच्छा है कि वे चल रहे हैं! तब से हम लोग आपसी बातचीत में उन्हें 'मलबे का मालिक' कहने लगे हैं!

बाबा को किसी बंधन में बाँधना संभव नहीं था। वे सर्वतंत्र स्वतंत्र कवि थे। उनकी प्रतिश्रुति यदि सबसे पहले किसी के प्रति थी, तो जनता के प्रति। अकारण नहीं कि वे पार्टी बहुत पहले छोड़ चुके थे। सीपीआई के बाद वे सीपीएम के हमदर्द बने, फिर एमएल के। कारण यह कि वे 'पोपुलर पोएट' थे, जबकि पार्टी के लोग उन्हें 'पोपुलिस्ट पोएट' कहा करते थे। जब वे एमएल के हमदर्द थे, तो आरा जाने पर उन्होंने एक कविता लिखी थी कि मेरी नाक जमाने से बारूद की जो गंध सूँघने के लिए बेचैन थी, वह मुझे यहाँ मिली। इसका कारण यह था कि वे संसदबाजी के नहीं, बल्कि सशस्त्र संग्राम के समर्थक थे। उनकी कविताएँ इस बात का साक्ष्य प्रस्तुत करती हैं। तेलंगाना-आंदोलन ही सशस्त्र नहीं था, पूरे देश में शस्त्र बाँटकर क्रांति करने की तैयारी थी। रजनीपाम दत्त ने अपनी पुस्तक 'इंडिया टुडे' में पूरे आँकड़े के साथ यह सिद्ध किया था कि देश को जो आजादी मिली है, वह झूठी है, क्योंकि देश में ब्रिटिश पूँजी अभी भी पूर्णत: सक्रिय है और इसका पूरा शोषण कर रही है। इस देश को

सच्ची आजादी आर्थिक आजादी मिलने के बाद ही मिल सकती है। बाबा ने उसी समय यह कविता लिखी थी : 'कागज की आजादी बिकती, ले लो दो-दो आने में,/लाल भवानी प्रकट हुई है सुना कि तैलंगाने में।' इसी तरह चीन ने सशस्त्र संग्राम करके जब क्रांति की, तो बाबा बहुत प्रसन्न हुए और यह कविता लिखकर उसका अभिनंदन किया : 'खिल गए चीन की धरती-तल पर लाल कमल/आ रहा हिमालय-पार यहाँ उसका परिमल'। बाद में तो वे अपने को 'स्वतंत्र कम्युनिस्ट' कहने लगे थे। तात्पर्य यह कि तीनों कम्युनिस्ट पार्टियों से उनका मोह-भंग हो चुका था, क्योंकि एमएल ने भी अब चुनाव अर्थात् संसद और विधान-सभा का मार्ग पकड़ लिया था।

मैं और अपूर्वानंद दोनों ही सशस्त्र संग्राम के विरोधी हो गए थे और सीपीआई का सदस्य बन गए थे। कारण यह कि हम लोग नए सिरे से सोवियत यूनियन से आनेवाली सेंसर्ड पुस्तकें पढ़ते थे और उन्हीं से मार्क्सवाद का ज्ञान प्राप्त करते थे। वे सारी पुस्तकें भाकपा की ओर संकेत करती थीं, सो हम लोग उसी में भर्ती हो गए और पार्टी के आदेशानुसार सांस्कृतिक मोर्चे पर काम करने लगे। सांस्कृतिक मोर्चे का मतलब हम लोगों के लिए प्रगतिशील लेखक संघ था। उस समय हम नए मार्क्सवादी यूरोपीय सौंदर्यशास्त्रियों और आलोचकों से परिचित नहीं थे। सिर्फ मार्क्स, लेनिन, माओ, प्लेखानोव, गोर्की, लूनाचार्स्की, कॉडवेल, रैल फॉक्स, हाउवार्ड फास्ट, लुकाच आदि को पढ़ा था। बाकी कथा बाद में। मैंने अपूर्वानंद से नागार्जुन की क्रांतिकारी विचारधारा की असंगतियों पर लिखने को कहा। उन्होंने लाजवाब तरीके से वह लेख लिखा, हालाँकि लेख लिखने के क्रम में वे बार-बार कहते थे कि नागार्जुन बहुत बड़े कवि हैं, लेकिन अभी तो हमारा मतलब उनकी वैचारिक असंगतियों से था। मैंने उसकी एक पृष्ठ की भूमिका लिखी, जिसमें मैंने स्पष्ट कर दिया था कि यह नागार्जुन के संपूर्ण काव्य का मूल्यांकन नहीं है, बल्कि इसमें सिर्फ उनकी वैचारिक असंगतियाँ बतलाई गई हैं। मैंने उसका सादा-सा शीर्षक दिया 'नागार्जुन की राजनीति' और उसे छपने के लिए दे दिया। इसी बीच खगेंद्रजी को मालूम हुआ कि बाबा पर एक बहुत ध्वंसात्मक लेख छप रहा है। उन्होंने मुझे पत्र लिखा कि मैं उन्हें वह लेख भेज दूँ। यह मुझे बहुत बुरा लगा, क्योंकि उन्होंने मेरे दायित्व में संदेह किया था। इतना ही नहीं, मैं जानता था कि उन्हें लेख भेजा गया, तो वे उसका हुलिया बिगाड़ देंगे। इस कारण जानबूझकर मैंने वह लेख उन्हें नहीं भेजा और पटना प्रगतिशील लेखक संघ की पत्रिका 'धारा' की ओर से वह एक पुस्तिका के रूप में प्रकाशित हो गया।

अब उसका वितरण शुरू हुआ, जिस पर सबसे ज्यादा शोर खगेंद्रजी ने मचाया। बनारस के डा. बच्चन सिंह ने कहा कि यह नवलजी ने क्या किया? जब यह पुस्तिका दिल्ली में वितरित हुई, तो दिल्ली के लेखकों ने कहना शुरू किया कि अपूर्वानंद, जिनका नाम भी लोग नहीं जानते, ऐसा सुसंगत और धारदार लेख कैसे लिख सकते हैं? हो न हो, यह लेख स्वयं नवलजी ने लिखा है, जिसके पीछे डा. नामवर सिंह की प्रेरणा है। यह दिल्ली के लेखकों के सर्वाधिक संशयालु, अविश्वासी और स्कैंडलप्रिय प्रकृति के अनुरूप ही था। नामवरजी स्वयं तो इस पुस्तिका से दुखी थे ही, दिल्ली के लेखकों ने अपने मिथ्या प्रचार से उन्हें और दुखी किया। बाबा की नाराजगी का क्या कहना? उन्हें भी मुझ पर ही संदेह हुआ, साथ ही नामवरजी पर भी। वे सीधे राजकमल प्रकाशन पहुँचे और उसके निदेशक शीला संधू के पास जाकर कहा—'आलोचना' से नवल और नामवर दोनों को हटाइए।

उसी के बाद शीलाजी ने मुझे खबर भिजवाई कि मैं 'नागार्जुन की राजनीति' की दो प्रतियाँ उन्हें भेज दूँ। मैंने तुरत उन्हें भेज दीं। तत्पश्चात् उन्होंने मुझे एक पत्र लिखकर कहा कि 'आलोचना' में अब आपसे संबंधित पहले वाली व्यवस्था न चल सकेगी। मैंने उन्हें पत्रोत्तर दिया कि राजकमल में नौकरी के लिए मैंने कोई दरख्वास्त नहीं दी थी। मैं तो नामवरजी के आदेश पर उन्हें सहयोग देने के लिए 'आलोचना' से जुड़ा था। मैंने एक पत्र नामवरजी को भी लिखा कि मुझे हटाने के लिए तो आपका हलका-सा संकेत ही काफी था, फिर शीलाजी ने मुझे वैसा पत्र क्यों लिखा? मेरी लेखकीय स्वतंत्रता की रक्षा नहीं हुई। दोनों में से किन्हीं ने मेरे पत्र का उत्तर नहीं दिया। मुझे तो शीलाजी ने हटा दिया, लेकिन नामवरजी को हटाना कठिन था। उसका उपाय उन्होंने यह सोचा कि 'आलोचना' को ही स्थगित कर दिया जाए। यह बात बहुत दिनों के बाद मुझे मोहन गुप्त ने बतलाई।

1985 में ही जमशेदपुर में बिहार राज्य प्रगतिशील लेखक संघ का सम्मेलन हुआ। उद्घाटन-सत्र की अध्यक्षता कैफी आजमी ने की और उसका उद्घाटन नामवरजी ने। नामवरजी ने करीब डेढ़ घंटे तक इतना सुंदर और सारपूर्ण व्याख्यान दिया कि कैफी आजमी के जब अध्यक्षीय वक्तव्य देने की बारी आई, तो उन्होंने कहा—नामवरजी के इस भाषण के बाद कहने के लिए कुछ भी मेरे पास नहीं है। अगले दिन एक सत्र में नामवरजी ने संकीर्ण प्रगतिशीलता पर एक धारदार व्याख्यान दिया। उसके केंद्र में 'नागार्जुन की राजनीति' ही थी, यद्यपि उन्होंने एक बार भी उसका नाम नहीं लिया। अफसोस कि उनका वह भाषण टेप नहीं किया जा सका। वे बहुपठित हैं, इसलिए प्रगतिशीलता के सच्चे स्वरूप से परिचित थे। लेकिन मैं और अपूर्वानंद अभी लुकाच तक ही थे, उनसे आगे गोल्डमान, अर्न्स्ट फिशर, रेमंड विलयम्स, टेरी ईग्लटन, हाउथॉर्न, ब्रेख्त, बेंजामिन, एडोर्नो, सांचेज आदि मार्क्सवादी चिंतकों और आलोचना तथा सौंदर्यशास्त्र का विकास करनेवालों तक अभी नहीं पहुँचे थे। स्वभावत: मुझे आश्चर्य होता था कि नामवरजी सोवियत संघ के नए आलोचकों में से किसी आलोचक का नाम क्यों नहीं लेते?

यह बात जानने योग्य है कि ऊपर जो नामवली दी गई है, उनमें से कइयों को भटका हुआ कहकर पार्टी से निकाला जा चुका था। सोवियत संघ से आनेवाली पुस्तकों में ब्रेख्त का क्या, लुकाच का नाम भी शायद ही कहीं मिलता है। फिशर को तो खुले शब्दों में वहाँ से प्रकाशित एक पुस्तक में 'गद्दार' तक कहा गया है, जबकि यह बात सामने आ चुकी थी कि संसार-भर के कम्युनिस्ट लेखकों को प्रभावित करने वाला लेनिन का लेख 'पार्टी-संगठन और पार्टी-साहित्य' उनकी पत्नी क्रुप्सकाया के अनुसार केवल पार्टी के लिए प्रचार-साहित्य रचने वालों के निमित्त लिखा गया था। मैं बैठा नामवरजी का व्याख्यान सुन रहा था। उनका यह वाक्य भूलता नहीं है कि 'खून की प्यासी तलवार जब बाहर के शत्रुओं का सफाया कर लेती है, तो घर में घूमने लगती है।' उन्होंने यह भी कहा था कि जब-जब प्रगतिशील लेखक संघ का विस्तार होता है, यह प्रवृत्ति सिर उठाती है। अब खगेंद्रजी, जिन्होंने बाबा को अध्यक्ष-पद से हटाया था, उन पर 'नागार्जुन का राजनीतिक शीर्षासन' नाम से पुस्तिका लिखने के लिए मुझे आदेश दिया था, बढ़-चढ़कर नागार्जुन का महत्त्व बघारने और मुझे कोसने और धिक्कारने लगे।

जमशेदपुर में जिस होटल में नामवरजी ठहरे थे, उसी में मैं भी ठहरा था। मुझे बुलाकर उन्होंने 'आलोचना' का नया अंक दिया, जिसमें उनके सहयोगी के रूप में मैं भी मौजूद था,

लेकिन उन्होंने मुझसे कुछ कहा नहीं, सिर्फ मेरे प्रति उदासीनता और उपेक्षा प्रकट की। मैंने भी उनसे कुछ पूछा नहीं और नीचे अपने कमरे में चला आया। मैंने संगठन-सत्र के एक दिन पहले शाम को खगेंद्रजी से कहा—'हम लोगों को पदाधिकारियों के नामों पर बैठकर विचार कर लेना चाहिए।' उन्होंने मुझे उत्तर दिया—वह हो चुका है। मैंने पूछा—कब हुआ? उन्होंने सब-कमिटी की बैठक की वह तारीख बतलाई, जिसमें मैं अनुपस्थित रहा था। मैंने उनसे कहा कि आपको मुझे निर्णयों से परिचित कराना चाहिए था, लेकिन उस मीटिंग के बाद कई बार मेरे यहाँ आने के बावजूद आपने उसके संबंध में मुझे कुछ नहीं बतलाया। उन्होंने मेरी बात के जवाब में कहा—मैं आपको क्या बतलाता। मैं तो आपको बतलाने ही गया था, लेकिन आप मेरे सामने अपने पाँव फैलाकर बैठ गए, फिर मैं क्या कहता?

जहाँ सुविधा नहीं होती है, वहाँ मैं पाँव फैलाकर नहीं बैठता। मैं पाँव फैलाकर बैठता हूँ, तो डाक्टर के परामर्श से, क्योंकि मेरे पाँवों में सूजन रहती है। मैं इसमें उम्र का भी लिहाज करता हूँ। मैं खगेंद्रजी का लिहाज क्या करता, जबकि वे उम्र में मुझसे एक सप्ताह छोटे हैं। अब उन्हें तो मैं वह सम्मान नहीं दे सकता, जो नामवरजी को देता हूँ। मैंने उनसे पूछा—खैर, आपने मुझे कहाँ रखा है? उन्होंने बतलाया कि उपाध्यक्ष-मंडल में। मैंने कहा कि उपाध्यक्ष का पद तो अपंग का पद होता है। पार्टी में तो मैं सिद्धांतों से खिंचकर आया हूँ, लेकिन आपको भ्रम हो गया है कि मैं संगठन और पार्टी में कोई ऊँचा पद चाहता हूँ। इसीलिए आपने मुझसे झूठ भी कहा है और मुझसे छल किया है। मैं तुरत प्रगतिशील लेखक संघ से त्यागपत्र देता हूँ और मैंने वह कर दिया।

पटना आने पर अंत में बात पार्टी के सबसे बड़े नेता सुनील मुखर्जी के पास पहुँची। उन्होंने मुझको बुलाया और मुझसे पूरी बात जानी। अंत में उन्होंने पार्टी सेक्रेटरी रामावतार शर्मा से एक प्रस्ताव तैयार करने को कहा, जिसे लेकर स्व. राजन जी मेरे विभाग में आए। मैंने कहा कि राज्य-कार्यकारिणी में इसको स्वीकार करने में मुझे कोई दिक्कत नहीं है। कार्यकारिणी की बैठक हुई। मैंने जानबूझकर सदस्यों से यह बात नहीं बतलाई थी कि यह मूलत: पार्टी सेक्रेटरी द्वारा तैयार किया गया प्रस्ताव है। इसका फल यह हुआ कि राजनजी ने जब वह प्रस्ताव पेश किया, तो खगेंद्रजी ने उसका विरोध कर दिया। उन्हें असलियत का पता नहीं था। उनकी बात को पार्टी का आदेश मानकर प्राय: सभी सदस्यों ने उनका साथ दिया। मैं प्रगतिशील लेखक संघ, 'उत्तरशती' के संपादन और 'आलोचना' से भी मुक्त होकर लिखने-पढ़ने लगा। तरुणजी ने मुझसे कहा—आप मौके की तलाश में थे, सो मौका मिलते ही भाग खड़े हुए। उनका कहना सही था।

'मुक्तिबोध : ज्ञान और संवेदना' नामक जो पुस्तक मैं 1980 में शुरू करने वाला था, उसे 1985 में जाकर शुरू कर सका। यह विचित्र विडंबना है कि नामवरजी के आदेश से वह पुस्तक शीलाजी ने ही राजकमल से प्रकाशित की। खगेंद्रजी को आज तक मैं क्षमा नहीं कर सका हूँ, क्योंकि मेरा हृदय बाबा की तरह विशाल नहीं है। इस कारण उनसे 1985 के बाद से मेरा कोई संबंध नहीं है। मुझे इसका लेश-मात्र भी क्लेश नहीं है। वे मेरे बारे में क्या सोचते हैं, मेरे काम को कैसे अपना काम कहकर पेश करते हैं, एकाध बार अखबार में मेरे खिलाफ लिखा भी है, पर मैं चुप रहता हूँ। उन्हें क्या उत्तर देना?

मुझसे उन्हें बहुत शिकायतें थीं। पार्टी ने इस शर्त पर उन्हें पंद्रह सौ रुपये दिए थे कि वे 'उत्तरशती' के चल निकलने पर वे रुपए लौटा देंगे। लेकिन 'उत्तरशती' चलती क्या, खगेंद्रजी

उसे ले डूबे। पार्टी के रुपए भी न लौटा सके। बाद में कार्यकारिणी ने पुन: 'उत्तरशती' निकालने का निर्णय लिया, तो उन्होंने मुझसे कहा— जब तक मैं सुलतानपुर कालेज से मुक्त नहीं हो जाता, आप इसका संपादन कीजिए। उन्होंने यह भी कहा कि उसकी छपाई वगैरह के खर्च का जिम्मा मैं लेता हूँ। मैंने उनसे निवेदन किया कि मैं 'आलोचना' और 'धरातल' का काम कर रहा हूँ, और क्या-क्या करूँगा? उन्होंने बहुत जोर दिया, तो यह सोचकर कि उनके हाथ में वह रहा, तो वे फिर उसका कबाड़ा कर देंगे, मैंने अपूर्वानंद और तरुणजी के सहयोग का भरोसा कर अंतत: उनका प्रस्ताव स्वीकार कर लिया। उसका प्रथम अंक प्रस्तुति और सामग्री दोनों दृष्टियों से इतना शानदार था कि अजय भवन में जब वह तत्कालीन पार्टी-सचिव जगन्नाथ सरकार को दिया गया, तो विस्मित होकर उन्होंने पूछा—इसे कौन निकाला है? सहजा बाबू ने, जो कार्यालय-सचिव थे, उन्हें बतलाया कि खगेंद्रजी ने। जगन्नाथ सरकार बोले—यह हो नहीं सकता है। खगेंदर ऐसा अंक निकाल ही नहीं सकता है। तब सहजा बाबू ने उन्हें यह जानकारी दी कि नाम खगेंद्रजी का है, लेकिन इसे निकाला नवलजी ने है। तब वे बोले—वही तो। अजय भवन में बहुत कुछ उनका अवमूल्यन उसी दिन से होने लगा। रही-सही कसर गोड्डा से उनके चुनाव-परिणाम ने पूरी कर दी। वे हारे ही नहीं थे, शायद उनकी जमानत भी जब्त हो गई थी।

पार्टी में वे महत्त्वाकांक्षा लेकर आए थे, इसलिए बिहार का विभाजन हुआ, तो पार्टी ने उनसे पूछा— आप बिहार में रहेंगे या झारखंड जाएँगे? बिहार में नेताओं की भीड़ थी, इसलिए उनका मकान पटना में होते हुए भी उन्होंने झारखंड जाना ठीक समझा। क्यों? इसका रहस्य मुझे श्यामनंदनजी ने बतलाया, जो एसी थ्री में मेरे साथ ही एक बार दिल्ली जा रहे थे। बिना मेरे पूछे, उन्होंने मुझसे कहा— खगेंद्रजी इस बार भी नहीं हुए। मैंने पूछा कि क्या नहीं हुए? उन्होंने कहा कि झारखंड, जहाँ विधान-परिषद् नहीं है, वे इसलिए गए थे कि वहाँ से राज्यसभा में एम.पी. हो सकेंगे। लेकिन पार्टी ने हजारीबाग के तपे-तपाए और कर्मठ नेता भुवनेश्वर मेहता को राज्यसभा में भेजने के लिए चुना और खगेंद्रजी हाथ मलकर रह गए। खगेंद्रजी की एक विशेषता है कि वे शाश्वत क्षुधा से पीड़ित रहते हैं। वह क्षुधा शारीरिक भी होती है और मानसिक यानी यश प्राप्त करने की भी। हम लोगों ने बड़े श्रम से सुंदर ढंग से 'उत्तरशती' का आचार्य शुक्ल-विशेषांक निकाला था। हमारे परिश्रम का अंदाजा इसी बात से लगाया जा सकता है कि आचार्य शुक्ल-संबंधी द्विदिवसीय संगोष्ठी में नामवरजी ने जो शेर उद्धृत किए थे, उनका शुद्ध पाठ पटने के बुजुर्ग शायर अता काकवी से प्राप्त किया था, जिससे छपाई में कोई त्रुटि न रह जाए। टेप पर शेर साफ सुनाई नहीं देते थे। उक्त विशेषांक के लिए मैंने अंडमान निकोबार-निवासी अपने हमजुल्फ कार्तिक विश्वास से आवरण पृष्ठ पर देने के लिए आचार्य शुक्ल का चित्र बनवाया था, जिसकी नकल दिल्ली में कई पत्रिकाओं ने की। खगेंद्रजी ने एक पत्रिका में उस विशेषांक का श्रेय ही नहीं ले लिया, बल्कि नामवरजी के चार व्याख्यान, जो हम लोगों ने 'उत्तरशती' में छापे थे, उसे भी अपने संपादन में राजकमल से 'आलोचक के मुँह से' नाम से छपा डाला। टेप से वे व्याख्यान मेरी बेटी पूर्वा ने उतारे थे और उसमें उसके कई सहयोगियों ने उसका साथ दिया था, पर उन्होंने उन्हें धन्यवाद देना भी जरूरी नहीं समझा। इंदिरा गांधी ने कहा है कि लोग दो तरह के होते हैं—एक वे, जो स्वयं काम करते हैं और दूसरे वे, जो दूसरे के काम का श्रेय ले लेते हैं। चूँकि दूसरी श्रेणी में बहुत भीड़ है, इसलिए पहली श्रेणी में जाना चाहिए। मेरे लिए यह बात अफसोसनाक है कि खगेंद्रजी ने अपने लिए दूसरी श्रेणी चुनी है।

जिसका क्रोध विशाल होता है, उसका प्रेम भी विशाल होता है। इस बार बाबा मुझसे बहुत कुपित हुए थे, सो उनका कोप भी जल्दी ही उतर गया और उनके हृदय को मेरे प्रति उनके स्नेह ने फिर आच्छादित कर लिया। 1988 के अप्रैल के शुरू में ही उन्होंने मुझे एक कार्ड लिखा :

बी–131, सादतपुर
दिल्ली–94
2.4.88

प्रिय नवल,

आशा है, स्वस्थ–प्रसन्न हो...4 अप्रैल से माखनलालजी चतुर्वेदी का शताब्दी–वर्ष शुरू है। इस वर्ष कई स्थानों पर इनके लिए समारोह रहेंगे। आप तदनुसार इनके व्यक्तित्व–कृतित्व पर एक पुष्ट निबंध तैयार करो, ऐसा मैं चाहता हूँ—तुम यह काम भली भाँति कर लोगे... मैं जून के प्रथम सप्ताह में पटना पहुँच जाऊँगा। आधा अगस्त तक बिहार ही होंगे तब...

आयुष्मती रागिनी को स्नेह... पूर्वा आदि को प्यार।

—ना. तुम्हारा
श्री नंदकिशोर नवल
रानीघाट, महेंद्रू
पटना–6 (बिहार)

पत्र पाकर मुझे खुशी हुई कि वे मेरे परिवार को भी नहीं भूले। पर हाय रे, मेरा छूँछा स्वाभिमान! अब मेरी बारी थी। मैं बाबा से इसलिए रूठा रहा कि उन्होंने मुझे गलत क्यों समझा। इस कारण मैंने उनके पत्र का उत्तर भी नहीं दिया।

मुक्तिबोध पर लिखने के क्रम में मैंने उनका संपूर्ण साहित्य कई–कई बार पढ़ा और इस नतीजे पर पहुँचा कि अपनी कविताओं में वे उदार हैं, लेकिन अपनी आलोचना में घोर संकीर्ण, जिसका सबसे उपयुक्त उदाहरण उनकी पुस्तक 'कामायनी : एक पुनर्विचार' है। नई कविता के प्रति नकारात्मक दृष्टिकोण रखने का वे विरोध करते थे, लेकिन अज्ञेय की सिर्फ एक पंक्ति—'तुम व्याप नहीं सकते/तुममें जो व्यापा है/उसी को निबाहो'—को लेकर उन्होंने उनके संपूर्ण काव्य को खारिज कर दिया। उन्होंने एक शब्द गढ़ा 'जड़ीभूत सौंदर्याभिरुचि' और अज्ञेय को ही नहीं, दूसरे नए कवियों को भी उसका शिकार बतलाया। आलोचना साहित्य की सबसे खतरनाक विधा है, यह उन्होंने 'कामायनी' पर लिखी अपनी उपर्युक्त पुस्तक में सिद्ध कर दिया, जिसमें प्रसादजी को अपनी कविता की कसौटी पर चढ़ाकर उन्हें रद्द कर दिया है। यदि तुलसीदास को कबीर की और पंत को निराला की कसौटी पर चढ़ाकर उनकी परीक्षा की जाए, तो तुलसीदास और पंत का क्या हाल होगा? मैं तो कहता हूँ कि प्रत्येक कवि की अपनी कसौटी होती है, बल्कि प्रत्येक कविता की अलग–अलग कसौटियाँ होती हैं। उदाहरणार्थ 'राम की शक्ति–पूजा' की कसौटी पर हम 'कुकुरमुत्ता' का मूल्यांकन नहीं कर सकते, न 'गीतिका' के गीतों के आधार पर 'नए पत्ते' की कविताओं का। बहरहाल, मेरे दिमाग की कई खिड़कियाँ तो मुक्तिबोध की कविता ने ही खोल दी थीं, उसकी बाकी खिड़कियाँ पार्टी से बहिष्कृत परवर्ती मार्क्सवादी आलोचकों ने खोलीं, खास कर एडोर्नो ने। मैं टी.एस. इलिएट के साथ ढेर सारे

अंग्रेजी के आलोचकों को भी पढ़ रहा था। उससे मैं इस नतीजे पर पहुँचा कि विचार से कविता का कोई विरोध नहीं है, लेकिन विचार-धारा का बंधन उसके लिए आवश्यक नहीं है। यह ठीक है कि संसार में अनेक ऐसे महान कवि हुए हैं, जो विचारधारात्मक सुसंगति को लेकर चले हैं, जैसे मायकोव्स्की, नाजिम हिकमत, नेरुदा आदि। अपने मुक्तिबोध भी इसी श्रेणी में आते हैं। लेकिन यह अपवाद है, जो नियम को झुठलाता नहीं। संस्कृत की प्रसिद्ध उक्ति है—'कवय: निरंकुशा: भवन्ति'। पहले मैं इसे नकारात्मक उक्ति मानता था, पर अब वह मुझे सकारात्मक प्रतीत होने लगी है। अब मुझे डा. आर.के.सिन्हा के इस कथन में भी पूरा सार दिखलाई पड़ने लगा है कि 'कंसिस्टेंसी इज द वर्च्यू ऑफ ऐन ऐस', अर्थात् सुसंगति एक गधे का गुण है! इन बातों ने मेरे मानस को पूर्णत: मुक्त कर दिया और मुझ पर स्तालिन-ज्दानोव-रणदिवे के अनुयायी डा. रामविलास शर्मा का जो संकीर्णतावादी प्रभाव था, वह पूर्णत: झड़ गया। लेकिन बाबा तो अंतिम रूप से अस्वस्थ होकर दरभंगा शोभाकांतजी के पास चले गए थे।

उनके बिस्तर पर गिरने के पहले दूरदर्शन की एक टीम उन पर एक वृत्त-चित्र बनाने के लिए, जिसमें एक लड़की एंकर का काम कर रही थी, दरभंगा पहुँची। बाबा धोती-कुर्ता पहने हुए और कंधे से लाल गमछा दोनों ओर लटकाए हुए कुर्सी पर बैठे थे और उनसे थोड़ा हटकर उनके दाएँ कुर्सी पर ही बैठी वह लड़की उनसे सवाल करती जाती थी। प्रसंगवश उसने उनसे कहा कि बाबा, आपने तो बहुत लिखा है! बाबा ने अपने दोनों हाथ फैलाकार बड़ा-सा वृत्त बनाया और कहा कि लिखा तो मैंने इतना है, फिर दाहिने हाथ के अँगूठे को तर्जनी से सटाकर उन्होंने कहा—लेकिन कविता उसमें इत्ती-सी है। मैं टी.वी. पर वह वृत्त-चित्र देख रहा था। बाबा का यह जवाब सुनकर मैं विस्मित रह गया। उन्होंने संस्कृत और दूसरी भाषाओं के अनेक क्लासिकी ग्रंथ पढ़े थे, सो उनकी काव्य-रुचि बहुत ही ऊँची हो गई थी। उन्होंने जो कुछ कहा, वह सत्य नहीं है, बस, इस बात का सूचक है कि क्लासिकी ग्रंथों ने उनके काव्य-बोध के स्तर को इतना ऊँचा उठा दिया था कि उनकी तुलना में वे अपनी कविता को बहुत कम अंक देते थे। अब वे बिस्तर पर गिर गए थे। शोभाकांतजी, उनकी पत्नी और उनके एक दामाद ने उनकी अत्यधिक सेवा की। वे उन्हें शौच के लिए गोद में उठाकर नीचे उतारते थे और फिर गोद में ही उठाकर उन्हें बिस्तर पर लिटा देते थे। शोभाकांतजी पटना आए, तो उन्होंने मुझसे कहा—बाबूजी आपको खोज रहे हैं! जेठ की प्रचंड गर्मियों में मुझे वहाँ जाने का साहस नहीं हुआ। बस, मन में ऐंठकर रह गया। अब बाबा अर्धचेतनावस्था में चले गए थे। इसी बीच डा. मैनेजर पांडेय उन्हें दिल्ली से देखने आए और पटने से मटुकनाथ चौधरी की कार से दरभंगा गए। मैं चूँकि कार पर नहीं चल सकता, इसलिए अवसर मिलने पर भी मैं पांडेयजी का साथ नहीं दे सका और केवल उनको विदा करके रह गया। बाबा पूर्ण अचेत हो चुके थे, सो बहुत कहने पर भी वे पांडेयजी को न पहचान सके।

उसी के बाद मुझे खबर मिली कि बाबा चले गए। मुझे लगा कि आकाश से शुक्र नक्षत्र ही, जो प्रभात का सूचक होता है, धरती पर गिर पड़ा! कुछ दिनों के बाद मैं बाबा की जयंती के अवसर पर तरुणजी के साथ दरभंगा और फिर तरौनी गया, जिसका वृत्तांत मैं अपने लेख 'याद आता है मुझे अपना तरौनी ग्राम' में लिख चुका हूँ। तरौनी में शोभाकांतजी ने अपने खेत का वह स्थल दिखलाया, जहाँ राजकीय सम्मान के साथ उनका दाह-संस्कार किया गया था। मैं आँखों में आँसू भरे कुछ देर तक उस स्थल को देखता रहा, फिर दरभंगा होते हुए मैं और

तरुणजी पटना लौट आए। इस लेख का समापन मैं मैक्सिम गोर्की पर लिखी गई बाबा की इन कुछ पंक्तियों से करना चाहता हूँ :

भूख, प्यास, ठिठुरन—
तिरस्कार, ग्लानि, दुर्वचन—
पिटाई और प्रवंचन—
इस प्रकार भट्ठियों में गला था तुम्हारा बचपन
बिना बुलाए अपने-आप आ धमका था यौवन
बाध्यतामूलक घुमक्कड़ी ने भर दिया था रग-रग में कड़वापन
तभी तो दे गए हो तिक्ततम अनुभूतियों का रसायन
मात है करेला, मात है नीम!
गोर्की मखीम!!

डा. रामविलास शर्मा

1979 के अक्तूबर में मैं डा. रामविलास शर्मा के सान्निध्य के लिए एक सप्ताह तक आगरे में रहा था। उन्होंने स्वयं चलकर अपने घर के ही निकट अपने एक शिष्य के महाराष्ट्र मंडल नामक होटल में मेरे ठहरने की व्यवस्था करा दी थी। उसमें मुझे एक स्वतंत्र कमरा मिला था, जो बहुत सुविधाजनक था। वहाँ भोजन-नाश्ता भी मेरे मनोनुकूल मिल जाता था और, और होटलों की तुलना में उसकी दर भी सस्ती थी। अक्तूबर में शरद ऋतु रहती है, जो बहुत आनंददायक होती है। कहना चाहिए, यह ऋतु मेरी सबसे प्रिय ऋतु है। बाद में पटने में श्रीरंजन सूरिदेव ने मुझे बतलाया कि चूँकि इस ऋतु में सभी रोगों का आक्रमण होता है, इसीलिए कहते हैं : 'जीवेम शरद: शतम्'। इसका अनुभव भी मुझे हो चुका है। इस ऋतु में मेरे ऊपर एक ऐसे रोग ने हमला किया, जिसके कारण मैं पाँच वर्षों तक बिस्तर पर पड़ा रहा और मेरा सारा लिखना-पढ़ना बंद रहा। धीरे-धीरे एक बड़े होमियोपैथ ने मुझे अच्छा किया। उस बीमारी का दो पैसा असर अभी भी मुझ पर बना हुआ है, जिससे मुक्त होने के लिए मैं कोशिश करता हूँ कि नियम से ब्रह्ममुद्रा नामक व्यायाम करता रहूँ। बावजूद इसके मैंने शरद ऋतु को प्यार करना कभी नहीं छोड़ा। प्रमाणस्वरूप बाद के मेरे एक गीत का यह अंश अवलोकनीय है :

फिर यह आई साँझ क्वार की
निर्मल हुआ अकास
हवा में आई खुनकी
बजने लगी नसों में
हौले-हौले धुनकी
याद दिलाई इसने भूले हुए प्यार की

बीमारी के पहले मैं 'उत्तर-छायावाद और रामगोपाल शर्मा 'रुद्र'' नामक पुस्तक लिख रहा था। उसके अंतिम तीन लेख नहीं लिखे जा सके थे और पुस्तक अपूर्ण पड़ी थी। मेरा ध्यान बँटाने के लिए मेरी पत्नी ने मुझसे कहा कि आप बाबूजी वाली किताब पूरी कीजिए, मैं 'डिक्टेशन' लेने के लिए तैयार हूँ। इस तरह मैंने बोलकर तीनों लेख लिखाए, फिर भूमिका आदि से युक्त होकर वह पुस्तक छपने के लिए चली गई। जब वह छपकर आई, तो 'रुद्र'जी के जन्म-दिन पर पटने में डा. नामवर सिंह ने उसका लोकार्पण किया और पुस्तक से उनके दो गीतों का पाठ कर कहा—ऐसे गीत निराला के अलावा कोई नहीं लिख सकता था। बहरहाल, इस बार शरद ऋतु में मैं आगरे में था और पूर्ण स्वस्थ था।

डा. शर्मा के लिखने-पढ़ने के कमरे के बाहर उसकी दीवार से सटा एक हरसिंगार का वृक्ष था। उनकी टेबुल पर एक चँगेली में उसके फूल रखे रहते थे। उसी की खुशबू में उनका

लिखना-पढ़ना चलता था। ऐसा लगता है कि भोर में ही वे चँगेली के फूलों को बदलकर चुनकर उसमें ताजा फूल डाल देते थे। भोर की बात मैं इसलिए कह रहा हूँ कि सुबह मैंने उसका एक भी फूल भूमि पर नहीं पाया। डा. शर्मा ने मुझे शाम चार बजे से करीब नौ बजे तक का समय गप-शप के लिए दिया था, सो मैं चार बजे उनके पास पहुँच जाता था और विस्तार से डायरी में उस दिन की बातचीत नोट करता जाता था। जब नामवरजी ने 'आलोचना' का एक अंक उन पर केंद्रित किया, तो अपनी बिटिया पूर्वा से उस डायरी को उतरवाकर मैंने उन्हें भेज दिया। उसमें मैंने उक्त हरसिंगार का जिक्र किया था, जिससे उन्होंने उस डायरी का शीर्षक दिया— 'हरसिंगार की छाया में'। अब वह डायरी मेरी पुस्तक 'यथाप्रसंग' की अंतिम सामग्री के रूप में अंठावन पृष्ठों में संकलित है। नामवरजी ने उस डायरी को पढ़कर मुझसे कहा था कि इस अंक के लिए अब उनसे साक्षात्कार लेने की जरूरत नहीं है। अंक के लोकार्पण-समारोह में भाग लेने के लिए मैं भी दिल्ली जाना चाहता था, लेकिन व्यावसायिक मनोवृत्ति की शीला संधू ने मुझे बुलाया ही नहीं, जबकि मैं 'आलोचना' का सह-संपादक था। मैं मन मारकर रह गया।

आगरे से कानपुर और इलाहाबाद होते हुए मैं पटने लौटा। चलते समय डा. शर्मा ने अपनी अनेक पुस्तकें मुझे दी थीं, जिन्हें सँभालकर मैं ला रहा था। इससे संबंधित एक छोटी-सी घटना है। बातचीत के सिलसिले में मैंने उन्हें बतलाया था कि आपके कविता-संग्रह 'रूपतरंग' की दो प्रतियाँ मेरे पास थीं, जिनमें से अब एक ही रह गई है। वे जब मुझे अपनी पुस्तकें देने लगे, तो उनमें उक्त पुस्तक की भी एक प्रति थी। मैंने उनसे कहा— डाक्टर साहब, यह पुस्तक आप मुझे क्यों दे रहे हैं? यह तो मेरे पास है ही। वे बोले—तुमने कहा था कि अब तुम्हारे पास उसकी दो प्रतियों में से एक ही रह गई है, सो वे मुझे वह पुस्तक देकर ही रहे। कानपुर में मैं एक होटल में ठहरा था। मेरे दो उद्देश्य थे—अपने वरिष्ठ मित्र कामतानाथजी से मिलना और आईआईटी जाकर गिरिराज किशोर को उनके उपन्यास 'जुगलबंदी' के लिए बधाई देना। आगरा जाने के पहले मैं उपन्यास ही पढ़ रहा था। उनकी सूची बनाकर लगातार बत्तीस उपन्यास पढ़े थे। डा. शर्मा को मैंने यह बात बतलाई, तो उन्होंने मुझसे कहा—तुम 'हिंदी उपन्यास में यथार्थवाद' विषय पर एक लेख लिखो। मैं चूँकि सभी विधाओं में दखल नहीं दे सकता, उपन्यास के संबंध में मेरा ज्ञान भी सामान्य है, सो मैं उक्त लेख नहीं लिख सका। यदि किसी उपन्यास या कहानी-संग्रह अथवा एक कहानी पर ही लिखा है, तो वह आंतरिक या बाहरी दबाव में आकर। उस समय मैं नियमित रूप से लिखता नहीं था, सो जब जो पढ़ने की इच्छा होती थी, पढ़ता था। मैंने डा. शर्मा से मन्नू भंडारी के उपन्यास 'आपका बंटी' की प्रशंसा की, तो वे बोले—मुझे भी वह उपन्यास इतना पसंद है कि मैंने उसे साहित्य अकादेमी पुरस्कार के लिए संस्तुत किया था, पर दुर्भाग्यवश वह उसे मिला नहीं।

मेरा अनुभव है कि लिखने और पढ़ने में वैर है। ऐसा नहीं है कि मैं नहीं पढ़ता हूँ, वह तो रात-दिन करता रहता हूँ, लेकिन वही चीजें पढ़ता हूँ, जो मेरे लिखने के विषय से संबद्ध होती हैं। नामवरजी ने एक बार पटने के पुस्तक-मेले में कहा था कि मैं तो आलोचक नहीं बनना चाहता था। उनकी इच्छा सिर्फ 'बुक वर्म' बनने की थी। उनके कम लिखने का यह एक बड़ा कारण है कि वे रात-दिन पढ़ते और सिर्फ पढ़ते रहे हैं। एक बार शीलाजी ने मुझसे कहा था कि किसी तरह उनकी पढ़ने की आदत कुछ कम हो जाती! मेरे मित्र तरुणजी भाग्यशाली हैं कि वे लेखक नहीं हैं और जो पढ़ना चाहते हैं, पढ़ते रहते हैं। इसमें महाभारत से लेकर महात्मा

गांधी के साथ उनके मुसलमान हो गए एक बेटे अब्दुल्ला गांधी का पत्र-व्यवहार भी शामिल है। कानपुर में मैं सवेरे-सवेरे कामतानाथजी के पास गया और उनसे कहा कि आईआईटी जाकर मुझे गिरिराज किशोर के उपन्यास 'जुगलबंदी' के लिए उन्हें बधाई देनी है। उन्होंने मुझे नाश्ता कराया और मुझे लेकर बैंक गए। उस बैंक में वे नौकरी करते थे और वामपंथी होने के कारण बैंक के कर्मचारी-संघ के अध्यक्ष भी थे। दफ्तर से छुट्टी लेकर उन्होंने मुझे अपने स्कूटर पर बैठाया और गिरिराज किशोर के यहाँ ले गए। उन्होंने हम लोगों की आवभगत की और मैंने उन्हें उनके उपन्यास के लिए बधाई दी। प्रसन्न होकर उन्होंने मुझे अपना नया उपन्यास 'इन्द्र सुनें' भेंट किया। मुझे अपने संबंधी कमला बाबू से भी मिलना था, जो आईआईटी के नामी प्रोफेसर थे और गिरिराज किशोर पर अत्यंत कृपालु। लेकिन दुर्भाग्यवश कमला बाबू के न होने के कारण उनसे मेरी मुलाकात नहीं हुई और उनकी पत्नी से, जो मेरी पत्नी की मित्र हैं, मिलकर मैं चला आया। गिरिराजजी के यहाँ से कामतानाथजी मुझे मेरे होटल ले गए और वहाँ मेरे कमरे में बैठकर कुछ देर तक गप-शप करते रहे। नामवरजी ने 'आलोचना' में मेरी पुस्तक 'हिंदी आलोचना का विकास' धारावाहिक रूप से छापना शुरू कर दिया था, जिससे मैं हिंदी में जाना जाने लगा था। कामतानाथजी से उस पर भी चर्चा हुई।

उनकी कहानियाँ मुझे बहुत ज्यादा पसंद थीं, जिससे मैंने 'धरातल' में उनके कहानी-संग्रह 'छुट्टियाँ' की विस्तृत समीक्षा 'उठाई हुई कहानियाँ' शीर्षक से की थी। 'उठाई हुई' यानी जीवन से उठाई हुई, गढ़ी हुई नहीं। वह समीक्षा उन्हें इतनी पसंद आई थी कि अपने निधन के कुछ वर्ष पूर्व ही उन्होंने मुझसे न जाने क्यों फिर वह मँगवाई थी। एक बार मैं दिल्ली में था। वे अपने बृहत् उपन्यास 'कालकथा' के प्रकाशन के सिलसिले में दिल्ली पहुँचे थे। जब उन्हें मालूम हुआ कि मैं भी फिलहाल दिल्ली में ही हूँ, तो युगल के नंबर पर उन्होंने मुझे फोन किया और कुछ देर मुझसे बातें करते रहे।

कानपुर से मैं इलाहाबाद आया और वहाँ भी एक होटल में ही ठहरा। सवेरे तैयार होकर और नाश्ता वगैरह करके दूधनाथजी से मिलने उनके आवास पर गया। मैं इलाहाबाद जाऊँ और उनसे उनकी दिलचस्प बातें न सुनूँ, यह मुझसे नहीं हो सकता। अब वे झूँसी में अपने मकान में रहते हैं। पिछले वर्षों में मुझे बार-बार विश्वविद्यालय की संगोष्ठियों में भाग लेने के लिए वहाँ जाना पड़ा। वे संगोष्ठियों में नहीं आते थे, तो मैं उन्हें झूँसी फोन करता था। पिछली इलाहाबाद-यात्रा में यही हुआ। मेरे साथ राकेश रंजन भी थे। वे दोपहर को कॉफी हाउस आ गए और मैं देर तक उनकी मजेदार बातें सुनता रहा, इतनी मजेदार कि हँसते-हँसते मेरे पेट में बल पड़ गए। लेकिन इस बार उनसे मिलने के लिए सिविल लाइंस गया, तो बदकिस्मती से वे मुझे नहीं मिले। अब मैंने रवींद्र कालिया से मिलने का मन बनाया और रिक्शा उनके आवास की ओर मोड़ दिया। वे पुराने इलाहाबाद में रहते थे। संयोग ऐसा कि वे भी नहीं मिले, सो मैं ममताजी से मिलकर चला आया। ममताजी ने अपनी एक पुस्तक मुझे देने के लिए कलम खोजी, तो वह नहीं मिली, क्योंकि उनके बच्चों ने स्वभाववश उसे इधर-उधर कर दिया था। इस पर वे प्यार से थोड़ा झल्लाईं और पुस्तक पर लिखकर वह मुझे भेंट की। वे मेरे 'स्मार्टनेस' से बहुत प्रभावित हुईं, सो मुझसे पूछा—नवलजी, आपकी उम्र क्या हुई? मैंने कहा—चौवालीस साल। वे बोलीं—लगता नहीं है। इस पर मैंने मन ही मन सोचा कि आसन करना कभी नहीं छोड़ूँगा। अब इलाहाबाद में मुझे कुछ करना नहीं था, सो मैं शाम को पटने के लिए रवाना हो गया।

आगरे से लौटने के बाद भी डा. शर्मा से मेरा पत्राचार जारी रहा, लेकिन उस पर हम बाद में आएँगे। उनके यहाँ से उनकी दो बातों से मैं बहुत प्रभावित होकर लौटा था। एक तो यह कि उनकी दिनचर्या एकदम निश्चित थी, सो उनका लिखना अबाध गति से चलता रहता था, और दूसरी बात यह कि वे अम्माजी को, जिन्हें उन दिनों मैं माताजी कहता था, बहुत मानते थे। इतना कि एक बार उन्होंने शीलाजी से कहा था—जब तक ये हैं, आपको मुझसे जो भी लिखवाना है, लिखवा लीजिए, वर्ना इनके न रहने के बाद मेरा क्या हाल होगा, मैं नहीं कह सकता। वे ग्रामीण और किसानी जीवन से इतने प्रभावित थे कि उन्हें 'मालकिन' कहकर बुलाते थे और इसी नाम से उनकी चर्चा भी करते थे। वे सवेरे तीन बजे जग जाते थे और नित्य-कर्म से निबटकर तथा ब्रश करके एक घंटा टहलने के लिए निकल पड़ते थे। लौटकर वे अम्माजी को अपने साथ लेकर उन्हें भी आधा घंटा टहलाते थे, क्योंकि वे मधुमेह की मरीज थीं।

टहलने का काम समाप्त कर वे दूध लाने जाते थे। पहले दिन मैं उन्हीं के यहाँ रुका था। रात में एक बार खाँसा, तो उठकर उन्होंने मेरा पंख कम कर दिया था। सेवेरे मैंने उसके बारे में उनसे पूछा, तो बोले—रात में एक बार तुम खाँसे थे, सो मैंने ही पंखा कम कर दिया था। अब जब वे दूध लाने चले, तो मैंने उनसे कहा कि मैं भी चलूँ? वे सहर्ष बोले—चलो। रास्ते में मैंने उनसे कहा कि डाक्टर साहब, आप थोड़ा झुक गए हैं। वे बोले कि हाँ, लेकिन मैं सीधा होकर चलने लगूँ, तो कुछ देर बाद उसे भूल जाऊँगा और फिर झुककर चलने लगूँगा। जब हम दोनों ग्वाले की झोपड़ी के पास जाकर चौकी पर बैठे, तो मैंने देखा कि यहाँ तो गाय एक भी नहीं है और कई भैंसें ही हैं। मैंने पूछा—क्या आप भैंस का दूध लेते हैं? बोले—हाँ, भैंस का दूध ही मुझे पसंद है। उसका दही, मलाई, मक्खन और घी सभी कुछ। एक बार महादेवीजी कुछ अस्वस्थ थीं, तो मेरे यहाँ आईं। मैंने उनसे कहा कि आप कुछ दिन मेरे यहाँ रहिए, मैं भैंस का दूध पिलाकर आपको स्वस्थ कर दूँगा। इस पर वे बोलीं—आप सबको अपनी तरह ही पहलवान बनाना चाहते हैं। अब उनका शरीर पहलवानी नहीं रह गया था। के.एम. मुंशी भाषा-संस्थान में, जहाँ से उन्होंने प्रोफेसर के रूप में अवकाश प्राप्त किया था, उनकी इधर की एक फोटो टँगी थी। हरिनारायण मिश्र ने उनसे कहा कि एक बार अज्ञेय संस्थान में आए, तो आपका चित्र देखकर वे विस्मित हुए। बोले—अरे, ये ऐसे हो गए! डा. शर्मा ने मुझसे पूछा—तुमने अज्ञेय के कथन का तात्पर्य समझा? मैंने कहा कि नहीं। उन्होंने मुझे बतलाया कि उनके कहने का यह अर्थ था कि पहले तो मेरे दिमाग में कुछ नहीं ही था, पर मेरे शरीर में कुछ था, पर अब दिमाग के साथ-साथ मेरे शरीर में भी कुछ नहीं रहा!

यह बात पूरा हिंदी संसार जानता है कि उनका निधन 'एम्स' में ब्लड कैंसर से हुआ था, जिसका कारण था भैंस के दूध का अतिरिक्त सेवन। उन्होंने निधन के पूर्व त्रिलोचन से कहा था—यह बात मुझे पहले से पता होती, तो भैंस के दूध को मैं छूता तक नहीं। ब्लड कैंसर होने के पहले एक बार उनकी आँत उलझ गई थी, जो 'एम्स' में ही शायद ऑपरेशन से ठीक हुई थी। श्याम कश्यप का कहना है कि वह भी ब्लड कैंसर का ही पूर्वसूचक था। खैर।

जब तक वे दूध लेकर लौटते थे, अम्माजी उनके लिए एक मोटी रोटी बना देती थीं और उसमें घी लगाकर तथा उस पर नमक छिड़ककर उन्हें देती थीं। रोटी खाते-खाते उनके सामने चाय आ जाती थी, जिसे वे ठंडा करके पीते थे, क्योंकि उन्हें वायु की शिकायत थी। उसी समय मैं अम्माजी की रसोई में गया, तो देखा कि एक अबोध बालिका, जो उनकी मदद में रहती थी, दीवार से लगकर बैठी कोई खाद्य पदार्थ कुतर रही थी। उसकी आँखों में जो निरपराधता

थी, उसे मैं आज भी नहीं भूला हूँ। नाश्ता वगैरह करते-करते सात बज जाते थे और डा. शर्मा अपने लिखने के कमरे में चले जाते थे। उन्होंने मुझे बतलाया था कि जब बारह बज जाते हैं, तो अम्माजी उनके पास जाकर कहती हैं—आज उठोगे नहीं? फिर वे तुरत उठ जाते थे और किसानों की तरह ही उस दिन का काम खत्म करके स्नान करके दोपहर में भोजनोपरांत अपने बिस्तर पर चले जाते थे। उन्होंने मुझे यह भी बतलाया था कि दिन में वे सोते नहीं हैं, अखबार पढ़ते हैं और चिट्ठियों का जवाब देते हैं। चार बजे से वे गपशप करने के लिए अपने ड्राइंग रूम में आ जाते थे।

एक बार चर्चा चली, तो नामवरजी ने कहा कि आचार्य रामचंद्र शुक्ल के पास भी एक ड्राइंग रूम था, जिसमें कुर्सी नहीं थी। रामविलासजी इस मामले में उनसे अच्छे हैं, क्योंकि उनके ड्राइंग रूम में कुर्सियाँ हैं। उसी समय मुझे वह बुलाते थे। जब वे के.एम. मुंशी भाषा-संस्थान के निदेशक हुए, तो न चाहते हुए भी अपने स्नेह-पात्र हरिनारायणजी को वहाँ बुलाकर उनकी जिद पर उन्हें नौकरी देनी पड़ी थी। चार बजे वे भी आ जाते थे। एक बार गपशप में ही नौ बज गए, तो वे बोले—मैं मालकिन को मच्छरदानी लगाकर आता हूँ, अन्यथा उनकी नींद खराब होगी। नौ बजे ही भोजन के बाद उनके सोने का भी समय था। सो, हम लोग प्राय: उससे पहले ही उनसे विदा ले लेते थे। इस प्रकार उनकी दिनचर्या बहुत पक्की थी, जिसके अनुशासन से बँधकर ही वे इतना काम कर सके। आगरा जाने के पहले उन्होंने ठीक ही मुझे लिखा था कि आप आइए, मेरे पास समय की कमी नहीं है।

जब अम्माजी की तबीयत बहुत खराब रहने लगी, तो भारतीय कम्युनिस्ट पार्टी ने श्याम कश्यप को एक संदेश लेकर उनके पास भेजा। संयोग से उस समय मैं भी दिल्ली में ही था और मुझे आगरा होते हुए ही लौटना था। इस कारण हम दोनों ने कार्यक्रम बनाया कि कल सवेरे 'ताज एक्सप्रेस' से चला जाए। स्टेशन पहुँचकर हम लोगों ने टिकट खरीदे। ताज एक्सप्रेस में एक कठिनाई यह है कि सभी डिब्बों में सीटें एक से ही शुरू होती हैं और संख्या-क्रम से समाप्त होती हैं। श्याम कश्यप पूरा कवि है। उस परम अव्यावहारिक पुरुष ने उसके सामने जो डिब्बा आकर रुका था, उसी में खुद भी सवार हुआ और मुझे भी सवार कराया। फिर अपनी-अपनी सीटों पर हम लोग आराम से बैठ गए। श्याम कश्यप को पुरुष-मात्र कहना ठीक नहीं है। वह महापुरुष है, जिसका सबूत यह है कि उसने केवल सीट-संख्या देखी थी और कोच नंबर देखा ही नहीं था। जब हम लोग आराम से बैठे थे, तो गाड़ी खुलते-खुलते दो व्यक्ति पहुँचे और हम लोगों से कहा—ये सीटें छोड़िए, ये हमारी हैं। महापुरुष उनसे झगड़ने को तैयार हो गया और बोला कि ये हमारी हैं। उसकी आक्रामक मुद्रा से उन लोगों ने घबड़ाकर कहा कि टिकट दिखलाइए। टिकटों में कोच नंबर दिया हुआ था। उन्होंने वह दिखलाकर कहा कि आप लोगों का डिब्बा ठीक इंजन के बाद वाला डिब्बा है, जबकि हम लोग ट्रेन के अंतिम डिब्बे में सवार हुए थे।

वह जमाना अटैची के साथ होल्डॉल लेकर चलने का था। खैरियत थी कि इस ट्रेन के सारे डिब्बे भीतर से जुड़े थे। सो, मैंने महापुरुष से कहा कि आप होल्डॉग उठाइए, मैं अटैची लेता हूँ और चलिए अब पहले डिब्बे में। दिल्ली में मैं हर बार ढेर-सी पुस्तकें खरीदता था, सो मेरी अटैची पुस्तकों से भरी थी। पुस्तकों का वजन बहुत होता है, इस कारण पहले डिब्बे तक पहुँचते-पहुँचते मैं तो परेशान हो ही गया, महापुरुष के भी छक्के छूट गए! इसी तरह उसने एक बार जबलपुर में मुझे द्वितीय श्रेणी के उस डिब्बे में चढ़ा दिया था, जिसमें बाँस और लक्कड़ भरे थे।

मेरा पेट खराब था, सो कई बार बाथरूम जाने में बहुत परेशान हुआ। लेकिन महापुरुष को क्या? वह तो झूमता और गुनगुनाता हुआ अपनी बहन के घर, जहाँ से हम लोग आए थे, चला गया।

पार्टी ने महापुरुष को इस संदेश के साथ डा. शर्मा के पास भेजा था कि वे यदि चाहें, तो पार्टी उनकी पत्नी को चिकित्सा के लिए सोवियत संघ भेज सकती है। लेकिन डा. शर्मा ने इस प्रस्ताव को अस्वीकार कर दिया। मुझे इसके दो कारण मालूम पड़े। एक तो यह कि वे पार्टी के नेताओं से नाराज चल रहे थे और उससे कुछ दूर हट गए थे, इसलिए उसका कोई आभार नहीं लेना चाहते थे। दूसरा कारण यह कि वे अम्माजी के बिना एक क्षण भी नहीं रह सकते थे। उनके बाद नामवरजी कुछ दिनों के लिए उक्त संस्थान के निदेशक हुए थे। एक बार वे उन्हें एक गोष्ठी में बुला ले गए। उन्होंने उसी समय कह दिया था कि मैं शाम को पाँच बजते ही चला आऊँगा। नामवरजी ने मुझे बतलाया था कि ठीक पाँच बजे वे उठ खड़े हुए और उनसे बोले—घर पर मालकिन अकेली होंगी, सो अब मैं जाता हूँ और बिना कुछ और कहे वहाँ से चल दिए। जब मैं महापुरुष के साथ डा. शर्मा के पास पहुँचा था, तो अम्माजी अभी वहीं थीं और बीमार थीं। उनकी सेवा में उनके कनिष्ठ पुत्र विजयमोहनजी लगे थे। कुछ बाद में वे अपने द्वितीय पुत्र भुवनमोहनजी के साथ, जो काशी हिंदू विश्वविद्यालय में प्रोफेसर थे, रहने के लिए बनारस चली गई थीं। मैं अम्माजी को देखने उनके पास गया, तो वे उठकर बैठ गईं और विजयमोहनजी को मेरा परिचय देते हुए बोलीं—यह नवल बेटा है, जो चूँकि मैं मीठा नहीं खाती, मेरे कहने पर मेरे लिए अचार लाया था। यह सुनकर मैं रोने लगा और देर तक डा. शर्मा के पास लौटकर हिचकियाँ ले-लेकर रोता रहा। उन्होंने मुझे रोने से रोका नहीं, क्योंकि वे चाहते थे कि मेरा दुख मेरे भीतर से पूरा निकल जाए, तो मैं कुछ हलका हो जाऊँ। महापुरुष इस पूरे दृश्य को मूक देखता रहा। फिर डा. शर्मा का चरण-स्पर्श कर हम दोनों वहाँ से विदा हुए। महापुरुष दिल्ली गया और मैं पटने की ओर। हाँ, बीच में एक जगह उसने पाना खाया और बढ़िया जर्दा के कारण मस्ती के आलम में पानवाले से हाथ मिलाया।

जब श्याम कश्यप की चर्चा की जा रही है, तो एक बात लिख देना यहाँ जरूरी है, क्योंकि जब-जब उसकी याद आती है, मैं अपनी हँसी को रोक नहीं पाता। उक्त महापुरुष 'वेटरन जर्नलिस्ट' है उसने 'मास कम्यूनिकेशन' में एम.ए. और पी-एच.डी. की है और सागर तथा वर्धा में कुछ दिन यूनिवर्सिटी प्रोफेसर भी रहा है। वह हिंदी के सभी बुजुर्गों के साथ मित्रवत् ही व्यवहार किया करता था, वे शमशेर हों, या त्रिलोचन या डा. शर्मा। मैं सबों का चरण-स्पर्श करने वालों में था। उसने मुझे देखकर गुरुजनों का सम्मान करना सीखा। स्वभावत: केदारजी के डेरे पर एक बार उसने त्रिलोचन को पाँव छूकर प्रणाम किया, तो वे चौंके, क्योंकि यह उनके साथ किया गया अस्वाभाविक व्यवहार था। अकारण नहीं कि उन्होंने कहा—यह क्या नाटक है? नाटक तो हो चुका था और यवनिका-पात भी। महापुरुष कुछ असहज हुआ, किंतु तुरंत ही सहज हो गया। इससे भी पहले डा. शर्मा को उसने एक पत्र लिखा था :

प्रिय रामविलासजी,

आपके साथ मेरे कुछ मतभेद हैं। कभी आगरे आने पर आपसे बातें होंगी।

आपका

—श्याम कश्यप

संयोग ऐसा बना कि कुछ ही दिन बाद आगरे में एक संगोष्ठी आयोजित हुई, जिसमें महापुरुष भी आमंत्रित था। डा. शर्मा तो थे ही। अध्यक्ष ने उसका जो नाम पुकारा था, उसे संभवतः डा. शर्मा ने नहीं सुना था। लेकिन वह जिस अधिकार से मार्क्सवाद पर बोल रहा था और उसके जो हाव-भाव थे, उससे वे समझ गए कि यही श्याम कश्यप है। जब संगोष्ठी समाप्त हुई और मंच के लोग भी नीचे आ गए, तो डा. शर्मा ने अपनी दाहिनी बाँह से महापुरुष को घेरकर अपने से सटा लिया और उससे हँसते हुए पूछा—तुम्हीं श्याम कश्यप हो? मुझसे तुम्हारे क्या मतभेद हैं? महापुरुष को यह मालूम नहीं था कि डा. शर्मा वह हस्ती हैं, जिन्हें ही 'दास कैपिटल' के द्वितीय खंड का हिंदी में अनुवाद करने के लिए सोवियत संघ ने चुना था। उन्होंने पूरी योग्यता और दायित्व से अनुवाद-कार्य किया और कुछ दिनों के बाद वह खंड छपकर भी आ गया। जिस ग्रंथ को पढ़ने के लिए अंग्रेजी में किताब लिखी गई है—'हाउ टु स्टडी दास कैपिटल', उसे डा. शर्मा ने हिंदी वालों के लिए आसानी से सुलभ करा दिया। मैं नहीं जानता कि महापुरुष ने इस महाग्रंथ को पढ़ा है या नहीं, पर मुझे विश्वास है कि वह उसके एक अनुच्छेद का भी अनुवाद नहीं कर सकता। ऐसा जो 'विद्वान' था, वह मार्क्सवाद के ज्ञान को लेकर डा. शर्मा से ही टकरा गया था। उन्हें उसकी इस बात पर हँसी क्यों नहीं आती? मैं इस बात को फिर-फिर याद करके एकांत में भी हँसता हूँ और चाहता हूँ कि पाठक भी मेरी हँसी में भागीदारी करें। कहिए, यह घटना चर्चा के काबिल है न?

अगली बार मैं दिल्ली गया, तो उनसे मिलने विजयनगर पहुँचा, जहाँ वे अपने पुत्र विजयमोहनजी के साथ स्थायी रूप से रहने लगे थे। विजयमोहनजी पेशे से इंजीनियर थे। इस बार अम्माजी के दर्शन नहीं हुए, क्योंकि वे बनारस अपने द्वितीय पुत्र भुवनमोहनजी के यहाँ रहने के लिए बनारस चली गई थीं। वे काशी हिंदू विश्वविद्यालय में प्रोफेसर थे। मैंने डा. शर्मा से पूछा—आपकी लिखाई का क्या हाल है? उन्होंने कहा कि नामवर से कहो कि दो छात्र मेरा 'डिक्टेशन' लेने के लिए भेजे। और हाँ, दोनों छात्र एआइएसएफ के होने चाहिए। 'भारत में अंग्रेजी राज और मार्क्सवाद' पुस्तक का अनुमानतः दूसरा खंड लिखना था। उसे मैंने पढ़ना शुरू किया, तो पाया कि उसके आरंभिक पृष्ठों में भाषा की वह सफाई और प्रवाह नहीं है, जो डा. शर्मा के लेखन की विशेषता रही है। इसका कारण यह था कि अम्माजी के स्वास्थ्य को लेकर वे बहुत ही गड़बड़ मानसिक स्थिति में थे। मैंने नामवरजी तक उनकी बात पहुँचा दी। उन्होंने अपने दो छात्रों अशोक श्रीवास्तव (मध्य प्रदेश) और मीमांसक (बिहार) को, जो पटना कालेज ऑनर्स में मेरा छात्र रहा था, उनके पास भेजा। वे बारी-बारी से उनके पास जाते थे और उनका 'डिक्टेशन' लेते थे। बाद में डा. शर्मा उसे स्वयं देखकर ठीक करते थे।

मैंने मीमांसक से पूछा कि उनका भोर में टहलना जारी है या नहीं? एक बार भोर में आगरे में ही एक कुत्ते ने उन्हें काट लिया था, जिससे उन्हें कई इंजेक्शन लेने पड़े थे। मेरा खयाल है कि उसके बाद ही उन्होंने भोर का टहलना छोड़ा। महापुरुष ने इस घटना पर उनसे यह सही सवाल किया था—आपने ठीक से देखा था कि वह कुत्ता ही था या आपके द्वारा हड़काया हुआ हिंदी का कोई लेखक था? उसका यह प्रश्न मुझे भी पसंद आया था और इस पर डा. शर्मा भी मुस्कुराए थे। मीमांसक ने मुझे बतलाया था कि अब वे शाम को लिखाना खत्म होने के बाद हम लोगों के साथ एक मैदान या पार्क में एक घंटा टहलते हैं। उसने यह भी कहा था कि यही हमारा असली पारिश्रमिक होता है। जाहिर है, वे टहलते हुए दोनों छात्रों को ज्ञान की बातें बतलाते थे। यहाँ भी मुझे एक घटना याद आ रही है, जिसका उल्लेख मैं पाठकों से क्षमा-याचना

करके कर रहा हूँ। मुजफ्फरपुर में जानकीवल्लभजी के घर पर उनके शिष्य आते ही रहते थे। एक बार उन्हें घर के पीछे कुछ खड़-खड़ की आवाज सुनाई पड़ी, तो उन्होंने अपने एक शिष्य से कहा कि अरे, जरा देखो तो मकान के पीछे यह कैसी खड़खड़ाहट है? वह देखकर आया, तो उनसे बोला कि कुछ नहीं है। कुछ देर बाद उन्हें फिर वह आवाज सुनाई पड़ी, तो उससे कहा कि फिर से देखो, कुछ तो है, वर्ना यह आवाज नहीं होती। वह शिष्य पुनः उठकर पीछे गया और लौटकर बोला कि हवा सिसक रही है! जानकीवल्लभजी ने अपना सिर पकड़कर कहा कि हे भगवान, ऐसे शिष्य मेरे ही भाग्य में लिखे थे! जब डा. शर्मा की पुस्तक पूरी हो गई, तो उसके दोनों खंड बहुत शानदार ढंग से राजकमल से एक साथ प्रकाशित हुए। उन्होंने अशोक और मीमांसक दोनों को उसके एक-एक खंड दिए और क्रमशः उन पर लिखा—'अशोक को मीमांसक के साथ पढ़ने के लिए' और 'मीमांसक को अशोक के साथ पढ़ने के लिए'। मीमांसक ने प्रसंगवश हमें यह भी बतलाया था कि उनके सूचना-प्राप्ति के उनके स्रोत भयानक हैं। वे देश से लेकर विदेशों तक फैले हैं।

कुछ दिनों के बाद मैं फिर दिल्ली गया, तो डा. शर्मा के लिए दरियागंज से बहुत अच्छे संतरे ले गया था। वे तुरत उनमें से एक संतरा लेकर और उसे छीलकर खाने लगे। इससे मुझे बेहद खुशी हुई। अम्माजी इस बार भी वहाँ नहीं थीं, सो पुनः मैं उनके दर्शनों से वंचित रहा। मैंने डा. शर्मा से पूछा—आजकल आपका 'डिक्टेशन' कौन लेता है? उन्होंने कहा—आजकल मैं खुद ही लिखता हूँ। इसमें यह सुविधा है कि जब चाहो, लेट जाओ। मैं समझ गया कि उम्र के असर से अब वे थक रहे हैं। मैं थोड़ा दुखी हुआ, पर जब पाया कि वे ठीक-ठाक हैं, तो निश्चिंत मन से उनकी चरण-धूलि लेकर विदा हुआ। उसके बाद मुझे मालूम हुआ कि अब वे लिखते नहीं हैं और टेपरिकार्डर ऑन करके उस पर बोलते हैं। प्रकाशक उस टेपरिकार्डर को ले जाता है और उससे जो वे बोले थे, उसे अपने किसी जानकार कर्मचारी से लिपिबद्ध कराता है। उस सामग्री को डा. शर्मा देखते हैं, फिर वह छपने योग्य हो जाता है।

एक बार नामवरजी और शीलाजी के साथ मैं भी उनके यहाँ पहुँचा। उन्होंने ऐसा कुर्ता पहन रखा था, जिसकी बाँह के ऊपर बेल लगी थी। नामवरजी को कुतूहल सूझा। उन्होंने उनसे कहा—क्या बात है, डाक्टर साहब, आज तो आप बेलदार कुर्ता पहने हुए हैं? डा. शर्मा ने इतना ही कहा—बैठो, बैठो। हम तीनों उनके कमरे में बैठ गए और गपशप होने लगी। उन्होंने कभी मुझे शीलाजी के बारे में कहा था कि वह बहुत घिस्सेबाज औरत हैं। मैंने लौटकर कोश देखा, तो पाया कि उसमें उक्त शब्द का अर्थ लिखा था—देर लगाने वाला। जब बातचीत आगे बढ़ी, तो उनकी एक बात से शीलाजी को लगा कि वह उन्हें ही लक्ष्य कर ऐसा कह रहे हैं। वे उनसे पूछ बैठीं—आप घुमाकर यह बात मुझी को कह रहे हैं क्या? डा. शर्मा ने इसका कोई जवाब नहीं दिया और बातचीत जारी रखी। उन्होंने अमृतलाल नागर के बारे में कहा कि वे अपने प्रत्येक उपन्यास की पांडुलिपि मुझे देखने को देते हैं। मैं उन्हें यह सुझाव देता हूँ कि इन-इन अंशों को तुम उपन्यास से निकाल दो, लेकिन मेरी बात उन्होंने कभी नहीं मानी। इसी तरह केदार से एक बार मैंने कहा कि केदार, तुम्हारा गद्य बहुत अच्छा है, तो उसने इस ढंग से गर्दन हिलाई, जिसका मतलब यह था कि अच्छा बच्चू, तो तुम्हें मेरी कविताएँ पसंद नहीं हैं! डा. शर्मा ने इन दोनों पर यह टिप्पणी की कि दोनों अत्यंत प्रतिभाशाली हैं, लेकिन नितांत विवेकशून्य। यहीं मैं एक दिलचस्प बात का जिक्र करना चाहता हूँ। आचार्य हजारीप्रसाद द्विवेदी और डा. शर्मा को नागरजी का 'मानस का हंस' नामक उपन्यास बहुत पंसद आया था। इस कारण सुविस्तृत

पत्रों में दोनों ने उसकी खूबियाँ बतलाते हुए उन्हें पत्र लिखे थे। डा. भारती भी नागरजी के भारी प्रशंसक थे, सो जब उन्होंने उन्हें 'धर्मयुग' में भेजा, तो उन्होंने उसे तुरत छाप दिया। उसके बाद नागरजी का प्रसिद्ध उपन्यास 'नाच्यौ बहुत गोपाल' आया। मैं उसे पढ़ गया था और मुझे वह भी बहुत अच्छा लगा था। मैं जब आगरे गया, तो डा. शर्मा से पूछा—आपने वह उपन्यास पढ़ा क्या? उन्होंने कहा कि हाँ, पढ़ गया हूँ। मैंने इसके बाद कहा कि आप तो भाषा-विज्ञान वाली पुस्तक में बहुत व्यस्त हैं, फिर उस काम को स्थगित कर कैसे उसे पढ़ा? बोले—चूँकि नागरजी का उपन्यास था, इसलिए एक-दो दिन काम रोककर पढ़ गया। मैंने उनसे पूछा—आपने उस पर अपनी प्रतिक्रिया उन्हें लिखी? डा. शर्मा ने कहा—इस बार पोस्टकार्ड पर, जिससे वे उसे 'धर्मयुग' में न छपा सकें। मैं उनके इस हास्य-व्यंग्यपूर्ण कथन पर देर तक मन ही मन हँसता रहा। मुझे हँसी यह सोचकर भी आ रही थी कि बड़े से बड़े लेखक भी अपने यश से कभी नहीं अघाते!

नामवरजी को जब मैं लिखता था कि डा. शर्मा से लेख ले आइए, तो वे ले आते थे और मुझे उसकी सूचना दे देते थे। उन दिनों मैं 'आलोचना' से जुड़ा था, इसी से मुझे यह सब करना पड़ता था। डा. शर्मा से काफी बातें करने के बाद हम लोग वहाँ से चले। इस बीच चाय-वाय चल चुकी थी।

किसी भी लेखक का चित्र उसके पत्रों के जिक्र के बिना पूरा नहीं होता, सो मैं शुरू से उनके पत्रों से जरूरी उद्धरण दे रहा हूँ। ये उद्धरण उनके व्यक्तित्व के विभिन्न आयामों से परिचित कराते हैं। एक बात यह कि जब तक मैं उनसे नहीं मिला था, वे मुझे 'आप' लिखते थे, लेकिन आगरा-प्रवास के बाद वे मुझे 'तुम' लिखने लगे। इससे मुझे बेहद आनंद हुआ, जिसके मूल में मेरा उनके कुछ और निकट चले आना था।

शुरू में उनके पत्र काफी लंबे होते थे, लेकिन धीरे-धीरे वे संक्षिप्त होते गए। मैंने चूँकि मार्क्सवाद का ठिकाने से अध्ययन किया था और गोर्की, कॉडवेल, हाउवार्ड फास्ट, फॉक्स और लूनाचार्स्की आदि संकीर्णतावादी मार्क्सवादियों के लेख और आलोचना भी पढ़ चुका था, इसलिए 'हिंदी आलोचना का विकास' लिखने के क्रम में डा. शर्मा के संपूर्ण आलोचना-साहित्य को रचना-क्रम से पढ़ा, तो उससे बहुत प्रभावित हुआ। इस प्रभाव में ही मैंने उनसे पत्राचार शुरू किया था और उनके निकट संपर्क के लिए एक सप्ताह के लिए आगरा जाने की योजना बनाई थी। अपने दूसरे पत्र में उन्होंने मुझको विस्तार से लिखा : 'प्रिय नंदकिशोरजी, आपका 5.5 का पत्र मिला। 'समीक्षा' में अपनी पुस्तक [निराला की साहित्य साधना (द्वितीय खंड)] पर आपका लेख मुझे बहुत अच्छा लगा। आलोचना और विश्लेष्णण की पुस्तकें अच्छी तरह पढ़े बिना लोग उनकी समीक्षा करते हैं—'भाषा और समाज' पुस्तक की समीक्षाएँ इसी कोटि की हैं। आपका लेख पढ़ने के बाद—उसमें कही हुई बातों को ध्यान में रखते हुए—लिखा गया था, मेरे लिए यही बहुत था। दूसरी बात—यह पहला लेखा था जिसमें मेरे मार्क्सवादी होने को हिंदी आलोचना के लिए दुर्भाग्यपूर्ण न मानकर शुभ और आवश्यक कहा गया है। तीसरी बात—आपने मेरे लेखन का संबंध रा.च. शुक्ल और निराला से जोड़ा और मुझे उस परंपरा की अगली कड़ी माना, इससे बड़ी सिद्धि आलोचक के लिए दूसरी हो नहीं सकती।' मैं यह देखकर चकित रह गया कि उनके आलोचना-साहित्य के वैशिष्ट्य के बारे में अनुकूल प्रतिक्रिया सुनने के लिए उन्हें चालीस वर्षों तक इंतजार करना पड़ा। इससे मुझे साहित्य में धैर्य धारण करके चलने की शिक्षा मिली।

मैं परवर्ती मार्क्सवादी आलोचकों को पढ़ने के लिए बेचैन था, सो इसके बारे में उनसे पूछा था। उक्त पत्र में ही उन्होंने उत्तर दिया : 'मार्क्सवादी आलोचकों में कॉडवेल, फॉक्स, लुकाच, लूनाचार्स्की आदि के लेखन से आप परिचित होंगे। मैंने मार्क्स और ऐंगेल्स को ज्यादा पढ़ा है, मार्क्सवादियों को कम। उपयुक्त नामसूची आपको नामवर सिंह से मिल सकती है।' आगे उन्होंने लिखा : 'मैं इन दिनों भारतेंदु-पूर्व के हिंदी गद्य पर एक निबंध लिख रहा था जो भारतेंदु-युग के नए संस्करण में आ जाएगा। एक लेख शुक्लजी लिखित राधाकृष्ण दास की जीवनी और उनकी कविताओं पर लिखा है जो शुक्लजी वाली किताब के नए संस्करण में आएगा। मुख्य काम दो वर्षों से भाषा-विज्ञान के क्षेत्र में करता रहा हूँ। शायद अगले वर्ष तक वह समाप्त हो जाए। निरालावाली पुस्तक का तीसरा खंड उसके बाद पूरा करूँगा। हाँ, उसमें निरालाजी के—और उनको कुछ लिखे हुए—पत्र होंगे। नई कविता वाले निबंध अभी पुस्तक रूप में नहीं आए।' इस प्रकार उन दिनों वे जो लिख रहे थे, मुझे उसका पूरा विवरण लिख भेजा था। उन्होंने पत्र का समापन जिन शब्दों से किया था और उसमें मेरे बारे में जो जानना चाहा था, उस समय उससे मैं बहुत प्रसन्न हुआ और उनके प्रति श्रद्धा उमड़ पड़ी। समापन अंश : 'आप अपने लेखन को फिर-फिर सुधारते हैं—यह देखकर मुझे बहुत प्रसन्नता हुई। आपकी उम्र अभी क्या है? घर की जिम्मेदारियाँ कौन-कौन सी हैं? कहाँ काम करते हैं? ये प्रश्न इसलिए कि आपके भावी कार्यक्रम के लिए कुछ सुझाव मैं भी देना चाहता हूँ।'

मैंने उन्हें अपना पूरा हाल लिख भेजा। तत्पश्चात् उन्होंने मुझे बहुत कठिन सुझाव दिया : 'मैं चाहता हूँ कि आप फारसी न जानते हों तो फारसी सीखें। अभी आपकी आयु ऐसी है कि दो-एक साल में यह भाषा सीख लेने पर आगे कई बरसों तक अनुसंधान के लिए उससे लाभ उठा सकते हैं। हिंदी-उर्दू का संबंध, खड़ी बोली-पूरबी बालियों का संबंध, हिंदी कविता की प्राचीनता, बिहार में खड़ी बोली का प्रसार, मुसलमान कवियों की हिंदी रचनाएँ—ये सब बातें ऐसी हैं जिन पर फारसी के वे हस्तलिखित ग्रंथ पढ़ने से ही भरा-पूरा काम हो सकता है। फारसी के ज्ञान से दूसरा काम यह करना है कि खुसरो से लेकर सरमद तक इस बात का अध्ययन करें कि (1) पुरानी फारसी पर हिंदी भाषा—शब्द-भंडार, वाक्य-रचना आदि—का कितना प्रभाव है; (2) सूफी कवियों ने किस हद तक इस्लामी कट्टरता का विरोध किया है; (3) ईरान की दरबारी कविता का प्रभाव भारतीय साहित्य पर कब से पड़ना शुरू होता है; (4) औरंगजेब ने कितने सूफियों को मारा, उसकी सूफी-विरोधी नीति का प्रभाव यहाँ के साहित्य पर किस हद तक पड़ा। हिंदू-मुस्लिम संबंधों के इतिहास की सही जानकारी के लिए अनुसंधान जरूरी है। फारसी के ज्ञान से तीसरा काम यह करना है कि हिंदी-उर्दू का संयुक्त संक्षिप्त इतिहास लिखें। दोनों में रीतिवाद, आधुनिक राष्ट्रीय जागरण, यथार्थवाद, स्वच्छंदतावाद आदि की प्रवृत्तियाँ, अस्तित्ववाद-मार्क्सवाद आदि का प्रभाव; उर्दू गद्य और जनपदीय बोलियों से उसका लगाव, हिंदी गद्य से तुलना इत्यादि। हिंदी-उर्दू साहित्य एक ही जाति का साहित्य है। इसलिए जो बातें जाति को भीतर से तोड़नेवाली हैं और जो मिलानेवाली हैं, उनका एक ही जगह अध्ययन होना चाहिए। यह सब जिम्मेदारी किसी हिंदी लेखक को ही निभानी चाहिए। फारसी में कुछ बहुत ही अच्छी कविता लिखी गई है! फारसी ज्ञान से उसका आनंदलाभ घाते में होगा। आप मेरे सुझाव पर विचार करें; ठीक लगे तो अमल करें।'

उनका यह पत्र मिलने के बाद मैं हसन साहब से मिला, जो अरबी-फारसी के अच्छे विद्वान थे और कुछ ही दिन पहले पटना विश्वविद्यालय के उक्त विषयों के विभागाध्यक्ष पद से अवकाश

प्राप्त किया था। वे मेरे घर के करीब ही प्रोफेसर कालोनी के पहले क्वार्टर में रहते थे। उन्होंने मुझे समझाया कि फारसी-काव्य में उस भाषा के माध्यम से पैठ बनाने के लिए मुझे अपने जीवन का अच्छा-खासा हिस्सा लगाना पड़ेगा। मैं उसके लिए तैयार नहीं था, सो डा. शर्मा को पूरी बात लिख भेजी। इसमें कुछ देर जरूर हो गई। उन्होंने उत्तर दिया—'विलंब से पत्र लिखा, कोई बात नहीं। सोच-समझकर अपने को और परिस्थितियों को तौलकर ही लिखना चाहिए था। जल्दी में 'हाँ' करके बाद में काम छोड़ देना उचित न होता। अस्तु; जो भी कार्यक्रम हो, उसे पूरा कीजिए। आपकी प्रगति से मुझे दिलचस्पी रहेगी।' हिंदी विभागाध्यक्ष प्रो. देवेंद्रनाथ शर्मा पटना विश्वविद्यालय के कुलपति हो गए थे। एक दिन उनके घर पर मैंने उनसे प्रस्ताव किया कि आप विभाग में डा. रामविलास शर्मा से तुलसीदास पर तीन व्याख्यान कराएँ। उन्होंने उत्तर दिया—यदि वे आ सकें, तो तुम उन्हें जरूर बुलाओ। मैंने डा. शर्मा को लिखा कि आप मेरे उक्त प्रस्ताव को स्वीकार करें। कोई दिक्कत नहीं होगी, क्योंकि इन दिनों प्रो. शर्मा कुलपति हैं। इसका उन्होंने दिलचस्प उत्तर दिया : 'जब कोई विद्वान यह सोच ले कि पढ़ने-लिखने में समय गँवाना जरूरी नहीं है, तब उसके कुलपति बन जाने में कोई हानि नहीं है। तो देवेंद्रनाथजी अब वि.वि. के कुलपति हैं...मुझे दरभंगा तक की बात मालूम थी।' फिर उन्होंने मेरे प्रस्ताव के बारे में लिखा : 'व्याख्यानों के बारे में मेरी स्थिति यह है कि आगरे से निकलना अभी संभव ही नहीं है। पत्नी रक्तचाप से पीड़ित हैं, हृदय भी कमजोर है, उन्हें छोड़कर कहीं आना-जाना संभव नहीं है। पिछले साल अक्टूबर में दो दिन के लिए इलाहाबाद गया था और यहाँ लेने के देने पड़ गए। थोड़ी असुविधा होती तो मैं अवश्य आ जाता—इधर मैं तुलसीदास को पढ़ता भी रहा हूँ—पर आने लायक स्थिति में नहीं हूँ, देवेंद्रनाथजी से क्षमा निवेदन कर दें।'

मेरी लिपि के लिए नागार्जुन भी मुझे फटकार चुके थे। डा. शर्मा ने भी बाद के पत्र में मुझे लिखा : 'लंबा पत्र लिखने में कष्ट होता है, पढ़ने में नहीं, उल्टा आनंद आता है, भले ही अक्षर छोटे हों और लिखावट घसीट हो।' समीक्षा में इस बार मैंने उनकी कुछ पुस्तकों की आलोचना लिखी थी। उन्होंने उसे 'बढ़िया' कहा, फिर विस्तार से लिखा : 'त्रिलोचन मेरी कविताओं की व्याख्या कर रहे होंगे—यह सोचकर मुझे बड़ी हँसी आई। वह अध्यापक नहीं हैं, यह बहुत अच्छा है। उनमें जो कुछ है, सब सहज है। वह कविता की व्याख्या करेंगे तो वह व्याख्या अपने में कविता बन जाएगी। चंद्रबली-नागार्जुन आदि बंधुओं के स्नेह की मैं कद्र करता हूँ। मतभेद वहाँ गौण है। नागार्जुन ने मुझ पर एक लेख राजस्थान के दैनिक 'जनसत्ता' (या प्रजासत्ता) में लिखा था। वह 'जनयुग' में प्रकाशित चंद्रबली के लेख का जोड़ीदार था। 'जनयुग' में जब चंद्रबली का लेख छपा तब उसके संपादक नामवर सिंह थे, यह बात मार्के की थी। उन्होंने वह लेख मेरी अनुमति के लिए भेजा था और मैंने उन्हें सहर्ष दे दी थी।' 'धरातल' में मैंने डा. शर्मा की पुस्तक 'महावीरप्रसाद द्विवेदी और हिंदी नवजागरण' की समीक्षा की थी, जो प्रारंभिक और अंतिम अंशों को छोड़कर उद्धरणबहुल थी। इस पर डा. शर्मा की उचित प्रतिक्रिया थी : ' 'धरातल' में आपका लेख अच्छा लगा, विशेषकर प्रारंभिक और अंतिम अंश।' स्वभावत: मैंने उस लेख को अपने किसी निबंध-संग्रह में संकलित नहीं किया। मैंने उनसे 'धरातल' के लिए उनकी कविताएँ माँगी थीं। उन्होंने उत्तर दिया : 'आप अभी कविताएँ न छापें। एक तो पुरानी कविताएँ ढूँढ़ निकालना इस गर्मी में, विकट समस्या है; दूसरे मुझे यह निर्णय करने के लिए समय चाहिए कि वे छपने लायक हैं या नहीं...नई कवितावाली पुस्तक निकल गई है। मैंने प्रकाशक को लिखा है कि आपको समीक्षार्थ एक प्रति भेज दें। आपके

लेख जब भी जहाँ मिलते हैं, अवश्य देख लेता हूँ—सरसरी निगाह से। आप ठीक रास्ते पर हैं। बाकी बातें अपने अनुभव से सीखेंगे। इन लेखों को छह महीने बाद फिर देखें—यह जाँचें कि कहाँ टिप्पणी अधिक विस्तृत होनी चाहिए, कहाँ उद्धरण कम किए जा सकते हैं, कहाँ तत्कालीन साहित्यिक गतिविधि का उल्लेख आवश्यक है, कहाँ लेखक का विकासपथ प्रशस्त हो रहा है, इत्यादि।'

'आलोचना' में मेरा उन पर विस्तृत लेख निकला था। उन्होंने उसे देखकर मुझे लिखा : ' 'आलोचना' वाले लेख में आपने बड़ा परिश्रम किया है। सभी बातें आ गई हैं। जहाँ आप दूसरों के विचारों का विवरण नहीं देते, वहाँ आपकी शैली खूब प्रभावशाली होती है, जैसे आखिरी पैराग्राफ में।' आलोचना की ऐसी शिक्षा विस्तार से मुझे किसी ने नहीं दी थी। मेरे पाठक जरूर मुझसे कहते थे—आप इतने उद्धरण क्यों देते हैं? धीरे-धीरे मैंने इस दोष से छुटकारा पाया और विवेचन को अधिक महत्त्व देने लगा। इसी पत्र में उन्होंने प्रगतिशील साहित्य के बारे में मुझे विस्तार से बतलाया था : 'सन् '36 से अब तक प्रगतिशील साहित्य एक ओर सामंती-साम्राज्यवादी प्रवृत्तियों से टकराता है, दूसरी ओर वह मार्क्सवादी चिंतन से जो विभिन्न—परस्पर विरोधी—प्रवृत्तियाँ हैं, उनसे टकराता है। पूँजीवाद का आंतरिक संकट जितना ही गहरा होता है, उतना ही प्रगतिशील साहित्य पूँजीवादी चिंतन से टकराता है। आधुनिक साहित्य का मूल्यांकन करते समय इस चौखटे को ध्यान में रखना चाहिए। आप सांस्कृतिक-सामाजिक परिवेश की रूपरेखा जितना ही स्पष्ट करेंगे, उतना ही व्यक्ति विशेष के विवेचन में गहराई आएगी।' फिर उन्होंने लिखा : 'स्वास्थ्य बहुत अच्छा नहीं है, पुराने काम पूरे करने में देर हो रही है। शक्ति और समय बचाने के लिए मैं किसी पुस्तक, लेख आदि पर सम्मति, प्रतिक्रिया नहीं भेजता। इसलिए यह पत्र—उसका कोई अंश—अभी प्रकाशित न करें। 'धरातल' में आपने मेरा एक लाइन का कार्ड छाप दिया था। वह मेरे लिए जोखिम का कारण हो सकता है। इसलिए ऐसा लिखा। गौतमजी मिले थे। भले आदमी लगे।' गौतमजी 'धरातल' के प्रकाशक थे और आगरा उनके दर्शनों के लिए ही गए थे। उन्होंने उनसे पहला सवाल यह किया कि आपने ताजमहल देख लिया? गौतमजी बोले—ताजमहल तो अपनी जगह पर मौजूद है और मौजूद रहेगा। उसे तो दिन-रात कभी भी देखा जा सकता है। आपसे न मिलना कठिन है, सो मैं स्टेशन से सीधे आपके ही पास आ रहा हूँ। डा. शर्मा उनके इस उत्तर से मुदित हुए। गौतमजी के पिता अयोध्यानाथ शांडिल्य 'धरातल' के घोषित संपादक थे। उन्होंने उन्हें एक पत्र लिखा कि मैं तो अपने जीवन की संध्या में चल रहा हूँ। डा. शर्मा ने उन्हें उत्तर दिया : 'किसी-किसी देश में दिन से बड़ी संध्या ही होती है। मेरी कामना है कि आपकी जीवन-संध्या भी वैसी ही हो।'

मैं आगरा जाना ही चाहता था, पर डर था कि उनके पास समय की कमी न हो। उन्होंने इस संबंध में मुझे लिखा : 'आप निश्चिंत होकर आइए, मेरे पास समय की कमी नहीं है। स्टेशन से सीधे मेरे घर आइए। मैं प्रयत्न करूँगा कि राजपूत कालेज के होस्टल में व्यवस्था हो जाए; न हुई तो मैं आपको होटल पहुँचा दूँगा। इस शहर में पहली बार आ रहे होंगे। इधर-उधर न भटककर पहले मेरे यहाँ आइए। यहाँ कई स्टेशन हैं। मेरा घर राजमंडी स्टेशन के बिलकुल पास, पश्चिम की ओर है। आगरा फोर्ट उतरे तो रिक्शेवाले को बता दें—नई राजमंडी स्टेशन के पश्चिम फाटक से निकलें तो फाटक—[इससे आगे डा. शर्मा ने कार्ड पर छोटी सड़क, बड़ी सड़क और तोता ताल का उल्लेख करते हुए रोड नं. 30 पर स्थित अपने मकान तक पहुँचने

का नक्शा बना दिया था।]' आगरे से लौटने के बाद भी उनसे मेरा संबंध बना रहा। बाद के पहले पत्र में उन्होंने मुझे लिखा : 'तुम्हें सब लोग यहाँ बड़े स्नेह से याद करते हैं। माताजी 'आसिरवाद' कहती हैं; कुसुम कपूर [उनकी एक छात्रा, जो उनकी पड़ोसन थी] नमस्ते और शुभकामनाएँ भेजती हैं।' यहाँ कुसुम कपूर से संबंधित एक प्रसंग याद आता है। शाम को डा. शर्मा, मैं और कुसुम कपूर उनके घर के पिछले बरामदे में कुर्सियों पर बैठे गप कर रहे थे। वे लगातार इस बात पर जोर दे रहे थे कि आलोचना नहीं, टेक्स्ट ही पढ़ना चाहिए। उन्होंने एक घटना सुनाई कि एक बार लखनऊ विश्वविद्यालय में अंग्रेजी-विभाग के अध्यक्ष और अंग्रेजी के प्रख्यात विद्वान प्रो. एन.के. सिद्धांत ने अपने अभ्यास-वर्ग में छात्रों से कहा कि अगले हफ्ते में आप सभी कीट्स पर लेख लिखकर लाएँगे। डा. शर्मा जब पुस्तकालय में कीट्स पर पुस्तकें ढूँढ़ने गए, तो मालूम हुआ कि सारी पुस्तकें दूसरे 'इसू' करा ले गए। लिहाजा उन्होंने कीट्स की कविताओं का अध्ययन करके लेख लिखा, जिसे पढ़कर प्रो. सिद्धांत ने उनसे पूछा—आपने यह किस पुस्तक से लेकर लिखा है? जब डा. शर्मा ने उनसे कहा कि पुस्तकालय में कीट्स पर जितनी पुस्तकें थीं, सारी की सारी दूसरे छात्र अपने नाम पर ले गए थे, सो मैंने केवल उनकी कविताओं को आधार बनाकर यह लेख लिखा है। प्रो. सिद्धांत उस लेख से बहुत प्रभावित थे और उन्होंने उनकी बहुत प्रशंसा की। तभी से वे आलोचना की जगह टेक्स्ट पढ़ने पर जोर देने लगे। कुसुम कपूर ने शांत भाव से कहा—आप मुझसे भी यही कहा करते थे, जिसका फल यह हुआ कि मुझे अंग्रेजी (एम.ए.) में थर्ड क्लास आ गया। डा. शर्मा इससे जरा भी विचलित नहीं हुए और यह कहते हुए कि कोई बात नहीं है, एक दर्जन विश्वविख्यात विद्वानों के नाम गिना गए, जो कभी न कभी इम्तहान में फेल हुए थे।

जब मैं आगरे में एक सप्ताह था, तो एक दिन उनसे यह प्रस्ताव किया—हम लोगों की फोटोग्राफी हो जानी चाहिए, जो बाद में यादगार बन जाए। उन्होंने कहा कि सत्यनारायण 'कविरत्न' से तुम परिचित हो। यहाँ उन्हीं के नाम के एक फोटोग्राफर हैं, जिन्हें मैं 'छविरत्न' कहा करता हूँ। फिर उन्होंने मुझे उनका पता बतलाया और मैंने उन्हें खबर की। वे दूसरे दिन शाम को अपना स्टैंडवाला कैमरा लेकर आ गए। डा. शर्मा, अम्माजी और मैंने अपने कई फोटो उतरवाए। बीच में मैंने डा. शर्मा से कहा—क्या इस बनियान में ही सारी फोटो खिंचवाएँगे? उन्होंने कहा—तुम जो कहो। मैंने उनसे कहा कि अब चादर ओढ़ लीजिए। उन्होंने सिल्क की मक्खन के रंग की चादर ओढ़ ली। फिर उसमें भी कई फोटो ली गई। दूसरे दिन 'छविरत्न' वे फोटो दे गए, तो अम्माजी उन्हें ठीक से देखने के लिए अपना चश्मा लाने के लिए उठीं। डा. शर्मा ने कहा—मालकिन, पहले ये फोटो यों ही देख लो, बाद में उन्हें चश्मे से ठीक से देखना। आज वे फोटो मेरे अलबम में वस्तुतः उन दिनों की यादगार बने हुए हैं। अब मैं दिल्ली से लौटकर आगरे होता हुआ पटने आने लगा। मैं जब कभी दिल्ली से आगरे आता था, तो डा. शर्मा के लिए उनके आदेश के मुताबिक कोई दुर्लभ पुस्तक, अम्माजी के लिए अचार और कुसुम कपूर के लिए कोई पेंटिंग लाता था।

मुझे टुंडला की जाड़ों की दोपहर की मीठी धूप में ली गई दो घंटे की नींद भूलती नहीं है। आगरे से जब मैं टुंडला पहुँचा, तो मुझे वह ट्रेन छोड़ देनी पड़ी, क्योंकि वह दूसरी दिशा में जाती थी। कुली ने मेरा सामान उतार कर प्लेटफार्म पर रखा और मुझसे कहा कि पटना जानेवाली गाड़ी आपको दो घंटे के बाद मिलेगी। मैंने कहा कि मैं तब तक सोता हूँ, तुम ट्रेन आने के पहले मुझे आकर जगा देना। उधर वह गया और इधर होल्डॉल खोलकर मैं सो गया।

दो घंटे के बाद जब ट्रेन आई, तो कुली आकर मुझसे बोला—'गाड़ी आय गयो। उठ्यो।' उठकर मैंने होल्डॉल बाँधा, जिसे और मेरी अटैची को लेकर उसने मुझे ट्रेन में चढ़ा दिया। मेरे चढ़ जाने के बाद उसने मुझसे पूछा—'चढ़यो?' मैंने सोचा, यह सूरदास की ब्रजभाषा है, जो मेरे कानों में रस घोल गई है। मैं भाग्यशाली हूँ कि किसी जीवित व्यक्ति के मुँह से मुझे यह भाषा सुनने को मिली।

अपने एक अगले पत्र में डा. शर्मा ने मुझे लिखा : 'कल डा. नामवर सिंह आए थे। शेष दस्तावेज तलाशने का वादा कर गए हैं।...तुम्हारी किताबें छपेंगी तब देखकर और प्रसन्नता होगी।' अपने एक पत्र में उन्होंने मुझे भी एक काम थमाया : 'विशेष कार्य : कृष्णचंद्र चौधरी या गंगाधर दासजी या अन्य किसी पुराने साथी से कहना, जयप्रकाश नारायण की पुरानी पुस्तक 'व्हाई सोशलिज्म?' कहीं से प्राप्त करके तुम्हें दें। तुम स्वयं भी पुस्तकालय में देखना। मिल जाए तो साथ लेते आना और लौटते समय साथ लेते जाना। अपनी राजनीतिक पुस्तक के लिए मुझे उसकी *अत्यंत* आवश्यकता है।' डा. शर्मा को मैंने भारतीय भाषा परिषद्, कलकत्ता द्वारा उनकी पुस्तक 'महावीरप्रसाद द्विवेदी और हिंदी नवजागरण' के पुरस्कृत किए जाने पर बधाइयाँ दी थीं। उन्होंने उक्त पत्र में ही लिखा : ''तुम्हारी हार्दिक बधाइयाँ स्वीकार कीं। यह पता लगाना दिलचस्प होगा कि भा.भा. परिषद् के कितने सदस्यों ने मेरी पुस्तक पढ़ी है। उसके निदेशक प्रभाकर माचवे ने अपने पत्र में उसका नाम म.प्र.द्वि. और हिंदी 'पुनर्जागरण' लिखा है।' 'व्हाई सोशलिज्म?' नामक पुस्तक पढ़ी तो पार्टी के सभी पुराने नेताओं ने थी, लेकिन उसका पता जयप्रकाशजी के निकट सहयोगी रहे किशोरप्रसन्न सिंह भी नहीं बतला सके। अंत में राजकमल की स्थानीय शाखा के प्रबंधक और मेरे मित्र सत्येंद्रजी ने मुझसे कहा कि वह पुस्तक सिन्हा लाइब्रेरी में है। मैंने वहाँ से उसे प्राप्त किया और जबलपुर से होते हुए आगरे गया, तो वह उनके लिए लेता गया। उन्होंने पुस्तक ली और अंदर चले गए। कुछ देर के बाद लौटे, तो मुझे वह पुस्तक लौटा दी। मुझे याद नहीं है कि आगरे से मैं दिल्ली गया या पटने लौट आया।

एक बार मैंने उनसे प्रस्ताव किया था कि आप निराला ग्रंथावली का संपादन कर दें। उन्होंने उत्तर दिया—मैं नहीं करूँगा, तुम करो। मैंने कहा—मुझसे इतना बड़ा काम नहीं सँभलेगा। अचानक एक दिन सत्येंद्रजी मेरे पास 'निराला रचनावली' का अनुबंध-पत्र लेकर पहुँचे और मुझसे आग्रह किया कि मैं संपादन-भार को स्वीकार करते हुए उस पर हस्ताक्षर कर दूँ। मैंने हस्ताक्षर तो कर दिया, लेकिन उस रचनावली के बोझ के नीचे अपने को दबा पाया। शाम मैं अरुण कमल के साथ बिताया करता था। उन्हें बतलाया, तो वे मुझे रीगल होटल में ले गए और खुशी में मुझे रसगुल्ले खिलाए। मैं रसगुल्ले खा तो रहा था, पर मुझे यह भी लग रहा था कि वे मुझे उठां-उठाकर पटक रहे हैं। मैंने डा. शर्मा को लिखा, तो उन्होंने उत्तर दिया : ' 'निराला ग्रंथावली' के संपादन से मैं अपने को अलग रखूँगा। उस सिलसिले में तुम्हारा यहाँ आना व्यर्थ होगा।' मैंने बिटिया पूर्वा को 'निराला की साहित्य साधना' का प्रथम खंड पढ़ने के लिए दिया था। उसे वह बहुत पसंद आया था। मैंने यह बात डा. शर्मा को लिख भेजी। उन्होंने लिखा : 'पूर्वा को मेरी लिखाई पसंद आई, यह जानकर मुझे बहुत प्रसन्नता हुई।' फिर एक पत्र में लिखा : 'कुछ दिन हुए, पता चला था कि रामकृष्णजी तथा श्रीमती शीला संधू में पत्र-व्यवहार हुआ था और ग्रंथावली प्रकाशन का काम खटाई में पड़ता दिखता था।'

अम्माजी की तबीयत अचानक जोरों से खराब हो गई। एक दिन वे बेहोश भी हो गई थीं। फिर खाट पर पड़ी रहीं और पेचिश की शिकार हो गईं। इस पत्र में डा. शर्मा ने लिखा कि 'रसोई का काम भी मैं ही देखता हूँ।' एक बार उनके कई नाती या पोते उनके यहाँ पहुँचे थे। उन्होंने बतलाया कि वे मेरी किताब ढूँढ़ने की भंगिमा की नकल करते हैं और मैं उन्हें कहानियाँ सुनाता हूँ, जिनमें अंग्रेजी बोलने वाला एक कुत्ता होता है। अब उनके घर में हँसी-खुशी का वह माहौल नहीं रह गया था। पत्र का अंत उन्होंने इन शब्दों से किया : 'मैं आदेश किसी को नहीं देता। 'निराला ग्रंथावली' का कार्य स्वेच्छा से करने न करने का निर्णय तुम्हारा होगा।' दूसरी ओर वे मुझे निराला-संबंधी लुप्त सामग्री का ज्ञान भी करा रहे थे। इस बात पर उन्होंने हर्ष प्रकट किया था कि दुलारेलाल के नाम निरालाजी के पत्र मिल गए, जो कि एक बड़ी बात हुई। भोपाल में डा. शर्मा पर एक संगोष्ठी हुई थी, जिसमें मैंने उनकी भाषा पर 'वैचारिक संग्राम का अस्त्र' शीर्षक आलेख पढ़ा था। इस संबंध में बनारस से उन्होंने मुझे लिखा : 'डा. नामवर सिंह यहीं हैं। भोपाल वाले तुम्हारे निबंध की भी प्रशंसा कर रहे थे। वे अपने प्रत्येक पत्र में अम्माजी के स्वास्थ्य के बारे में बतलाते रहते थे, साथ ही अपने स्वास्थ्य के बारे में भी और मेरे सपरिवार प्रसन्न रहने की आशा तो व्यक्त करते ही थे। साफगोई उनमें ऐसी थी कि एक पत्र में उन्होंने लिखा : 'मैं लोगों को लेख डिक्टेट कराता हूँ तो विषय मेरी पसंद का होता है। अत: 'मार्क्सवादी आलोचना की समस्याएँ' विषय पर मुझसे तुम्हें कुछ प्राप्त न होगा।' इस विषय पर लेख डिक्टेट करा देने का अनुरोध मैंने डा. शर्मा से त्रैमासिक 'आलोचना' के एक विशेष अंक के लिए किया था। अपने बेटे और बेटियों के शुभ विवाह का निमंत्रण पत्र मैंने उन्हें भेजा था। उन्होंने लिखा :

'चिंतन और सुनीता
पूर्वा और अपूर्वानंद
के सुखी दांपत्य जीवन के लिए मेरी हार्दिक मंगलकामना स्वीकार हो।'

इस पत्र की भाषा से यह स्पष्ट है कि वे मेरे प्रति अपने संबंध को औपचारिक बनाने लगे थे। इसके दो कारण हैं। एक तो यह कि मुक्तिबोध की कविताओं पर लिखते हुए मैं मार्क्सवादी संकीर्णतावाद से मुक्त होने लगा था और दूसरा यह कि मैं 'निराला रचनावली' का संपादन उनके परामर्श की उपेक्षा करके कर रहा था। 'उपेक्षा 'वाली बिलकुल गलत है। अब मैं 'निराला रचनावली' के संपादन-प्रसंग पर आता हूँ, जिससे सब कुछ साफ हो जाएगा।

मुझसे पहले निराला के आत्मज पं. रामकृष्ण त्रिपाठी ने भी डा. शर्मा से यह अनुरोध किया था कि वे निराला ग्रंथावली का संपादन कर दें। मैं जब दारागंज में उनसे मिला था, तब वे निराला की जीवनी को लेकर उनकी कई बातों से नाराज थे, यथा—निराला की जन्म-तिथि, उनकी अंतिम कविता आदि। पता नहीं, उनकी यह नाराजगी डा. शर्मा तक तो नहीं पहुँच गई। वे बहुत ही सख्त मिजाज के आदमी थे, सो उन्होंने उनके अनुरोध को सख्ती से इनकार कर दिया। संभव है, इस बात को लेकर दोनों के बीच और तकरार बढ़ी हो। हारकर रामकृष्णजी ने ओंकार शरद से 'निराला ग्रंथावली' का संपादन कराना शुरू किया। उसके दो खंड ही निकले थे कि वह संपादन-कार्य भी बंद हो गया। संभव है, ओंकार शरद जैसे अयोग्य लेखक से यह कार्य कराना डा. शर्मा को और नागवार गुजरा हो। परिणामत: इस कार्य से उन्होंने ऐसा हाथ खींचा कि उसके संबंध में किसी को कोई सहयोग न देने का भी मन बना लिया। इसी बीच राजकमल ने मुझे अनुबंध-पत्र भेजकर मेरी स्वीकृति प्राप्त की, जिसका जिक्र मैं ऊपर कर चुका हूँ।

शीलाजी को जब मेरा अनुबंध-पत्र मिला, तो उन्होंने मुझे लिखा कि आप रचनावली की पूरी रूपरेखा तैयार कर मुझे भेज दें। मैंने सोच-विचार कर उसके आठ खंड बनाए, जिनमें से अंतिम खंड निराला के पत्रों का था। शीलाजी ने प्रारूप देखा। डा. शर्मा की स्वीकृति और सुझाव के लिए उन्होंने उसे उन्हें भेजा। वे आठवें खंड को देखते ही भड़क उठे और उसकी रूप-रेखा पर लिखा कि रचनावली में पत्रों वाला खंड नहीं होना चाहिए। अब शीलाजी ने वह रूपरेखा नामवरजी की प्रतिक्रिया जानने के लिए उन्हें भेजी। उन्होंने उसे सही बतलाया और पत्रों वाले खंड के बारे में लिखा कि संपादक की जैसी इच्छा। शीलाजी राजकमल के प्रकाशन-बुलेटिन 'प्रकाशन समाचार' में आठों खंडों का विज्ञापन कर चुकी थीं। उनकी दुविधा यह थी कि डा. शर्मा और नामवरजी के बीच मैं था, सो वे क्या करें। उन्होंने डा. शर्मा से कहा—डाक्टर साहब, रचनावली के आठों खंड विज्ञापित हो चुके हैं। आप पत्रों वाला खंड भी निकलने दें। उन्होंने कहा कि पत्रों वाला खंड निकला, तो 'निराला की साहित्य साधना' के तीसरे खंड की, जिसमें निराला के पत्र संकलित हैं, बिक्री पर असर पड़ेगा। शीलाजी ने उन्हें बतलाया कि 'रचनावली' और चीज है, 'साहित्य साधना' और चीज। दोनों में कहीं कोई टकराव नहीं है, इसलिए मैं आपसे प्रार्थना करती हूँ कि आठवाँ खंड भी निकलने दें और उसमें 'साहित्य साधना' के तीसरे खंड में दिए गए निराला के पत्र भी जाने दें। डा. शर्मा ने उत्तर दिया—निराला के पत्रों में मेरा पूरा रिसर्च है, इसलिए वे पत्र मैं नहीं दूँगा। आप पत्रों वाला खंड मेरे द्वारा जुटाए गए निराला के पत्रों को छोड़कर निकालें, मुझे कोई एतराज नहीं है। शीलाजी भारी फेरे में पड़ गईं, क्योंकि 'साहित्य साधना (3)' के पत्रों के बिना वह खंड बनता ही न था।

उन्होंने 'लाइटनिंग कॉल' देकर मुझे अविलंब दिल्ली बुलाया। दिसंबर के जाड़ों के दिन थे। दिल्ली ठंड के मारे काँप रही थी। मुझे प्रगतिशील लेखक संघ के सम्मेलन में उदयपुर जाना था, सो पूरे काफिले के साथ मैं दिल्ली पहुँचा और हम लोग अजय भवन में ठहरे। करीब चार बजे मैं दरियागंज राजकमल के कार्यालय में पहुँचा, तो शीलाजी मिलीं। उन्होंने मुझसे कहा कि आपको डा. शर्मा बहुत मानते हैं, आप उनसे मिलकर निराला के पत्रों को देने के लिए उन्हें तैयार कीजिए। मैं पुलोवर पहने था, फिर भी ठंड बरस रही थी, और मैं सिहर रहा था। मैं और मोहन गुप्त डा. शर्मा से मिलने विजयनगर पहुँचे। मोहन गुप्त को उनसे मिलने का साहस नहीं हुआ, इस कारण वे बाहर ही रुक गए और मैं अंदर उनसे मिलने गया। वे ऊनी टोपी तथा पुलोवर पहने और चादर ओढ़े ड्राइंग रूम में बैठे थे। एक कोई और आदमी था, जो उनसे कुछ हटकर बैठा था। वे उससे बातें कर रहे थे कि मैं पहुँचा और उनका चरण-स्पर्श किया। उन्होंने मुझे अपने करीब ही बैठाया और मुझसे पूछा—क्या शीलाजी ने तुम्हें बुलाया है? मैंने कहा कि 'हाँ'। रचनावली में पत्रों को लेकर समस्या उठ खड़ी हुई है। आप द्वारा संकलित पत्रों को छोड़कर वह खंड बन नहीं रहा है। डा. शर्मा ने वज्र-वाणी में कहा—मैंने तो शीला संधू को पहले ही पत्रों वाला खंड देने से मना किया था, लेकिन उन्होंने मेरी बात नहीं मानी। मैंने कहा—डाक्टर साहब, मुझे तो आपके सुझाव की कोई जानकारी नहीं है। उन्होंने दृढ़ता से सिर हिलाया, जिसका मतलब यह था कि शीलाजी ने उनका तिरस्कार किया है। मैंने जब देख लिया कि उन्हें अपनी बात से टस से मस नहीं किया जा सकता, तो मैं उनके चरण छूकर मोहन गुप्त के पास लौट आया और उनसे कहा कि वे नहीं मान रहे हैं। अगले दिन मैं शीलाजी से मिला, तो मालूम हुआ कि मोहन गुप्त ने उनसे कह रखा

था कि डा. शर्मा से मिलने के बाद नवलजी बहुत 'अपसेट' थे। ऐसा लगता है कि उन्होंने अपनी बात नहीं मानने के लिए उन्हें बहुत फटकारा है। उसके बाद शीलाजी मुझ पर चीखने-चिल्लाने लगीं कि मैंने उनका सुझाव क्यों नहीं माना? मैंने उन्हें उत्तर दिया—कैसा सुझाव? मैं तो इस संबंध में कुछ भी नहीं जानता। अब उन्होंने राजकमल के एक उच्च कर्मचारी जगदीशजी को बुलाया और उनसे पूछा—वह रूपरेखा कहाँ है, जिसमें डा. शर्मा ने पत्रों वाला खंड न बनाने का सुझाव दिया था। वे मुझ पर इसलिए चिल्लाई थीं कि उन्हें भ्रम था कि वह रूपरेखा मेरे पास भेज दी गई है, पर जगदीशजी ने उन्हें बतलाया कि वह तो उनके पास है! वे अपना माथा पकड़कर बैठ गईं और मुझ पर चिल्लाने के लिए एक तरह से खेद प्रकट करने लगीं।

इसी तरह एक बार मैं श्याम कश्यप के साथ राजकमल पहुँचा। वह बगल के कमरे में सत्यजी के पास बैठा और मैं शीलाजी के कमरे में गया। उन्होंने मुझसे कहा कि आप विभिन्न प्रकाशकों से अनुमति प्राप्त करें कि वे रचनावली में देने के लिए निराला की पुस्तकें दें। मैंने दृढ़ शब्दों में उन्हें उत्तर दिया—यह काम मेरा नहीं है। मुझे सिर्फ संपादन करना है। प्रकाशकों से अनुमति आप प्राप्त करें। मैं क्यों यह करूँ? वे जगदीशजी के सामने बोलीं—लो, ये प्रकाशकों से अनुमति नहीं लेंगे! मैंने पुनः दृढ़तापूर्वक कहा—यह काम मेरा नहीं, आपका है। वे उसी दिन मुझसे नाराज हो गईं, पर मुझे रत्ती-भर भी उसकी परवाह नहीं थी। मैं जब बाहर आया, तो श्याम कश्यप ने, जो हमारी बातचीत सुन रहा था, मुझे बधाई दी। मैंने उससे पूछा—यह बधाई क्यों दे रहे हो? वह बोला—आपने शीला संधू को जैसा जवाब दिया है, वैसा जवाब उन्हें दिल्ली का कोई लेखक नहीं दे सकता। एक छोटी घटना और। मैं सत्येंद्रजी के साथ बाँकीपुर पोस्टऑफिस से 'आलोचना' की सामग्री नामवरजी को रजिस्टर्ड पार्सल से भेज देता था और शीलाजी को पत्र डाल देता था कि आज मैंने सामग्री संपादक को भेज दी। एक बार उन्हें मेरा पत्र मिला और उन्होंने तुरत नामवरजी को फोन करके पूछा—आपको 'आलोचना' के नए अंक की सामग्री मिली? उन्होंने कहा—नहीं। शीलाजी ने अब मुझे लिखा कि मैं ठीक-ठीक उन्हें बतलाऊँ। मैंने उन्हें उत्तर दिया—मैं हमेशा आपको ठीक-ठीक बात ही बतलाता हूँ। रजिस्टर्ड सामग्री एक-दो दिनों के बाद मिलती है। अब आप नामवरजी से पूछें, सामग्री उन्हें मिल गई होगी। सामग्री उन्हें मिल चुकी थी, पर मेरा कठोर उत्तर उन्हें पसंद नहीं आया था। पर उसकी परवाह भी मैं क्यों करता?

डा. शर्मा और निराला का संबंध सारा हिंदी संसार जानता है। शीलाजी को यह भय सताने लगा कि रचनावली के आठ खंड निकले, तो कहीं वे 'धर्मयुग' में लिखकर उसे खारिज न कर दें। उन्हें भय था कि जानकीवल्लभजी भी 'निराला के पत्र' रचनावली के लिए न देंगे, सो वे बहुत चिंतित थीं। मुझे ऐसा लगा कि कुछ राज्य सरकारों से रचनावली की खरीद का उन्हें आदेश ही नहीं मिल चुका था, उन्हें उनसे कुछ अग्रिम राशि भी प्राप्त हो चुकी थी। पहले तो नहीं, पर अब पूरे घटना-क्रम से मैं 'अपसेट' हो गया, इतना कि उदयपुर में अपना भाषण भी न दे सका और दो-तीन पंक्तियों के बाद ही टोका-टोकी से झुँझलाकर जाकर बैठ गया, जिसकी खबर पता नहीं कैसे दिल्ली के लेखकों तक मेरे दिल्ली पहुँचने के पहले ही पहुँच गई थी। पटना लौटते समय मैं ट्रेन के ऊपरी बर्थ पर सोया था कि एक भयानक दुःस्वप्न देखकर जग पड़ा। अरुण कमल ने मुझसे कहा कि आपके भाषण न दे पाने और दुःस्वप्न देखने के पीछे 'निराला रचनावली' थी। अब मुझे लगता है कि उनका कहना सही था।

आगे की कहानी यह है कि जगदीशजी और सत्येंद्रजी एक अनुबंध-पत्र लेकर मुजफ्फरपुर जानकीवल्लभजी के पास गए। रचनावली के लिए 'निराला के पत्र' लेने के लिए उनकी स्वीकृति चाहिए थी। जगदीशजी ने उनके सामने अनुबंध-पत्र रख दिया, जिस पर हस्ताक्षर करने के लिए उन्होंने अपनी कलम निकाली। वहाँ पर मेरे एक कवि-कथाकार मित्र बैठे हुए थे, जो उन दिनों जानकीवल्लभजी के भक्त बने हुए थे। हस्ताक्षर करने के पहले उन्होंने उनसे कहा—आप हस्ताक्षर मत कीजिए। लेकिन उन्होंने उनकी बात पर कोई ध्यान नहीं दिया और हस्ताक्षर कर दिया। मुझे यह सूचना सत्येंद्रजी ने दी। मैंने कहा कि जिनसे सहयोग की आशा थी, उन्होंने दृढ़ता के साथ असहयोग किया और जिनसे असहयोग का भय था, उन्होंने निर्भीकतापूर्वक सहयोग किया। यह असली निराला-प्रेम नहीं तो और क्या है? मुझे उर्दू के एक शेर का यह मिसरा याद आया : 'जिन पे तकिया था वही पत्ते हवा देने लगे'। आठवाँ खंड अभी भी नहीं बन पा रहा था। शीलाजी ने रामकृष्णजी को लिखा कि आप डा. शर्मा से उनके पत्र दिलवाएँ। उन्होंने जब उनसे हद से ज्यादा अनुरोध किया, तो उन्होंने उत्तर दिया कि तो ठीक है, तुमने मुझे निराला के जो पत्र दिये थे, वे ले लो, पर बाकी पत्र मैं नहीं दूँगा। दुलारेलाल भार्गव, जानकीवल्लभजी और रामकृष्णजी-प्रदत्त पत्रों को लेकर तथा निराला की पुस्तक 'महाभारत' को मिलाकर मैंने आठवाँ खंड बनाया और उसकी भूमिका में लिख दिया कि इसके पत्रों को डा. शर्मा की पुस्तक में दिए गए पत्रों के साथ पढ़ा जाए।

'निराला रचनावली' निकल गई। उसके संपादन के लिए मुझे उसके दो सेट और बत्तीस सौ रुपए मिले, जो मेरी बिटिया की शादी में काम आए। दोनों सेटों में से एक सेट मैंने अपने अग्रज-तुल्य केदारजी को भेंट किया और दूसरा सेट अपने मित्र श्याम कश्यप को। मैंने अपने लिए एक सेट राजकमल से ऑथर्स डिस्काउंट के साथ खरीदा। मेरे पास वही सेट है। यह आश्चर्य की बात है कि 'निराला रचनावली' में मैंने एक हजार पृष्ठों की नई सामग्री जुटाई थी, पर हिंदी संसार ने उस पर कोई ध्यान नहीं दिया। सामग्री-संकलन के लिए मुझे पाँच हजार रुपए मिले थे। उसी से मैंने गर्मी के दिनों में भी बनारस, लखनऊ और इलाहाबाद के पुस्तकालयों के चक्कर लगाए। भगवतीचरण वर्मा ने कलकत्ते से कभी 'विचार' नामक पत्र निकाला था। उसी में निराला की कविता 'बापू, तुम यदि मुर्गी खाते' बहुत ही गंदी टिप्पणी के साथ निकली थी। लखनऊ में मैं होटल में ठहरा और पं. अमृतलाल नागर से मिला। उन्होंने कहा—यहीं क्यों नहीं चले आए? मैंने उनसे निवेदन किया कि मेरा होटल स्टेशन के करीब है, इसलिए वहाँ मुझे कई सुविधाएँ हैं। 'विचार' की फाइल मुझे कहीं नहीं मिली थी, वह भगवती बाबू के यहाँ थी, जो अब नहीं रहे थे, सो मैंने नागरजी से कहा कि आपके सहयोग के बिना वह फाइल देखने को मुझे नहीं मिल सकती। उन्होंने कहा—कल दस बजे आओ। मैं दूसरे दिन पहुँचा, तो वे धोती-कुर्ता पहने और छड़ी लिये बैठे हुए थे। मेरे पहुँचते ही उन्होंने कहा—चलो। बाहर उनका रिक्शा खड़ा था। लखनऊ के रिक्शे में छतरी नहीं उठाई जाती। चिलचिलाती धूप थी, जिसमें नागरजी और मैं रिक्शे में बैठे भगवती बाबू के यहाँ जा रहे थे। उनका घर इंदिरा नगर में था। उन्होंने रिक्शा रुकवाया और हम लोग उतर गए। फिर उन्होंने 'विचार' की फाइल मँगवाई, जिससे मैंने उक्त कविता नोट की, फिर उसी धूप में लौटे। मैं नागरजी की महानता से अभिभूत था। अगले दिन मैं गंगा-पुस्तक-माला-कार्यालय में दुलारेलाल भार्गव के पुत्र सोहनलाल भार्गव से मिला। उन्होंने छाया-प्रति कराकर अपने पिता को लिखे गए निराला के करीब पचास पत्र दिये, जो उन्होंने डा. शर्मा को नहीं दिये थे।

फिर हम लोग 58, नारियलवाली गली में वह मकान ढूँढ़ने चले, जिसमें कभी निराला रहते थे। गली में कई चक्कर लगाए, पर उसका पता न चला। अंत में सीढ़ियों पर बैठे हुए एक बूढ़े व्यक्ति ने हम लोगों से पूछा—ऐसा लगता है कि आप लोग कुछ ढूँढ़ रहे हैं। हम लोगों ने बतलाया कि इस गली में 58 नंबर का मकान ढूँढ़ रहे हैं, जिसमें निराला बहुत दिन रहे थे। बूढ़े ने कहा—निरालाजी इसी रास्ते से आते-जाते थे। फिर उसने उँगली के इशारे से उस मकान की ओर इशारा किया, जिसमें वे रहते थे, लेकिन साथ-साथ यह भी कहा कि वह मकान तो कब का टूट गया। फिर हम लोग उस मकान के पास पहुँचे और खड़ा होकर उसे देखते रहे। सोहनलालजी बहुत जिंदादिल आदमी थे। उन्होंने कहा—आखिर हम लोगों ने ढूँढ़ ही लिया! अफसोस कि कुछ दिनों बाद ही उनका असामयिक निधन हो गया। लखनऊ में मेरा काम खत्म हो चुका था, सो मैं कल होकर नागरजी और उनकी पत्नी प्रतिभाजी से मिलकर पटने लौट आया। दुलारेलालजी के पत्रों को मेरी पत्नी ने साफ किया।

बनारस की नागरी प्रचारिणी सभा के पुस्तकालय में मैंने बहुत काम किया, उतना ही प्रयाग के सम्मेलन पुस्तकालय में। इलाहाबाद से लौटने के लिए मैं स्टेशन पर पहुँचा, तो मालूम हुआ कि ट्रेन दो घंटे लेट है। मैं अपनी अटैची में एक छोटा-सा और मुलायम तिरपाल रखता था। मैं उसी को बिछाकर प्लेटफार्म पर लेट गया। प्लेटफार्म तपा हुआ था, जो छन-छन करके मुझे लग रहा था। उस तपिश को मैं आज भी नहीं भूल सका हूँ। जवाहरलाल नेहरू मेमोरियल म्यूजियम लाइब्रेरी का काम श्याम कश्यप की पत्नी गीताजी ने कर दिया। कलकत्ते मैंने युगल और चिंतन को भेजा। इन दोनों ने नेशनल लाइब्रेरी और बड़ा बाजार के हनुमान पुस्तकालय से निराला की किशोरोपयोगी चार लुप्त पुस्तकों की पूरी-पूरी कॉपी की। बड़ी बात यह हुई कि युगल को नेशनल लाइब्रेरी में निराला की प्रथम कविता-पुस्तक 'अनामिका' भी मिल गई और लाइब्रेरियन ने उसे नियम के विरुद्ध जाकर यह छूट दे दी कि वह उसकी छायाप्रति करा सकता है। प्रस्तुत पुस्तक से छुटकारा पाकर मैं प्रथम 'अनामिका' को राजकमल को भेज रहा हूँ, जो इसे नई सजधज के साथ प्रकाशित करेगा। इलाहाबाद में मुझे निराला की एक अप्रकाशित पांडुलिपि मिल गई थी—'सीखभरी कहानियाँ'। मैंने उसकी भी छायाप्रति करा ली। 'सुधा' में निराला ने दुलारेलाल भार्गव के नाम से ढेर सारी टिप्पणियाँ लिखी थीं, जिनके चयन में डा. शर्मा से भी भूल हुई थी। मैंने निराला की शैली से उन्हें पहचानकर पटना विश्वविद्यालय के केंद्रीय पुस्तकालय के एक कर्मचारी से सारी टिप्पणियाँ टंकित कराईं और पूर्वा ने श्रमपूर्वक उन्हें मूल से मिलाकर देख लिया। राजकमल ने निराला की सभी अप्राप्त पुस्तकें स्वतंत्र रूप में भी छापीं, जिनसे रामकृष्णजी को अच्छी रॉयल्टी मिलती रही। स्वभावत: वे इस बात से बहुत प्रसन्न थे।

जब निराला की जन्म-शताब्दी मनाई जाने लगी, तो हिंदी के विद्वान 'निराला रचनावली' में एक हजार पृष्ठों की नई सामग्री पाकर बहुत प्रसन्न थे और मेरे श्रम की मुझसे मिलने पर भूरि-भूरि प्रशंसा करते थे। संभवत: 1999 में शिमला के संस्थान में निराला और फिराक गोरखपुरी की शताब्दी एक साथ मनाई गई। मैं सपत्नीक उसमें गया था। कालका से खिलौना गाड़ी से शिमला चले, तो दोनों ओर चीड़ और देवदार के वृक्ष तथा जंगल था और साथ-साथ अनेक पहाड़ियाँ। ऐसा दृश्य मैंने जीवन में कभी नहीं देखा था, सो मेरा सोया हुआ कवि जग पड़ा और मैंने ट्रेन में अनेक कविताएँ लिखीं। उनमें से एक छोटी-सी कविता आपको सुनाता हूँ, जो खिलौना गाड़ी से रात में लौटते समय मैंने मन ही मन रची थी। शिमला में सीढ़ियों

पर मकान बने हुए हैं, जिनमें रात में रोशनियाँ जगमगाती हैं। वह दृश्य अद्‌भुत था, सो मैंने यह कविता बनाई :

घाटी में जगमगाती
रोशनियाँ—
आसमान उतर पड़ा है नीचे
या अंधकार की तानाशाही
के विरुद्ध
यह जुगनुओं की है रैली?

संगोष्ठी दो दिनों तक चली। हिंदी के प्राय: सभी विद्वानों ने मुक्त कंठ से 'निराला रचनावली' की प्रशंसा की, इसका फल यह हुआ कि उर्दू के विद्वानों ने मुझसे कहा कि आप फिराक की भी ग्रंथावली का संपादन कर दें। मैंने उनसे कहा—यह आप क्या कह रहे हैं? मैं 'हिंदीवाला' हूँ। फिराक की ग्रंथावली का संपादन उर्दू का कोई विद्वान करेगा या मुझ-जैसा अछरकट्टू? अब नामवरजी कहते हैं कि रचनावलियों में 'निराला रचनावली' सर्वश्रेष्ठ है, पर मैं 'मुक्तिबोध रचनावली' को सर्वश्रेष्ठ समझता हूँ।

अंत में एक दिलचस्प प्रसंग सुनाकर मैं 'निराला रचनावली'-प्रसंग समाप्त करना चाहता हूँ। शिमला में दूसरे दिन मैं अपनी पत्नी के साथ माल रोड पर घूमने गया। वहाँ चिनार का एक पेड़ देखा, जिसे सरकार ने बचाकर रखा है। घूमते हुए मेरी पत्नी को एक पान की दुकान दिख गई। शिमला में पान नहीं मिलता, सो उन्होंने मुझसे कहा कि डा. बच्चन सिंह के लिए चार बीड़े पान बँधवाकर लेते चलिए। हम लोग माल रोड घूमकर लौटे, तो अगले सत्र का आरंभ होने ही वाला था। विद्वज्जन अभी संस्थान की पुस्तकें, जो डिसप्ले की गई थीं, देख रहे थे। डा. बच्चन सिंह बनारस के थे और पान के शौकीन। यों भी बनारस का पान मशहूर है। आपने यह फिल्मी गीत सुना होगा—'खाइके पान बनारस वाला,/खुल जाय बंद अकल का ताला'। वे काशी हिंदू विश्वविद्यालय में नामवरजी के शिक्षक रहे थे, इसलिए मैं उन्हें 'सर' कहा करता था। पान लेकर उनके पास गया और उनकी ओर बढ़ाया, तो उन्होंने प्रसन्नातिरेक में मुझसे पूछा—कहाँ मिला? मैंने उत्तर दिया—माल रोड पर एक दुकान में। फिर बोले—इसके लिए तुम्हें क्या आशीर्वाद दूँ? मैंने अपना सिर उनके आगे झुकाकर कहा—सर, मुझे आशीर्वाद दीजिए कि मेरी जन्म-शताब्दी मेरे जीवन-काल में ही मनाई जाए! कई लोग, जो वहाँ खड़े थे, मेरा जवाब सुनकर जोरों से हँस पड़े। प्राय: सभी लोगों ने शिमला वाली टोपी पहन रखी थी, यहाँ तक कि कृष्णा सोबती ने भी, क्योंकि ऊँचाई पर बसे शिमला में पहुँचते ही ललाट भारी हो जाता है। हम लोग वहाँ से लौटे, तो चार-पाँच अतिरिक्त टोपियाँ लेकर, जो यहाँ अपने मित्रों को भेंट कीं।

'निराला रचनावली' के प्रकाशन के बाद डा. शर्मा के साथ मेरा पत्राचार लगभग बंद हो गया। राजकमल प्रकाशन तो उनसे इस कदर विमुख हुआ कि उसने उनकी पुस्तकें छापना बंद कर दिया। अब उनकी पुस्तकें कभी किताबघर से निकलती थीं, कभी वाणी से और कभी दिल्ली विश्वविद्यालय के केंद्रीय हिंदी निदेशालय से। अब वे पुस्तकों की रॉयल्टी और पुरस्कार की राशि भी ठुकराने लगे थे। मुझे वह दिन याद आया, जब पूर्वोल्लिखित जगदीशजी आगरे से प्रकाशित होने वाले पत्र 'साहित्य-संदेश' में काम करते थे। एक बार वे डा. शर्मा के पास गए और उनसे आग्रह किया कि वे कृपापूर्वक उनके पत्र के लिए निराला पर एक लेख दें।

डा. शर्मा ने उनसे साफ-साफ कहा–बिना पैसे के मैं लेख नहीं दूँगा। मेरा लेख चाहते हो, तो पैसे लेकर आना। बतलाई गई तारीख पर जगदीशजी उनके पास पहुँचे, तो उन्होंने उनसे पूछा–पैसे लाए हो? जगदीशजी ने कहा–हाँ। इसके बाद डा. शर्मा ने उनसे पैसे लिये और अपने बिस्तर के नीचे से निकालकर उन्हें अपना लेख थमाया।

अम्माजी जब बनारस में ही थीं, कुछ वर्षों के बाद उनका निधन हो गया। भागा-भागा एक आदमी दिल्ली उनके पास पहुँचा और उनसे कहा–अम्माजी की स्थिति बहुत गंभीर है, आप जल्दी चलिए। उनके निधन का आभास तो उन्हें वहीं हो गया था, फिर भी वे जल्दी से जल्दी बनारस आए। पुत्र के आवास पर पहुँचने के बाद उन्हें बतलाया गया कि वे नहीं रहीं। वे निस्तब्ध हो गए। बगल के कमरे में अम्माजी का शव रखा था। वे उसमें गए और भीतर से दरवाजा बंद कर लिया। फिर आधा घंटा अम्माजी के पास चुपचाप या आँसू बहाते हुए बैठे रहे। तत्पश्चात् दरवाजा खोलकर वे बाहर आए और अपने पुत्रों से कहा–अब इन्हें ले जाओ। वे श्मशान घाट भी नहीं गए और एक कमरे में पड़े रहे। पुत्रों ने अम्माजी के मरणोपरांत के सारे संस्कार किए, पर उन्होंने किसी में भाग नहीं लिया। कुछ दिन वे बनारस में ही रुके रहे। जब मन:स्थिति कुछ बदली, तो दिल्ली लौट आए और धीरे-धीरे अपने काम निपटाने लगे। मैंने उन्हें अम्माजी के देहांत के बाद एक शोक-भरा पत्र लिखा, जिसका उन्होंने कोई उत्तर नहीं दिया। वे उत्तर क्या देते, अम्माजी की चर्चा से भी दूर रहने लगे थे। मैं कह नहीं सकता कि तरुणजी कब उनके दर्शनार्थ उनके यहाँ गए थे। वे साहित्येतिहास के संबंध में उनके सामने अपने विचार रखने लगे। जब रख चुके, तो तरुणजी ने उनसे कहा–डाक्टर साहब, आप ऐसा कहते हैं, लेकिन साहित्येतिहास के एक विद्वान तो कुछ और ही कहते हैं। तत्पश्चात् वे बोले–देखो, सीमा ज्ञान की होती है, अज्ञान की नहीं। डा. शर्मा जैसी भी मन:स्थिति में रहे हों, उनका यह वाक्य मेरे मानस-पटल पर स्वर्णाक्षरों में अंकित है।

एक बार मैं दिल्ली में था, युगल के यहाँ। संयोग कि उस दिन डा. शर्मा का जन्म-दिन था। युगल ने बधाई देने के लिए उन्हें फोन लगाया और बातचीत के क्रम में यह भी बतला दिया कि भैया भी यहीं हैं। डा. शर्मा ने कहा–उसे बुलाओ। मुझे जाना ही पड़ा। मैंने उनसे पूछा–डाक्टर साहब, कैसे हैं? उन्होंने उत्तर दिया–मैं ठीक हूँ, तुम कैसे हो? मैंने भी यही कहा कि आपके आशीर्वाद से मैं भी ठीक हूँ। फिर मैंने उनसे पूछा–आपका टहलना चल रहा है? उन्होंने कहा–हाँ। मैंने अंत में पूछा–और लिखना भी? उन्होंने बतलाया कि वह भी धीरे-धीरे चल रहा है। मैं जब 'निराला : कृति से साक्षात्कार' लिख रहा था, तो मुझे निराला की कविताओं से जूझना पड़ता था। कभी बैसबाड़ी के अपरिचित शब्द आ जाते थे, तो मुझे कठिनाई होती थी। एक बार ऐसा ही एक शब्द मिला, तो मैंने श्याम कश्यप को लिखा कि तुम डा. शर्मा से पूछकर मुझे इस शब्द का अर्थ लिखो। वे अवधीभाषी ही थे और बैसबाड़ी अवधी की ही एक बोली है, इसलिए मैंने उनसे पुछवाया था। लेकिन उन्हें भी उस शब्द का अर्थ नहीं मालूम था, सो उन्होंने श्याम कश्यप से कहा–नवल से कहो कि उसे जो उचित लगे, वही लिखे। मुझे याद नहीं कि किस अवधीभाषी ने मुझे उस शब्द का अर्थ बतला दिया, फिर मैं आगे बढ़ा।

एक बार मैं दिल्ली में था, तो कुबेर दत्त ने दूरदर्शन पर मुझसे साक्षात्कार लेने के लिए एक घंटे का कार्यक्रम बनाया और मेरी स्वीकृति से साक्षात्कार लेने के लिए अजय तिवारी को बुलाया। उन्होंने मुझसे अनेक प्रश्न किए, जिनका मैंने किंचित् विस्तार से उत्तर दिया। प्राय:

अंत में उन्होंने मुझसे यह पूछा—डा. शर्मा ने भी निराला पर काम किया है और आपने भी। क्या आप कभी अपने मन में उनसे प्रतिद्वंद्विता का भी अनुभव करते हैं? मैंने उत्तर दिया—यह आप क्या कह रहे हैं? मैं डा. शर्मा से प्रतिद्वंद्विता के भाव का अनुभव करूँगा? यह तो मेरे लिए शर्म की बात होगी। हम सारे लोग उन्हीं के शिष्य हैं। उन्हीं से लिखना सीखा है और उन्होंने आचार्य शुक्ल के बाद बोझिल पारिभाषिक शब्दावली से मुक्त हिंदी आलोचना की भाषा बनाई है। वे विशाल वट-वृक्ष हैं और हम लोग उसी वृक्ष की छोटी-बड़ी टहनियाँ हैं। सहमति-असहमति की बात अलग है, पर उनकी महानता से न आपको इनकार है, न रत्ती-भर मुझे। मैंने तो बस निराला-संबंधी उनके लेखन में जो छूटी हुई जगहें हैं, सिर्फ उन्हें ही भरा है। इसके बाद भी अजय तिवारी ने दूसरे विषयों से संबंधित कई प्रश्न किए, जिनका मैं संतुलित शब्दों में उत्तर देता गया। कुबेर दत्त अपने कक्ष में बैठे हुए ही यह पूरा साक्षात्कार सुन रहे थे। उन्हें वह इतना पसंद आया कि युगल से कहा—इस साक्षात्कार को मैं पूरा प्रसारित तो करूँगा ही, इसे दूरदर्शन की पत्रिका में भी छापूँगा।

कई वर्षों के बाद मुझे समाचार मिला कि डा. शर्मा की आँत उलझ गई है और वे एम्स में हैं। मैं चिंतित हो उठा, पर तुरत यह संवाद मिला—अब वे बिलकुल ठीक हैं। पता नहीं, वे ऑपरेशन से ठीक हुए, या एम्स के डाक्टरों ने उन्हें दवाओं से ही ठीक कर दिया। बाद में श्याम कश्यप ने मुझे बतलाया कि आँतों का उलझना ब्लड कैंसर का ही पूर्व संकेत था। मेरा खयाल है कि एक-दो वर्षों के बाद ही उनका ब्लड कैंसर उभरकर आ गया और उन्हें अपनी चपेट में ले लिया। लेकिन इस बार एम्स वाले उन्हें भर्ती करने को तैयार नहीं थे। मैं नामवरजी के ड्राइंग रूम में बैठा था कि उनके पास कोई फोन आया। तुरत उन्होंने प्रभाष जोशी को फोन लगाया और उनसे कहा—डा. शर्मा को एम्स वाले लेने को तैयार नहीं हैं। आप जरा उसके लिए प्रयास कीजिए। उनके प्रयास से ही वे एम्स में भर्ती हुए और शीघ्र ही महाप्रयाण कर गए। मुझे मालूम हुआ, तो मैं फूट-फूटकर रोने लगा।

हिंदी के सभी अखबारों ने डा. शर्मा के न रहने का समाचार छापा, लेकिन दिल्ली के अंग्रेजी अखबारों ने हिंदी-द्वेष के कारण इस समाचार को सख्ती से दबा दिया। जाहिर है कि अंग्रेजी के अखबार अंग्रेजी के पक्षधर हैं, क्योंकि वे कॉरपोरेट घरानों के पत्र हैं। डा. शर्मा अंग्रेजी के ही प्रोफेसर थे, अंग्रेजी में भी कई पुस्तकें लिखी हैं, पर दृढ़ पक्षधर हिंदी के थे, फिर अंग्रेजी के अखबार उन्हें महत्त्व क्यों देते? अंग्रेजी में जो खाँसते-खखारते हैं, उनका समाचार भी विस्तार से उनमें निकलता है, लेकिन हिंदी के किसी महावृक्ष के गिरने के बाद भी उनकी धरती नहीं डोलती। अरुंधति राय के मामूली उपन्यास को भारत, इंग्लैंड, अमरीका के अंग्रेजी अखबारों ने विश्वविख्यात बना दिया, जबकि वह हिंदी के किसी भी श्रेष्ठ नए-पुराने उपन्यास के सामने नहीं टिकता। यह है अंग्रेजी का वर्चस्व, जबकि अपने देश में हिंदीभाषी ही उस भाषा के अखबारों के सबसे ज्यादा पाठक हैं। अशोक वाजपेयी ने उचित ही 'जनसत्ता' के अपने स्तंभ 'कभी-कभार' में डा. शर्मा के निधन का समाचार न छापने के लिए अंग्रेजी अखबारों को फटकार लगाई थी, भले किसी विवेक-सम्मत बात का भी उन पर कोई असर न हो।

त्रिलोचन

त्रिलोचनजी का मूल नाम वासुदेव सिंह था, जिसे छोड़कर उन्होंने कवि-नाम के रूप में 'त्रिलोचन' को अपनाया था। लाहौर विश्वविद्यालय से उन्होंने संस्कृत में शास्त्री की परीक्षा पास की, तो उनके कवि नाम में 'शास्त्री' शब्द भी जुड़ गया। वे हस्ताक्षर भी अपनी उपाधि के साथ किया करते थे। मेरे पास उनके सॉनेटों का 'दिगंत' नामक जो संग्रह है, उसके आवरण पृष्ठ पर कवि के नाम की सूचना 'त्रिलोचन शास्त्री' के रूप में ही दी गई है। वह नाम शास्त्रीजी के हस्ताक्षर में है। कुछ वर्षों के बाद उन्होंने 'शास्त्री' के बोझ को भी पटक दिया और सिर्फ 'त्रिलोचन' रह गए, जबकि जानकीवल्लभ शास्त्री आजीवन 'शास्त्री' के भार से मुक्त न हो सके और उसके साथ ही अपना हस्ताक्षर करते रहे। मैं सोचता हूँ, क्या यह दो पीढ़ियों के कवियों के बीच का अंतर है?

त्रिलोचन का नाम तो मैं बहुत पहले से जानता था, लेकिन अभी तक उनकी कोई कविता पढ़ी नहीं थी। स्वभावत: मैंने अपने चलंत मित्र सिद्धिनाथ मिश्र से पूछा—त्रिलोचन कैसे कवि हैं? उसने उत्तर दिया—बहुत ही सशक्त। उसने मुझे उनकी कविता 'चंपा काले-काले अक्षर नहीं चीन्हती' का सारांश भी बतलाया, जिस पर मैं मुग्ध हो गया। सिद्धिनाथ को मैंने चलंत इसलिए कहा है कि प्रवेशिका परीक्षा उसने गवर्नमेंट हाई स्कूल, हाजीपुर से पास की और इंटर के वर्ग राँची विश्वविद्यालय में किए, लेकिन परीक्षा हाजीपुर के राजनारायण कालेज से दी। बी.ए. उसने काशी हिंदू विश्वविद्यालय से किया, जहाँ उसने त्रिलोचन, नामवरजी, केदारजी और विजयमोहनजी का पूरी तरह सान्निध्य प्राप्त किया। उन दिनों विष्णुचंद्र शर्मा हिंदी की पहली छोटी पत्रिका 'कवि' नाम से निकालते थे। उसकी गतिविधि से भी वह परिचित था। उसकी पूरी फाइल भी उसके पास थी, जिसे हम लोगों के मित्र बेगूसराय-निवासी महेंद्रजी ने उससे उड़ा लिया। बहरहाल, सिद्धिनाथ ने एम.ए. के वर्ग पटना विश्वविद्यालय में किए, मुझसे एक साल पीछे होकर, लेकिन परीक्षा बिहार यूनिवर्सिटी से दी। ऐसे मित्र को 'चलंत' के अलावा और क्या कहा जा सकता है?

अब मैं त्रिलोचन के पीछे पड़ा और इलाहाबाद बैंक के सामने स्थित बिहार बुक सेंटर से 'दिगंत' की प्रति प्राप्त की। लेकिन मेरी वह प्रति भी किसी ने उड़ा ली। फिलहाल उसकी दूसरी प्रति मेरे पास है। संयोग से त्रिलोचन और मैं दोनों इलाहाबाद में थे। यह 1974 की बात है। मैं हिंदुस्तानी एकेडमी के निमंत्रण पर आलोचना पर आयोजित एक संगोष्ठी में भाग लेने के लिए वहाँ पहुँचा था। त्रिलोचन किसी और काम से वहाँ आए थे। हम दोनों रिक्शे पर चले जा रहे थे कि उन्होंने पुस्तकों की एक दुकान की ओर इशारा कर मुझे बतलाया कि यहाँ 'दिगंत' की प्रति मिल सकती है। मैंने उस दुकान से उक्त पुस्तक की दो प्रतियाँ खरीदीं, जिनमें से एक

किसी मित्र को भेंट की। मेरे आग्रह पर त्रिलोचनजी भी मेरे साथ एकेडमी में गए। फर्श पर ही दरी-जाजिम बिछाकर बैठने की व्यवस्था थी। अध्यक्ष के लिए जरूर ऊँचा आसन था। हम दोनों बैठे, तो देखा कि अगली पंक्ति में अज्ञेयजी भी बैठे हुए हैं। उन्होंने मुड़कर त्रिलोचनजी से पूछा—अच्छे हैं? त्रिलोचन ने सकारात्मक उत्तर दिया, फिर दोनों के बीच कोई और बात नहीं हुई। संगोष्ठी के जो अध्यक्ष थे, उन्होंने त्रिलोचनजी से भी कुछ कहने का आग्रह किया। वे उठकर भाषा पर बोलने लगे। उनके वक्तव्य का यह अंश मुझे याद रह गया है: 'हाल में मैंने निर्मल वर्मा का एक उपन्यास पढ़ा, तो लगा कि मैं कोई अनुवाद पढ़ रहा हूँ। हिंदी भाषा की अपनी एक 'सुंदरता' है, जो मुझे उसमें नहीं मिली।'

'दिगंत' पढ़ने के बाद मुझ पर उसका ऐसा नशा सवार हुआ कि उसके कुछ सॉनेटों को बार-बार पढ़कर भी मेरा मन नहीं अघाता था। मुझे याद है, पी.जी. हॉस्टल का कमरा नंबर 5। उसमें जो खिड़की थी, वह गंगा की तरफ खुलती थी। मैं अपनी कुर्सी उस खिड़की के सामने खींचकर बैठता था और इन सॉनेटों को बार-बार पढ़ता था : 'स्पष्टीकरण', 'रोटी', 'वह अँजोरिया रात', 'अतबरिया', 'छुट्टा-बँधुआ', 'भौजी' तथा 'मेंहदी और चाँदनी'। अंतिम सॉनेट का निम्नलिखित बंद उद्धृत किए बिना मैं नहीं रह सकता :

वर्षा-सीकर-भरी हवा, मेंहदी महँ-महँ
जी करता है, मैं अंजलि भर भर पी जाऊँ।
जैसे फुलसुँघनी गाती है वैसे गाऊँ।
वृक्ष, लताएँ, पौधे, तृण धरती पर डह डह
करप रहे हैं। मेघ-नगर में ज्योत्स्ना टह-टह
उग आई अब। आँखें सहस कहाँ से लाऊँ!

'दिगंत' के सॉनेट मुझे इसलिए बाँधते थे कि एक तरफ उनमें पूरे वाक्यों वाले गद्य का प्रयोग हुआ है, जिसके वाक्य बहते हुए अगली पंक्ति तक चले जाते हैं और दूसरी तरफ उनमें हिंदी में बहुधा प्रयुक्त रोला छंद का संगीत है। इन दोनों के बीच का तनाव मुझे अपने पाश में जकड़ लेता था। उक्त सॉनेट के आरंभ में ही 'अरघान' शब्द का प्रयोग हुआ है : 'मेंहदी की अरघान उड़ी'। केदारजी ने मुझे बतलाया था कि एक बार वे त्रिलोचन के साथ दारागंज निराला के दर्शनार्थ गए। वहाँ कैसे 'अरघान' शब्द की चर्चा चल पड़ी। निराला ने केदारजी से पूछा—तुम इस शब्द का अर्थ नहीं जानते? उन्होंने विनम्रतापूर्वक कहा—नहीं। निराला बोले—तुम्हें इस शब्द का अर्थ जानना चाहिए। ज्ञातव्य है कि इस शब्द का प्रयोग या तो त्रिलोचन ने किया है, जिनके एक संग्रह का भी नाम है 'अरघान' या एक जगह निराला ने। ऐसा लगता है कि यह शब्द, जो कि संस्कृत 'आघ्राण' का तद्भव है, अवधी में ही प्रचलित है। निराला और त्रिलोचन दोनों ही अवधी-भाषी थे, इसलिए उन्होंने तो इसका प्रयोग किया है, लेकिन किसी अन्य ने नहीं।

'दिगंत' मुझे इसलिए भी बाँधता था कि उसकी भाषा रोमानियत से एकदम अछूती थी, फिर भी दिल को छूती थी। बिंबवादी कवि टी.ई. ह्युम ने लिखा है कि हमारी कविता की भाषा में रोमानी सीलन नहीं है और उसमें बिजली की कौंध न होकर दिन का सहज प्रकाश है। त्रिलोचन बिंबवादी नहीं थे, लेकिन ह्युम की उक्त बात उन पर ठीक-ठीक लागू होती थी। मुझे डर हुआ कि मेरी काव्य-रुचि कहीं त्रिलोचन से अनुकूलित (कंडीशंड) न हो जाए, इसलिए मैंने कुछ दिनों के लिए 'दिगंत' पढ़ना बंद कर दिया, हालाँकि उसका आकर्षण मेरे मन से नहीं गया।

अब मैं उनका पहला कविता-संग्रह 'धरती' ढूँढ़ रहा था। मेरे दिवंगत साले प्यारे राघवेंद्र ने, जो नाम उसे आचार्य शिवपूजन सहाय ने दिया था, एक पुराने पुस्तकालय से ढूँढ़कर उसे भी मुझे सुलभ करा दिया। ज्ञातव्य है कि नामवरजी ने अपनी लोकप्रिय पुस्तक 'हिंदी साहित्य की प्रवृत्तियाँ' में 'धरती' की कई कविताओं के अंश उद्धृत किए हैं और शमशेर ने अपनी एक कविता में कहा है :

सुरलता का आकाश था
जैसे त्रिलोचन की रचनाएँ

× × ×

तुमने 'धरती' का पद्य पढ़ा है?
उसकी सहजता प्राण है।

अब मैं 'धरती' की कविताएँ पढ़ने लगा, जो सॉनेट से बिलकुल अलग हैं। चंपावाली कविता इसी में है। उसमें कवि ने कहा है कि मैं जब पढ़ने लगता हूँ, तो चंपा मेरे पास आ जाती है और उसे बहुत अचरज होता है कि काले-काले चिह्नों से सारे स्वर कैसे निकलते हैं। वह उसे समझाता है कि तुम भी पढ़ लो, क्योंकि तुम्हारी शादी के बाद तुम्हारा बालम कमाने के लिए दूर कलकत्ता चला जाएगा, तो उसे कैसे अपना सँदेसा दोगी और फिर उसके पत्र भी कैसे पढ़ोगी? इस पर चंपा कहती है :

मैं तो ब्याह कभी न करूँगी
और कहीं जो ब्याह हो गया
तो मैं अपने बालम को सँग-साथ रखूँगी
कलकत्ता मैं कभी न जाने दूँगी
कलकत्ते पर बज्र गिरे!

एक बार मेरे डेरे पर त्रिलोचन टिके थे, तो उन्होंने सात-आठ साल की मेरी बिटिया पूर्वा को यह कविता सुनाई। उसने बैठकर ध्यानपूर्वक यह कविता सुनी और उसकी समाप्ति के बाद बोली—'अच्छी कविता है'। मुझे उसकी समझ पर गर्व हुआ। इसके अलावा 'धरती' की जीवनदायक पंक्तियाँ हैं : 'जीवन मिला है यह/रतन मिला है यह/धूल में कि फूल में/मिला है तो मिला है यह/मोल-तोल इसका/अकेले कहा नहीं जाता'। उसकी 'धूप सुंदर धूप में जगरूप सुंदर' शीर्षक कविता की ये पंक्तियाँ भी बहुत ही लोकप्रिय हैं : 'सघन पीली ऊर्मियों में बोर/हरियाली सलोनी/झूमती सरसों/प्रकंपित वात से/अपरूप सुंदर/धूप सुंदर।' अब कोई भी सहृदय पाठक मानेगा कि शमशेर ने धरती के बारे में गलत नहीं कहा है। इस संग्रह को भी मैं बार-बार पढ़ने लगा, पर मुझ पर हावी 'दिगंत' ही रहा। 'हिंदी कविता का इतिहास' लिखने के क्रम में मैंने ध्यानपूर्वक त्रिलोचन के दूसरे सॉनेटों का संग्रह 'उस जनपद का कवि हूँ' पढ़ा, तो पहले जहाँ मैं 'दिगंत' को उनकी सर्वश्रेष्ठ कृति मानता था, वहाँ अब सहज भाव से वह स्थान मैंने उक्त संग्रह को दे दिया। यह स्वाभाविक भी है, क्योंकि उसके सॉनेटों का चयन नामवरजी और केदारजी ने मिलकर किया था, शायद उसका नामकरण भी। इसी बीच त्रिलोचन पटने आए। साहित्य सम्मेलन में उन्होंने 'कविता : भाषा की संभावनाओं की खोज' पर एक प्रभावशाली व्याख्यान दिया, फिर पंचम वर्ष के कक्ष में 'मार्क्सवादी सौंदर्यशास्त्र' पर। अब विभागाध्यक्ष प्रो. केसरी कुमार थे, नलिनजी नहीं, जिन्होंने साहित्य में 'दिगंत' की समीक्षा की थी और कहा था कि निश्चय ही हिंदी कविता उसी

दिशा में जाएगी, जिसका संकेत त्रिलोचन की कविताएँ करती हैं। त्रिलोचन के बोलने के बाद केसरी बाबू ने भी लंबा व्याख्यान दिया, जो मेरी समझ में कुछ न आया। जब वे पटना कालेज के कोरीडोर से गुजर रहे थे, तो कुर्ते के भीतर से उनकी चौड़ी छाती और बाँहों की मछलियाँ झाँक रही थीं। उनकी चाल और सुगठित शरीर से मुझे फिर शमशेर की पंक्ति याद आई : 'सॉनेट और त्रिलोचन दोनों की काठी है एक'। दूसरी बार बी.एन. कॉलेज में प्रो. चंद्रकिशोर पांडेय ने 'मुक्तछंद' पर उनका व्याख्यान कराया। मैं उस समय कालेज में अध्यापक हो चुका था। जब प्रश्नोत्तर का समय आया, तो मैंने उठकर उनसे पूछा—निराला, अज्ञेय और राजकमल के मुक्तछंद में क्या अंतर है? उत्तर में उन्होंने कहा—यह कठिन प्रश्न है। इस पर मैं सोचूँगा।

1967 की गर्मियों में अपने शोध के सिलसिले में मैं बनारस गया, पहली बार। मेरा विषय था : 'निराला का काव्य-विकास', सो मुझे त्रिलोचन के नाम एक पत्र नागार्जुन ने दिया और एक राजकमल ने। स्टेशन जाने के रास्ते में मैं हिंदी विभागाध्यक्ष और अपने शोध-निर्देशक प्रो. देवेंद्रनाथ शर्मा के पास गया, तो उन्होंने नागरी-प्राचरिणी सभा के मंत्री सुधाकर पांडेय के नाम एक पत्र दिया, जिन्होंने सभा के अतिथि-गृह में मेरे ठहरने की सुंदर व्यवस्था कर दी। मुझे जो कमरा मिला था, वह बहुत हवादार था, क्योंकि उसमें एकाधिक खिड़कियाँ थीं। मैं सभा में पहुँचा, तो बाहर पं. महावीरप्रसाद द्विवेदी की मूर्ति लगी थी। मैंने हाथ जोड़कर उसके सामने सिर झुकाया और तब पीछे अतिथि-गृह में जाकर सुधाकर पांडेय को शर्माजी वाला पत्र दिया। कमरे की चाभी भी उन्होंने मुझे दिलवा दी थी। सामान रखकर और बिस्तर लगाकर मैं सुस्ताने लगा। सभा-भवन के बाहर ही एक सिंधी होटल था, जिसने मुझे हमेशा मन लायक खाना खिलाया। उसका 'चार्ज' भी पटने की तुलना में कम था। मैंने रिक्शा भाड़ा से ही समझ लिया था कि बनारस पटने से सस्ता है। उक्त होटल में खाना खाकर मैं सो गया। सवेरे मैंने सभा के एक कर्मचारी को बतलाया कि त्रिलोचनजी के नाम मैं दो पत्र लाया हूँ। वे दस बजे आएँ, तो ऊपर जाने के पहले आप उन्हें मुझसे मिलने के लिए कह दें। मैं पुस्तकालय में रहूँगा। दस बजे ही पुस्तकालय भी खुलता था, सो मैं वहाँ पहुँच गया था। त्रिलोचनजी आए, तो पता नहीं किस दिव्य-दृष्टि से मुझे पहचानकर मेरे पास आकर बैठ गए। बोले—लाइए, मेरे नाम पत्र कहाँ हैं? मैंने उन्हें दोनों पत्र दिये। उन्होंने नागार्जुन और राजकमल दोनों के बारे में कहा—पटना जल है और ये दोनों जलचर, सो ये पटने को कभी छोड़ नहीं सकते। फिर वे ऊपर कोश-निर्माण-विभाग में चले गए, जहाँ वे कोश का काम करते थे।

पुस्तकालय में श्रीकांतजी और विश्वंभर नामक दो कर्मचारी थे, जो पाठकों को पुस्तकें और पत्रिकाओं की फाइल निकालकर देते थे। श्रीकांतजी की चर्चा डा. रामविलास शर्मा ने अपनी एक पुस्तक की भूमिका में की है। मैंने उन्हें अपने पास बुलाया और पूछा—आप ही श्रीकांतजी हैं? आपका नाम सुनकर ही मैं यहाँ आया हूँ। मैंने उन्हें डा. शर्मा द्वारा किए गए उनके नामोल्लेख के बारे में भी बतलाया, साथ ही अपने शोध का विषय भी। वे चुपचाप उठे और मेरे सामने लाकर निराला की सारी पुस्तकें रख दीं। वे जब नहीं रहते थे, तो मेरी सहायता विश्वंभर किया करता था, जो युवक था। पी-एच.डी. करने के बाद जब मैं त्रिलोचनजी को अपना शोध-प्रबंध दिखलाने के लिए, जिसमें मैंने श्रीकांतजी के साथ विश्वंभर को भी धन्यवाद दिया था, दुबारे बनारस गया, तो उन्होंने विश्वंभर को धन्यवाद देने के लिए मुझे धन्यवाद

दिया और यह दुखद समाचार सुनाया कि उस युवक की अकाल मृत्यु हो गई। पहली बार की बात कह रहा हूँ। सभा का पुस्तकालय—आर्यभाषा पुस्तकालय—के बंद होने तक मैं उसमें निराला की पुस्तकों से काम करता रहा। पाँच बजे सभा बंद होती थी। मैंने पुस्तकें लौटाई ही थीं कि त्रिलोचनजी ऊपर से आ गए और मुझसे कहा कि चलिए। मैंने अपना बस्ता कमरे में जाकर रखा और उनके साथ बनारस का चक्कर लगाने को तैयार हो गया। बाहर निकला, तो उन्होंने लस्सी पिलाकर मेरा स्वागत किया। फिर घूमना-घूमना और घूमना।

मैं एक सप्ताह बनारस में रहा और रोज संध्या पाँच से रात्रि के ग्यारह तक त्रिलोचनजी के साथ बनारस का चक्कर लगाता रहा। वे मुझे निराला- संबंधी या कविता-मात्र के बारे में जो बातें बतलाते थे, लौटकर मैं अपनी डायरी में नोट कर लिया करता था। उस डायरी का नाम मैंने दिया था—'बनारस की डायरी'। अब वह डायरी मेरे पास नहीं है, क्योंकि 'स्थापना' के संपादक स्व. शिवचंद्र शर्मा उसे अपनी पत्रिका 'स्थापना' के त्रिलोचन-विशेषांक में छापने के लिए ले गए थे और फिर वह मुझे नहीं लौटाई। उन्होंने 'स्थापना' के त्रिलोचन पर लगातार तीन विशेषांक निकाले। मेरी पूरी डायरी भड़कीले शीर्षक के साथ, जिससे कम से उनका मन नहीं भरता था, संभवतः पहले विशेषांक में ही छापी थी। शीर्षक था : 'बनारस की डायरी अर्थात् संगत शास्त्री त्रिलोचन की'। अब 'स्थापना' की फाइल भी मेरे पास नहीं है, क्योंकि मैं करीब दो सौ पत्रिकाओं की फाइलें और क्रम से लगाए गए छुट्टे अंक गांधी संग्रहालय को दे चुका हूँ। वहाँ बहुत अच्छे ढंग से एक बड़े पुस्तकालय की स्थापना की जा रही है। उक्त विशेषांक में त्रिलोचन पर डा. रामविलास शर्मा ने एक छोटा, लेकिन बहुत सुंदर लेख लिखा था। उसमें उन्होंने बतलाया था कि कभी 'हंस' में उनके साथ शिवदान सिंह चौहान, त्रिलोचन और मुक्तिबोध भी काम करते थे। डा. शर्मा ने इस बात पर आश्चर्य प्रकट किया था कि गर्मियों में जहाँ वे और त्रिलोचन नंगे बदन रहते थे, वहाँ शिवदान सिंह चौहान कुर्ता पहने रहते थे। जहाँ तक मुक्तिबोध की बात है, त्रिलोचन बहुत गर्व के साथ कहते थे कि हम सभी 'हंस' के संपादक-मंडल में थे, लेकिन मुक्तिबोध डिस्पैचर का काम करते थे। उन्हें कोई लेख कभी सुधारने के लिए इस डर से नहीं दिया गया कि वे उसकी भाषा बिगाड़ देंगे। उस समय कौन जानता था कि एक वह दिन भी आएगा, जब उक्त तीनों लेखक पीछे छूट जाएँगे और मुक्तिबोध निराला के बाद हिंदी के दूसरे महान कवि माने जाएँगे। डा. शर्मा ने अपने लेख में यह भी लिखा था कि मुझे चंद्रबली सिंह ने सावधान किया कि अब त्रिलोचन सोची गई बात का वर्णन देखी गई बात के रूप में करते हैं। लेकिन एक सप्ताह उनके साथ छः-छः घंटे बिताने पर भी मैंने कभी वह महसूस नहीं किया। वह महसूस किया, तो बहुत बाद के वर्षों में।

त्रिलोचनजी की कही हुई बातों में से कई बातें मुझे याद रह गई हैं। समकालीन कविता की चर्चा चलने पर उन्होंने कहा कि कविता प्रस्तुत में होनी चाहिए, अप्रस्तुत में नहीं। छायावाद में अप्रस्तुत-योजना पर बहुत जोर था, लेकिन आज का कवि कविता का उसके उलट मानदंड पेश कर रहा था। स्पष्टतः त्रिलोचन की यह उक्ति कविता-संबंधी उनकी अपनी मान्यताओं की देन थी। उनके सॉनेट हों, या प्रगीत, या उनकी कविताएँ, सर्वत्र उन्होंने प्रस्तुत में ही कविता देखी और दिखलाई है। रघुवीर सहाय के बारे में उन्होंने कहा कि उन्होंने सिर्फ अज्ञेय की भाषा का शहरीकरण किया है। उनकी इस बात से मैं तब भी असहमत था और अब भी हूँ। इसी तरह उन्होंने केदारजी की नई कविताओं के बारे में यह टिप्पणी की कि उनकी कविताएँ इधर

पहेलीनुमा हो जा रही हैं। जाहिर है, वे साठोत्तरी दशक के कवि के बदले हुए मुहावरे को पकड़ नहीं पा रहे थे।

मेरे साथ लखनऊ यूनिवर्सिटी की एक शोध-छात्रा भी सभा के पुस्तकालय में पहुँचती थी। उसके पिता उक्त विश्वविद्यालय में प्रोफेसर थे और नागरजी के निकट संपर्क में थे। उस शोध-छात्रा ने बड़े फख्र के साथ मुझे बतलाया था कि मेरा नाम—'मुग्धा'—नागरजी का ही रखा हुआ है। उसका शोध-विषय था—'महादेवी-काव्य के प्रेरक तत्त्व' और उसके जो निर्देशक थे, उनकी प्रशंसा करते वह थकती न थी। वह मेरे किंचित् निकट आ गई थी, सो रोज दूसरे दिन मैं उसे बतलाता था कि त्रिलोचन ने निराला के बारे में क्या-क्या कहा। यह सही है कि वे निरालामय थे और बातचीत में घूम-फिरकर निराला पर आ जाते थे। तभी एक दिन मुझे अकेले में शंभुनाथ मिश्र गोदौलिया के गंगातट पर मिल गए। वे राजेंद्रनगर, पटना के निवासी थे और शास्त्रीय संगीत में गहरी रुचि रखते थे, क्योंकि उनकी माँ अच्छी शास्त्रीय संगीतकार थीं। वे बनारस में एक बैंक में काम करते थे और कविता भी लिखते थे। मुझे उनका कविता-संग्रह मिला था, जो बुरी तरह से त्रिलोचन द्वारा इसलाहा हुआ था। उनको पता था कि मैं निराला पर शोध करता हूँ और उनके संबंध में त्रिलोचनजी से मुकम्मल बातचीत। उन्होंने अपने मित्रों से कहा कि पहले वे निराला में रुचि उत्पन्न कर देते हैं, फिर उनसे ऊबा देते हैं और अंत में उनसे घृणा करा देते हैं। मैंने यह कभी महसूस नहीं किया।

पता नहीं, निराला के गीतों की कितनी गाँठें खोलकर उन्होंने मेरे लिए उन्हें बोधगम्य बनाया। उन्हें उनके गीत पूरा-पूरा याद थे, सो जिज्ञासा करने पर वे संदर्भ-सहित पंक्ति-विशेष की सटीक व्याख्या कर देते थे। निराला का एक परवर्ती गीत है—'मालती खिली/कृष्ण मेघ की।' उन्होंने बतलाया कि कभी पानी पर गिरती मेघ की बूँदों को देखें, फिर मालती के फूलों को याद करें। आप पाएँगे, दोनों एक ही तरह के हैं। इसी तरह उनका एक अन्य परवर्ती गीत है : 'पैर उठे/हवा चली'। उन्होंने कहा कि यह तो साधारण सत्य है कि जब हवा जोरों से चलती है, तो चलने वालों के पाँव उखड़ जाते हैं। एक बार ऐसी ही हवा के बारे में नागार्जुन ने कहा था कि हवा 'छिनारपन' किए है। हरिहरजी उनकी इस बात को नहीं समझ सके थे, सो हँस रहे थे, लेकिन मैं उसे समझ गया था। 'छिनारपन' इसलिए कि तेज हवा औरतों की साड़ी उड़ा देती है और उसे सँभालने में वे परेशान हो जाती हैं। मुग्धा को मैंने ये बातें बतलाईं, तो उसने कहा कि आप हमेशा अपने विषय पर ही उनसे बात करते हैं, मेरे विषय पर भी कभी-कभी किया कीजिए। उस दिन शाम को मैं त्रिलोचनजी के साथ निकला, तो कुछ देर तक टहलने के बाद उनसे पूछा— निराला-काव्य के प्रेरणा-स्रोत क्या हैं? वे उन दिनों छड़ी लेकर चलते थे, पर उनकी छड़ी जमीन से कभी नहीं लगती थी। संभवत: वह छड़ी उन्हें उनके किसी मित्र ने भेंट की थी। मेरे सवाल पर वे जमीन पर छड़ी अड़ाकर खड़े हो गए और कुछ देर सोचने के बाद मुझसे कहा—'समाज'। मैंने उनसे पूछा—व्यक्तिगत जीवन, धर्म और विचार नहीं? वे पूर्ववत् खड़े रहे और कुछ और गंभीर हो गए, फिर बोले—'ये सब तो समाज के रोएँ हैं।' उनकी यह बात इतनी महत्त्वपूर्ण थी कि पता नहीं, कितनी गोष्ठियों में इसे उद्धृत कर मैं विवादित कई विषयों को सुलझा चुका हूँ। मैंने मुग्धा से यह बात बतलाई और कहा कि तुम इस दृष्टि से महादेवी-काव्य पर विचार करोगी, तो तुम्हारा शोध- कार्य एकदम नया हो जाएगा। वह बहुत खुश हुई।

उन दिनों मैं नियम से रोज एक गिलास दूध पिया करता था। बनारस दूध, मलाई, रबड़ी, दही सबों के लिए नामी है। एक दिन गोदौलिया चौक पर मैं उन्हें पान खिला रहा था, वैसे शौकीन वे सुरती के थे, जिसे मौज में आकर वे 'सुरति' कहा करते थे। मैंने उनसे कहा कि आप जरा-सा रुकें, मैं दूध पीकर आ रहा हूँ। मैं दूध की दुकान के लिए चला, तो मुझे मुग्धा मिल गई, एक महिला के साथ। वे दोनों गंगा-तट पर जा रही थीं, जहाँ शाम को पूरा बनारस उमड़ पड़ता है। मुग्धा पूर्ण युवती थी। उस मसय वह स्कर्ट और ब्लाउज पहने हुए थी, जिससे उसके पुष्ट और नुकीले उरोज झाँक रहे थे। स्वभावत: किसी युवक के लिए वे कशिश से भरे थे। मैंने उससे एक-दो बातें कीं, जिसे त्रिलोचनजी देख रहे थे। फिर वह गंगा-तट को गई और मैं दूध की दुकान की ओर। जब मैं दूध पीकर लौटा, तो उन्होंने मुझसे पूछा—स्तन्य-पान कर आए? मैं 'स्तन्य' शब्द का अर्थ जानता था, सो शब्द-साधक त्रिलोचनजी के प्रयोग पर बहुत आनंदित हुआ। लौटकर मैंने अपनी पत्नी को यह बात बतलाई, तो वे भी बहुत मुदित हुईं। आज तक वे त्रिलोचनजी के प्रश्न को याद रखे हुई हैं।

एक दिन उनके साथ नौका पर बैठकर मैंने गंगा में जल-विहार भी किया। मुझे प्रसादजी का गीत याद आ रहा था—'ले चल वहाँ भुलावा देकर/मेरे नाविक, धीरे-धीरे।' यह गीत मुझे इसलिए याद आया कि उसका संदर्भ भी गंगा-विहार ही है। इसका जिक्र बेनीपुरीजी ने किया है, क्योंकि 'बालक' छपवाने के लिए वे हर महीने बनारस जाया करते थे और उस शाम प्रसादजी के साथ नौका पर वे भी थे। विडंबना यह है कि हिंदी के अध्यापक इस गीत को छायावाद में पलायन के उदाहरण के रूप में पेश करते हैं! त्रिलोचनजी लगातार बोलते थे और सारी बातें काम की होती थीं। पता नहीं, उनमें से मैं कितनी बातें समेटकर डायरी में दर्ज कर पाया था। उन्होंने मुझे निराला-संबंधी शोध के बार में अनेक निर्देश और सूचनाएँ दीं। कहा कि आप पत्रिकाओं और कविता-पुस्तक के प्रथम संस्करण से मिलाकर कविताओं का प्रकाशन-काल और पाठ-भेद नोट करते चलें। प्रकाशन-काल नोट करने से उनके रचना-काल का अनुमान लगाया जा सकता है। उन्होंने उन पत्रिकाओं के नाम भी बतलाए, जिन्हें अक्सरहा निराला अपनी कविताएँ दिया करते थे। फिर कहा कि पाठ-भेद नोट करने से उनकी रचना-प्रक्रिया पर प्रकाश पड़ेगा।

सबसे महत्त्वपूर्ण सूचना उन्होंने मुझे यह दी कि 'महाराज शिवाजी का पत्र' शीर्षक निराला की कविता मौलिक न होकर एक छंदोबद्ध फारसी पत्र का अनुवाद है, जो शिवाजी ने मिर्जा जयसिंह को लिखा था। 'नागरी प्रचारिणी पत्रिका' में बाबू जगन्नाथ दास रत्नाकर ने वह मूल पत्र उसकी टीका सहित दिया था और उसके पहले गद्य में भी बहुत कुछ लिखा था। मैंने उक्त पत्रिका की फ़ाइल निकलवाई। वह अंक मुझे मिल गया, जिसे पूरी सावधानी से मैंने पूरा का पूरा पत्र और उसकी टीका उतार ली। वह पत्र मेरे शोध-प्रबंध के परिशिष्ट में दिया गया है, साथ ही 'असंकलित कविताएँ : निराला' के अंत में भी। मैंने अपना शोध-प्रबंध नेशनल पब्लिशिंग हाउस को देकर ठीक छपने से पहले वापस ले लिया। कारण यह कि 'निराला रचनावली' के संपादन के क्रम में मुझे मालूम हुआ कि उसमें दूसरे स्रोतों से ली गई जितनी सूचनाएँ दी गई थीं, उनमें से निन्यानवे प्रतिशत सूचनाएँ गलत थीं। ऐसी स्थिति में भ्रम को मैं और दृढ़ नहीं कर सकता था। निराला की 'असंकलित कविताएँ' मैंने राजकमल को दी, जिसमें उनकी अड़तीस असंकलित कविताएँ दी गई हैं। उनमें से अंतिम कविता उनके गीत संग्रह 'अराधना' में संकलित है। मेरी इस चूक के लिए जानकीवल्लभजी जिम्मेवार

हैं, क्योंकि उन्होंने अपनी पत्रिका 'बेला' में उक्त कविता को अप्रकाशित कहकर छापा था। यह बात भी मुझे त्रिलोचन ने ही बतलाई। उनके निराला-संबंधी ज्ञान का मैं फिर से लोहा मान गया। निराला ने 'महाराज शिवाजी का पत्र' में इतना परिवर्तन किया है कि मुसलमानों के विरुद्ध लिखी गई उस कविता को किंचित् संशोधन के साथ एक श्रेष्ठ राष्ट्रीय कविता बना दिया है।

त्रिलोचनजी और नागरजी का एक प्रिय विषय था—बालक-व्यसन। यह शब्द नागरजी का ही दिया हुआ है। उन्होंने अपने प्रसिद्ध उपन्यास 'नाच्यौ बहुत गोपाल' में एक बालक-व्यसनी चरित्र का दिलचस्प वर्णन किया है। अभी-अभी हिंदी के एक महान विद्वान का निधन हुआ था। त्रिलोचनजी उनको भी बालक-व्यसनी बतलाया। चर्चा को आगे बढ़ाते हुए उन्होंने कहा—इस मामले में तो उन विद्वान की रुचि इतनी भ्रष्ट थी कि उन्होंने अपने सान्निध्य में रहनेवाले एक निहायत बदसूरत कवि पर भी कोशिश की थी। तत्पश्चात् मैंने उन्हें सूचित किया कि उक्त कवि उनकी जीवनी लिखनेवाले हैं। क्या वे उसमें इस बात को लिखेंगे? उन्होंने पूरी दृढ़ता से उत्तर दिया—नहीं। मैंने पूछा कि क्यों? उन्होंने इसका कारण बतलाया कि वह स्वयं बालक-व्यसनी है। उनकी इस बात पर हँसते-हँसते मेरे पेट में बल पड़ गए। तत्पश्चात् त्रिलोचनजी ने एक प्रसिद्ध राष्ट्रीय कवि का नाम लेते हुए कहा कि वे भी बालक-व्यसनी थे। मैंने पूछा—किस आधार पर आप ऐसा कह रहे हैं? उन्होंने बतलाया—एक बार मैं और शमशेर नवयुवावस्था में थे, तो उनके शहर गए। वहाँ हम दोनों ने विचार किया कि उक्त कवि का दर्शन करने चलें। हमारे साथ दो-तीन और लोग लग गए। हम लोग उनके यहाँ पहुँचे और उनसे बातचीत करने लगे, तो वे रह-रहकर शमशेर को घूरते थे। कारण यह कि हम लोगों में सबसे सुंदर वही थे। मैंने कहा कि बस इसी बात से आपने उनको यह पदवी दे दी? वे बोले—नहीं, वे जब हम लोगों को छोड़ने आए, तो अलग से शमशेर को बुलाकर कहा कि कल तुम अकेले आना। पर हम दोनों उनकी नीयत ताड़ गए थे, सो शमशेर दुबारे उनके पास नहीं गए। त्रिलोचनजी के इस रहस्योद्घाटन पर भी मैं देर तक हँसता रहा।

श्रीकांत वर्मा का नया संग्रह आया था, जिसमें उन्होंने अपने परिचय में लिखा था कि उनकी कविताएँ कई यूरोपीय भाषाओं में अनूदित हैं। मैंने एक दिन चलते-चलते इसके बारे में त्रिलोचनजी को बतलाया और कहा कि लगता है, रवींद्रनाथ के बाद वही भारत के अंतर्राष्ट्रीय कवि हैं। उन्होंने मुझसे कहा—देखिए, अनुवाद के बल पर कोई बड़ा कवि नहीं हो सकता है। बड़ा कवि होने के लिए पहले अपनी भाषा में बड़ा कवि होना पड़ता है। रवींद्रनाथ भी पहले बंगला में महान कवि हुए, फिर उन्हें अंतर्राष्ट्रीय मान्यता मिली।

मुझे एक सप्ताह बनारस में रुकना था, सो एक शाम हम लोग टहलने नहीं गए। मैं निराला की सारी कविता-पुस्तकें लेकर उनके घर पर बैठ गया। अपने घर पर रहना त्रिलोचनजी के लिए एक आपवादिक बात थी। नामवरजी उनके बारे में निराला की ये पंक्तियाँ दुहराते थे : 'मैं रहूँगा न गृह के भीतर/जीवन में रे मृत्यु के विवर।' मेरे कई बुजुर्ग मित्रों ने बाद में मुझे यह बतलाया कि उनसे मिलने गया और उनके घर पहुँचकर उन्हें पुकारा, तो वे कुर्ता पहनते हुए ही बाहर आए और कहा—चलिए। लेकिन आज मैं और मेरे साथ वे भी उनके घर पर थे। वे नंगे बदन सुरती मलते हुए मेरे लिए उन कविताओं की गाँठें खोलते रहे, जो मुझसे नहीं खुल रही थीं। 'नए पत्ते' की प्रत्येक कविता पर, खासकर उसकी आरंभिक

कविताओं पर, उन्होंने विशेष प्रकाश डाला। तभी मैंने उनसे 'सरोज-स्मृति' और 'राम की शक्ति-पूजा' पूरी की पूरी पढ़ी। वे वाकई एक अवैतनिक शिक्षक थे, जिसे निराला ने बहुत बड़ी नैतिकता बतलाई है। 'सरोज-स्मृति' की 'दुख ही जीवन की कथा रही' से शुरू होनेवाली पंक्तियों का उन्होंने एकदम नया अर्थ बतलाया, कविता के पाठ पर आधारित, जिससे मैं तत्काल सहमत हो गया। 'राम की शक्ति-पूजा' की गाँठें भी उन्होंने खोलीं, पर कुछ पंक्तियों का उन्होंने गलत अर्थ बतलाया, जैसे 'श्यामा के पदतल भारधरण हर मंद्रस्वर/बोले' पंक्ति का। 'श्यामा के पदतल भारधरण' का अर्थ उन्होंने अपने पाँव से मेरा पाँव दबाकर कहा—यों। बाद में सोचने पर मुझे पता चला कि यह पूरा अंश 'हर' अर्थात् शिव का विशेषण है। कौन शिव? वे, जिन्होंने संहारक कालिका को, जो देवताओं के नियंत्रण से बाहर होकर सृष्टि का ध्वंस करती चली जा रही थीं, देवताओं के आग्रह पर उनके मार्ग में चित लेटकर उनका ध्यान भंग किया था। कालिका अगल-बगल और आगे-पीछे देखे बगैर रौद्र रूप धारण किए हुए सब कुछ का विनाश करती जा रही थीं। अचानक अपने पाँव के नीचे रुकावट पाकर सिर झुकाकर नीचे देखा, तो यह देखकर चौंक गईं कि उन्होंने शिव के वक्ष-स्थल पर अपना पाँव रख दिया है और पश्चात्ताप के मारे अपनी जीभ निकालकर उसे अपने दाँतों से काटने लगीं। यह पौराणिक कथा है। अभी दुर्गापूजा आनेवाली है। आप घूमते हुए कहीं न कहीं कालिका के उक्त रूप की मूर्ति अवश्य देखेंगे। वैसे भी उस रूप के अनेक चित्र मिलते हैं, सो वह पाठकों के लिए अपरिचित नहीं। अब उक्त अंश का अर्थ पूर्णत: स्पष्ट हो जाता है। 'श्यामा के पगतल भारधरण हर' का अर्थ हुआ : कालिका के तलवे का भार धारण करनेवाले शिव।

यही कारण है कि 'निराला और मुक्तिबोध : चार लंबी कविताएँ' की भूमिका में मैंने लिखा है कि त्रिलोचन की जो बातें मुझे संगत लगी हैं, उन्हें ही मैंने लिया है। 'नए पत्ते' की ढेर सारी कविताएँ मेरे लिए बंद ताले की तरह थीं। उन्होंने उन्हें मेरे लिए खोलकर बिलकुल सहल बना दिया। स्वभावत: अपनी 'निराला : कृति से साक्षात्कार' नामक पुस्तक मैंने उन्हीं को समर्पित की है—'त्रिलोचन को/जो निराला को आँखों में रखकर/अपनी राह चले।' मेरे मानस में 'दिगंत' की ये पंक्तियाँ थीं :

अपनी राह चला। आँखों में रहे निराला,
मानदंड मानव के तन के मन के, तो भी
पीस परिस्थितियों ने डाला।

पहली बार त्रिलोचन मेरे यहाँ 1969-70 में आए। स्व. नरेंद्र सिन्हा ने शुकदेव प्रसाद वर्मा रोड में एक गोष्ठी आयोजित की थी। संभवत: विषय था : 'लेखक का दायित्व'। मैं उसमें भाग लेने के लिए गया, तो वहाँ त्रिलोचनजी मिल गए। आयोजकों ने उन्हें बुला तो लिया था, पर उनके ठहरने की कोई व्यवस्था नहीं की थी। शायद उन्होंने सोचा हो कि शाम की ट्रेन से वे बनारस लौट जाएँगे। वहाँ मुझे भी बोलने के लिए कहा गया। मैं भी पंद्रह-बीस मिनट बोला। जब गोष्ठी समाप्त हुई, तो मैंने त्रिलोचनजी से कहा—चलिए। वे मेरे साथ चलने को सहर्ष तैयार हो गए। रिक्शे पर उन्होंने मुझसे कहा—आपके भाषण की नोकें झड़ जाएँ, तो आप अच्छा बोलेंगे। युवोचित उत्साह में मैं वाकई उन दिनों बहुत ध्वंसात्मक भाषा में साहित्यिक बातें किया करता था। मुझ पर कुछ अकविता, बीट जेनरेशन और हंग्री जेनरेशन का भी असर था। हंग्री जेनरेशन के कवियों ने कलकत्ते में रवींद्रनाथ की कविता-पुस्तकें

जलाई थीं और एक कवि ने अपनी कविता की कापी की जिल्द अपनी प्रेमिका के ब्लाउज से मढ़वाई थी। मैं जो रवींद्रनाथ का भक्त था और फिर पहले से बढ़कर भक्त हो गया, अब कहने लगा था कि उनकी कविता का आज क्या उपयोग है? उसे सिर्फ प्रेम-पत्रों में उद्धृत किया जा सकता है।

ऐसी स्थिति में त्रिलोचन की बात का मुझ पर गहरा असर पड़ा और दिन-प्रतिदिन मैं अपनी निरर्थक अधीरता और आक्रोश छोड़ने लगा। इधर मार्क्सवाद का विधिवत् अध्ययन कर रहा था, जिसने माओ के शब्दों में मेरे 'सिर पर एक लोटा ठंडा पानी डाल दिया'। अकविता का प्रभाव भी जाता रहा और 'जयद्रथ-वध' तथा भोजपुरी के महान यथार्थवादी कवि महेंद्र शास्त्री की कविताएँ पढ़कर मैं सोचने लगा—हाय, कविता को मैं कहाँ छोड़ आया था! वह तो यहाँ है। जब रिक्शे से उतरकर मैं त्रिलोचनजी को लिए अपने डेरे जा रहा था, तो मैंने उनसे पूछा—आपको कोई बीमारी तो नहीं है? उन्होंने कहा—एकदम नहीं। अभी मैंने हाल में अपनी पूरी जाँच करवाई थी, जिसमें मुझे हर तरह से नीरोग पाकर चकित होते हुए डाक्टर ने मुझसे पूछा—यार, क्या खाते हो?

पिछले कई वर्षों से मेरी शाम कवयित्री कुमारी राधा के यहाँ बीतती थी। मैंने एम.ए. में टॉप किया था और वे हिंदी ऑनर्स की तैयारी कर रही थीं, सो मुझे खबर दी, तो मैं उनसे मिलने गया। उन्होंने मुझसे परीक्षा की दृष्टि से ऑनर्स की तैयारी करा देने का आग्रह किया और प्रतिमाह मुझे सौ रुपए देने का वचन। उतना उन दिनों एक बेकार युवक के पटना में रहने के लिए काफी था। राधाजी विचित्र मानसिक स्थिति में थीं। उनके प्रेमी स्व. रामनरेश पाठक उन्हें छोड़कर अपने परिवार के साथ रहने मंदीरी चले गए थे और वे अकेली हो गई थीं। पाठकजी चाहते थे कि अचानक उनका सुख-समाचार पाकर जो उनकी पत्नी यहाँ आ गई हैं, वे उनके साथ भी रहें और राधाजी से भी उनका संबंध बना रहे। जाहिर है कि कोई भी औरत दो स्त्रियों से प्यार को बर्दाश्त नहीं कर सकती, सो उन्होंने पाठकजी से कहा कि आप दो में से किसी एक को चुनें, या तो मेरे साथ रहें या अपनी पत्नी के साथ। उनके साथ रहते हुए मेरे साथ आपका संबंध नहीं चल सकता।

इसी समय में मैं राधाजी के यहाँ पहुँचा था, लेकिन मैं पाठकजी की जगह नहीं ले सकता था, क्योंकि अपनी पत्नी में मेरी जान बसती है। धीरे-धीरे मैंने महसूस किया कि राधाजी का डेरा तो एक साहित्यिक अड्डा है। ज्ञानेंद्रपति भी वहाँ कभी-कभी आते थे और और साहित्यिक तो आते ही रहते थे, जिनमें डा. नर्मदेश्वर प्रसाद भी एक थे। इस कारण मैंने त्रिलोचनजी को बतलाया कि शाम को हम लोग राधाजी के यहाँ चलेंगे। हम दोनों रानीघाट में अखिलेश बाबू वाले अपने डेरे में पहुँचे। पहुँचते ही उन्होंने कहा—आपके पास रामचरितमानस की प्रति हो, तो लेकर बैठ जाइए। मैंने कहा कि अभी नहीं, पहले आप भोजन और विश्राम करें, फिर देखा जाएगा। भोजन के बाद वे थोड़ी देर लेटे, फिर खड़े हो गए और बोले—राधाजी के यहाँ चलिए। मैंने कहा—जरा बेर और ढलने दीजिए। वे हाथों में आईना लिये हुए थे। उसमें अपना चेहरा देखकर कहा—भगवान से मिलूँगा, तो पूछूँगा कि उन्होंने मुझे भी थोड़ा रूप क्यों नहीं दिया? मैंने कहा—शास्त्रीजी, यह आप क्या कह रहे हैं? युवावस्था में आप कितने सुंदर थे! यह मैं निराला की मृत्यु पर लिखी गई और 'आज' में छपी कविता के साथ दिये गए आपके चित्र के आधार पर कह रहा हूँ। उन्होंने संतुष्ट भाव से कहा—आपको याद है वह चित्र? मैंने कहा—बिलकुल। अफसोस कि वह कविता मेरे पास नहीं है। वह उनके पास भी नहीं थी,

जिस कारण वह उनके किसी संग्रह में नहीं मिलती। खैर, शाम को हम लोग राधाजी के यहाँ गए और वहाँ कुछ देर गपशप करते रहे। त्रिलोचनजी रात-भर मेरे यहाँ रुककर दूसरे दिन ट्रेन पकड़कर बनारस लौट गए।

शिवचंद्र शर्मा की कृपा से अब वे स्वतंत्र थे। उन्होंने अपना समझकर उन्हें नागरी प्रचारिणी सभा के बारे में कुछ भीतर की बातें बतलाई थीं। शिवचंद्रजी ने 'मांडव्य' के नाम से दिल्ली के एक दैनिक में उन्हें छपा दिया। सुधाकर पांडेय और कंपनी ने समझा कि छद्म नाम से यह काम त्रिलोचन ने किया है! फिर उन्हें वहाँ की नौकरी से मुक्त कर दिया गया। आश्चर्य की बात यह है कि वे उसके बाद भी शिवचंद्रजी से रत्ती-भर भी नाराज नहीं थे। इसका प्रमाण यह है कि एक बार वे उन्हें छोड़ने बनारस स्टेशन गए, तो उनके साथ पटना चले आए और यहाँ एक-दो दिन स्व. कलाधरजी के यहाँ रुके भी। मैं उनसे तब भी मिला था। अब त्रिलोचनजी बेसहारा थे, सो वे अपने मकान का किराया भी नहीं चुका सकते थे। हार कर वे अपनी पत्नी के साथ अपने बड़े बेटे जयप्रकाश के यहाँ चले गए, जो कि काशी हिंदू विश्वविद्यालय में अध्यापक था।

मुझे नागार्जुन ने बतलाया था कि कुछ ही दिन वे अपने बेटे के यहाँ रहे थे कि उनकी बहू ने अपने पति से कहा—इस बुड्ढे को निकालो। यह बहुत खाता है। इससे मेरे सारे बच्चे खराब हो जाएँगे। उसके बाद उनके बेटे ने अपनी पत्नी के कहने के अनुसार उन्हें सपत्नीक अपने घर से निकाल दिया। अब त्रिलोचनजी फिर रोड पर थे। विष्णुचंद्र शर्मा उनके भारी प्रशंसक हैं। उन्हें यह बात मालूम हुई, तो त्रिलोचनजी को बुलाकर निराला नगर में स्थित अपने मकान में बिना किराए के रख लिया। तब भी मैं बनारस जाने पर उनसे मिला था। अब वे 'जनवार्ता' नामक दैनिक में काम करते थे और जिस दिन अनुपस्थित रहते थे, उस दिन का उनका वेतन कट जाता था। मैं उनके डेरे पर पहुँचा, तो प्रेस जाने के लिए वे नहाकर आए थे और कपड़ा पहनकर सिर्फ एक सेंका हुआ पापड़ और एक कप चाय पीकर निकल गए। कुछ दिनों के बाद उस मकान के आधे हिस्से में किराए पर डा. शुकदेव सिंह आ गए थे। मैं उनसे भी मिलने पहुँचा, तो देखा कि स्व. विजेंद्र नारायण सिंह वहाँ पहले से विराजमान हैं। हम लोगों ने कुछ खाया-पिया और वहीं से रिक्शे पर स्टेशन चल पड़े।

त्रिलोचनजी के खाने को लेकर मुझे नागार्जुन ने दो बातें और बतलाई थीं। वे ये हैं। द्वितीय विश्वयुद्ध का जमाना था। महँगाई आसमान छू रही थी, सो घर के खाने से उनका पेट नहीं भरता था। इस कारण रोज वे तैरकर गंगा पार गूलर के जंगल में चले जाते थे और वहाँ भर-पेट गूलर के पके हुए फल खाते थे। उसके बाद तैरकर फिर इस पार आ जाते थे। एक बार ऐसा हुआ कि गूलर का फल खाकर वे इस पार तो आ गए, लेकिन थोड़ी ही देर बाद उनका पेट फूलने लगा। इस बार गूलर के जो फल उन्होंने खाए थे, वे जहरीले थे। इस कारण उनका पेट फूलता ही गया और वे इतने बेचैन हो गए कि उन्हें अस्पताल में भर्ती कराना पड़ा। डाक्टर उनसे पूछ रहा था कि तुमने क्या खाया है, लेकिन वे कुछ बतला नहीं रहे थे। उसके कई बार पूछने पर भी जब उन्होंने अपना मुँह नहीं खोला, तो उसने कहा—नहीं बतलाओगे, तो मर जाओगे। अब त्रिलोचनजी ने उससे कहा—मैंने गूलर के फल खाए हैं। डाक्टर ने फिर पूछा—बनारस में गूलर का पेड़ तुम्हें कहाँ मिल गया? उन्होंने कहा—गंगा पार के जंगल में। वह क्षण-भर विस्मित रह गया और अंत में उनसे कहा—अब ऐसी गलती मत करना, क्योंकि किस गूलर के फल जहरीले होते हैं, तुम पता नहीं लगा सकते। सो यह काम छोड़ो, वर्ना

फिर तुम्हें कोई नहीं बचा पाएगा। उसके इलाज से वे चंगे हुए और शायद उसी के बाद रिक्शा चलाने लगे। उसकी भी दिलचस्प कहानी है, लेकिन वह बाद में। पहले हम नागार्जुन की कही दूसरी बात देखें।

नागार्जुन उन दिनों इलाहाबाद में रहते थे, उसके दारागंज मुहल्ले में, और खाना बगल के किसी छोटे होटल में खाते थे। एक बार त्रिलोचन उनके यहाँ आए, तो दोनों होटल में खाने गए। होटल के वयस्क बैरे ने दो थालियाँ परोसकर उनके सामने रख दीं। अपनी थाली त्रिलोचनजी ने तुरत खाली कर दी। बैरे को फिर बुलाया गया और, और खाना लाने को कहा गया। वह ले आया, लेकिन उससे भी त्रिलोचनजी का पेट नहीं भरा। एक बार और बैरे ने खाना लाकर उन्हें दिया, जिसे भी वे तुरत चट कर गए। तीसरी बार बैरे को बुलाया गया, तो वह बिगड़ गया। बोला कि ऐसी बात थी, तो आपको तीन थालियाँ मँगवानी चाहिए थीं। यह घटना सुनकर बाबा से मैंने कहा—बाबा, मेरे यहाँ तो वे बहुत ठहरे हैं, लेकिन हमेशा जो दिया गया, उसे खाकर उठ गए। पूछने पर भी उन्होंने कहा—अब कुछ नहीं चाहिए। इस पर बाबा बोले—उससे पूछकर तुमने गलती की। पूछो मत और उसकी थाली में रोटी या चावल डालते जाओ, वह कभी नहीं रोकेगा। तब मुझे एक बात याद आई, जिससे मुझे बाबा की कही हुई बात सही लगी। त्रिलोचनजी दिन के एक बजे खाना खाकर मेरे कमरे की बगल वाले कमरे में सोए थे। करीब तीन बजे मेरी पत्नी ने उनके लिए नाश्ता भिजवाया, जिसमें तला हुआ चूड़ा और मटर था। मैं हाथ में नाश्ता लिए हुए उनके पास गया और इस विश्वास के साथ कि वे कभी अभी नाश्ता नहीं करेंगे, उनसे पूछा—शास्त्रीजी, नाश्ता करेंगे? वे चट से उठकर बैठ गए और मेरे हाथ से तश्तरी लेकर खाने लगे। मेरा विश्वास एकदम गलत साबित हुआ था। पूर्वोक्त घटना जानने के बाद उनके नाश्ता करने का रहस्य मेरे सामने उद्घाटित हुआ।

अब रिक्शा चलानेवाली बात। वे अपना रिक्शा काशी हिंदू विश्वविद्यालय के संस्कृत-विभागाध्यक्ष डा. श्रीकांत शास्त्री के आवास के सामने लगाए हुए थे। डा. शास्त्री ने हिंदी साहित्य का इतिहास भी लिखा है, जिसे विशारद, साहित्यभूषण, साहित्यरत्न आदि परीक्षाओं में बैठनेवाले लोग बहुत पढ़ते थे। मुझे उसकी एक प्रति 'रुद्र'जी के पुस्तकालय में मिली थी। यह स्वाभाविक था, क्योंकि वे 'साहित्यरत्न' थे, जिसकी मान्यता उन दिनों स्कूलों में बी.ए. की हिंदी के समकक्ष थी। बहरहाल, डा. शास्त्री तेजी से अपना बैग लिये हुए निकले और सामने के रिक्शेवाले से पूछा—विश्वविद्यालय चलोगे? त्रिलोचनजी ने उन्हें तुरत रिक्शे पर बैठा लिया और विश्वविद्यालय की ओर चले। कुछ दूर जाने के बाद उन्होंने पाया कि डा. शास्त्री कालिदास का एक श्लोक गुनगुना रहे हैं। उसके तीन चरण उन्हें याद थे, लेकिन चौथा चरण याद नहीं आ रहा था, इसलिए वे पहले के तीन चरण बार-बार दुहराते थे और चाह रहे थे कि उसकी लय से चौथा चरण याद आ जाए। जब त्रिलोचनजी ने उन्हें बहुत परेशान देखा, तो चौथा चरण उन्हें कह दिया। उसके बाद डा. शास्त्री ने चिल्लाकर कहा—रोकिए, रोकिए, रिक्शा रोकिए। त्रिलोचनजी को रिक्शा रोकना पड़ा। डा. शास्त्री कूदकर रिक्शे से नीचे आ गए और उनसे कहा कि प्रभो, अब आप रिक्शे पर बैठें, रिक्शा मैं खींचूँगा।

प्रभाकर श्रोत्रिय ने राजनाँदगाँव में मुक्तिबोध की जयंती मनाने का आयोजन किया था। उसमें हिंदी के ढेर सारे विद्वान तो आए ही थे, दिग्विजय महाविद्यालय के ढेर सारे अध्यापक भी थे। मैं भी उसमें गया था, क्योंकि उसमें मुझे मुक्तिबोध पर एक आलेख पढ़ना था, जिसे

लिखने के क्रम में उनमें मेरी रुचि उत्पन्न हुई, जिसका परिणाम बाद में 'मुक्तिबोध : ज्ञान और संवेदना' के रूप में सामने आया। गोष्ठी में साइंस के एक अध्यापक ने, जो मुक्तिबोध के मित्र थे, उनसे संबद्ध एक घटना सुनाई। धुला हुआ और कलफ किया हुआ कुर्ता-पाजामा पहने वे कालेज चले जा रहे थे कि उनके उक्त मित्र ने उन्हें आवाज दी– मुक्तिबोधजी, कहाँ चले जा रहे हैं ? आज तो कालेज बंद है। वे लौटे और उनके यहाँ रखी कुर्सी मँगवाकर बैठ गए। मित्र ने पूछा–क्या हुआ ? छुट्टी से तो लोग प्रसन्न होते हैं, आप उदास क्यों हो गए ? वे बोले–एक ही धुला हुआ कुर्ता-पाजामा मेरे पास था, जिसे भी मैंने निकाल कर पहन लिया। यह घटना जितनी करुण है, त्रिलोचन से संबंधित ऐसी घटना उतनी ही हास्योत्पादक भी। एक दिन वे मुक्तिबोध की तरह ही कुर्ता-पाजामा पहनकर घर से निकले कि रास्ते में बारिश होने लगी। उन्होंने सोचा कि कुर्ते को तो बचाना मुश्किल है, लेकिन पाजामे को बचाया जा सकता है। उसके बाद तुरत उन्होंने पाजामा खोलकर उसे तह करके बाईं बगल में दबा लिया और सड़क के किनारे खड़े हो गए। इसी बीच उधर से छाता लगाए पं. विश्वनाथ प्रसाद मिश्र आए। उन्होंने देखा कि त्रिलोचन सिर्फ कुर्ता पहने खड़े हैं। यह सोचकर कि शायद उन्होंने नीचे कुछ पहन रखा हो, नजदीक आकर उन्होंने उनका कुर्ता उठाकर देखा, तो नीचे कुछ नहीं था। बोले–महाराज, सिर्फ कुर्ता ? त्रिलोचनजी ने अपनी बगल की ओर संकेत करते हुए कहा–नहीं, पाजामा भी है ! यहीं मैं यह निवेदन कर दूँ कि विश्वनाथजी के प्रति उनमें अतिशय श्रद्धा-भाव था, इसका प्रमाण है 'शब्द' में संगृहीत उन पर लिखा उनका सॉनेट।

उनकी काव्य-रचना की भी एक कहानी है, जो उन्होंने मुझे सुनाई थी। राजकमल कहते थे कि कहानी कैश-क्रॉप है, क्योंकि उस पर अच्छे पैसे मिलते हैं, जबकि कविता को कोई नहीं पूछता। उन्होंने मैथिली और हिंदी दोनों में अर्थोपार्जन की दृष्टि से बहुत सारी कहानियाँ लिखीं, जिनमें से कुछ तो असाधारण हैं। उन्हें देखकर ऐसा लगता है कि वे मूलत: कहानीकार ही थे, जबकि दरअसल वे जन्मजात कवि थे। उनकी कविता-प्रतिभा का विस्फोट 'मुक्तिप्रसंग' में हुआ है, जो कि फिलहाल दिल्ली विश्वविद्यालय के हिंदी के पाठ्यक्रम में निर्धारित है। एक जमाने में त्रिलोचन भी कहानियाँ लिखते थे, जिन पर उन्हें भी पैसे मिलते थे, लेकिन कविता पर कभी कुछ नहीं। इस बात को उनकी पत्नी जानती थीं, सो उन्होंने उन्हें सख्त निर्देश दे रखा था कि आप कहानी ही लिखेंगे, कविता नहीं। जब वे कविता लिखते थे, तो अमित चिल्लाता था–माँ, बाबूजी कविता लिख रहे हैं। इस डर से उन्होंने गद्य की तरह कविता भी लिखना शुरू किया, जैसा कि हिंदी की पुरानी पांडुलिपियों में देखने को मिलता है। उनके सॉनेटों के वाक्यों में जो गद्यात्मक विन्यास मिलता है, संभव है, उसके पीछे कहीं न कहीं गद्य की तरह उनके कविता लिखने का भी हाथ हो।

अशोक वाजपेयी त्रिलोचनजी को 'विषयांतर का आचार्य' कहते हैं, लेकिन यह उनका 'मानसिक विचलन' था, जो धीरे-धीरे उनमें आया। राजनाँदगाँव वाली जिस गोष्ठी का ऊपर उल्लेख किया गया है, वह वस्तुत: संस्मरण-गोष्ठी थी। उसमें दिग्विजय महाविद्यालय के प्राचार्य श्री किशोरीलाल शुक्ल भी आए थे और उन्होंने भी मुक्तिबोध-संबंधी अपना विलक्षण संस्मरण सुनाया था। लेकिन उसमें त्रिलोचन ने जो उनका संस्मरण प्रस्तुत किया, वह इतना पूर्ण और सुगठित था कि वैसा संस्मरण मुझे फिर किसी से सुनने को नहीं मिला। अब अशोकजी की जुबानी। एक दिन किसी संस्था से संबद्ध लोग उनके पास आए और कहा कि तुलसी-जयंती में तुलसीदास पर बोलने के लिए एक वक्ता दीजिए। अशोकजी ने तुरत उन्हें त्रिलोचनजी का

नाम सुझाया और वे भाषण देने गए भी। कुछ दिनों के बाद वही लोग फिर उनके पास आए और कहा कि तुलसीदास पर एक वक्ता चाहिए। उन्होंने कहा कि त्रिलोचनजी तो गए थे न! उन लोगों ने कहा कि वे तो वहाँ उपसर्ग और प्रत्यय पर बोले, तुलसीदास की कभी चर्चा नहीं की। अब कानों सुनी नहीं, आँखो देखी बात आपको बतलाता हूँ। नामवरजी का पचहत्तरवाँ जन्मदिन मनाने के लिए प्रभाष जोशी ने 'नामवर के निमित्त' को हिंदी-प्रचार के लिए एक आंदोलन का रूप दिया था। बनारस के उदय प्रताप कालेज में 'नामवर के निमित्त' का समापन-समारोह था। पटने से मैं, तरुणजी, और मटुकजी गए थे। वहाँ अपार भीड़ थी। समारोह की अध्यक्षता त्रिलोचनजी कर रहे थे। अंत में उन्होंने जो अध्यक्षीय भाषण दिया, उसका निचोड़ यह था कि एम.ए. हिंदी में एक व्याकरण का भी पर्चा होना चाहिए! जानकार लोग मुस्कुराकर रह गए।

1979 में मैं आगरे से लौटा ही था कि मुझे अशोकजी का तार मिला कि आप सागर आनेवाले हैं, हमारी कला परिषद् में भी आकर प्रेमचंद पर एक व्याख्यान दीजिए। अपने जीवन में मैंने बस इसी बार यात्रा का 'थ्रिल' महसूस किया। उन दिनों नए लेखकों ने एक अभियान चला रखा था कि किसी समारोह का उद्घाटन किसी महापुरुष से न कराकर किसी साधारण व्यक्ति से कराया जाए, यहाँ तक कि कई नए लेखकों ने अपने समारोह का उद्घाटन या चित्र का अनावरण रिक्शेवालों से कराया था। संभवत: इसी भावना से प्रेरित होकर मुझे कमलाप्रसाद ने लिखा था कि मैं सागर आकर प्रेमचंद-जन्म-शताब्दी-समारोह का उद्घाटन कर दूँ। कटनी से उतरकर आधी रात में मैं सागर पहुँचा, तो कमलाजी मुझे उस धर्मशाला में ले गए, जहाँ आगत लेखक ठहरे थे। वहाँ मुझे श्याम कश्यप मिल गया, जो मेरे साथ भोपाल और फिर वहाँ से दिल्ली चलने को तैयार हो गया। उद्घाटन-भाषण देकर मैं बाहर आया, तो मुझे डा. प्रेमशंकर दिख गए। वे मेरे साथ एक तरफ बढ़े, तो एक दुकानदार ने उनसे शिकायत की—सर, मैंने आपको अपने यहाँ बुलाया था, लेकिन आप आए नहीं। उन्होंने कहा—मैं क्या आता, मेरे साथ तो शहर कोतवाल हमेशा लगा रहता है। बात ऐसी थी कि उनकी पत्नी श्रीमती प्रभाशंकर जाने क्यों उन्हें अकेला कभी नहीं छोड़ती थीं, हमेशा उनके साथ रहती थीं। मेरा खयाल है कि वे भी सागर यूनिवर्सिटी में अध्यापिका थीं, सो वे कालेज में भी उनकी जान नहीं छोड़ती थीं।

सागर से चलकर हम लोग भोपाल स्टेशन उतरे। सवेरा हो रहा था, इस कारण जोरों से भूख लग आई थी। बाहर निकले, तो गरम-गरम पूड़ी और कड़ाही से निकलती हुई गरम-गरम जलेबी देखी, तो हम दोनों की बुभुक्षा तीव्र हो गई। मैंने श्याम कश्यप से कहा—यार, मैंने अभी ब्रश नहीं किया, लेकिन चलो, आज ऐसे ही पूड़ी-जलेबी का आनंद लेते हैं। श्याम कश्यप के लिए यह नई बात नहीं थी। वह बहुत खुश हुआ और बोला—मैं तो अक्सरहा...। हम दोनों ने उस दुकान में पेट भरकर खाया, फिर राजेश जोशी के डेरे चले। राजेश बैंक में नौकरी करता था और उसी के बैंक में काम करनेवाली एक युवती से उसकी शादी होनेवाली थी, सो उसका घर खुला हुआ था और बढ़ई अंदर फर्नीचर बना रहे थे। राजेश घर पर नहीं, बैंक में था। श्याम कश्यप ने तुरत उसे कहीं से फोन किया। वह छुट्टी लेकर आ गया। अब दोनों खाना बनाने में लगे और मैं ब्रश करने तथा स्नान करने चला गया। श्याम कश्यप के ब्रश करने और नहाने का कोई सवाल ही नहीं था। खाना तैयार हो गया, तो हम दोनों ने तृप्तिदायक भोजन किया। फिर कला परिषद् को चले। वहाँ से निकलने वाली पत्रिका के संपादक श्रीराम तिवारी थे।

उनके साथ हम लोग गपशप करते रहे। फिर मैंने शाम को वहाँ प्रेमचंद पर एक व्याख्यान दिया। तत्पश्चात् मैं बाहर आया, तो देखा कि श्याम कश्यप मेरे पीछे छिप रहा है। दरअसल उसने अशोकजी की सभा में एक बार हंगामे की अगुआई की थी, सो वह उनसे बच रहा था। उन्होंने मुझे रात के खाने पर बुलाया। हम लोगों को उसी रात लौट जाना था। कला परिषद् में ही राजेश ने त्रिलोचन के कविता-संग्रह 'ताप के ताए हुए दिन' का ब्लर्ब लिख देने के लिए कहा और उनसे संबंधित एक घटना सुनाई। त्रिलोचनजी दोपहर को गमछा पहनकर गंगा में स्नान करने गए। गंगा की लहरों में उनका गमछा बह गया, सो वे गर्दन तक पानी में बैठे रहे। जब उनके लौटने में बहुत देर हुई, तो चिंता के मारे उनकी पत्नी गंगा किनारे पहुँचीं। उन्होंने देखा कि त्रिलोचनजी अभी तक नहा रहे हैं और गर्दन तक पानी में बैठे हुए हैं। उनसे कहा—निकलिए। इस पर वे बोले—कैसे निकलूँ? बात समझकर उनकी पत्नी ने उन्हें कोई कपड़ा पकड़ाया, जिसे पहनकर वे घर आए।

यह संयोग की बात है कि 'ताप के ताए हुए दिन' पर ही उन्हें साहित्य अकादेमी का पुरस्कार मिला। मिलने पर मैंने उनसे पूछा—आपने उस राशि का क्या किया? उन्होंने मुझे ऐसा उत्तर दिया, जैसे कोई बहुत बड़ी समझदारी का काम किया हो—मैंने उसे 'फिक्स्ड' कर दिया। दूसरी बात। राजेश से सुनी उनके गंगा स्नान वाली घटना की तसदीक मैंने उनसे चाही। उन्होंने कहा—गलत। सच्चाई यह है कि जब अँधेरा हो गया, तो निकलकर मैं स्वयं घर चला गया था। उनसे कौन तर्क करे कि बनारस भारत का ऐसा शहर है, जो रात-भर जागता है, फिर उसमें अँधेरा होने का तो कोई प्रश्न ही नहीं है। लेकिन उनसे तर्क करना उनकी बात को बेमजा करना था, सो मैंने हँसकर वह बात सुन ली।

भोपाल में शाम को मैं अशोकजी के यहाँ खाने गया। वे चौरासी बँगले नामक मुहल्ले में रहते थे। वहाँ मुझे श्याम कश्यप ही छोड़ गया था। मैं पहुँचा, तो उन्होंने मुझसे पूछा—और श्याम कश्यप? मैंने कहा कि उसका तो कहना था कि आपने सिर्फ मुझे निमंत्रित किया है। उन्होंने तुरत अपनी गाड़ी निकाली और राजेश के मकान के सामने की फुटपाथ पर रुक गए। थोड़ा इंतजार करने के बाद श्याम कश्यप झूमता हुआ आता दिखलाई पड़ा। मैंने उससे कहा कि अपना और मेरा सामान भी लेते आओ, क्योंकि उसी रात हम लोगों को दिल्ली के लिए रवाना हो जाना था। हम दोनों अशोकजी के यहाँ पहुँचे और वहाँ खाना खाया। उनका रहन-सहन बहुत सादा था, सो मुझे बहुत पसंद आया। खाने के बाद अपनी गाड़ी पर बैठाकर वे हम लोगों को सागर स्टेशन पहुँचा गए। फिर ट्रेन पकड़कर हम लोग सवेरे दिल्ली के निजामुद्दीन स्टेशन पर उतरे।

मैं कार पर कम चल पाता हूँ, सो मैंने पैंतालीस रुपए में जेएनयू जाने के लिए एक रिक्शा ठीक किया और हम लोग सीधे नामवरजी के यहाँ पहुँचे। वे मुझे देखकर विस्मयाह्लादित हुए और मुझसे पूछा—आप तो कार-ऑटो पर चलते नहीं, फिर निजामुद्दीन से यहाँ कैसे आए? मैंने उनसे कहा—रिक्शे से। वह रिक्शा बाहर ही लगा है। शहर का वह हिस्सा रिक्शा चलानेवालों के लिए वर्जित प्रदेश था, जिस कारण उदयप्रकाश सहित जेएनयू के सभी छात्र अचरज से यह देख रहे थे कि कैंपस में एक रिक्शा घूम रहा है। मैं नामवरजी के लिए थोड़े-से फल ले गया था, जो रंगीन कागज से एक छोटे-से कार्टन में मढ़ा था। उन्होंने मुझसे पूछा—उसमें क्या है? मैंने कहा कि आपके लिए कुछ फल लाया हूँ। इस पर वे प्रसन्न हुए, लेकिन कुछ बोले नहीं। जेएनयू पहुँचने का कारण यह था कि श्याम कश्यप का डेरा उसकी बगल में ही बेरसराय

में था। नामवरजी के यहाँ से होकर श्याम कश्यप ने स्कूल से बेटी को लिया, फिर हम लोग उसके डेरे पर पहुँचे। डेरे पर स्नान वगैरह करने के बाद मैंने श्याम कश्यप की पत्नी के हाथ का स्वादिष्ट खाना खाया, फिर शाम हुई तो नामवरजी के यहाँ पहुँचे। वहाँ केदारजी और डा. मैनेजर पांडेय से भी मुलाकात हुई। करीब आठ–साढ़े आठ में कल फिर आने का वादा करके मैं और श्याम कश्यप लौट आए।

मुझे दिल्ली के मुहल्लों की आपसी दूरी का अंदाजा नहीं था, सो मैंने और श्याम कश्यप ने अगले मॉडल टाउन जाने का कार्यक्रम बनाया। यह संयोग ही था कि उस समय शमशेर और त्रिलोचन दोनों मॉडल टाउन में ही थे और नागार्जुन उसकी बगल में स्थित टैगोर पार्क में। जाने कैसे कमला प्रसाद भी आ गए थे। हम तीनों दूसरे दिन ऑटो से मॉडल टाउन के लिए चले। मैंने कार–बस में आनेवाले चक्कर से बचने के लिए एक अंग्रेजी दवा खा ली थी, जिससे मैं यात्रा का आनंद ले सका। यह देखकर मुझे आश्चर्य हुआ कि ऑटो चला जा रहा है, चला जा रहा है और मॉडल टाउन के आने का कोई लक्षण नहीं दिखलाई पड़ रहा है। हम लोग तीन बजे के आसपास शमशेरजी के यहाँ पहुँचे। मैंने उनका चरण–स्पर्श किया और उन्हें अपना नाम बतलाया। उन्होंने मेरी कुछ चीजें पढ़ रखी थीं, इसलिए कहा कि आपकी चीजें तो आ रही हैं। वे हल्दी मिलाकर दूध पी रहे थे। हम लोगों के लिए चाय मँगवाई। डा. शर्मा ने उन पर एक पत्रिका में एक लेख लिखा था, जिसमें उनकी कविता की तीखी आलोचना की थी और उसमें मिलने वाले अंतर्विरोध दिखलाए थे, लेकिन अंत में लिखा था कि अंतर्विरोध किसमें नहीं है? उस लेख से शमशेरजी बहुत नाराज थे। मैंने उनसे कहा कि अंत में उन्होंने लिखा है कि अंतर्विरोध किसमें नहीं है? उन्होंने छूटते ही कहा—क्यों, उन्हीं में नहीं है!!

एक घंटा गपशप करने के बाद हम लोग शमशेरजी सहित त्रिलोचनजी के यहाँ पहुँचे, तो शाम हो गई थी। उनकी पत्नी घर में अकेली थीं। चूँकि त्रिलोचनजी घर में नहीं थे, मैंने उनसे पूछा कि शास्त्रीजी कब आएँगे? उन्होंने जवाब में कहा—बबुआजी, यही तो आज तक मुझे मालूम नहीं हुआ कि कब आएँगे। मैंने शमशेरजी से कहा था कि मैं नामवरजी से कह आया हूँ कि शाम में आऊँगा, लेकिन वह अब संभव नहीं है। वे पता नहीं कब चुपके से उठे और नामवरजी को फोन कर आए कि नवलजी आज शाम को आपके यहाँ नहीं पहुँच पाएँगे। मैंने उनसे पूछा कि आप कहाँ चले गए थे, तो उन्होंने बतलाया कि नामवरजी को फोन करने। मैं उनकी भलमनसाहत के बारे में सुनता था, पर आज उसे मान भी गया। मुझे कन्हैयाजी से सुनी किसी बड़े लेखक की यह बात याद आई—कवि और मनुष्य? मैं तो दो ही अपवाद जानता हूँ—शमशेर और त्रिलोचन! मैंने देखा कि बगल में एक स्लेट और पेंसिल रखी हुई है। शमशेरजी त्रिलोचनजी की पत्नी का अकेलापन दूर करने के लिए उन्हें पढ़ाने लगे थे। वे स्लेट पर उन्हें धीरे-धीरे हिंदी की वर्णमाला सिखा रहे थे। दूसरी तरफ एक पोटली में बँधा कुछ रखा था। तब तक त्रिलोचनजी भी आ गए। मैंने उनसे पूछा—उसमें क्या है? बोले कि तंबाकू है, शिवचंद्रजी को देने के लिए। मैंने कहा कि आप तो सुरती खाते हैं। उन्होंने कहा कि घर पर नहीं खाते। उनके कंधे पर दाद हो गई थी, सो पत्नी ने उन्हें सुरती–सेवन से मना कर रखा था। उन दिनों वे दिल्ली विश्वविद्यालय के उर्दू–विभाग में उर्दू कोश के निर्माण का कार्य कर रहे थे। उनका साक्षात्कार लेने के लिए कई विद्वान मौलाना बैठे थे। उनमें से एक ने उनसे एक घोर अप्रचलित अरबी शब्द का अर्थ पूछा।

केदारजी ने उनके ज्ञान पर चकित होते हुए मुझे बतलाया था कि त्रिलोचनजी ने उसका अर्थ बतला दिया।

शमशेरजी तो वहाँ से लौट गए, पर मेरे आग्रह से सारे लोग डा. रामलखन शुक्ला के यहाँ पहुँचे। वे नहीं थे, सो मैं उनके नौकर को अपना नाम बता आया और यह भी कि अब हम लोग डा. मधुसूदन मिश्र के यहाँ जा रहे हैं। वे शुक्लाजी के सहपाठी थे, लेकिन वे जहाँ इतिहास में थे, ये संस्कृत में। शुक्लाजी जैक्सन होस्टल में रहते थे और मधुसूदनजी मिंटो में। दोनों ही मुझसे दो वर्ष आगे थे, दोनों ही मेरे जवारी थे, इसीलिए वे मेरे लिए अग्रज-तुल्य थे। जमाने बाद मैं मधुसूदनजी के आवास पर पहुँचा, तो उनसे मुलाकात हो गई। त्रिलोचनजी और वे दोनों एक ही जगह दूध लाने जाते थे, लेकिन परस्पर अपरिचित थे। जब मधुसूदनजी को मालूम हुआ कि वे भी संस्कृतज्ञ हैं, तो बहुत प्रसन्न हुए। उन्होंने सोचा कि अब दूध लाने जाऊँगा, तो उनसे बातें हुआ करेंगी। बाद में शुक्लाजी भी आ गए थे। वे तो वहीं रह गए, पर हम लोग त्रिलोचनजी के नेतृत्व में आगे बढ़े।

वे हम लोगों को विश्वनाथ त्रिपाठी के यहाँ ले गए। वहाँ से निकले, तो उन्होंने कर्ण सिंह चौहान के यहाँ चलने की बात कही। हम लोगों ने उनसे कहा कि अब सीधे मुरलीमनोहर प्रसाद सिंह के यहाँ चलिए। वे बरौनी के थे और पटना विश्वविद्यालय से ही एम.ए. किया था। अलग से वे साहित्यिक और लेखक थे, इसलिए उनसे मेरी नजदीकी थी। वहाँ पहुँचते-पहुँचते रात के ग्यारह बज गए। हम लोगों ने विचार किया कि अब यहीं डेरा डाला जाए। आपने ऊपर त्रिलोचन की खुराक के बारे में कई बातें पढ़ी हैं। अब उनकी अपनी खुराक न लेने की जिद के बारे में भी सुनिए। हम लोगों से उन्होंने कहा कि एक ही शर्त पर मैं यहाँ रुकूँगा कि मुझे आप लोग खाने के लिए बाध्य न करें। हम लोग खाना-वाना खाकर सोने की तैयारी करने लगे। एक खाट पर श्याम कश्यप और मैं सोया और दूसरी खाट पर कमलाजी और त्रिलोचन। श्याम कश्यप और कमलाजी, ये दोनों तो तुरत निद्रालीन हो गए, पर त्रिलोचनजी और मैं कुछ देर जगते रहे। तभी उन्होंने पूर्वोल्लिखित बालक-व्यसनी कवि के नाम में इतच् प्रत्यय लगाकर उससे विशेषण बनाते हुए मुझसे कहा—...मत होइएगा। मैं हँसता हुआ सो गया।

हम लोग सवेरे जगे, तो विचार हुआ कि नागार्जुन के यहाँ चलें। नागार्जुन अपने डेरे पर मिल गए। उनकी कविता पुस्तक 'खिचड़ी विप्लव देखा मैंने' की प्रेसकापी तैयार थी। त्रिलोचन उनके भारी प्रशंसक थे। उन्होंने उन पर पाँच सॉनेट लिखे थे, जो 'कृति' में प्रकाशित हुए थे। वे भी उनके किसी संग्रह में नहीं मिलते। मैंने प्रस्ताव रखा कि क्यों नहीं शमशेरजी, बाबा और त्रिलोचनजी की एक फोटोग्राफी हो जाए, जो भविष्य में एक धरोहर हो जाएगी? बाबा तैयार हो गए। आगे बढ़े, तो शमशेरजी आते हुए दिखलाई पड़े। हम लोगों ने उन्हें भी अपने साथ लिया और एक स्टूडियो में जाकर दो चित्र खिंचवाए। एक चित्र में वे तीनों कवि बैठे हैं और दूसरे चित्र में उनके पीछे कमलाप्रसाद, श्याम कश्यप, मैं और मुरलीजी हैं। यह सब होते-हवाते दस बजने को हो गए। त्रिलोचनजी वहीं से सीधे दिल्ली विश्वविद्यालय चले गए और हम लोग ऑटो से बेरसराय लौट आए। वे इतने स्वाभिमानी थे कि कभी किसी से खाने के लिए कुछ नहीं माँगते थे। बस, केवल केदारजी इसके अपवाद थे। वे विश्वविद्यालय से छूटे, तो केदारजी के यहाँ खाने के लिए पहुँचे, लेकिन हम सब के दुर्भाग्य से केदारजी उन्हें अपने डेरे पर नहीं मिले, सो वे उलटे पाँव अपने डेरे पर लौट गए। बाद में मुझे मालूम हुआ

कि उनकी जेब में बस के किराए के पैसे भी नहीं थे, सो वे पैदल ही मॉडल टाउन चल दिए। अगली बार मैंने उनसे पूछा—जेएनयू से पैदल चलकर आप कब अपने डेरे पहुँचे? उन्होंने कहा—जब सुबह पूरब की ओर आकाश में लाली छा रही थी। तात्पर्य यह कि वे किसी के आगे हाथ भी नहीं फैला सकते थे और भगवान ने उन्हें निराहार रहने और पैदल चलने की अकूत क्षमता प्रदान की थी।

मेरे घर पर त्रिलोचन तीन-चार बार टिके थे। पहली बार का जिक्र मैं ऊपर कर चुका हूँ। दूसरी बार वे 1970 के अंत में मेरे आमंत्रण पर पटना आए। उस समय वे बनारस में ही थे और पत्र-पत्रिकाओं में प्रकाशित निराला की कविताओं की प्रतिलिपि करने का काम हाथ में लिया था, संभवतः उनकी कविताओं में मिलने वाले पाठ-भेद का अध्ययन करने के लिए। वे इसी सिलसिले में पटने की बिहार राष्ट्रभाषा परिषद् के पुस्तकालय में कुछ दुर्लभ पत्रिकाओं की फाइल देखना चाहते थे। पटना आए, तो शंभुनाथ मिश्र के मकान पर टिके। मैं सवेरे जाकर उन्हें अपने घर ले आया, पर उन्होंने अपने शोध की कोई चर्चा नहीं की। मेरा अनुमान है कि वह काम वे छोड़ चुके थे और अपने वचनानुसार सिर्फ मुझसे मिलने के लिए पटना आ गए थे। दूसरे दिन उन्हें मैं पटना जंक्शन जाकर बनारस जानेवाली गाड़ी में बैठा आया। उस समय की कोई खास बात मुझे याद नहीं है। तीसरी बार वे 1977 में पटना प्रगतिशील लेखक संघ के आमंत्रण पर पटना आए और शंभुनाथ मिश्र के यहाँ ही ठहरने वाले थे, लेकिन चूँकि वे रानीघाट वाला मेरा दूसरा मकान देख चुके थे, इसलिए सीधे मेरे यहाँ ही आए। मैं बाहर से आया, तो देखा कि वे मेरी पत्नी के पलंग पर चित लेटे हैं। सिर के नीचे तकिया भी नहीं था। उन्हें देखकर मुझे अपार हर्ष हुआ। चरण-स्पर्श करने के बाद मैंने उनसे पूछा—आपने तकिया क्यों नहीं लिया? उन्होंने उत्तर दिया—उच्च रक्तचाप के मरीज को तकिया नहीं लेना चाहिए। मैं समझ गया कि वे उसके शिकार हो चुके हैं। उन्हें ऊपर अपने कमरे की बगल वाले कमरे में ले गया, जहाँ मेरे अतिथि ठहरते थे। बिस्तर लगा हुआ था, सो उस पर बैठकर वे मुझसे बातें करने लगे। मैंने कहा कि कल शाम को आपको पटना प्रगतिशील लेखक संघ के वार्षिक समारोह का उद्‌घाटना करना है। फिर उन्हें अपनी पत्नी के हवाले करके मैं बाकी तैयारियाँ देखने चला गया। मैं जल्दी ही लौटा और भोजन कराकर उन्हें सुला दिया।

दूसरे दिन मैं कुछ सवेरे निकला और उनसे कह दिया कि आप रिक्शावाले को इंडियन मेडिकल एसोसिएशन हॉल, जो गांधी मैदान के दक्षिण है, चलने के लिए कहिएगा और साढ़े चार बजे तक वहाँ पहुँच जाइएगा। जब समय हुआ, तो सभा-कक्ष श्रोताओं से भर गया, लेकिन उनका कहीं पता न था। तेजी से मैं रिक्शे से उन्हें देखने अपने घर गया। वहाँ मालूम हुआ कि वे काफी पहले अंकिमचंद्र के साथ निकल चुके हैं। ऐसा लगता है कि वे उनके साथ पैदल ही बाकरगंज होते हुए वहाँ पहुँच गए थे, क्योंकि मैं उलटे पाँव लौटा, तो देखा कि वे वहाँ मौजूद हैं। अब उद्‌घाटन-सत्र की कार्यवाही शुरू हुई। वे जब बोलने के लिए उठे, तो मैंने धीरे से उनके कान में कहा कि आप विषय पर ही बोलेंगे। मुझे पता था कि उनका 'मानसिक विचलन' शुरू हो चुका है। उन्होंने मेरी बात का जरा भी बुरा नहीं माना, लेकिन दो-चार वाक्य प्रगतिशील साहित्य पर बोलकर फिर अपने प्रिय विषय भाषा और व्याकरण पर आ गए। उस समारोह में हमारे मुख्य अतिथि थे बंगला के प्रसिद्ध प्रगतिशील कवि अमिताभदास गुप्ता। उन्होंने त्रिलोचनजी के बाद हिंदी में एक फड़कता हुआ भाषण दिया।

फिर संघ के सचिव अरुण कमल ने साल-भर का संघ का लेखा-जोखा प्रस्तुत किया और अध्यक्षीय वक्तव्य तथा धन्यवाद-ज्ञापन के साथ वह सत्र समाप्त हुआ। एक छोटे-से अवकाश के बाद संगठन-सत्र शुरू होनेवाला था, सो त्रिलोचनजी को मैंने अंकिमचंद्र के साथ ही अपने डेरे पर भेज दिया। संगठन-सत्र में बहस-मुबाहिसे के बाद अध्यक्ष और सचिव का चुनाव हुआ और समारोह समाप्त हुआ। उसमें कोई गोष्ठी नहीं रखी गई थी, क्योंकि वह तो हम लोग करते ही रहते थे।

अमिताभदास गुप्ता ने त्रिलोचनजी की कविताएँ सुनने की इच्छा प्रकट की थी। वे डाक्टर ए.के. सेन के यहाँ ठहरे थे। दूसरे दिन त्रिलोचनजी को लेकर मैं डा. सेन के घर गया और साथ में 'दिगंत' की प्रति लेता गया था। त्रिलोचनजी का काव्य-पाठ शुरू हुआ। मैं अपने प्रिय सॉनेट निकालकर उन्हें देता जाता था और वे उसे पढ़ते जाते थे। इस तरह करीब एक दर्जन अपने सॉनेट उन्होंने दासगुप्ता महोदय को सुनाए, जो उन्हें पसंद आए। फिर उन्होंने उनसे निराला की प्रसिद्ध कविता 'राम की शक्ति-पूजा' सुनने की इच्छा प्रकट की, तो उसका आरंभिक अंश उन्होंने सुनाया और 'जानकी-भीरु-उर-आशा-भर-रावण-संवर' पर लाकर समाप्त कर दिया। मैंने इस कविता के प्रत्येक शब्द पर दासगुप्ता महोदय को सिर धुनते देखा। मैं कह नहीं सकता कि बंगला-भाषी निराला की कविताओं से कितना परिचित हैं। बस, इतना जानता हूँ कि डा. शर्मा जब निराला की जीवनी की सामग्री संकलित करने के लिए कलकत्ते के रामकृष्ण मिशन आश्रम में गए, तो वहाँ के साधुओं ने उनसे कहा : कोचिया बाबू (निराला) यहीं रहकर मिशन की पत्रिका 'समन्वय' का संपादन करते थे। वे हमेशा कहा करते थे कि प्रतिभा मुझमें रवींद्रनाथ से कम नहीं है! उनकी इस बात पर हम सारे लोग हँसते थे, 'बट हि प्रूव्ड दैट हि वाज ट्रू'।

डा. सेन के यहाँ से जब हम लोग घर के लिए चले, तो त्रिलोचनजी एकदम चुप थे। मैं समझ नहीं पा रहा था कि उनकी चुप्पी का क्या रहस्य है? जब हमारा रिक्शा मुसल्लहपुर भट्ठी के पास पहुँचा, तो उन्होंने अपना मौन तोड़ा और सोचते हुए ही बोले—आपने अच्छी कविताएँ चुनी थीं। वे पाठ के लिए अक्सरहा अपनी कमजोर कविता चुनते थे और उनका पाठ भी प्रभावशाली नहीं होता था। मेरे चुनाव को लेकर वे बहुत गंभीर थे। संभव है, वे अपनी पसंद के सॉनेट सुनाते, तो उनका कोई प्रभाव नहीं पड़ता। उन दिनों वे मध्य प्रदेश हिंदी ग्रंथ अकादमी, भोपाल में कार्यरत थे, संभवत: अशोकजी की कृपा से। दूसरे दिन भोपाल के टिकट के साथ उन्हें ढाई सौ रुपए मैंने दिये और उन्हें ट्रेन पर बैठा आया।

चौथी बार 1991 में वे दिल्ली से युगल के साथ 'रुद्र'जी की नई कविता-पुस्तक 'शब्दवेध' के लोकार्पण के लिए पटना पधारे। अकादमी से वे अवकाश प्राप्त कर चुके थे और अमित 'जनसत्ता' में काम करने दिल्ली आ गया था, सो वे उसी के परिवार के साथ रह रहे थे। मेरे यहाँ आए, तो मैंने उन्हें अपनी बगल के कमरे में ही इस बार भी ठहराया। अब वे हृदय के मरीज बन चुके थे। इसकी पूरी कहानी नामवरजी ने मुझे बतलाई थी। वे कहीं से ट्रेन से दिल्ली लौट रहे थे कि उनको ट्रेन में ही पहली बार हृदयाघात लगा। उन्होंने समझा कि यों ही सीने में दर्द हो रहा है। वे दिल्ली में सामान के साथ उतरे और ऑटो पर बैठे। फिर अपने आवास पहुँचे। जब उनके सीने का दर्द कम नहीं हुआ, तो अमित उन्हें अस्पताल ले गया। डाक्टर ने उनसे कहा कि आपको हृदयाघात लगा है। मैं समझ नहीं पा रहा हूँ कि आप बच कैसे गए? उन्होंने मेरे डेरे पर हृदयाघात की दवा भी खाई, जो मैंने देखा।

शाम को मैं उन्हें लिये हुए पटना कालेज के सेमिनार हाल में पहुँचा। भारी भीड़ थी। नीचे भी कारों की कतारें लगी थीं। तात्पर्य यह कि पटने के सारे 'रुद्र'-प्रेमी और त्रिलोचन-प्रेमी इकट्ठे थे। एक समीक्षक संपादक, जिन्हें नामवरजी हिंदी साहित्य का पटवारी कहा करते हैं, पहुँचे, तो पूछा कि कोई दूसरी सभा चल रही है क्या? उनके लिए यह भीड़ एक नई चीज थी। मैंने उनसे सिर्फ इतना कहा—आप ऊपर चलिए, सब कुछ मालूम हो जाएगा। ज्ञातव्य है कि 'विमोचन' के बदले 'लोकार्पण' शब्द त्रिलोचन की ही देन है। समारोह अत्यंत सफल रहा, त्रिलोचनजी के विचलन भरे व्याख्यान के बावजूद। अंत में मैंने युवा कवियों की गोष्ठी रखी थी। मैं स्वयं संचालन कर रहा था, सो कवियों पर मौजूँ टिप्पणी भी करता जा रहा था। कवि-गोष्ठी की सफलता ने समारोह की सफलता में चार चाँद लगा दिये।

दूसरे दिन सिद्धिनाथ अपना टेप-रेकार्डर लेकर पहुँचा और त्रिलोचनजी से अनुरोध किया कि वे 'राम की शक्ति-पूजा' का पाठ करें, जिसे मैं टेप करता जाऊँगा। उन्होंने उसका पाठ शुरू किया और वहीं जाकर रुक गए, जहाँ अमिताभदास गुप्ता को सुनाते हुए रुके थे। सिद्धिनाथ असंतुष्ट था। मैंने उसे बाहर ले जाकर समझाया कि त्रिलोचनजी हृदय के मरीज हो गए हैं। तुम क्या चाहते हो कि वे मेरे दरवाजे पर ही अंतिम साँस लें। 'शक्ति-पूजा' के संपूर्ण पाठ से उन पर जो दबाव पड़ेगा, उसे शायद वे झेल न सकें। इसलिए तुम इतने पर संतोष धारण करो। मेरे समझाने पर वह मान गया। युगल पता नहीं कहाँ चला गया था। तीसरे दिन मेरा कालेज था, जिससे मैं पत्नी पर उनकी जिम्मेवारी सौंपकर कालेज चला गया। उनका कुर्ता-पाजामा बहुत मैला था। मेरी पत्नी ने उसे धोकर साफ कर दिया था और दिल्ली जाने का समय हुआ, तो उन्हें रिक्शे पर बैठाकर वे स्टेशन चलीं। हथुआ मार्केट में उन्होंने उनके लिए एक बनियान और लुंगी खरीदकर उनके झोले में रख दी, क्योंकि उनकी ये दोनों चीजें जीर्ण हो चुकी थीं। उन्होंने उन्हें ट्रेन में बैठाया और दिल्ली के टिकट के साथ विदाई देकर प्लेटफार्म पर खड़ी रहीं। जब गाड़ी खुल गई, तब वे घर लौटीं।

अशोकजी ने निराला (भोपाल), मुक्तिबोध (सागर) और प्रेमचंद (उज्जैन) के नामों पर पीठों का सृजन किया था। वे उसका प्रस्ताव लेकर मुख्यमंत्री अर्जुन सिंह के पास गए। उन्होंने उनसे पूछा—इन पीठों पर क्या होगा? अशोकजी ने उन्हें बतलाया कि उन पर श्रेष्ठ लेखक आसीन किए जाएँगे। अब मुख्यमंत्री ने जानना चाहा कि उन्हें पीठों पर वेतन और स्टेनो देकर क्या करने के लिए रखा जाए? अशोकजी ने उत्तर दिया—कुछ नहीं करने के लिए। तत्पश्चात् मुख्यमंत्री ने प्रस्ताव पर हस्ताक्षर कर दिया। अशोकजी को जब पता चला कि त्रिलोचन बेकार हैं, तो उन्होंने उन्हें सागर विश्वविद्यालय में मुक्तिबोध-पीठ पर आसीन किया। अमित अब तक दिल्ली ('जनसत्ता') में ही था। वे उसी के साथ रहते थे। दिल्ली से वे सागर चले गए। उसी के बाद नागार्जुन ने कहना शुरू किया था कि प्रत्येक राज्य में एक अशोक वाजपेयी होना चाहिए। निस्संदेह उन-जैसा लेखकों का पक्षधर अफसरों में कोई नहीं हुआ। आज भी रजा फाउंडेशन से वे अस्वस्थ लेखकों की चिकित्सा और साहित्यिक समारोहों के लिए लाख-लाख रुपए दिया करते हैं। वे जैसे हैं, वैसे जगदीशचंद्र माथुर भी नहीं थे, जबकि वे भी बड़े अफसर थे और साथ-साथ लेखक तथा नाटक पर शोध करनेवाले भी।

त्रिलोचनजी ने अपने किसी साक्षात्कार में कह दिया कि पहले-पहल शराब मुझे केदार ने पिलाई। केदारजी के लिए यह अप्रतिष्ठा की बात थी, सो उन्होंने मुझे सही-सही बात बतलाई।

त्रिलोचनजी ने उनसे कहा था कि मैंने शराब कभी नहीं चखी है, सो मेरे एक मित्र ने उसके लिए मुझे आमंत्रण दे रखा है। आप भी मेरे साथ चलिए। त्रिलोचनजी का वह मित्र एक दारोगा था, जो शहर से बाहर रहता था। उन्होंने और केदारजी ने साइकिल उठाई और बनारस पार करते हुए उसके यहाँ पहुँचे। केदारजी ने आगे बतलाया कि मैं तो तुरत समझ गया कि उनके सामने जो परोसा गया है, वह शुद्ध ठर्रा है, इसलिए उसे जुठाकर छोड़ दिया। लेकिन त्रिलोचनजी ने उसी को शराब समझकर इच्छा-भर उसका पान किया। फिर डेरे लौटने के लिए दोनों ने साइकिल उठाई, तो केदारजी ने देखा कि त्रिलोचनजी पूरे नशे में हैं और साइकिल चला नहीं पा रहे हैं। दुर्घटना के भय से दोनों दारोगा के यहाँ लौट आए और रात वहीं बिताई। सवेरे त्रिलोचनजी केदारजी को लिये अपने डेरे पहुँचे और साइकिल बाहर लगाकर भीतर घुसे ही थे कि उनकी पत्नी ने उन्हें डाँटना शुरू किया। त्रिलोचनजी एकदम चुप रहे, कुछ नहीं बोले, सो स्थिति को गंभीर समझकर केदारजी बाहर से ही चुपचाप अपनी साइकिल से निकल चले। मैं यह सुनकर देर तक हँसता रहा।

राजनाँदगाँव मुक्तिबोध-समारोह में मैं तीन बार पहुँचा। दो बार प्रभाकर श्रोत्रिय के बुलावे पर और तीसरी बार स्व. सोमदत्त के। दूसरी बार हम लोग एक धर्मशाला में ठहराए गए थे। त्रिलोचनजी भी वहाँ पहुँचे थे। सबसे पहले पहुँचने वालों में मैं और शीलजी थे। मैंने उन्हें अपने साथ होटल में खाना खिलाया। त्रिलोचन ने मुझे बतलाया कि एक समय था कि गीताबाली उनके स्वर पर न्योछावर होकर उनसे प्रेम करती थी। मैंने शीलजी से कहा—आज मैं आपकी गीतावली न सुनकर आपसे गीताबाली-प्रसंग सुनूँगा। वे बोले—जरूर यह त्रिलोचन की बदमाशी है। फिर उन्होंने मुझसे कहा—यार, हिजड़ा बनकर तो मैं पार्टी में गया नहीं था। दिन के दोनों सत्र समाप्त होने के बाद अपने रतजगे की आदत से मजबूर होकर त्रिलोचन कुछ लोगों के साथ रात-भर राजनाँदगाँव का चक्कर लगाने के लिए बहुत उत्साहित थे। मैंने उनसे कहा—इस वृद्धावस्था में आप यह क्या कर रहे हैं? उन्होंने उत्तर दिया—प्रभो, वृद्ध मैं नहीं, आप हैं और निकल गए। मैं ताकता रह गया।

तीसरी बार हम लोग एक होटल में ठहराए गए थे। मेरे कक्ष में स्व. श्रीराम वर्मा भी थे। वे भी हृदय के मरीज थे, इसलिए शराब से परहेज करते थे। रात में भोजनोपरांत जब कुछ लोग शराब पीने के लिए चले, तो उनमें त्रिलोचनजी भी थे। मैंने प्रयाग शुक्ल को चेताया कि वे हृदय के मरीज हैं और उन्हें अपने पर नियंत्रण नहीं रहता, सो आप उन्हें काबू में रखेंगे, ताकि कोई दुर्घटना न हो और आप लोग कलंक के भागी न बनें। एक बार मैं राजनाँदगाँव गया, तो उस समय केदार पांडेय रेल-मंत्री थे और लगातार रेल-दुर्घटनाएँ हो रही थीं, फलतः उनका नाम ही लोगों ने दुर्घटना-मंत्री रख दिया था। मुझे याद है कि जमशेदपुर से जब गाड़ी खुली, तो मैं रजाई ओढ़कर सो गया। सोचा कि मरूँगा तो सुप्तावस्था में। लेकिन सेवेरे जगने पर मैंने सब कुछ को पूर्ववत् पाया। पता नहीं, यह भगवान की कृपा से हुआ या मुक्तिबोध की महिमा से।

एक बार भारत भवन में आयोजित द्विदिवसीय संगोष्ठी में मैं भोपाल गया, तो वहाँ शमशेरजी और त्रिलोचनजी दोनों अपनी स्टेनो के साथ मिले। शमशेरजी की स्टेनो सुंदर थी और युवती थी। श्याम कश्यप ने मुझे बतलाया कि इस बात को लेकर त्रिलोचनजी के मन में कुछ ईर्ष्या-भाव था, क्योंकि उनकी स्टेनो युवती तो थी, लेकिन सुंदर नहीं थी। ज्ञातव्य है कि एक छोटी-सी बात को लेकर दोनों मित्रों के बीच बोलचाल तक बंद थी। एक दिन दोनों

आपस में बातें कर रहे थे कि त्रिलोचनजी की शादी की चर्चा निकल आई। उनमें तकरार इस बात को लेकर हो गई कि त्रिलोचनजी अपनी शादी की जो तिथि बतलाते थे, शमशेरजी उससे भिन्न तिथि पर अड़े थे। त्रिलोचनजी ने कहा—शादी मेरी और मैं जो उसकी तिथि बतला रहा हूँ, वह गलत, यह कैसे होगा? तुम्हीं गलत तिथि बतला रहे हो। शमशेरजी ने कहा कि तुम बहुत भूलते हो, यहाँ तक कि अपनी शादी की तिथि भी भूल चुके हो। बस, इसी बात पर दोनों के बीच संवाद बंद हो गया। मुझे यह बात मालूम हुई, तो मैं देर तक हँसता रहा। त्रिलोचनजी यहाँ तक कहते थे कि जबलपुर में संपन्न अखिल भारतीय प्रगतिशील लेखक संघ के सम्मेलन की एक गोष्ठी में, डा. विश्वंभरनाथ उपाध्याय ने जब शमशेरजी की आलोचना की, तो उनकी आँखों से आँसू की कुछ बूँदें टपक पड़ीं! यह अजब संयोग है कि उपाध्यायजी की आलोचना तो सबों ने सुनी थी, पर शमशेरजी के आँसू सिर्फ त्रिलोचन ने देखे थे!!

भोपाल की एक गोष्ठी में त्रिलोचनजी ने तुलसीदास की एक अर्धाली उद्धृत की, तो डिनर के समय मैंने उनसे पूछा कि क्या वह उद्धरण तुलसीदास का था? वे उनके प्रति अभूतपूर्व श्रद्धा के साथ बोले—और किसका होगा? मैं उन दिनों 'निराला : कृति से साक्षात्कार' नामक अपनी पुस्तक पर काम कर रहा था। उस क्रम में मैं निराला के एक गीत की एक पंक्ति पर अँटक गया। मैंने उन्हें जवाबी कार्ड भेजकर उनसे उसका अर्थ पूछा, लेकिन उन्होंने उसका कोई उत्तर नहीं दिया। मिलने पर सबसे पहले मैंने उनसे पूछा कि आपने मेरे पत्र का उत्तर क्यों नहीं दिया? उन्होंने कहा—भाई साहब, उस पंक्ति का अर्थ मालूम हो, तब तो? कहने की आवश्यकता नहीं कि ऐसी साफगोई की उम्मीद साहित्य-संसार में कुछ बहुत बड़े लेखकों से ही की जा सकती है। वहीं मेरी पहली मुलाकात शिवमंगल सिंह 'सुमन' और गिरिजाकुमार माथुर से हुई। दोनों ही 'निराला रचनावली' के संपादक होने के कारण मुझे पहले से जानते थे। 'सुमन'जी मेरे पास आए और बोले—तुमने निराला की रचनावली का संपादन कर दिया! इतना बड़ा काम? सम्मेलन की प्रत्येक गोष्ठी में नामवरजी को छोड़कर बाकी सभी लेखक अपने कपड़े बदल लेते थे। मैं भी चार कुर्ते-पाजामे लेकर गया था, सो मैं भी उन लेखकों का अनुसरण करता था। मेरे कपड़े सफेद होने के साथ एकदम चकाचक रहते थे। अद्धी के कुर्ते की बाँहें चुन्नटदार थीं। गिरिजाकुमार माथुर मेरी बगल में बैठे थे। उन्होंने मेरे पहनावे पर टिप्पणी की—तुम्हारा कपड़ा 'बग-बग' है! यह अंतिम गोष्ठी थी।

हम लोग जहाँनुमा होटल में ठहराए गए थे। मैं अपने कमरे में लेटा-लेटा सोच रहा था कि भोपाल से इस बार खाली हाथ लौटना पड़ेगा। अचानक तय किया कि त्रिलोचनजी के कमरे में चलूँ। वे अपने कमरे में नए लेखक गोविंद द्विवेदी के साथ ठहरे थे। मैं उनके कमरे में पहुँचा, तो देखा कि उनकी दाढ़ी के लंबे बाल चमक रहे हैं। मैंने उनसे पूछा—शास्त्रीजी, आपकी दाढ़ी बहुत चमक रही है, उसमें कुछ लगाते हैं क्या? अज्ञेयजी की दाढ़ी छोटी थी। वे एक बार हमारे विभाग में आए तो उनकी बगल में बैठा उनकी दाढ़ी को मैं एकटक देख रहा था। उसके बाल इतने मुलायम थे कि उसे छूने की इच्छा हुई। वे तो अत्यंत सुरुचि-संपन्न थे, इसलिए यह सर्वथा संभव है कि अपनी दाढ़ी में भी कोई क्रीम लगाते रहे हों। इसीलिए मैंने त्रिलोचनजी से उक्त प्रश्न किया था। उन्होंने उत्तर दिया कि बस, नहाते समय इसे रगड़ देता हूँ। मैं जानता था कि वे रोज स्नान नहीं करते, सो भीतर ही भीतर मुझे जोरों की हँसी आई। दूसरा प्रश्न मैंने उनसे यह किया कि यह दाढ़ी आपको कष्ट नहीं देती है? उन्होंने उत्तर दिया

कि कष्ट? यह तो मुझे इतना सुख देती है कि मैं सोचता हूँ, भगवान ने औरतों को दाढ़ी न देकर बड़ी बेइंसाफी की है। मैंने मान लिया था कि उनकी दाढ़ी की चमक उनकी प्रतिभा की चमक है, वर्ना अनेक प्रतिभाहीनों की मरियल दाढ़ी मैं देख चुका हूँ। लेकिन उनकी नहानेवाली बात पर मुझे हँसी आ ही रही थी।

मैंने उनसे कहा—सुनते हैं, हरिऔधजी कभी नहीं नहाते थे। वे बोले—उनकी तो पिटाई हुई थी न! मैंने जानना चाहा कि वह कैसे? उन्होंने विस्तार से बतलाया : वे एक कचहरी में किरानी थे। उनके अफसर की बदली हुई, तो उसकी जगह एक अंग्रेज मैजिस्ट्रेट आया। नियमानुसार उसके स्वागत में सभी किरानी खड़े हो गए। वह एक-एक किरानी के पास गया और उससे उसका परिचय पूछा। इस तरह सभी उसे अपना परिचय दे रहे थे। जब हरिऔधजी के पास आया, तो उन्होंने अपना नाम बतलाया—अयोध्या सिंह उपाध्याय 'हरिऔध'। यह नाम सुनकर मैजिस्ट्रेट चौंक गया। बोला—टुम राइटर? हरिऔधजी ने स्वीकृति में अपना सिर हिलाया। फिर उसने कहा—टुम्हारा किताब 'ठेठ हिंदी का ठाठ' पढ़कर हम आईसीएस बना और टुम यहाँ क्लर्की करटा!! हम टुमको कोई बड़ा पोस्ट डेने को माँगटा। बोलो, क्या चाहटा? हरिऔधजी ने उत्तर में निवेदन किया कि यह मैं सोच-विचारकर दो-तीन दिनों के बाद आपको बतलाऊँगा। उन्होंने अपने कई मित्रों से राय ली कि कौन-सा पद माँगना चाहिए? सबों ने उन्हें सुझाव दिया कि वे मैजिस्ट्रेट से नायब तहसीलदार का पद माँगें, क्योंकि वह आर्थिक दृष्टि से बहुत लाभदायक होगा। दो-तीन दिनों के भीतर ही उन्होंने उसे बतला दिया कि वे क्या चाहते हैं। उसने तुरत उन्हें नायब तहसीलदार बना दिया। अब घोड़े पर सवार होकर वे अपने इलाके में किसानों से कर वसूलने लगे। अंग्रेजों ने तहसीलदारों को यह सुविधा दे रखी थी कि वे एक निश्चित रकम सरकार को देंगे और बाकी अपने पास रख लेंगे। उन्हें तनख्वाह नहीं मिलेगी।

नायब तहसीलदार के रूप में वे जिस आमदनी की कल्पना कर रहे थे, उसके मुताबिक उनकी आमदनी नहीं होती थी। अब उनके मित्रों ने उन्हें सलाह दी कि वे कर में सिर्फ एक पैसा बढ़ा दें, फिर देखें कि किस तरह आमदनी बढ़ती है। हरिऔधजी ने उस सुझाव पर अमल किया, लेकिन उन दिनों एक पैसे की भी कुछ कीमत थी, सो सारे किसान नाराज हो गए। उन्होंने आपस में विचार किया कि इस तहसीलदार को कंबल उढ़ाकर लाठियों से पीटा जाए। उसके बाद ही यह हम लोगों की तकलीफ समझ सकेगा और एक पैसे ज्यादा वसूलना बंद करेगा। किसानों ने जो सोचा था, वह कर डाला। हरिऔधजी अस्पताल में भर्ती हुए। हफ्ता-भर उनका इलाज चलता रहा। जब अस्पताल से उनका नाम काटा गया, तब डाक्टर ने उनसे कहा—तुम कभी नहाना मत, वर्ना हम तुम्हें बचा नहीं सकेंगे। त्रिलोचनजी के अनुसार इसी कारण वे कभी स्नान नहीं करते थे। मैं मन ही मन बहुत ही मुदित हुआ कि इस बार भी मैं भोपाल से खाली हाथ नहीं, बल्कि कुछ लेकर लौटूँगा। त्रिलोचनजी ने कहा कि चलिए, गिरिजाकुमार माथुर के कमरे में चलते हैं। वे भी निराला-भक्त थे। उनके द्वितीय कविता-संग्रह 'धूप के धान' में निराला पर उनकी एक बहुत ही सशक्त कविता संगृहीत है। स्वभावत: हम लोग पहुँचे, तो वे निराला की चर्चा करने लगे। उन्होंने यह रहस्योद्घाटन किया कि जब वे नेहरू से हिंदी को लेकर बातें करने के लिए ट्रेन के डिब्बे में घुसे, तो उनके साथ वे भी थे, लेकिन शुरू से अंत तक वे मूक श्रोता बने रहे। निराला के सामने डा. शर्मा के अलावा और किसी का मुँह नहीं खुलता था।

अगले दिन सारे लेखक अपने-अपने घर लौट गए। त्रिलोचनजी भी सागर लौटे। कुछ वर्षों के बाद वहीं उनकी पत्नी का निधन हुआ, तो वे एकदम अकेले हो गए। इसी के आसपास वे दिल्ली गए, तो केदारजी के डेरे पहुँचे। केदारजी ने उनसे उनकी पत्नी के निधन के बारे में पूछा ही था कि वे फूट-फूटकर रोने लगे। यह दृश्य देखकर केदारजी घबड़ा गए। उन्हें लगा कि जैसे सामने कोई बाघ रो रहा हो। पर उनसे तो अनजाने में चूक हो चुकी थी। धीरे-धीरे वे शांत हुए। उनका रोना इसलिए था कि जीवन-भर उन्होंने जिसकी उपेक्षा की, अब वह उन्हें छोड़कर जा चुकी थी। सागर में कुछ वर्षों बाद शायद उनके पेट का अल्सर फट गया, जिससे उन्हें तुरत अस्पताल में भर्ती किया गया और डाक्टरों ने उन्हें बचा लिया। तत्पश्चात् पीठ को बीच में ही छोड़कर अपनी बहू और बच्चों के साथ रहने के लिए वे हरिद्वार चले गए, क्योंकि वहीं उनकी बहू उषा वकालत करती है। लेकिन वहाँ भी वे टिक नहीं सके। वे दिल्ली अमित के पास आ गए। पत्नी के निधन के करीब एक दशक बाद धीरे-धीरे उनके लगभग सभी अंगों ने काम करना बंद कर दिया, फिर उनका भी निधन हो गया, यानी एक मिथक के साथ-साथ एक किंवदंती-पुरुष का अंत। दिल्ली में उनकी मृत्यु पर लेखकों की जो शोक-सभा हुई, उसमें नामवरजी ने भी उन्हें किंवदंती-पुरुष कहा, यानी वे ऐसे लेखक थे, जो अपने और दूसरों के बारे में कहानियाँ गढ़ा करते थे। उसके बाद बरेली से मेरे पास एक फोन आया कि वहाँ भी एक शोक-सभा होनेवाली है। मैं जब आपको फिर फोन करूँ, तो आप भी त्रिलोचनजी को श्रद्धांजलि देने के लिए फोन पर ही दो शब्द कहें। उस आयोजक ने बतलाया कि हम लोग ऐसी व्यवस्था कर रहे हैं कि सभा के सारे लोग आपकी बातें सुन सकें। मेरे पास दुबारा फोन आया, तो मैं बोलने लगा। अपना वक्तव्य समाप्त करते-करते मैं रोने लगा। आयोजक ने बाद में मुझे फोन करके बतलाया कि आपके रो पड़ने का प्रभाव यह पड़ा कि संपूर्ण सभा स्तब्ध होकर शोक-मग्न हो गई। त्रिलोचन को दी गई मेरी वह श्रद्धांजलि मेरे निबंध-संग्रह 'हाशिया' में संगृहीत है।

त्रिलोचन ने मुझे कुल आठ पत्र लिखे थे, जो आत्मीयता से भरे हुए थे। पहले पत्र का विषय निराला-संबंधी शोध था। उन्होंने मुझे शोध-बुद्धि को बराबर जाग्रत् रखने और निराला की कविता का विश्लेषण करने का निर्देश दिया था। जो सबसे महत्त्वपूर्ण बात लिखी थी, वह यह कि निराला को एक नया प्रशंसक अब नहीं चाहिए। उन्होंने 'धरातल' के प्रवेशांक में धूमिल पर प्रकाशित मेरा विस्तृत लेख पढ़ा था, सो अपने पाँचवें पत्र में मुझे लिखा कि उसमें 'आपने वैचारिक अध्ययन को ही केंद्रबिंदु बनाया, अतः पूरा लेख राजनीतिक रंग लिये हुए है। इसकी भी आवश्यकता है पर यह तो बताइए कि साहित्य-दृष्टि से कब देखेंगे'। कहने की आवश्यकता नहीं कि 'साहित्य-दृष्टि' को अधिकांश आलोचक अभी तक नहीं समझ पाए हैं। धूमिल का पक्ष वे तब ले रहे थे, जब अपनी 'अशिष्टता' के कारण वे उनकी डाँट खाकर उनसे अलग हो चुके थे। मैं बनारस गया, तो धूमिल मुझे पान की दुकान पर मिल गए। त्रिलोचनजी की चर्चा चली, तो उन्होंने कहा कि अब तो उनके मुँह में बात से अधिक बाल है। यह कहकर उन्होंने उनकी दाढ़ी की ओर संकेत किया था। अजब दुर्योग कि कुछ वर्षों बाद ही ब्रेन ट्यूमर का शिकार हो जाने के कारण वे त्रिलोचनजी से पहले ही इस दुनिया को छोड़ गए। उक्त पत्र में ही 'धरातल' में प्रकाशित अरुण कमल की कविताओं के बारे में उन्होंने लिखा था : 'अरुण कमल में ताजगी है। कविताएँ सभी अच्छी हैं उनकी। यह और अच्छा है कि इन कविताओं को देखने पर उनके ऊपर किसी का प्रभाव नहीं दिखाई देता।'

उनका अंतिम पत्र मुझे तब मिला, जब मैंने उन्हें चिंतन और पूर्वा के शुभ विवाह का निमंत्रण पत्र भेजा था। इसका उत्तर भी उन्होंने सागर से ही दिया। मैं पाठकों से लेख समाप्त करने से पहले उस पत्र को पूरा उद्धृत करने की अनुमति चाहूँगा :

मुक्तिबोध सृजन पीठ
डा. हरिसिंह गौर विश्वविद्यालय,
सागर (म.प्र.)
19.4.1990

प्रिय भाई,

आपका बालिका और बालक के विवाह का निमंत्रण मुझे 18 को मिला। यदि कुछ पहले मिला होता तो बहुत संभव है मैं इस अवसर पर आपके बीच उपस्थित होता। अब मैं केवल शुभकामना प्रकट कर सकता हूँ और दोनों बच्चों को अपने हार्दिक आशीर्वाद दे सकता हूँ।

श्रीमती रागिनी किशोर को मेरे नमस्कार सूचित करें। सुकवि रामगोपाल 'रुद्र' को मेरा विनम्र प्रणाम कहें।

दोनों बच्चों के सफल दांपत्य-जीवन की हार्दिक कामना करता हूँ।

आपका
—त्रिलोचन

प्रो. नलिनविलोचन शर्मा

मैंने अपने जीवन में लेखकों में जो दो–तीन महापुरुष देखे हैं, उनमें प्रो. नलिनविलोचन शर्मा सर्वोपरि थे। मैं भाग्यशाली हूँ कि मुझे उनका शिष्य बनने का गौरव प्राप्त हुआ। मैंने उनका प्रथम दर्शन 1952 की संध्या को सम्मेलन भवन के प्रांगण में उसकी बाईं तरफ किया था। वे झक्क सफेद धोती, अद्धी का चुन्नटदार कुर्ता पहने थे और उनके हाथों में जलती हुई सिगरेट थी। मैं बिहार राष्ट्रभाषा परिषद् में 'रुद्र'जी से अपनी कविता शुद्ध कराने अपने गाँव से आया था। वे उस समय परिषद् के पुस्तकाध्यक्ष थे और वह सम्मेलन भवन के बाएँ हिस्से में अवस्थित थी। नीचे जो कमरा था, उसमें शिवपूजन बाबू आराम से बैठे हुए कई शोधकर्ताओं से शोध करा रहे थे। मैं संभवत: 'रुद्र'जी के साथ ही संध्या पाँच बजे के आसपास नीचे आया, तो नलिनजी को देखा। यह मेरा शुद्ध अनुमान था, जो बाद में सही निकला। उस समय तक मैंने उनकी पुस्तक 'दृष्टिकोण' भी पढ़ रखी थी, पर उनके डील–डौल तथा व्यक्तित्व के बारे में मुझे किसी ने कुछ नहीं बतलाया था। पता नहीं कैसे मुझे लगा कि वही नलिनजी हो सकते हैं। उस समय मैं स्कूल के नौवें वर्ग का छात्र था, सो किसी लेखक से मेरी मुलाकात भी नहीं होती थी। 'रुद्र'जी ने भी उनके बारे में मुझे कुछ नहीं बतलाया था।

1956 में मैंने पटना कालेज में दाखिला लिया। इंटर में मेरा एक विषय प्रिंसिपल हिंदी भी था। उसका वर्ग भी ऊपर हिंदी विभाग के सत्रह नंबर के कमरे में होता था, सो मैं वहाँ से नलिनजी को अपने कक्ष में आते–जाते देखता था। वे बहुत लंबे–चौड़े थे। इस कारण बाजार में उनके पाँव का जूता नहीं मिलता था। फलत: वे फर्माइशी सैंडिल पहनते थे। धोती वे बाएँ पैर की जगह दाएँ पैर में लपेटते थे और उसके दूसरे छोर का निचला अंश जरा–सा सामने कमर में खोंस लेते थे। इस तरह उनका धोती पहनना भी विशिष्ट बन जाता था। डा. शैलेंद्रनाथ श्रीवास्तव का कहना था, जो यहाँ हिंदी के छात्र थे, बहुत सारे लड़कों ने नलिनजी की तरह धोती पहनना शुरू किया था, लेकिन उन–जैसा व्यक्तित्व वे कहाँ से लाते? उस समय वे हिंदी विभागाध्यक्ष थे, क्योंकि प्रो. देवेंद्रनाथ शर्मा प्रोफेसर बनकर बिहार यूनिवर्सिटी के लंगट सिंह कालेज में जा चुके थे। अब नलिनजी के अतिरिक्त पटना कालेज में दो अन्य नामलेवा अध्यापक ही रह गए थे—डा. रामखेलावन पांडेय और डा. शिवनंदन प्रसाद। तीन बजे के आसपास नलिनजी विभाग से घर लौटने के लिए निकलते थे, जिसे सड़क पर से रिक्शावाला देखता था और उन्हें लेने के लिए कालेज के गेट के भीतर घुसता था, लेकिन कुछ दूर चलकर बाईं तरफ मुड़ने पर जब उनकी काया को देखता था, तो लौट जाता था। यह बात छात्रों में प्रचलित थी, जिसके सच होने में मुझे संदेह है, क्योंकि अनेक बार मैं उन्हें अकेले रिक्शे पर आते–जाते देख चुका था। बाद में एक बार तो उन्हें और रिक्शे के हत्थे पर बैठे प्रो. केसरी कुमार को भी मैंने जाते हुए देखा था।

ज्यादातर वे पटना कालेज से निकलने पर उसके कॉरीडोर से होते हुए दरभंगा हाउस एम. ए. के वर्ग लेने के लिए जाते थे। उस समय उनके साथ शिवनंदन बाबू रहते थे, जिनका कद नाटा था और उनके पास नलिनजी वाला व्यक्तित्व भी नहीं था। इस दृश्य के बारे में चंद्रकिशोर पांडेय ने, जो मिंटो होस्टल में मेरे सह-वासी थे, मुझे बतलाया था कि ऐसा लगता है कि भारत के नक्शे के साथ लंका चला जा रहा है! स्मरणीय है कि लंका भी अंग्रेजों का उपनिवेश था, सो पहले भारत के नक्शे के साथ उसके बाएँ प्राय: एक लोटे की तरह लंका का भी नक्शा बनाया जाता था। पांडेयजी को मैंने उनके द्वारा प्रयुक्त सटीक उपमा के लिए दाद दी थी। जब मैं इंटर में था, तो डा. पांडेय डी.लिट्. नहीं थे। लेकिन मैं हिंदी ऑनर्स में पहुँचा, तो वे डी.लिट्. हो चुके थे। पटना विश्वविद्यालय के प्रथम डी.लिट्., जिसका अहसास उन्हें हमेशा बना रहता था। स्कूल के दिनों में ही मैं उनकी पुस्तक 'काव्य और कल्पना' भी पढ़ चुका था। पटना कालेज में उनकी स्थिति विचित्र थी, जिसका कारण संभवत: यह था कि वे अपने को बहुत बड़ा विद्वान, अध्यापक और नलिनजी के समकक्ष मानते थे। यही कारण था कि वे कालेज के स्टाफ क्लब में कभी नहीं जाते थे।

हम लोगों को ऑनर्स में वे 'साहित्यालोचन' पढ़ाते थे, लेकिन न कभी वह पुस्तक लेकर आए, न कोई नोट। बस, कुछ कहकर समय काट देते थे और छात्रों पर अपना रोब गालिब कर जाते थे। 'साहित्यालोचन' के प्रसंग में कहे गए उनके कुछ सुभाषित मुझे अभी भी याद हैं, यथा—'यह पुस्तक सिर्फ हड्सन की पुस्तक 'इंट्रोडक्शन टु द स्टडी ऑफ लिटरेचर' का अनुवाद है, जबकि उसमें कला पर कोई निबंध नहीं है।' डा. श्यामसुंदर दास की पुस्तक का पहला ही विस्तृत लेख कला पर है, जो साहित्य के प्रति उनके दृष्टिकोण से परिचित कराता है। बाबू गुलाब राय की दो पुस्तकें उस समय बहुत लोकप्रिय थीं—'काव्य के रूप' और 'सिद्धांत और अध्ययन'। लेकिन उनका जिक्र आया, तो उन्होंने कहा कि उन पुस्तकों को पढ़िए, पर उनकी 'गुलाबी' भाषा से सावधान रहिए, जबकि उनकी भाषा में भले आचार्य रामचंद्र शुक्ल वाली गंभीरता न हो, पर 'गुलाबीपन' का जो अर्थ होता है, वह बिलकुल नहीं है।

शिवनंदन बाबू हम लोगों को 'आधुनिक कवि पंत' पढ़ाते थे। वे उन दिनों डी.लिट्. की उपाधि के लिए मात्रिक छंदों पर काम कर रहे थे, सो छंदोमय थे। उसी के परिणामस्वरूप वे दस मिनट कविता के अर्थ पर बोलते थे और तीस मिनट तक उसकी छंदोयोजना के बारे में बतलाते थे। उपाधि मिलने के बाद उनका शोध-प्रबंध बिहार राष्ट्रभाषा परिषद् से 'हिंदी में मात्रिक छंदों का विकास' नाम से प्रकाशित हुआ, जो अपने विषय का एक समादृत ग्रंथ है। वे विनोदी भी थे, जिस कारण बीच-बीच में हँसाते भी जाते थे। उक्त प्रबंध में उन्होंने अनेक छंदों के स्वरचित उदाहरण दिये हैं, क्योंकि वे अपने शायर पिता 'कुश्ता गयावी' के पुत्र थे।

ऑनर्स में नलिनजी ने हम लोगों को 'हिंदी भाषा और साहित्य का इतिहास' पढ़ाया। कहा जा सकता है कि ऑनर्स की पढ़ाई को उन्होंने गंभीरतापूर्वक नहीं लिया, क्योंकि दो वर्षों तक वे भाषा के बारे में ही पढ़ाते रहे, विशेषत: उसमें होनेवाले ध्वनि-परिवर्तन के बारे में, और साहित्य का इतिहास एक-दो दिनों में समाप्त कर दिया। यह जरूर है कि भाषा और साहित्य का इतिहास पढ़ाते वक्त उन्होंने अनेक ऐसी बातें कहीं, जो महत्त्वपूर्ण थीं। हिंदी के बारे में उन्होंने कहा कि ऐसा नहीं है कि संस्कृत से प्राकृत, प्राकृत से अपभ्रंश और अपभ्रंश से हिंदी निकली। भाषा का विकास सरल रेखा में नहीं होता। इसी तरह छायावाद के बारे में कही गई उनकी यह बात

मुझे विचारणीय लगी कि उसकी पलायनवादिता उसकी आदर्शवादिता के चलते है। वे अत्यधिक अनुशासनप्रिय थे। एक बार एक नए प्राध्यापक पढ़ाने आए, तो एक छात्र ने उठकर उनसे उनका नाम पूछा। उन अध्यापक ने अपना नाम बतला दिया। उसके बाद वह छात्र फिर उठा और उनके नाम में 'श्री' लगाने की बात उनसे पूछी। अध्यापक समझ गए कि वह उन्हें तंग कर रहा है। वे चौकी से उतरकर, जिस पर व्याख्यान देने के लिए ऊँची टेबुल हुआ करती थी, सीधे नलिनजी के कक्ष की ओर बढ़े और इधर वह छात्र वर्ग के पीछे से निकल गया। नलिनजी आए और हम लोगों से पूछा—वे छात्र कौन हैं? हम लोगों ने कहा कि सर, वह पीछे से निकल गया। तत्पश्चात् वे बोले—आप लोग उनसे कह दें कि वे अपनी हरकतों से बाज नहीं आएँगे, तो अगली बार से उन्हें सम्मान-कक्षा में बैठने की अनुमति नहीं दी जाएगी। स्पष्टत: यह बात वे क्रोध के साथ दु:खमिश्रित आवाज में बोले थे।

इसी तरह हम लोगों को 'कबीर वचनावली' वीमेंस कालेज की अध्यापिका प्रो. यमुना वर्मा पढ़ाती थीं। उनका पढ़ाना बहुत असंतोषजनक होता था। हम लोगों ने एक अन्य अध्यापक से यह बात कही, तो उन्होंने कहा कि अध्यक्ष को लिखकर दीजिए। वे किसी दूसरे सुयोग्य अध्यापक को यह वर्ग दे देंगे। हम लोगों ने नलिनजी को हस्ताक्षर करके आवेदन दिया। वे उस पर भी कुपित हुए और वर्ग में आकर कहा—'अब तो शिष्य और गुरु का जो संबंध था, वह भी नहीं रहा।' फिर दुखी होकर उन्होंने इसी तरह की ढेर-सी बातें कहीं। कबीर का वर्ग पूर्ववत् प्रो. यमुना वर्मा ही लेती रहीं और हम लोगों ने फिर अध्यक्ष से कोई शिकायत नहीं की। नलिनजी परंपरा और आधुनिकता के अद्‌भुत सम्मिश्रण थे। यह हम लोगों ने कई बार महसूस किया।

उन दिनों पटना कालेज में ही ऑनर्स की पढ़ाई होती थी, यानी वीमेंस कालेज, मगध महिला कालेज और बी.एन. कालेज की छात्राएँ और छात्र वहीं ऑनर्स का क्लास करने आते थे। स्वभावत: उक्त तीनों कालेज के अध्यापक तो ऑनर्स के वर्ग लेते ही थे, साइंस कालेज के हिंदी के अध्यापक भी उनमें शामिल थे। इन अध्यापकों में से बी.एन. कालेज के डा. रामखेलावन राय और प्रो. रामेश्वर सिंह काश्यप इन दोनों को छोड़कर बाकी अध्यापक भर्ती के थे। रायजी हम लोगों को बड़ी स्पष्टता से काव्यशास्त्र पढ़ाते थे और काश्यपजी विशेष पत्र 'छायावाद' में प्रसादजी का कविता-संग्रह 'लहर'। वे पूरे बोध और विवेक से कविताओं का अर्थ बतलाते थे। इससे ज्यादा ऑनर्स की पढ़ाई में और कुछ नहीं किया जाता था।

ऑनर्स में दो-तीन बार छोटी-छोटी बातों को लेकर मुझे नलिनजी के कक्ष में उनसे मिलने का अवसर मिला था। उपन्यासकार हिमांशु श्रीवास्तव उम्र में मुझसे बड़े थे, लेकिन उनसे मेरा मित्र-भाव स्थापित हो गया था। नलिनजी ने हिंदी साहित्य सम्मेलन और बिहार राष्ट्रभाषा परिषद् की संयुक्त पत्रिका 'साहित्य' में, जिसके शिवपूजन बाबू के साथ वे भी संपादक थे, उनके उपन्यास 'लोहे के पंख' की समीक्षा की थी। हिमांशुजी ने मुझसे कहा कि आप मेरे लिए उनसे उक्त पत्रिका की एक प्रति माँग लें। उस समय मैं नहीं जानता था कि प्रतियों का वितरण प्रकाशक का काम होता है, संपादक का नहीं। परिणामत: मैं नलिनजी के कक्ष में जाकर हिमांशुजी के लिए 'साहित्य' की एक प्रति माँग बैठा। नलिनजी उनके प्रति किंचित् झल्लाहट के साथ, जिसे लक्ष्य करना मुश्किल था, मुझसे कहा—प्रति सम्मेलन में मिलेगी। वे मुझे धृष्टता के लिए डाँट भी सकते थे, लेकिन उन्होंने मुझे कुछ नहीं कहा। अब मुझे अपने अबोधपन का ज्ञान हुआ, जिसका हिमांशुजी ने नाजायज फायदा उठाया था। मुझे उन पर बहुत गुस्सा आया।

उन दिनों टर्मिनल इम्तहान हुआ करते थे। हमारी कापी नलिनजी को देखनी थी, लेकिन अनुमानतः उन्होंने उसे देखने के लिए किसी और को दे दिया था। मैंने सभी प्रश्नों का उत्तर नहीं लिखा था, पर अंक उस पत्र में मुझे ऐसे दिये गए थे, जैसे मैंने सभी प्रश्नों का उत्तर दिया हो! मैंने यह बात छात्रों को बतलाई। न जाने कैसे वह नलिनजी तक पहुँच गई। उन्होंने चपरासी को भेजकर मुझे बुलवाया और मुझसे पूछा—क्या बात है? मैंने उन्हें सही-सही बात बतला दी। वे चुप हो गए। दूसरे या तीसरे दिन मुझे फिर बुलवाया और कहा—उस पत्र में आपको इतने अंक आए हैं। यह उचित प्राप्तांक था। इस पर उनसे मैंने निवेदन किया—सर, मैंने समझा था कि 'टोटल इंप्रेशन' पर अंक दिये गए हैं। इस बार वे बहुत हलके-से मुस्कुराए और कहा—नहीं, ऐसा नहीं है। इन दो घटनाओं से वे मेरा नाम जान गए थे। उन्होंने 1959 में मेरे विवाह में मेरी पत्नी को एक शृंगार-दान दिया था, जिसकी पेंदी में एक कागज पर उनका हस्ताक्षर करके उसे चिपका दिया गया था। 'रुद्र'जी के द्वारा दिये गए निमंत्रण-पत्र से मेरा नाम वे पहले ही जान गए थे, अब वे मुझे पहचान भी गए थे।

ऑनर्स में छः अंक कम आने से मैंने प्रथम श्रेणी में द्वितीय स्थान प्राप्त किया। उसके लिए डा. रामखेलावन राय उत्तरदायी थे, जो पूर्वकथनानुसार हम लोगों को काव्यशास्त्र पढ़ाते थे। उन्होंने कहा था कि आप अलंकारों के लक्षण हिंदी में भी ठीक-ठीक लिखेंगे, तो आपको पूरे अंक मिलेंगे। मैंने उनकी बात पर विश्वास करके वैसा ही किया। वे स्वयं पटना विश्वविद्यालय से ऑनर्स और एम.ए. के टॉपर थे, सो उनकी बात न मानने का प्रश्न ही नहीं था। काव्यशास्त्र की कापी नलिनजी ने स्वयं देखी और अलंकारों के लक्षण संस्कृत में लिखनेवाले छात्र को मुझसे छः अंक अधिक दिये और इस तरह उससे मेरे छः अंक कम हो गए। बाकी पाँच पर्चों के अंक मिलाकर हम दोनों के अंक एकदम बराबर हो जाते थे।

तब से मैं चेत गया और बीमारी के कारण तीन वर्ष परीक्षा छोड़ने के बाद 1965 में छः महीने पहले घर से पटने आया, तो उसकी जमकर तैयारी की। काव्यशास्त्र वाले पर्चे में मैंने न केवल विभिन्न आचार्यों द्वारा दिए गए अलंकारों के लक्षणों में से चुनकर सर्वाधिक स्पष्ट लक्षण लिखे, बल्कि पूछे गए अलंकारों का संक्षेप में इतिहास भी लिखा। उक्त पर्चे में ही रीति-ग्रंथ के रूप में बिहारी सतसई भी पढ़नी थी। उससे जो प्रश्न पूछे गए थे, उनके उत्तर देते हुए मैंने बिहारी के करीब पचास दोहे उद्धृत किए थे, पर कोई दोहा पूरा नहीं था। मैंने उसका सिर्फ वही अंश लिया था, जिसमें रस और अलंकार के अंगोपांगों का निर्देश था। उस पर्चे को नए विभागाध्यक्ष प्रो. देवेंद्रनाथ शर्मा ने देखा था और उसमें मुझे डिस्टिंक्शन मार्क्स से अधिक अंक दिये थे। उसके बाद जो कुछ हुआ, वह मैं प्रो. शर्मा पर लिखे एक संस्मरण में बहुत संकोच के साथ लिख चुका हूँ। बहरहाल, इम्तहान में मैंने टॉप किया और उसके फलस्वरूप तुरत पटना कालेज में अध्यापक के रूप में मेरी नियुक्ति हो गई।

पहले हिंदी और संस्कृत, दोनों के विभाग एक ही थे। जब हिंदी विभाग संस्कृत विभाग से अलग हुआ, तो हिंदी विभाग के पहले अध्यक्ष डा. ईश्वरदत्त हुए। उन्हें दीर्घायु प्राप्त थी, सो मेरी पत्नी जहाँ दूध लाने जाती थीं, वहीं वे भी आते थे। मेरी पत्नी ने मेरे बारे में बतलाया, तो उन्होंने उनसे कहा कि एक दिन आपके घर चलूँगा। दो-तीन दिनों के बाद मैंने देखा कि वे अखिलेश बाबू वाले मेरे मकान की सीढ़ियाँ चढ़ रहे हैं। मैंने उन्हें प्रणाम किया। फिर उन्होंने पूरा घर घूमकर देखा, रसोई-भांडार सहित। उन्हें देखकर मेरी पत्नी से बोले—ये सब आपके 'डिपार्टमेंट्स' है! मैंने उनसे चाय पीकर लौटने का आग्रह किया, पर वे रुके नहीं और उलटे

पाँव लौट गए। डा. दत्त के बाद संभवत: डा. धर्मेंद्र ब्रह्मचारी शास्त्री हिंदी-विभागाध्यक्ष हुए और उनके अवकाश प्राप्त करने के बाद भाषाविज्ञानी डा. विश्वनाथ प्रसाद, लेकिन थोड़े दिनों बाद ही वे पं. जगन्नाथ राय शर्मा को प्रभार देकर लंबी छुट्टी में राष्ट्रपति डा. राजेंद्र प्रसाद के बुलावे पर दिल्ली चले गए। वहाँ कुछ दिन किसी पद पर रहकर वे आगरे के के.एम. मुंशी संस्थान के निदेशक नियुक्त हुए।

भूमिहारों और कायस्थों में नहीं बनती थी। चूँकि रायजी भूमिहार थे, इसलिए विश्वनाथ बाबू के कायस्थ होने के कारण उनसे खार खाए रहते थे। बदले में विश्वनाथ बाबू ने कभी उन्हें हिंदी विभाग का विधिवत् अध्यक्ष नहीं बनने दिया और उनके उक्त संस्थान से अवकाश प्राप्त करने के बाद ही उनसे स्वयमेव हिंदी विभाग की अध्यक्षता छूटी। स्वभावत: रायजी को अध्यक्ष बनाया जाना चाहिए था, लेकिन डा. रामखेलावन पांडेय ने पटना कालेज के अध्यापकों के बीच एक प्रश्न उठा दिया। रायजी बिहार एजुकेशनल सर्विस वाले नहीं थे और उनकी नियुक्ति एक बँधी हुई तनखाह पर रामदीन रीडरशिप के तहत हुई थी, इसलिए डा. पांडेय ने अध्यापकों को यह कहकर विश्वास में ले लिया कि चूँकि रायजी बीइएस के नहीं हैं, इसलिए विश्वविद्यालय के हिंदी विभाग का अध्यक्ष नलिनजी को ही होना चाहिए। इससे पटना कालेज में अध्यक्ष का पद रिक्त हो जाता था, जिस पर स्वाभाविक रूप से वे आ जाते। अध्यापकों से हस्ताक्षर कराकर वे अपना प्रस्ताव लिये हुए नलिनजी के पास पहुँचे। नलिनजी ने यह कहकर उस पर हस्ताक्षर करने से मना कर दिया कि रायजी मेरे गुरु हैं, मैं अभी भी उनसे सीखता हूँ, इसलिए उनकी अध्यक्षता में मेरा काम करना मेरे लिए सौभाग्य की बात होगी। डा. पांडेय का प्रस्ताव वहीं धरा का धरा रह गया।

जब हिंदी विभाग संस्कृत विभाग से अलग हुआ, तो संस्कृत के अध्यापक प्रो. देवेंद्रनाथ शर्मा और नलिनजी हिंदी में एम.ए. कर के क्रमश: पटना कालेज में हिंदी के अध्यापक हो गए। नलिनजी पहले आरा के जैन कालेज में थे। वहीं से वे पटना आए थे। यहाँ आकर वे हिंदी साहित्य सम्मेलन से जुड़ते गए और बाद में उसके साहित्य-मंत्री भी रहे। जब परिषद् खुली, तो 'साहित्य' सम्मेलन के साथ उसकी भी पत्रिका हो गया। 'साहित्य' में शिवपूजन बाबू के साथ नलिनजी का नाम छपता था, लेकिन उसका सारा काम नलिनजी ही करते थे। इस कारण कई बार शिवपूजन बाबू ने उनसे आग्रह किया कि अब आप मेरा नाम संपादक के रूप में न दें। लेकिन उन्होंने कहा कि ऐसा नहीं हो सकता। वे उनसे संपादकीय टिप्पणियाँ भी लिखवा लिया करते थे, भले वे 'साहित्य और गाय' पर ही क्यों न हो और सम्मानपूर्वक उसे छापते थे। आरा में रहते हुए ही उनका परिचय निराला से हुआ था। पहली बार वे आरा में उनके यहाँ टिके, तो शरबत पीने की इच्छा प्रकट की। नलिनजी शरबत बनाकर ले आए, लेकिन उनसे पूछा—क्या निराला शरबत ही पिएँगे? पहली बार जब वे उनसे मिले थे, तो उनका डील-डौल देखकर उन्होंने उनसे कहा था कि खड़े होइए। फिर उनकी बगल में स्वयं खड़े होकर उनसे मिलाकर अपनी ऊँचाई नापी थी। यह देखकर निराला को दु:ख हुआ था कि वे उनसे एक-दो इंच ऊँचे थे।

रायजी वस्तुत: पंडित थे। संस्कृत, प्राकृत, अपभ्रंश, ब्रजभाषा आदि सबों पर उनका अधिकार था। सूर की कविता के टेक्स्ट के तो वे अकेले प्रामाणिक जानकार थे। नलिनजी जब कभी ब्रजभाषा कविता में कठिनाई महसूस करते थे, पुस्तक लिये उनके पास जाते थे और उसे खोलकर स्थल-विशेष के बारे में उनसे कहते थे—सर, जरा इन पंक्तियों का अर्थ स्पष्ट

कर दीजिए। वे अर्थ स्पष्ट कर उन्हें पूर्ण संतुष्ट कर देते थे। कुछ दिनों के बाद नलिनजी ने एक पुरानी कार खरीदी और उसे स्वयं ड्राइव करके पटना कालेज आने लगे। उन्होंने रायजी से अनुरोध कर रखा था कि स्नातकोत्तर वर्गों में आपके वर्ग समाप्त हो जाएँ, तो आप पटना कालेज आ जाने का कष्ट करें। वे जब तक नहीं आते थे, वे उनका इंतजार करते थे और उनके आ जाने पर उन्हें कार में बैठाकर एक किलोमीटर दूर महेंद्रू में उनके डेरे पर उन्हें छोड़कर वहाँ से विपरीत दिशा में यानी एक्जीबिशन रोड स्थित अपने 'त्रिशंकु' नामक आवास पहुँचते थे। यह बात स्वयं रायजी ने 'नई धारा' के नलिन-स्मृति-अंक में उन पर लिखे गए संस्मरण में कही है। रायजी धोती, पूरी बाँह की कमीज और बिना मोजे का फुल शू पहनते थे। उस समय देहात का परिष्कृत पहरावा यही था। बाबू भी यही पहनते थे। रायजी को मैं विभाग में अक्सर आते-जाते देखता था। अवकाश-प्राप्ति के बाद वे गाँव चले गए थे। उनके सुपुत्र प्रभास से मैंने पूछा कि वहाँ उनका समय कैसे कटता है, तो वह बोला—गाँव पर वे भैंस चराते हैं और गाँव के ही एक अवकाशप्राप्त जज के साथ बातें करते हैं। सरकार को चाहिए था कि ऐसे विद्वान से उसके सेवामुक्त होने पर कोई उपयुक्त काम लेता, पर उसने उन्हें भैंस चराने के लिए गाँव भेज दिया।

उनके अवकाश प्राप्त करने के बाद नलिनजी ने पटना कालेज के विल्सन गार्डेन में छात्रों और अध्यापकों को बुलाकर उन्हें विदाई दी थी और अध्यक्ष-पद से बोलते हुए उन-जैसे विद्वान के अवकाश प्राप्त करने पर बहुत दु:ख प्रकट किया था। विश्वविद्यालय के विभाग के अध्यक्ष पद पर वे उनके बाद ही गए, उनके पहले जाने की कोई आकांक्षा भी उनके भीतर नहीं थी। नलिनजी की आरंभिक शिक्षा उनके पिता महामहोपाध्याय पंडित रामातार शर्मा के निर्देशन में हुई थी। उन्होंने उन्हें संस्कृत, हिंदी और अंग्रेजी पढ़ाई थी। वे उनसे कहते थे कि 'रघुवंश' का एक तरफ से हिंदी में अनुवाद करते हुए उसका फिर अंग्रेजी में अनुवाद करके दिखलाओ। इस तरह उनकी संस्कृत, हिंदी और अंग्रेजी—तीनों भाषाओं की पढ़ाई हो जाती थी। नलिनजी उन्हें बाबा कहते थे। पंडितजी बहुत पवित्रतावादी, यद्यपि नास्तिक थे। वे सवेरे उठते थे और घड़ा तथा घर के बच्चों को साथ लिये एक लाठी के साथ गंगा-स्नान के लिए जाते थे। लौटते हुए वे घड़े में गंगाजल भरकर लाते थे। वे इसी गंगाजल का पान करते थे। रास्ते में लोग उनसे पूछते थे—पंडितजी, आप लाठी क्यों रखते हैं? वे उत्तर देते थे—बनारस के पंडितों और पटने के कुत्तों को ठीक करने के लिए। ज्ञातव्य है कि पं. महावीरप्रसाद द्विवेदी से उनकी अच्छी मैत्री थी और वे 'सरस्वती' के नियमित लेखक थे। लेखों में उनका नाम होता था—पांडेय रामावतार शर्मा। उनकी हिंदी पढ़ने पर ही समझ में आता है कि वे कितने सुथरे वाक्य-विन्यासों वाला दृढ़बंध गद्य लिखा करते थे। पहले वे पटना कालेज के संस्कृत विभाग के अध्यक्ष हुए, फिर मालवीयजी ने उन्हें काशी हिंदू विश्वविद्यालय में बुला लिया। उनका मन बनारस में नहीं लगा, तो वे फिर पटना कालेज लौट आए। उनकी संस्कृत की शिक्षा बनारस में ही हुई थी। उनके गुरु संस्कृत के दो महान गुरुओं में से एक थे। निश्चय ही उन्हें राक्षसी मेधा प्राप्त हुई थी, जिसे लेकर पचास वर्ष पहले तक बिहार में अनेक किंवदंतियाँ प्रचलित थीं। लेकिन यह सत्य है कि उन्होंने अरबी से संस्कृत में कुरान का अनुवाद शुरू किया था, जो उनकी अकाल मृत्यु के कारण थोड़ा ही आगे बढ़कर रुक गया। कहा जाता है कि उनकी मृत्यु के बाद सीनेट हाउस में जैसी सभा हुई, वैसी फिर नलिनजी की मृत्यु के बाद ही देखने में आई, जिसका मैं साक्षी हूँ। हॉल में तिल धरने की जगह नहीं थी।

पंडितजी रसगुल्ले के भारी शौकीन थे। वे पटना कालेज से निकलते थे, तो सामने ही पिंटू होटल पड़ता था, जिसका रसगुल्ला एक कहावत बन गया था। कहा जाता है कि पंडितजी वहाँ से एक हाँड़ी रसगुल्ले खरीदते थे और घर आकर उसे खाने लगते थे। संस्कृत के विद्वान डा. सुरेंद्र ब्रह्मचारी ने मुझे बतलाया था कि जब वे रसगुल्ले खा रहे होते थे, तो कहीं से आकर नौ–दस साल के उनके पुत्र नलिनजी उनके सामने खड़े हो जाते थे। वे रसगुल्ले के मामले में इतने स्वार्थी थे कि उनमें से अपने पुत्र को भी नहीं देते थे। वे उनसे कहते थे—जाओ, जाकर खेलो। नलिनजी का उत्तर होता था—आप खाइए न। आपसे मैं माँग थोड़े रहा हूँ! वे जब ग्यारह साल के ही थे कि पंडितजी चले गए।

निश्चय ही उनके पवित्रतावाद की नलिनजी पर भयानक प्रतिक्रिया हुई थी। वे गंगाजल की जगह मद्यपान करने लगे थे और सिगरेट के चेन–स्मोकर ही नहीं थे, सम्मेलन के बहुत बड़े अड्डेबाज भी थे। उनके निधनोपरांत प्रभाकर माचवे ने उन पर जो कविता लिखी थी, उसमें ये पंक्तियाँ भी थीं : 'जॉनसन–सा अड्डेबाज/मेधा चेस्टरटनी'। 'नई धारा' के नलिन–स्मृति–अंक में सम्मेलन के चपरासी गोवर्धन का एक साक्षात्कार छपा था। उसने कहा था कि मेरा दिन तो शाम से शुरू होता था, जब नलिनजी यहाँ आते थे। अड्डेबाजी उनके घर पर भी होती थी। एक बार किसी मित्र ने उनसे चर्चा कर दी कि चिड़ैयाँटाँड़ पुल के नीचे एक हलवाई है, जो बहुत अच्छी जलेबियाँ बनाता है। नलिनजी ने सारी रात जगकर बिताई और सवेरे सबों के साथ जाकर उस हलवाई के हाथ की जलेबियाँ खाकर ही लौटे। दूसरी तरफ वे इतने परिष्कृत आभिजात्य वाले थे कि सिद्धिनाथ ने भी, जो उनका प्रशंसक तो कतई नहीं था, मुझसे कहा था कि ऐसा परिष्कृत आभिजात्य उसने और कहीं नहीं देखा। उस समय मैं षष्ठ वर्ष में था और वह पंचम वर्ष में।

पटना कालेज में इतिहास विभाग के अध्यक्ष डा. के.के. दत्ता थे, जो वाइस प्रिंसिपल के रूप में भी काम करते थे। वे बहुत ही सक्रिय और मुस्तैद वाइस प्रिंसिपल थे। इस कारण वर्ग शुरू होते ही वे प्रत्येक विभाग का चक्कर लगाते थे और कहीं अध्यापक उपस्थित नहीं होते थे, तो तुरत अपने चपरासी से अध्यक्ष से स्पष्टीकरण पूछ बैठते थे। एक दिन वे ऊपर हिंदी विभाग में आए, तो कमरा नंबर सत्रह में हम सारे छात्र बैठे हुए अध्यापक का इंतजार कर रहे थे। वे अध्यक्ष के चैंबर में गए और उसे खाली पाकर तुरत लौट गए। फिर मैंने देखा कि उनके लौटते ही प्रिंसिपल का चपरासी हिंदी विभाग के अध्यक्ष के नाम स्पष्टीकरण–पत्र लेकर पहुँचा। मैंने उस चपरासी से लेकर उक्त पत्र को देखा था। डा. दत्ता ने पूछा था कि मैं जब हिंदी विभाग में पहुँचा, तो लड़के अध्यापक का इंतजार कर रहे थे और अध्यापक का कहीं पता नहीं था। आप भी अनुपस्थित थे। आप कृपया बतलाएँ कि ऐसा क्यों हुआ ? डा. दत्ता की कर्तव्यनिष्ठता के प्रति मेरे मन में बहुत श्रद्धा उत्पन्न हुई। पता नहीं नलिनजी ने क्या उत्तर दिया, पर यह देखकर मुझे प्रसन्नता हुई कि वाइस प्रिंसिपल की नजर में कालेज के सारे विभागाध्यक्ष बराबर थे।

एम.ए. में मुझे डीपीआई छात्रवृत्ति मिलना तय था, लेकिन उसका पत्र अभी विभाग में नहीं आया था। इसी बीच किसी दूसरी छात्रवृत्ति से संबंधित पत्र विभाग में आया, तो कार्यालय–सहायक के कहने पर तिथि बीतने के बाद भी मैंने एक आवेदन–पत्र लिखा और नलिनजी के चैंबर में जाकर उनकी बाईं तरफ खड़ा हो गया। वे विभाग के कागजात पर हस्ताक्षर कर रहे थे। जब कर चुके, तब मेरी तरफ गर्दन घुमाकर उन्होंने पूछा—क्या है, नवलजी ? उनकी मीठी आवाज सुनकर मुझे लगा कि मेरे कानों के समीप आकर एक भौंरा गूँज उठा है। मैंने

अपना आवेदन-पत्र उनके सामने रख दिया। उन्होंने उस पर लिखा—'यह आवेदन-पत्र निर्धारित तिथि के पश्चात् प्राप्त हुआ है। यदि यह अनियमित नहीं है, तो इस पर अनुकूल निर्णयार्थ विचार किया जा सकता है।' इस तरह उन्होंने मेरा दिल भी नहीं तोड़ा था और सत्य की भी रक्षा की थी। उनकी मृत्यु के बाद कार्यालय-सहायक हरगोविंद बाबू ने मुझसे उनके बारे में कहा था—उनमें आदमी के गुण कम थे, ज्यादा गुण देवता के ही थे। नलिनजी ने ही उन्हें हरगोविंद सिंह से हरगोविंद बाबू बनाया था और विभाग के चपरासी गौरीशंकर पांडेय को 'पांडेयजी'। पांडयेजी ने भी मुझसे कहा था कि वे गोल्डफ्लेक सिगरेट पीते थे और रुपए निकालकर मुझे लाने के लिए देते थे। मैं सिगरेट का डिब्बा ले आता था, लेकिन बाकी पैसे वे कभी नहीं लेते थे। डा. सियाराम तिवारी ने उनके निधन के पूर्व ही मुझे बतालाया था कि नलिनजी के साथ यात्रा करना बहुत कठिन है, क्योंकि रास्ते में मैं जो कुछ खरीदता था, सबका पैसा वही देते थे। वे वस्तुत: तबीयत के बादशाह थे।

नलिनजी ने एम.ए. में हम लोगों को जमकर पढ़ाया। रोज उनका एक सामान्य वर्ग पंचम वर्ष में और एक सामान्य वर्ग षष्ठ वर्ष में रहता था। शुक्रवार को वे पंचम और षष्ठ वर्ष के दोनों वर्गों में विशेष पत्र के रूप में संत-काव्य पढ़ाते थे और शनिवार को बारी-बारी से दोनों वर्षों के लघु शोध-प्रबंध का वर्ग लेते थे। यह वर्ग वे अपने चैंबर में ही लेते थे, क्योंकि उसमें छात्रों की संख्या चार-पाँच से अधिक नहीं होती थी। छात्र जो लिखकर लाते थे, उसे वे धैर्यपूर्वक शुरू से अंत तक पढ़कर ठीक करते थे। उनका यह रूप देखकर मुझे दयालपुर हाई स्कूल के अपने हेडमास्टर का स्मरण हो आता था, जो वर्ग से छूटकर आते थे, तो उनकी टेबुल पर कापियों का ढेर लगा रहता था। फुरसत में वे उन कापियों को देखते थे और फिर वर्ग आ जाता था, तो उसे छोड़कर वर्ग में चले जाते थे। लौटकर वे फिर कापियाँ देखने लगते थे। मैंने कभी उन्हें अपने काम से विचलित होते नहीं देखा, जिसका भी मुझ पर भारी प्रभाव पड़ा। इस तरह उन्होंने अपने स्कूल को जिले में गिनती का स्कूल बना दिया था। एक छात्र ने अपने लघु शोध-प्रबंध में लिखा था—विश्व-साहित्य में किसी लेखक ने ऐसा नहीं लिखा। नलिनजी ने उस पंक्ति को काट दिया और उस छात्र से कहा कि भाई, ऐसा लिखने के पहले तो बहुत कुछ देखना पड़ता है न! उनके पास बिहार के पुराने कवियों और लेखकों की एक सूची थी, वे उसी में से छात्रों को उनके लघु शोध-प्रबंध का विषय देते थे। इस तरह वे हिंदी साहित्य के इतिहास का सामग्री-संकलन कर रहे थे। स्वभावत: पचहत्तर प्रतिशत शोध वे प्राचीन साहित्य पर कराते थे और पच्चीस प्रतिशत आधुनिक काल के साहित्य पर। एक छात्र लछमी सखी पर काम कर रहा था, जो सखी-संप्रदाय के प्रमुख कवि हुए हैं। वह मठ में सामग्री-संकलन के लिए गया, तो वहाँ के महंत ने कहा कि जब तक आप इस संप्रदाय में दीक्षित नहीं होंगे, वह सामग्री आपको देखने के लिए नहीं दी जाएगी। उसने नलिनजी के सामने अपनी समस्या रखी। उन्होंने कहा कि कोशिश कीजिए कि वह सामग्री आपको मिल जाए, पर किसी भी तरह नहीं मिले, तो भगवान का नाम लेकर उसमें दीक्षित हो जाइए। वे छात्रों को अपने संग्रह से लाकर अंग्रेजी की पुस्तकें भी देते थे। एक छात्रा ने कहा कि सर, उसकी अंग्रेजी पूरी तरह समझ में नहीं आती। वे बोले—जितना समझ में आ जाए, उतने से ही काम चलाइए।

मेरा विषय था—'बिहार के आधुनिक प्रबंध-काव्य', जिनमें ये दो खंड-काव्य भी शामिल थे—पांडेय दामोदर सहायक 'कविकिंकर' का 'संधि-संदेश' और पंडित जगन्नाथ राय शर्मा का 'विक्रम-विजय'। मैंने उक्त दोनों काव्यों के बारे में यथास्थान क्रमश: लिखा था कि 'इसमें

संवाद कहीं-कहीं इतने लंबे हो गए हैं कि पाठकों का मन ऊब जाता है' और 'यह काव्य 'प्रियप्रवास' के प्रभाव से ग्रस्त है।' नलिनजी ने दोनों वाक्यों को ऐसे कर दिया था : 'इसमें संवाद कहीं-कहीं बहुत लंबे हो गए हैं' और 'यह काव्य 'प्रियप्रवास' से अत्यंत प्रभावित है।' मैं उनके संशोधन से बहुत प्रभावित हुआ और जब नवयुवावस्था का ज्वर उतर गया, तो अपने लिखने की भाषा को नियंत्रित करने लगा। 'रुद्र'जी अक्सरहा उनसे मिलते थे और उनसे मेरे बारे में पूछते थे। वे उन्हें बतलाते थे कि उसके लिखे हुए में कहीं कलम लगाने की जरूरत नहीं होती है। उन्होंने मेरी भाषा को ध्यान में रखकर कहा था, मेरे साहित्यिक ज्ञान के बारे में नहीं, जो अभी अत्यंत सीमित भी था और कच्चा भी।

नलिनजी एम.ए. में बहुत विषय और पुस्तकें पढ़ाते थे। विषयों में 'हिंदी भाषा-विज्ञान', 'संस्कृत साहित्य का इतिहास' तथा 'काव्य-शास्त्र' और पुस्तकों में 'रघुवंश' (द्वितीय सर्ग), 'मेघदूत' (पूर्वमेघ), 'गोदान' और 'जैनेंद्र की कहानियाँ (पंचम भाग)'। इन सबका अध्यापन करते हुए वे पंचम वर्ष से षष्ठ वर्ष में पहुँच जाते थे। 'मेघदूत' और 'जैनेंद्र की कहानियाँ' का वे स्पर्श भी नहीं कर सके थे कि षष्ठ वर्ष के प्राय: मध्य में सिर्फ चौवालीस-पैंतालीस की उम्र में उनका निधन हो गया। वे प्राय: कहा करते थे कि मेरे परिवार में अल्पायु में मरने की परंपरा है, पर कौन जानता था कि वे इतनी जल्दी उस परंपरा की कड़ी बन जाएँगे। 'संस्कृत साहित्य का इतिहास' भी वे नहीं पढ़ा सके थे। उनके बाद के प्रभारी विभागाध्यक्ष शिवनंदन बाबू ने उन विषयों और पुस्तकों की, जिनकी पढ़ाई नलिनजी ने शुरू कर दी थी, बंद करा दी। 'संस्कृत साहित्य का इतिहास' डा. वचनदेव कुमार पढ़ाने लगे, जो संस्कृत में भी एम.ए. थे और डा. शोभाकांत मिश्र, जो भी संस्कृत में एम.ए. थे, 'मेघदूत' का अध्यापन करने लगे। 'जैनेंद्र की कहानियाँ' भी हम लोगों ने स्वयं पढ़ी। नलिनजी ने केसरी बाबू को भी राँची विश्वविद्यालय से बुला लिया था, जो पटना कालेज के विभागाध्यक्ष हो गए थे। वे हम लोगों को हिंदी साहित्य के इतिहास से रीतिकाल और आधुनिक काल, 'साकेत' तथा 'कामायनी' पढ़ाते थे। वे बहुत ही परिपक्व रुचि वाले विद्वान थे, इसलिए उनका प्रत्येक वाक्य बहुत महत्त्वपूर्ण होता था। उनकी स्मृति-शक्ति विलक्षण थी, सो रीतिकाल और भारतेंदुयुगीन कवियों के असंख्य छंद और पंक्तियाँ उन्हें याद हो गई थीं। इतिहास से आदिकाल और भक्तिकाल शिवनंदन बाबू स्वयं पढ़ाते थे।

नलिनजी काव्य-शास्त्र पढ़ाते थे, तो उनका उद्देश्य छात्रों को आतंकित करना नहीं, बल्कि उस विषय से उन्हें अच्छी तरह परिचित कराना होता था। बीच-बीच में वे विदेशी विद्वानों से भी संस्कृत के आचार्यों की तुलना करते जाते थे और एक खास बात यह कि वे कविता के जो उद्धरण देते थे, संस्कृत से हिंदी के मात्रिक मुक्तछंद में अनुवाद करके। रघुवंश पढ़ाने का उनका यह ढंग था कि वे एक बार श्लोक पढ़ते थे, फिर उसका अर्थ बतलाते थे और अंत में उसमें कोई वैशिष्ट्य होता था, तो उस पर प्रकाश डालकर आगे बढ़ जाते थे। रघुवंश पढ़ाते समय उनकी भाषा बहुत उदात्त हो जाती थी। मुझे उनका यह वाक्य नहीं भूलता है—'यही है कालिदास की प्रसिद्ध उपमा, जिसका प्रयोग वे अत्यंत कृपणतापूर्वक करते हैं।' 'गोदान' पढ़ाते समय उनका आलोचक का असली रूप दिखलाई पड़ता था। वे लिखते थे सूत्र-शैली में, लेकिन वर्ग में उस शैली को छोड़कर आवश्यक विस्तार से काम लेते थे।

वे हिंदी में उक्त कालजयी उपन्यास को केंद्र में रखकर संपूर्ण विश्व के कालजयी उपन्यासों का हवाला देते थे, पर किसी उपन्यास के बारे में वे एक-डेढ़ प्रासंगिक वाक्यों से अधिक नहीं

कहते थे। आलोचना में वे टी.एस. इलियट से विशेष प्रभावित थे, जिनपर 'अवंतिका' के काव्य-विशेषांक में उन्होंने एक लेख भी लिखा था। इलियट रूपवादी नहीं थे, लेकिन नलिनजी ने अंग्रेजी के दूसरे आलोचकों से रूपवाद की शिक्षा ली थी। अब तो अनेक विद्वान यह मानते हैं कि संस्कृत का संपूर्ण काव्यशास्त्र रूपवादी है, क्योंकि उसमें अंतर्वस्तु पर नहीं, बल्कि इस बात पर विचार किया गया है कि उत्कृष्ट 'काव्य' कैसे बनता है, यानी 'हाउ', 'व्हाट' नहीं। स्वभावत: 'गोदान' में नलिनजी उस उपन्यास की संरचना, उसके कथानक, चरित्र, भाषा आदि पर रूपवादी दृष्टि से ही विचार करते थे। भूलकर भी वे रूप और अंतर्वस्तु की पारस्परिक क्रिया-प्रतिक्रिया की चर्चा नहीं करते थे।

स्मरणीय है कि 'आलोचना' में उन्होंने 'मैला आँचल' की जो समीक्षा लिखी थी, उसमें भी उस उपन्यास के रूप पर ही विचार किया गया था। उस उपन्यास का प्रथम संस्करण रेणुजी ने खुद छपवाया था, जिसके लिए उनकी पत्नी लतिकाजी ने अपने गहने तक दिये थे। नलिनजी की समीक्षा से राजकमल के निदेशक ओमप्रकाशजी इतने प्रभावित हुए कि रेणुजी के यहाँ पहुँचे और उनसे निवेदन किया कि उन्हें वे 'मैला आँचल' छापने के लिए दें। रेणुजी ने उत्तर दिया कि मेरे पास जो उसकी आठ-नौ सौ प्रतियाँ बची हैं, उनका क्या होगा? ओमप्रकाशजी ने उन्हें उत्तर दिया—मैं उन्हें खरीदकर नष्ट कर दूँगा। अब रेणुजी को क्या एतराज हो सकता था? उन्होंने उपन्यास का पहला संस्करण न्यूज प्रिंट पर छपवाया था। जब राजकमल से वह शानदार रूप में निकला, तो ओमप्रकाशजी उसकी पहली प्रति नलिनजी को भेंट करने गए। उन्होंने उन्हें पुस्तक दी, तो वे बोले—प्रस्तुति इतनी अच्छी है कि पुस्तक को हाथ में लिये रहने का मन करता है! नलिनजी की एक समीक्षा ने रेणुजी को हिंदी कथा-साहित्य में प्रेमचंद के बाद स्थान दिला दिया। इतनी ताकत अब तक किसी आलोचक की कलम में देखने को नहीं मिली है।

एक बार पं. नंददुलारे वाजपेयी ने विभाग में एक व्याख्यान दिया, जिसमें नलिनजी सहित सभी अध्यापक उपस्थित थे। उसमें उन्होंने स्पष्ट शब्दों में यह कहा कि नलिनजी यहाँ बैठे हैं, फिर भी मैं उनसे असहमत होते हुए यह कह दूँ कि 'गोदान' का स्थापत्य, जिसमें दो कथाएँ समानांतर चलती हैं और कहीं-कहीं स्वाभाविक रूप से मिल जाती हैं, हिंदी को प्रेमचंद की सर्वश्रेष्ठ देन नहीं है। नलिनजी ने वर्ग में प्रेमचंद की भाषा का गहन विश्लेषण किया था। उनकी तीन बातें आँख खोलनेवाली थीं। पहली बात यह कि प्रेमचंद की भाषा पर जरा-सा ध्यान देते ही यह स्पष्ट हो जाता है कि उन्होंने उर्दू में जो सिद्धि प्राप्त की थी, वह उनकी सरलता के पीछे छिपी है। दूसरी बात यह कि उनकी भाषा देवकीनंदन खत्री की भाषा का ही विकसित रूप है। तीसरी बात उन्होंने यह कही थी कि भारतेंदु-युग के यथार्थवादी उपन्यासों से प्रेमचंद के उपन्यास स्वयं जुड़ जाते हैं, बावजूद इसके कि यह संदेहास्पद है कि उन्होंने उस युग का कोई उपन्यास पढ़ा होगा।

नलिनजी ने विशेष पत्र में एक नया विषय जोड़ा था—पाठालोचन। उसे पढ़ाने वाले अध्यापक पुस्तकें पढ़कर वह विषय पढ़ाते थे। नलिनजी ने यह योजना बनाई थी कि उक्त विषय पर बाहर के पाठालोचक विद्वानों को बुलाकर बीच-बीच में उनसे व्याख्यान कराया जाए। काशी-नरेश के परामर्श से पं. विश्वनाथप्रसाद मिश्र ने रामचरितमानस का पाठालोचन किया था। वैसे भी वे संपूर्ण रीतिकाव्य के पाठालोचक थे। वे विभाग में जब लघु शोध-प्रबंध की मौखिकी में आए, तो उन्होंने पाठालोचन पर छात्रों के बीच एक लंबा व्याख्यान दिया और मानस

के अनेक पाठ–सुधारों का सोदाहरण जिक्र करते हुए इस तथ्य पर बल दिया कि अर्थ को छोड़कर यांत्रिक विधि से पाठालोचन नहीं किया जाना चाहिए। अगला व्याख्यान डा. माताप्रसाद गुप्त का होनेवाला था, जिनकी मृत्यु पर डा. धर्मवीर भारती ने 'धर्मयुग' में 'पाठालोचन के दधीचि' शीर्षक से उन पर एक लेख लिखा था। माताप्रसादजी आए, लघु शोध–प्रबंध की मौखिकी के सिलसिले में ही, पर तब तक नलिनजी जा चुके थे। विभाग का पूरा माहौल गमगीन था, वे भी बहुत दुखी थे, सो उन्हें व्याख्यान देने का अवसर ही नहीं बना। स्टेशन से लेकर हम लोग उन्हें शिवनंदन बाबू के आवास पर छोड़ आए। वे तैयार होकर वहाँ से सबसे पहले नलिनजी के यहाँ गए और मौखिकी उन्होंने वहाँ से लौटकर ली।

कुछ पीछे की बात और। नलिनजी जब पटना कालेज में हिंदी के विभागाध्यक्ष थे, तो उन्होंने करीब एक बजे अध्यापकों के नाश्ते की व्यवस्था कर रखी थी। चाय पांडेयजी विभाग में ही संभवतः हीटर पर बना देते थे और नाश्ते की बाकी चीजें बाजार से आ जाती थीं। उसके लिए वे अध्यापकों से चंदे के तौर पर प्रति माह एक बहुत ही छोटी रकम लेते थे। विभाग में एक गणितज्ञ अध्यापक भी थे। उन्होंने एक दिन पांडेयजी से नाश्ते के लिए दिये गए पैसे का हिसाब पूछ दिया। पांडेयजी ने जब यह बात नलिनजी तक पहुँचाई, तो वे बोले—अब समय आ गया है कि इस सिलसिले को बंद कर दिया जाए और तभी से पटना कालेज में वह सिलसिला बंद हो गया। ये वही गणितज्ञ अध्यापक थे, जो दिल्ली में एक बार ऑटो वाले से चार–छः आने के लिए देर तक झगड़ते रहे थे और उतने पैसे लेकर ही रहे थे। ऑटो वाले का ध्यान जहाँ रोड पर था, वहाँ उक्त अध्यापक का ध्यान ऑटो के मीटर पर। नाश्ते का वह सिलसिला फिर दरभंगा हाउस में शुरू हुआ, लेकिन इस बार उसके लिए सारी चीजें नलिनजी अपने बैग में अपने घर से लाते थे। नाश्ते के बाद पांडेयजी हीटर पर ही चाय बनाकर सभी अध्यापकों के आगे कप रख देते थे। उन दिनों प्लेट में ही कप रखकर चाय देने का रिवाज था, सो पांडेयजी भी वैसा ही करते थे। सिर्फ कप में चाय देने का रिवाज तो बहुत बाद में शुरू हुआ।

इलियट के प्रभाव से नलिनजी रोमानीपन के घोर विरोधी थे। 'बच्चन' एक बार पटना कालेज में आए, तो उन्होंने वहाँ उनका काव्य–पाठ नहीं ही होने दिया। 'बच्चन' ने अपनी आत्मकथा के किसी खंड में बहुत कुपित होकर नलिनजी का बहुत ही भद्दा शब्द–चित्र उपस्थित किया है, इस बात को भुलाकर कि प्रयोगवाद की शुरुआत के साथ रोमानीपन को गाली के रूप में प्रयुक्त किया जाने लगा था। इसी के प्रभाव में छायावादी कवियों को लक्ष्य कर भारतभूषण अग्रवाल ने 'तार सप्तक' की एक कविता में कहा था : 'तू सुनता रहा मधुर नुपूर–ध्वनि, यद्यपि बजती थी चप्पल'। केसरी बाबू भी 'छायावाद' को हृद्–रोग से पीड़ित कहते थे। यहीं मैं आगे की एक बात भी लिख दूँ कि एक संध्या नलिनजी तथा दूसरे लेखक सम्मेलन के कक्ष में बैठे हुए थे और एक लंबी ऊँची टेबुल पर तकिया लगाकर शिवपूजन बाबू लेटे थे। अभी–अभी प्रपद्यवादियों का, जो अपने को पहला प्रयोगवादी कहते थे, काव्य–संकलन 'नकेन' निकला था। नलिनजी ने उसकी एक प्रति यह सोचकर शिवपूजन बाबू को भेंट की थी कि उनकी काव्य–रुचि गत्यात्मक होगी। ये वही थे, जिन्होंने पं. महावीरप्रसाद द्विवेदी द्वारा 'सरस्वती' से लौटाई गई निराला की रचना 'जुही की कली' अपने द्वारा संपादित मासिक 'आदर्श' (कलकत्ता) के आवरण पृष्ठ पर ससम्मान छापी थी। लेकिन वे छायावाद से आगे नहीं बढ़े थे। नलिनजी ने बहुत उम्मीद से उनसे पूछा—मास्टर साहब, 'नकेन' देखा गया ? शिवपूजन बाबू उठकर बैठ गए और अपना सिर झुकाकर भोजपुरी में कहा—'इ जूता हऽ आउर ई हमार

चानी हऽ। जूता उठाईं, आउर हमार चानी पर दस जुत्ता मारीं। ए से नया बात का होखी?' नलिनजी उनकी इस बात से स्तब्ध रह गए, और लेखक भी। लेकिन नलिनजी ने अपने बचाव में कुछ भी कहना अशिष्टता समझा और चुप ही बैठे रहे। यह बात मुझे पांडेय कपिल ने बतलाई थी, जो उस कक्ष में मौजूद थे। पश्चिमी आलोचना में यह बाद का विकास है कि इलियट के 'निर्वैयक्तिकीकरण और 'वस्तुमूलक प्रतिरूपता' के सिद्धांत को गलत माना गया है। रही बात 'नकेन' की, जिसका दूसरा खंड बहुत बाद में निकला, तो नलिनजी की कविता पर 'जाग्रत् मनीषा की कविता' शीर्षक से अपने एक लेख में विचार करते हुए मैं उन पर लिख चुका हूँ और उसमें प्रपद्यवाद की द्वादश-सूत्री मान्यताओं का अपने सीमित ज्ञान के आधार पर उत्स भी बतलाया है।

नलिनजी ने हिंदी साहित्य परिषद् की ओर से आयोजित होनेवाले कवि-सम्मेलनों में भी रुचि नहीं ली, जिससे वह बंद हो गया। हाँ, बीच-बीच में वे विद्वानों के व्याख्यान कराते रहे। एक बार उन्होंने प्रो. शिवबालक राय से तुलसीदास के रामचरितमानस पर अद्‌भुत व्याख्यान कराया था। फिर उन्होंने संस्कृत और हिंदी के विद्वान जयकिशोर नारायण सिंह से 'कामायनी' पर व्याख्यान कराया। जब हम लोग एम.ए. में थे, तो उन्होंने एस.बी. साहनी से, जो पटने के संस्कृतज्ञ कमिश्नर थे, 'मेघदूत' पर व्याख्यान कराया। डा. नगेंद्र भी विभाग में आए थे, लेकिन उनके पास व्याख्यान देने का समय नहीं था। जाते-जाते नलिनजी ने उनसे कहा कि आपका दृष्टिकोण शास्त्रीय होता जा रहा है! फिर वे छात्राओं को अपना ऑटोग्राफ देकर चले गए। हिंदी साहित्य परिषद् की ओर से प्रत्येक शनिवार को पटना कालेज के सत्रह नंबर कमरे में एक अध्यापक और एम.ए. के एक छात्र से लिखित रूप में एक-एक कविता की व्यावहारिक आलोचना कराई जाती थी। इस योजना का आरंभ नलिनजी ने स्वयं सरहपाद की एक चर्यागीति की व्यावहारिक आलोचना से किया था। प्रो. अर्जुन सिंह और डा. रामदीन मिश्र, दोनों ही असफल अध्यापक थे, लेकिन उन्होंने क्रमशः भक्त कवि और संत कवि के एक-एक पद की बहुत ही प्रभावशाली व्यावहारिक आलोचना की थी। हम सारे छात्र उससे चमत्कृत थे।

हिंदी साहित्य परिषद् की ओर से बी.ए. लेक्चर थिएटर में नलिनजी ने हरेंद्रदेव नारायण से उनके भोजपुरी प्रबंध-काव्य 'कुँवर सिंह' के कुछ हिस्सों का सस्वर पाठ कराया था। अंत में वे अध्यक्षीय वक्तव्य देने के लिए उठे, तो बोले—कायदे से आज मुझे भोजपुरी में ही अपना वक्तव्य देना चाहिए, लेकिन उसे लेकर मेरे सामने सैद्धांतिक और व्यावहारिक दोनों कठिनाइयाँ हैं, सो मैं हिंदी में ही बोलूँगा। उनके वक्तव्य की एक ही बात मुझे याद है कि 'कुँवर सिंह' के कवि की भोजपुरी वैसी ही है, जैसी तुलसीदास के मानस की अवधी। उनका तात्पर्य इस बात से था कि हरिजी की भाषा में संस्कृत और हिंदी के शब्दों का पर्याप्त प्रयोग हुआ है। नलिनजी स्वयं अंग्रेजी के बहुत अच्छे विद्वान थे। मुझे अंग्रेजी के मुझसे वरीय एक छात्र नवाबलाल राय ने बतलाया था कि अंग्रेजी के विभागध्यक्ष डा. आर.के. सिन्हा ने अपने विभाग में उनसे अंग्रेजी साहित्य पर एक व्याख्यान दिलवाया था। उनकी अंग्रेजी बहुत अच्छी थी, जिससे मैंने किसी से उन्हें अंग्रेजी में भी बातचीत करते देखा था। उनकी मृत्यु के बाद हम लोगों को मालूम हुआ कि वे 'स्टेट्समैन' के स्तंभ-लेखक भी थे।

नलिनजी विश्वविद्यालय की राजनीति से दूर रहते थे, लेकिन उसके आवश्यक कार्य वे अवश्य करते थे, जैसे मैं पटना कालेज में इंटर के बाद दाखिले के लिए आया, तो वे एम.ए. के इम्तहान में 'इनविजिलेटर' का काम कर रहे थे। एक बार अर्थशास्त्र के छात्रों की

भाषण-प्रतियोगिता के लिए की गई सभा की अध्यक्षता करने वे पत्नीक कार से पटना कालेज के बी.ए. लेक्चर थिएटर में आए थे। जब सभी छात्र बोल चुके, तो अध्यक्षीय भाषण में उन्होंने छात्रों की एक नामावली प्रस्तुत की और कहा कि मेरा विश्वास है कि विजयी छात्र इसी नामावली में से होंगे। फिर जब निर्णायकों ने पारस्परिक विचार-विमर्श के बाद प्रतियोगिता के सर्वश्रेष्ठ वक्ता का नाम घोषित करने के लिए उन्हें एक कागज थमाया, तो वह नाम उनके द्वारा प्रस्तुत की गई नामावली में से ही था। अध्यक्ष के नाते उन्हें सीनेट की बैठक में उपस्थित होना पड़ता था, लेकिन वे वहाँ की चर्चा में कभी भाग नहीं लेते थे और पीछे बैठे हुए कोई पुस्तक पढ़ते रहते थे।

नलिनजी बहुत अच्छे प्रशासक भी थे। चूँकि वे विभाग का सर्वाधिक बोझ अपने कंधे पर ही उठाए थे और समय के भारी पाबंद थे, सो किसी अध्यापक के मन में उनके प्रति कोई दुर्भावना नहीं थी। विभाग में गजब का सौहार्द था। उन्हें अलग से कुछ नहीं करना पड़ता था। बस, उनकी उपस्थिति-मात्र से सारा काम सुंदर ढंग से खुद होता चलता था। कोई अध्यापक कभी न विलंब से वर्ग में जाते थे, न समय से पहले या बाद वर्ग से निकलते थे। नए अध्यापकों में से कुछ को उन्होंने पंचम या षष्ठ वर्ष में एक-एक सामान्य वर्ग दे रखा था और बाकी को विशेष पत्र तथा अभ्यास-वर्ग में खपाया था। डा. राजाराम रस्तोगी स्नातकोत्तर विभाग के अध्यापक थे, लेकिन चूँकि वे पढ़ाने में बहुत कमजोर थे, इसलिए उन्होंने उन्हें निबंध का एक सामान्य वर्ग दे रखा था, जिसमें लघु शोध-प्रबंध के छात्र नहीं होते थे। उन्हें उन्होंने रूटीन बनाने का काम भी दे रखा था, जिस कारण वे बहुत प्रसन्न रहते थे कि पढ़ाने से भी बच गए और रूटीन से पूरे विभाग को चलाते भी हैं! छात्र-छात्राओं की शिकायतों से निबटने का नलिनजी का खास ढंग था, जो रायजी के बिलकुल उलट था। रायजी के पास एक छात्रा यह शिकायत लेकर पहुँची कि अमुक छात्र वर्ग में उसे घूरता रहता है। रायजी ने उससे पूछा—तुमको कैसे मालूम? मतलब यह कि तुम भी उसे देखती रहती हो। अंत में उन्होंने उससे कहा कि वर्ग में जरा कम बन-ठनकर आया करो।

अब देखिए, नलिनजी के पास एक छात्रा पहुँची और बोली—सर, अमुक छात्र ने मेरे साथ छेड़खानी की है। नलिनजी ने उस छात्र को बुलवाया और उससे कहा कि आपने इन्हें क्यों छेड़ा है? वह लड़का झूठ बोलकर बचने की कोशिश करता रहा, लेकिन नलिनजी इस नतीजे पर पहुँच चुके थे कि गलती छात्र की है, छात्रा ने उनसे झूठी शिकायत नहीं की। लिहाजा उन्होंने उस छात्र से कहा—आप इनसे क्षमा-याचना करें। उस लड़के ने धृष्टतापूर्वक उत्तर दिया कि जब मैंने उसके साथ कोई छेड़खानी की ही नहीं है, तो उससे क्षमा-याचना क्यों करूँ? नलिनजी ने फिर उसे वैसा करने को कहा, पर पुनः उसने अस्वीकार किया। इसके बाद नलिनजी उठे, उस छात्रा के पास पहुँचे और सिर झुकाकर कहा—मैं उनकी ओर से आपसे क्षमा-याचना करता हूँ। उसके बाद वह छात्रा भी रोने लगी और वह छात्र भी। जो अध्यापक वहाँ उपस्थित थे, वे यह दृश्य देखकर सन्नाटे में थे। नलिनजी किसी के अपराध के लिए पहले अपने-आपको दंडित करते थे। यह घटना मुझे प्रो. चंद्रकिशोर पांडेय ने बतलाई थी।

नलिनजी जब स्वयं वर्ग में रहते थे, तो उसमें पूर्ण शांति विराजती थी। उनके शिष्य डा. नागेश्वरलाल ने लिखा है कि उनके व्याख्यान के साथ धीरे-धीरे संपूर्ण कक्षा एक सोचने वाले यंत्र में बदलने लगती थी। अब वे रिक्शे से आते थे। उससे पांडेयजी उनका बैग उतारकर चौक-डस्टर के साथ उसे उनके वर्ग में रख आते थे। फिर उपस्थिति लेने के बाद वे नोट देखकर

अपना व्याख्यान शुरू कर देते थे। बिना तैयारी के वे वर्ग में कभी नहीं आए। कहा जाता था कि उनकी पत्नी कुमुदजी अगले दिन की रूटीन देखकर रात में पुस्तकें और नोट्स उनके सिरहाने तिपाई पर रख देती थीं, जिस पर रोशनी की भी व्यवस्था थी। सोने के पहले वे पुस्तकों और नोट्स को देख लेते थे और फिर बत्ती बुझाकर सो जाते थे।

वे चूँकि लेखक भी थे और उनके वैदुष्य के सभी कायल थे, सो उनके विश्वविद्यालय के विभागाध्यक्ष होते ही विभाग की ख्याति दूर-दूर तक फैलने लगी थी। वे जब तैयारी करके लिखते थे, तो उनके आलोचनात्मक लेख और टिप्पणियाँ बहुत जोरदार होती थीं। उनके अनेक लेख और टिप्पणियाँ अन्य विद्वानों द्वारा संपादित पुस्तकों और 'साहित्य' तथा 'दृष्टिकोण (सं. शिवचंद्र शर्मा) में बिखरी हुई हैं। मैंने उनका लिखा हुआ, जो प्रकाशित है, सारा का सारा पढ़ डाला था। पटना कालेज मैगजीन में उन्होंने एक बार अंग्रेजी में हिंदी कहानी पर एक लेख लिखा था। उसका अंक भी पुस्तकालय के रद्दी के ढेर में से मैंने ढूँढ़ निकाला था। मुझे इतना-भर याद है कि उसमें उन्होंने मार्कंडेय की भी चर्चा की थी। तात्पर्य यह कि वे नए से नए लेखन से अपने को परिचित रखते थे। उसके प्रति उपेक्षा का भाव उनके मन में कतई नहीं था।

पुस्तक-समीक्षा के क्षेत्र में तो उनका योगदान अभूतपूर्व है। इसी तरह उन्होंने अनेक दूसरे लेखकों की पुस्तकों की भूमिकाएँ भी लिखी हैं। उन भूमिकाओं को देखकर लगता है कि जो चीज उनके लेखक में नहीं होती थी, उन्हीं के होने का वे जिक्र करते थे, जैसे किसी कवि की कविताएँ निष्प्राण होती थीं, तो वे लिखते थे कि इस पुस्तक की कविताएँ अत्यंत 'सप्राण' हैं। एक कवि अनेकानेक 'महाकाव्यों' के रचयिता थे। उनकी विशेषता यह थी कि उनकी कोई भी उक्ति उनके काव्य में द्रौपदी के चीर की तरह बढ़ती चली जाती थी। नलिनजी ने उनकी एक कविता-पुस्तक की भूमिका में लिखा कि इस कवि में 'वाणी के पल्लवन' की अद्‌भुत क्षमता है! एक अन्य कवि ने अपने कविता-संग्रह की भूमिका में लज्जा छोड़कर अपने पक्ष में अनेक विद्वानों के अभिमत उद्धृत किए थे। नलिनजी ने 'साहित्य' में उसकी समीक्षा करते हुए कहा कि अपने इतने दिनों के साहित्यिक जीवन में मैंने पहली बार देखा है कि कृति-विशेष की श्रेष्ठता के बारे में इतने सारे विद्वान एकमत हैं! एक वट-वृक्ष को नायक बनाकर हिंदी के एक मार्क्सवादी उपन्यासकार ने एक उपन्यास लिखा था, जिसमें कथा पर विचार-धारा का आरोपण अत्यंत स्पष्ट था। उसकी समीक्षा में नलिनजी ने लिखा कि कालिदास को वट-वृक्ष को देखकर एक ऋषि की याद आ गई थी। क्या ताज्जुब कि इस उपन्यासकार को उसे देखकर कार्ल मार्क्स की याद आ गई हो! पटने की एक कवयित्री थीं, जो संभवत: मनोविज्ञान में एम. ए. थीं और अपने पति के साथ काफी दिनों तक लंदन में रही थीं। भारत लौटकर उन्होंने अपना कविता-संग्रह प्रकाशित कराया, तो उनकी कविताओं में अंग्रेजी शब्दों का अत्यधिक प्रयोग था। नलिनजी ने उक्त संग्रह की समीक्षा करते हुए अंत में लिखा कि इस कवयित्री ने अपनी कविताओं में अंग्रेजी के अत्यधिक शब्दों का प्रयोग करके यह सिद्ध कर दिया है कि हिंदी उसके लिए अपर्याप्त भाषा है! हिंदी के एक नामी लेखक की एक रद्दी पुस्तक एक बड़े प्रकाशक के यहाँ से बहुत ही साज-सज्जा के साथ निकली थी। नलिनजी ने उसकी समीक्षा के अंत में भी यह लिखा कि लेखक से अधिक प्रकाशक ने अपनी प्रतिष्ठा का ध्यान रखा है! इस तरह जहाँ जरूरत होती थी, उनकी कलम धारदार हो जाती थी, जिसकी मार को समझना भी प्रबुद्धता की माँग करता था।

प्रशंसनीय कृतियों की समीक्षा भी वे उनके योग्य शब्दावली में ही करते थे। आचार्य हजारीप्रसाद द्विवेदी के उपन्यास 'बाणभट्ट की आत्मकथा' अभी-अभी निकली थी। संस्कृत के व्याख्याता-पद के एक उम्मीदवार बिहार लोक सेवा आयोग में साक्षात्कार के लिए गए। किसी तरह बाणभट्ट की चर्चा निकल पड़ी। एक विशेषज्ञ ने उनसे पूछा—आपने द्विवेदीजी की पुस्तक 'बाणभट्ट की आत्मकथा' पढ़ी है? उन्होंने उत्तर दिया—मैंने उसे मूल में ही पढ़ा है। इस पर नलिनजी ने टिप्पणी की कि वस्तुत: उम्मीदवार के गलत उत्तर के लिए उत्तरदायी द्विवेदीजी ही हैं! अपने इस उपन्यास में उन्होंने हिंदी में बाणभट्ट की भाषा-शैली का ऐसा भ्रम उत्पन्न किया है कि उसे पढ़कर उसके अनुवाद होने का भ्रम उत्पन्न हो जाना स्वाभाविक है।

नलिनजी भाषा की शुद्धता पर बहुत जोर देते थे। स्वभावत: अपने अध्यापन के क्रम में भी यथास्थान शब्दों की शुद्ध वर्तनी, उनकी अशुद्धि का कारण आदि बतलाते जाते थे। 'किस्त' शब्द को प्राय: लोग 'किश्त' लिखा करते हैं। उन्होंने बतलाया कि चूँकि 'किश्ती' में तालव्य 'श' होता है, इसलिए लोग 'किस्त' लिखने में भी भूल कर बैठते हैं। चूँकि 'जंग होती है' में 'जंग' स्त्रीलिंग है, इसलिए वे 'जंग लगता है' में भी 'जंग' को स्त्रीलिंग कर दते हैं। उन्होंने बतलाया था कि शब्द का शुद्ध रूप 'श्वशुर' है, लेकिन चूँकि 'सुर' शब्द प्रचलित है, इसलिए उसमें भी दंत्य 'स' का प्रयोग किया जाता है। लेकिन यह शब्द इतना प्रचलित हो चुका है कि उसे वापस नहीं लिया जा सकता। इसी तरह 'खड्ग' को 'खङ्ग' समझ लेने के कारण ढेर सारे लोग उसे 'खंग' कहने लगे, यथा—'खंग विलास प्रेस'। 'गद्गद' शब्द के बारे में भी उन्होंने कहा था कि यह याद रखें कि इसका पहला 'द' ही हलंत होता है, दूसरा नहीं। उन्होंने हम लोगों को यह भी बतलाया था कि 'तावीज' शब्द पुंलिंग है, लेकिन हिंदी में इसका प्रयोग लोग अज्ञानवश स्त्रीलिंग में करते हैं। उनके अनुसार बहुवचन में भी 'चाहिए' का ही प्रयोग करना चाहिए, 'चाहिएँ' का नहीं। वे भाषा के सरलीकरण के भी बहुत बड़े पक्षपाती थीं। एक बार 'कल्पना' में 'पुंलिंग' शब्द की वर्तनी को लेकर विवाद उठ खड़ा हुआ था। मैंने उनसे पूछा—सर, इस शब्द का सही रूप क्या है? उन्होंने कहा कि सही रूप तो 'पुँलिङ्ग' है, लेकिन आप 'पुंलिंग' लिखें। इसी तरह वे 'आयी' की जगह 'आई', 'नयी' की जगह 'नई' और 'लिये' (लिये हुए) के लिए भी 'लिए' लिखने का सुझाव देते थे। हिंदी शब्दों में नुक्ता लगाने के वे सख्त विरोधी थे। उनका तर्क यह था कि जब हम किसी दूसरी भाषा से शब्द लेते हैं, तो उसे अपना बनाकर। इसी कारण उसमें हिंदी के प्रत्ययों और कारक-चिह्नों का प्रयोग करते हैं। एक बार एक छात्र ने गलत लिंग में एक शब्द का प्रयोग किया, तो नलिनजी ने उसे आगाह किया। उत्तर में उसने निवेदन किया कि जैनेंद्रजी ने भी इस शब्द का इसी लिंग में प्रयोग किया है। उसके बाद उन्होंने उससे कहा कि आपकी तरह उनके पिताजी ने सौ रुपए मासिक देकर उन्हें हिंदी की पढ़ाई करने के लिए कालेज में नहीं भेजा था।

वे चूँकि छंदोबद्ध कविता भी लिख चुके थे, इसलिए उन्हें छंद, मात्रा आदि का भी पूर्ण ज्ञान था। हिंदी के महाकवि केदारनाथ मिश्र 'प्रभात' बराबर 'नकेनवाद' का मजाक उड़ाया करते थे। वे 'अक्षर' नाम से एक मासिक गोष्ठी चलाते थे। उसकी बैठकें कभी इस कवि के यहाँ और कभी उस कवि के यहाँ होती थीं। शाम को आमंत्रित कवि-लेखक जुटते थे और एक क्रम से काव्य-पाठ होता था। इस गोष्ठी में शिवपूजन बाबू भी आते थे, बेनीपुरीजी भी और नलिनजी भी। इस बार उक्त गोष्ठी नर्मदेश्वर सहाय के यहाँ बुलाई गई थी। 'प्रभात'जी के महाकवि होने के दावे से ब्रजकिशोर 'नारायण' बहुत चिढ़ते थे, सो उन्हें लक्ष्य कर उन्होंने

एक कविता लिखी थी, जिसकी आरंभिक पंक्तियाँ थीं : 'सृष्टि का सिर, प्रलय का पग काटकर/आप पूरे दार्शनिक कवि बन गए!' 'सृष्टि' और 'प्रलय' का जिक्र इसलिए कि 'प्रभात'जी उस ऊँचाई से नीचे कम उतरते थे। नकेनवादी उनकी आलोचना का कोई उत्तर नहीं देते थे। संयोग ऐसा कि उस गोष्ठी में केसरी बाबू भी उपस्थित थे। वहीं मैंने उन्हें पहली बार देखा। 'प्रभात'जी ने अपनी कविता सुनाई, तो उसमें उन्होंने 'स्वच्छंद' शब्द का प्रयोग चार मात्राओं में किया था, जबकि उसमें पाँच मात्राएँ हैं। नलिनजी ने इसे नोट किया और अत्यंत संकोच के साथ उनसे कहा कि मुझे 'स्वच्छंद' शब्द में पाँच मात्राएँ मालूम होती हैं। छंद के विशेषज्ञ 'रुद्र'जी भी गोष्ठी में उपस्थित थे। 'प्रभात'जी को मानना पड़ा कि चार मात्राओं में उस शब्द का प्रयोग करने में उनसे भूल हुई है। बहुत दिनों के बाद इस घटना की चर्चा चली, तो 'रुद्र'जी ने मुझसे कहा—कमाल की पकड़ थी! 'प्रभात'जी का अहंकार या महाकवित्व उसी दिन ढह गया।

नलिनजी में नई शब्द-रचना और हिंदी में नए शब्द-प्रयोग की भी प्रवृत्ति थी। उदाहरण के लिए वे 'आउटडेटेड' को 'दिनातीत', 'एंटीसिपेट करने' को 'पूर्वाशित करना' और 'फ्लैशबैक मेथड' को 'प्रत्यक्-दर्शन-प्रणाली' कहते थे। इसी तरह उन्होंने 'क्वांटिटेवली' के लिए 'इयत्तया' और 'क्वालिटेविली' के लिए 'ईदृक्तया' शब्द को चलाने की कोशिश की थी, पर जब ये शब्द नहीं चले, तो उन्होंने इन्हें छोड़ भी दिया। उनके द्वारा प्रयुक्त 'पुंखानुपुंख' (पूर्णतः) शब्द तो उन्हें बहुत प्रिय था, लेकिन हिंदी के प्रयोग-प्रवाह ने उसे भी स्वीकार नहीं किया। कभी-कभी वे किसी पुराने शब्द का नए अर्थ में भी प्रयोग करते थे, जिसका उदाहरण यह है कि उन्होंने जैनेंद्र के प्रसिद्ध उपन्यास 'सुनीता' में सुनीता के निर्वसन होने को एक प्रकार की 'आध्यात्मिकता' कहा था। अंग्रेजी के प्रभाव से उनकी भाषा में अंतर्वाक्य और विराम-चिह्न बहुत होते थे। लेकिन उनके गद्य का निकट से अध्ययन करनेवाले लोग जानते हैं कि धीरे-धीरे वे सरल भाषा लिखने लगे थे और हिंदी के अपने वाक्य-विन्यास के अनूठेपन को समझ लिया था। उनके गद्य का अनुकरण करनेवाले लोग, जिनमें से कुछ अभी बचे हुए हैं, आज भी उनके पुराने गद्य की रौ में ही बहते चले जा रहे हैं। नलिनजी के गद्य का विकास संभवतः शिवपूजन बाबू के गद्य को देखकर हुआ था। अप्रत्याशित नहीं कि हिंदी भाषा के संबंध में उनसे उनकी बातचीत भी होती रही हो।

नलिनजी आलोचक और कवि तो थे ही, कहानीकार भी थे। उनकी कहानियों के दो संग्रह प्रकाशित हैं। उन्हें देखकर ऐसा लगता है कि उन्होंने कहानी की क्लासिकी परिभाषा के अनुरूप अपनी कहानियाँ लिखी हैं। स्मरणीय है कि 'नई कहानियाँ' का जब प्रकाशन शुरू हुआ, तो उसके प्रवेशांक की पहली कहानी नलिनजी की ही थी—'बरसाने की राधा'। निश्चय ही यह एक विलक्षण प्रेम-कथा है। अपनी अधिकांश कहानियों में उन्होंने पात्रों का मनोवैज्ञानिक चित्रण किया है। उनकी अनेक कहानियाँ युवतियों के असामान्य यौन-जीवन को लेकर भी लिखी गई हैं। वैसी ही एक कहानी नलिनजी के पिता के ड्राइवर गंगा ने कहीं पढ़ ली थी। उसे वह कहानी पसंद नहीं आई। उसने नलिनजी से कहा—बबुआजी, यह सब क्या लिखते हैं? उन्होंने उसे उत्तर दिया—गंगा, उस लड़की का चाल-चलन मुंझको बिलकुल पसंद नहीं था, सो मैंने उसे लिख दिया। गंगा संतुष्ट हो गया। नलिनजी ने एक उपन्यास लिखना शुरू किया था, जिसका नायक धीरेन नामक पात्र था। उसकी कुछ किस्तें मैंने संभवतः 'दृष्टिकोण' में पढ़ी थीं, पर नलिनजी के अकाल निधन से वह उपन्यास पूरा न हो सका। वे कभी-कभी नकारात्मक बात को भी सकारात्मक बनाकर कहते थे। सोनपुर के एक साहित्य-प्रेमी सूर्यकुमार शास्त्री थे।

उन्होंने अपनी संस्था आभा साहित्य परिषद् में एक बार उन्हें आमंत्रित किया। नलिनजी द्वारा दिया गया उत्तर उनके न रहने पर एक पत्रिका में निकला था। अपनी स्मृति से मैं उसे नीचे पूरा का पूरा उद्धृत कर रहा हूँ :

प्रिय शास्त्रीजी,

आपका पत्र मिला। इधर मैं व्यस्त भी रहा और बाहर-बाहर भी।

फिर चलूँगा।

आपका
न.वि.श.

मेरा विश्वास है, पाठकों का ध्यान उक्त वाक्य 'फिर चलूँगा' पर अवश्य जाएगा।

एक बार की बात है कि हमारे एक सहपाठी अपने लघु शोध-प्रबंध के विषय में उनसे जानने के लिए उनके आवास पर पहुँचे। नलिनजी ने उनके लिए भूना हुआ काजू और चाय मँगवाई। काजू तो वे संकोच के साथ खा गए, पर उनके सामने चाय पीने की उन्हें हिम्मत नहीं हुई। यह स्थिति देखकर उन्होंने उनसे कहा—चाय पी लीजिए, मेरे सामने पान न खाइएगा। षष्ठ वर्ष के एक छात्र इसलिए सेंट-अप नहीं हुए थे कि उनके यहाँ पुस्तकालय की पुस्तकें बाकी थीं। पुस्तकाध्यक्ष ने उनसे कहा कि मैं कुछ नहीं कर सकता, आप इस संदर्भ में नलिनजी से मिलिए। वे शाम को उनसे मिलने सम्मेलन भवन पहुँचे और उनका चरणस्पर्श कर उनके सामने अपनी समस्या रखी। उन्होंने उनसे कहा कि वे पुस्तकें आपसे खो गईं, तो उन्हें खरीदकर दे दीजिए। छात्र अपने अभाव का जिक्र करके उनके सामने चुप खड़े रहे। नलिनजी ने उनसे पूछा—उन पुस्तकों की कीमत कितनी है? फिर उन्होंने अपनी जेब से निकालकर उतने रुपये उन्हें दे दिये, लेकिन विभाग का नियम उन्होंने नहीं टूटने दिया।

नलिनजी का एक असित पक्ष यह था कि वे साहित्य में बिहारवाद के प्रवर्तक थे। बाहर के लेखक बिहार के कवियों और लेखकों के नाम के पहले 'बिहार के' लिखना न भूलते थे। यह बात नलिनजी को बहुत अखरती थी और इसकी प्रतिक्रिया में वे बिहारवादी हो गए थे। वस्तुत: बिहार के लेखकों के नाम के पहले उक्त विशेषण का प्रयोग इस कारण किया जाता था कि यहाँ के कवियों और लेखकों ने बिहार को एक स्वतंत्र हिंदी संसार मान लिया था और उसमें स्वीकृति प्राप्त कर अपने को संपूर्ण हिंदी संसार में स्वीकृत समझ लेते थे। प्रश्न यह है कि बाहर के लेखकों ने दिनकर, नागार्जुन, रेणु और राजकमल के नाम के पहले 'बिहार के' यह विशेषण लगाना जरूरी क्यों नहीं समझा? इसका उत्तर यह है कि वे संपूर्ण हिंदी संसार को अपना संसार मानते थे और उसी के द्वारा स्वीकृति को अपनी स्वीकृति। वे संपूर्ण हिंदी संसार के थे, सिर्फ बिहार के नहीं, और संपूर्ण हिंदी संसार उनका था। नलिनजी के 'बिहारवाद का दर्पण' उनके द्वारा प्रस्तुत सर्वश्रेष्ठ उपन्यासों के नाम हैं। उसमें दस में से सात उपन्यास बिहार के ही हैं। इसे आप और क्या कहेंगे?

नलिनजी उच्च्व रक्तचाप के मरीज थे और उनके चिकित्सक 'तीसरा सप्तक' के एक कवि मदन वात्स्यायन के भाई डा. श्रीनिवास थे। स्वभावत: वे साहित्यकारों के प्रति आदर और प्रेम-भाव रखते थे। नलिनजी से अपने परामर्श के लिए वे फीस नहीं लेते थे, लेकिन वे चुपके से कभी उनके तकिए के नीचे, कभी उनके बिस्तर के नीचे और कभी टेबुल पर रखे कागजों

के नीचे फीस के पैसे दबाकर चले आते थे। डा. श्रीनिवास ने उन्हें सलाह दी कि आप अपना वजन घटाएँ और मद्यपान एकदम छोड़ दें। मेरा खयाल है कि सिगरेट के बारे में उन्होंने ऐसा कुछ नहीं कहा था। यदि कहा होता, तो नलिनजी अपनी दृढ़ इच्छा-शक्ति से सिगरेट पीना भी छोड़ देते। अनुमानतः चूँकि उनके चिकित्सक सिगरेट को लेकर चुप रहे थे, इसलिए वह वे पूर्ववत् पीते रहे। वे उसके इतने आदी हो चुके थे कि अपने चैंबर से षष्ठ वर्ष के वर्ग में जाने में उन्हें एक मिनट से भी कम समय लगता था, पर चलते समय वे नई सिगरेट जला लेते थे और वर्ग के बाहर जलती हुई पूरी सिगरेट फेंककर उसे अपनी सैंडिल से मसलकर उसमें प्रवेश करते थे।

कहा जा चुका है कि वे खास तरह से धोती पहनते थे और फिर चुन्नटदार अद्धी का कुर्ता। अंदर हाथ की सिली बिना बाँह की बनियान होती थी। एक बार वे टेरलिन का कुर्ता पहनकर भी कालेज आए थे, जिसे देखकर एक छात्र ने कहा था—नलिनजी ने हद कर दी! टेरलिन अभी-अभी निकला था और वे पहनने-ओढ़ने के शौकीन थे, इसलिए उसका भी एक कुर्ता बनवाया था और पहनकर आ गए थे। उक्त छात्र ने उनकी शौकीनमिजाजी पर ही प्रसन्न होकर टिप्पणी की थी। जाड़ों में वे ऊपर से एक लौंग कोट पहनते थे, जो उन दिनों फैशन में था। कुछ वर्ष पूर्व कलकत्ते की भारतीय भाषा परिषद् में मैंने विष्णुकांत शास्त्री को वह पहने हुए देखा, तो मुझे बड़ा ऊटपटाँग लगा, जबकि छात्र-जीवन में मैं भी लौंग कोट पहना करता था। जब ठंड अधिक होती थी, तो नलिनजी कुर्ते पर एक हाथ का बुना स्वेटर भी पहनते थे। एक बार मैंने उन्हें कोट के नीचे बिना कॉलर वाली बंद गले की कमीज पहने भी देखा था, जिस पर भी स्वेटर था। ऊपर तो लौंग कोट था ही, जो उनके पास तीन थे। मोजा उन्होंने घोर जाड़ों में भी कभी नहीं पहना। संभव है, उनके पाँव का मोजा बाजार में मिलता ही न हो और वे इतनी परिष्कृत रुचि के थे कि हाथ का बुना मोजा कभी पहन नहीं सकते थे।

उन्होंने अपना वजन घटाना शुरू किया और मद्यपान भी छोड़ दिया। अपने भोजन के बारे में वे कहा करते थे कि लोग जहाँ सब्जी के साथ रोटी खाते हैं, वहाँ मैं अब रोटी के साथ सब्जी खाता हूँ। वजन घटाने से वे इतने दुर्बल हो गए थे कि एक दिन अपने एकमात्र सुपुत्र राजीव का कुर्ता पहनकर कालेज आ गए। उस दिन मैंने नोट किया था कि वह कुर्ता कुछ छोटा पड़ रहा था। उसी दिन एक छात्र अध्यापक की कुर्सी पर बैठ गया था। जब नलिनजी तक यह बात पहुँची, तो उन्होंने इसे अनुशासन-भंग का मामला माना और वर्ग में आकर बहुत दुखी भाव से कहा कि बतलाइए, कल मैं वाइस चांसलर की कुर्सी पर जाकर बैठ जाऊँ, तो वह कैसा लगेगा? हम सभी छात्र उनके दुःख से दुखी खड़े थे। उन्होंने जो कुछ कहा था, वह सभी छात्रों से और कुर्सी पर बैठने वाले छात्र का पता नहीं लगाया था। फिर वे लौट गए थे।

एक दिन की बात है। रात में उनके घर पर अपने मित्रों के साथ उनकी अड्डेबाजी चल रही थी। जब वे लोग मद्यपान करने लगे, तो उन्होंने नलिनजी से भी उसमें हिस्सेदारी करने का अनुरोध किया। वे ऐसे व्यक्ति थे कि उनके मित्र जहर में भी हिस्सा बँटाने के लिए उनसे आग्रह करते, तो वे उनसे कहते—जरा-सा दीजिए न! रात के बाद वे सवेरे तैयार होकर कालेज के लिए निकले ही थे कि आधी सीढ़ियाँ उतरने के बाद लौट आए और कुमुदजी से कहा—आज तबीयत ठीक नहीं लग रही है, सो मैं कालेज नहीं जाऊँगा। कुमुदजी ने यह अनुमान नहीं किया था कि उनके ऊपर कैसी विपत्ति टूटने वाली है। नलिनजी ने धोती खोलकर पाजामा पहना ही था कि उन्हें जोरों से खून की एक उलटी हुई और वे तत्क्षण महाप्रयाण कर गए।

इस समाचार से पटने का साहित्य-जगत् सन्न रह गया। मैं उस समय बिहार राष्ट्रभाषा परिषद् के वाचनालय में शोध-कार्य कर रहा था। मुझे यह समाचार मिला, तो लगा कि वज्रपात हुआ है। मैं तुरत हथुआ होस्टल पहुँचा और अपने सहपाठी मित्र 'मुकुर'जी को यह समाचार दिया। उनकी भी वही स्थिति हुई, जो मेरी हुई थी। हम दोनों तुरत स्वर्गीय नलिनजी के आवास पर पहुँचे। तब तक वहाँ लेखकों, कवियों, साहित्य-प्रेमियों, छात्रों और अध्यापकों की भीड़ लग चुकी थी। अध्यापकों में डा. आर.के. सिन्हा भी थे, जो विश्वविद्यालय परिसर से बाहर कभी नहीं देखे जाते थे। नलिनजी का शव नीचे लाकर रखा हुआ था और एक सफेद चादर से ढँका हुआ था। सिर्फ चेहरा उससे बाहर था। क्लीनशेव्ड चेहरे को देखकर लगता था कि वे सोए हुए हैं। बगल में उनकी सास सिर धुन-धुन कर रो रही थीं और कह रही थीं कि मेरा इतना आदर करता था कि अभी भी सिगरेट पीता रहता था और मैं आ जाती थी, तो वह उसे पीछे छिपा लेता था! सब आश्चर्यित थे और सबों के दिल भरे हुए थे।

थोड़ी देर बाद उनकी शवयात्रा शुरू हुई। उतनी लंबी शव-यात्रा आज तक मैंने नहीं देखी। हम लोग साहित्य सम्मेलन जा रहे थे कि रास्ते में एक सज्जन ने मुझसे पूछा—किसकी मृत्यु हुई है? जाहिर है कि इतनी लंबी शवयात्रा देखकर वे विस्मित थे। मैंने उनसे कहा कि नलिनजी की। वे सज्जन बोले—अरे, प्रो. नलिनविलोचन शर्मा? और यह समाचार देने के लिए वे तेजी से अपने घर को भागे। शवयात्रा जब सम्मेलन भवन से बाँसघाट के लिए प्रस्थान कर रही थी, तो वहाँ से मैंने और 'मुकुर'जी ने होस्टल का रास्ता पकड़ा। कारण यह कि दु:खानुभूति ने हमें इतना थका दिया था कि हम आगे नहीं जा सकते थे। एक बात यह भी थी कि नलिनजी की काया को जलते हुए देखने को भी हम बर्दाश्त नहीं कर सकते थे। उनके निधन से मैं आज भी आहत हूँ। 1962 से 1964 तक मेरी तबीयत खराब रही, तो मैं अक्सरहा सोचता था कि इसका कारण नलिनजी की मृत्यु का आघात तो नहीं है? अभी भी जब मैं ये पंक्तियाँ लिखा रहा हूँ, मेरी आँखें आँसुओं से भरी हैं।

इस लेख का अंत मैं उसी समय लिखी गई अपनी एक कविता से करना चाहता हूँ :

ओ राजहंस,
तुम चले गए
हिमगिरि के उत्संग में स्थित मानसरोवर को,
जिसके निर्मल जल पर छिटकता रहता है अविरल
कैलास का दुग्ध-हास...
यहाँ गँदले पोखर में तुम क्या रहते!
यहाँ तो हैं सब बगुले ही बगुले,
एक टाँग पर खड़े,
दृष्टि साधे
टोहते हुए कीचड़ में गड़ी मछलियाँ...
तुम बिस-तंतु के भोगी,
मानसरोवर ही था योग्य तुम्हारे,
तुम इस गँदले पोखर में क्या रहते...

27.09.1961

डा. नामवर सिंह

डा. नामवर सिंह का नाम मैंने पहले-पहल अपने बचपन के मित्र सिद्धिनाथ के मुँह से सुना। कई विश्वविद्यालयों का चक्कर लगाते हुए वह बी.ए. करने के लिए काशी हिंदू विश्वविद्यालय पहुँच गया था। वह पढ़ाई में मुझसे दो वर्ष आगे था, पर कभी बीमार रहने के कारण और कभी विश्वविद्यालय बदलने के कारण पटना विश्वविद्यालय के एम.ए. में वह मुझसे एक वर्ष पीछे हो गया था। यह 1956 की बात होगी। मैं ट्रेन से गाँव से पटना जा रहा था। वह छुट्टियों में बनारस से अपने घर हाजीपुर आया हुआ था। मैंने उसे कार्ड डाल रखा था कि मैं अमुक ट्रेन से अमुक समय हाजीपुर पहुँचूँगा। तुम मिलने के लिए स्टेशन पर आ जाना। वह प्लेटफॉर्म पर मेरा इंतजार कर रहा था। मेरी गाड़ी आई और मैं उसे देखकर अपने डिब्बे से नीचे उतर आया। जंक्शन होने कारण हाजीपुर में गाड़ी कुछ देर रुकती है, सो उससे मेरी बातें होने लगीं।

मैंने उससे पूछा—तुम्हें हिंदी पढ़ाने वाले कौन-कौन अध्यापक हैं? उसने आचार्य हजारीप्रसाद द्विवेदी, पं. विश्वनाथप्रसाद मिश्र, डा. श्रीकृष्ण लाल, डा. भोलाशंकर व्यास आदि का नाम लिया और अंत में फख्र के साथ बोला—और नामवर सिंह। बाकी अध्यापकों का नाम तो मैं सुन ही नहीं चुका था, उनका लिखा हुआ भी बहुत कुछ पढ़ रखा था, लेकिन नामवरजी का नाम मेरे लिए एकदम नया था। मैंने अनुमान लगाया कि ये कोई नए और प्रभावशाली अध्यापक होंगे। वे उनके युवा-काल के आरंभिक दिन थे, इस कारण वे समुद्र की एक उठती तरंग के समान थे। बाद में मुझे किसी ने एक दिन बतलाया कि विश्वविद्यालय के कुलपति अपने कुलसचिव के साथ विश्वविद्यालय के 'राउंड' पर निकले थे कि हिंदी विभाग के एक बड़े कक्ष में उन्होंने देखा कि वर्ग में तो छात्र भरे हुए हैं ही, वे खिड़कियों से भी लटके हैं। उन्होंने कुलसचिव से पूछा—क्या बात है? उन्होंने बतलाया कि सर, कुछ नहीं है, नामवर सिंह का वर्ग चल रहा है। संभवतः इन्हीं कुलपति ने उन्हें नियुक्त किया था। वे नामवरजी की लोकप्रियता देखकर विस्मित रह गए।

अब मैं उनके छिटपुट लेख और टिप्पणियाँ ढूँढ़-ढूँढ़कर पढने लगा। 1959 में सीपीआई के टिकट पर चुनाव लड़ने के कारण विश्वविद्यालय में उनकी नियुक्ति रद्द कर दी गई थी, सो अब वे साहित्य के पूर्णकालिक सेवी थे। उन दिनों विष्णुचंद्र शर्मा के संपादन में 'कवि' नाम की छोटी पत्रिका निकलती थी, जिसमें वे लेख और टिप्पणियाँ दोनों लिखते थे। टिप्पणियाँ वे कविता पर 'कविमित्र' के नाम से लिखते थे, लेकिन लेखों में उनका सही नाम होता था। 'कवि' के इर्द-गिर्द लेखकों की एक जमात इकट्ठी हो गई थी, जिसमें त्रिलोचन के अतिरिक्त नामवरजी, केदारजी और विजयमोहनजी थे। विजयमोहनजी की कविता मैंने 'कवि' में ही पढ़ी थी, क्योंकि यह पत्रिका पटने की एक मैगजीन स्टॉल पर भी सुलभ थी। उसमें रघुवीर सहाय

की वसंत से संबंधित कविता पर 'कविमित्र' के नाम से नामवरजी ने बहुत प्रशंसात्मक टिप्पणी लिखी थी, जिसकी भाषा प्रचलित आलोचना की भाषा से बिलकुल भिन्न थी।

'कवि' एक फर्मे की पत्रिका थी। उसका समापन-अंक विशेषांक के रूप में दो फर्मों का निकला था। उसमें नामवरजी ने नई कविता में 'क्षण' पर जो जोर दिया जा रहा था, उस पर लिखा था, जिसमें कई नई बातें थीं। सिद्धिनाथ उस जमात के संबंध में मुझे ढेर सारी बातें बतलाया करता था। उसने एक बार मुझसे कहा कि हिंदी में एक प्रकार के विद्वानों की कमी होती जा रही है। मैंने पूछा—किस प्रकार के विद्वानों की? उसने उत्तर दिया—बहुश्रुत विद्वानों की। वह विद्वान भले न हो, लेकिन बहुश्रुत अवश्य है। उसका मैं बहुत ऋणी हूँ कि उसने मुझे निराला से लेकर अज्ञेय तक की कविताओं से परिचित कराया। निराला का भक्त तो वह स्कूल के दिनों में ही हो गया था, पर अज्ञेय की कविताओं से उसका परिचय बनारस में हुआ। उसने वहाँ से मुझे एक पत्र लिखा, जिसमें अज्ञेय की जो कुछ कविताएँ पढ़ी थीं, उनके शीर्षक लिखते हुए मुझे कहा था कि इन कविताओं को फिर पढ़ो।

1958 के उतरार्ध में मैं तृतीय वर्ष में आ गया और ऑनर्स के रूप में हिंदी ली, जिसमें छः पत्र हुआ करते थे। अंतिम पत्र विशेष पत्र होता था, जिसमें दो विषयों में से कोई एक विषय लेना पड़ता था। वे दोनों विषय थे—प्रेमचंद और छायावाद। कविता में विशेष रुचि होने के कारण मैंने अपने लिए 'छायावाद' को चुना। उस समय 'छायावाद' एक बहुत उलझा हुआ विषय था। आचार्य रामचंद्र शुक्ल हों, पं. नंददुलारे वाजपेयी हों, या डा. नगेंद्र, सबों के मत 'छायावाद' पर अलग-अलग थे। उनसे छोटे विद्वानों की तो चर्चा ही बेकार है, क्योंकि उन्होंने परिदृश्य को और धुँधला बना रखा था।

मुझे मिंटो होस्टल का कमरा नं. अट्ठाईस अच्छी तरह याद है। 'छायावाद' को लेकर मैं बहुत परेशान था। इसी बीच मुझे सूचना मिली कि नामवरजी की 'छायावाद' नाम से एक पुस्तक आई है। उस समय पटने में साहित्यिक पुस्तकों की सबसे अच्छी दुकान थी 'दिल्ली पुस्तक सदन', जो गोविंद मित्रा रोड में स्थित थी। मैं वहाँ 'छायावाद' पुस्तक खोजते हुए पहुँचा। वहाँ हिमांशु श्रीवास्तव अंदर के रेक पर पुस्तक ढूँढ़ रहे थे। संयोग से मुझे 'छायावाद' नामक पुस्तक मिल गई। विक्रेता ने कहा—नामवर सिंह बहुत लोकप्रिय हो रहे हैं। उससे मुझे लगा कि उक्त पुस्तक की वह काफी प्रतियाँ बेच चुका था। हिमांशुजी ने उससे कहा—यह स्वाभाविक है, क्योंकि वे बहुत 'क्लियरकट कंसेप्शन' देते हैं। मैं वह पुस्तक लेकर होस्टल आया और दो-तीन दिनों में उसे पूरा पढ़ गया। 'छायावाद' को लेकर सारी धुंध छँट गई और वह अपने सुस्पष्ट रूप में मेरे सामने आकर खड़ा हो गया।

बहुत बाद में नामवरजी ने एक साक्षात्कार में कहा कि वह पुस्तक कॉडवेल के असर में लिखी गई है। मुझे वह असर सिर्फ उसके आखिरी लेख में दिखलाई पड़ा। स्वयं कॉडवेल ने अंग्रेजी के सभी रोमांटिक कवियों पर लिखा है, पर वह पूरा नकारात्मक है। इसके बरअक्स 'छायावाद' को व्यक्तिवाद की नहीं, व्यक्ति-स्वातंत्र्य की कविता मानते हुए नामवरजी ने सभी छायावादी कवियों की विशेषताओं को उजागर किया था। कहने की आवश्यकता नहीं कि उसी पुस्तक से नोट्स लेकर मैंने परीक्षा की दृष्टि से छायावाद की तैयारी की। 'छायावाद' पुस्तक में प्रायः लेखों के शीर्षक ही कवियों की काव्य-पंक्तियों से नहीं दिये गए थे, उसमें अनेक आकर्षक और नई बातें भी थीं। शैली तो उसकी इतनी सरल और आत्मीयतापूर्ण थी कि जो भी छात्र उस पुस्तक को पढ़ता था, नामवरजी का मुरीद हो जाता था। हमने महसूस

किया कि हमारे बीच एक विलक्षण आलोचक का आविर्भाव हुआ है। इस कारण युवा-वर्ग को उन पर गर्व होना स्वाभाविक था। यही गर्व सिद्धिनाथ द्वारा उनका नाम लेते समय उसमें प्रकट हुआ था। उनका युवापन, पहनावे-ओढ़ावे में नहीं, बल्कि उनकी सोच और आलोचकीय अंतर्दृष्टि में दिखलाई पड़ता था। वे ग्राम्यजीवन की ऊर्जा और मेधा लेकर हिंदी आलोचना में आए थे, जो पहले कभी नहीं दिखलाई पड़ा था। संभव है, कुछ पाठकों को 'ग्राम्यजीवन की ऊर्जा और मेधा' पर संदेह हो। उनसे मैं निवेदन कर दूँ कि हाल में ही एक विदेशी समाज-विज्ञानी ने कहा है कि गाँवों के नष्ट होने का परिणाम यह होगा कि 'जीनियस' का पैदा होना बंद हो जाएगा।

नामवरजी का प्रथम दर्शन मुझे 1965 में गया के पूर्वांचल लेखक सम्मेलन में हुआ था। उनके लेखन से उनका जो चित्र बनता था, वह सूट-बूट और टाई वाले लेखक का था, पर उन्हें देखकर तो लगा कि वे ठेठ गाँव के आदमी हैं। पहले दिन ही सम्मेलन का उद्‌घाटन श्री लक्ष्मीनारायण 'सुधांशु' की अध्यक्षता में संपन्न हुआ। नामवरजी बनारस से आए थे मैले धोती-कुर्ते में और बढ़ी हुई दाढ़ी लेकर, लेकिन आने के बाद दाढ़ी बनाकर और स्नानोपरांत धुला हुआ धोती-कुर्ता पहनकर वे अपनी पूरी धज में आ गए थे, यानी अब उनके व्यक्तित्व की चमक प्रकट होने लगी थी। वे अंत में बोले और अंतिम वाक्य में एक ऐसा 'स्ट्रोक' दिया कि उनका संपूर्ण व्यक्तित्व शतदल कमल की तरह प्रस्फुटित हो गया। दूसरे दिन की गोष्ठी में उन्होंने बैठकर ही व्याख्यान दिया, जिसे सुनकर अंत में एक कॉमरेड ने उठकर कहा कि काश, इस देश की वामपंथी राजनीति को भी मार्क्सवाद का ऐसा व्याख्याता मिलता! इससे बहुत कुछ स्पष्ट हो जाता है कि वे रूढ़ मार्क्सवादी नहीं थे।

लेनिन ने कहा था कि जनतंत्र समाजवाद का सर्वोत्तम रूप है, लेकिन कितने कॉमरेड हैं, जो इस बात को मानते हैं? पार्टी में 'जनतांत्रिक केंद्रीयता' की बात की जाती है, पर अंदर जाकर आप देखेंगे कि उसमें केंद्रीयता है, पर जनतांत्रिकता नहीं। वहाँ जनतंत्र केवल नारे लगाने और सत्ताधरी पार्टी को सत्ताच्युत करने का साधन है, वर्ना सब कुछ पार्टी केंद्र द्वारा सुनियोजित होता है। कहने की आवश्यकता नहीं कि नामवरजी मार्क्सवादी होते हुए भी जनतंत्र या लोकतंत्रवादी रहे हैं, आलोचना में लोकधर्मी। जब उन्हें कहीं उलझन मालूम पड़ी है, वे लोक की कसौटी पर उसे सुलझाते रहे हैं। पुनः लेनिन का यह कथन स्मरणीय है कि जब कभी आपको वैचारिक उलझन महसूस हो, आप जनता के पास जाएँ, आपके विचार सुलझ जाएँगे। अपने देश की कम्युनिस्ट पार्टियाँ जनता की पूजा करते हुए भी उसे ढोर-गँवार मानती हैं।

डा. रामविलास शर्मा की आलोचना जहाँ रूढ़ मार्क्सवाद के साँचे में ढली हुई है, वहाँ नामवरजी के लिए वह एक 'सहयोगी प्रयास' है। एक विदेशी विद्वान ने कहा था कि जिस आलोचना से यह ध्वनि निकलती है कि 'मुझसे असहमत होने का साहस मत करो', वह बहुत खराब आलोचना होती है। डा. शर्मा की आलोचना से यही ध्वनि निकलती है, जबकि नामवरजी की आलोचना अपनी चिंतन-प्रक्रिया में सम्मिलित होने के लिए जैसे हमें आमंत्रण देती है। हम गौर करेंगे, तो पाएँगे कि उनकी आलोचना में शुरू से ही एक खुलापन रहा है, जो रूढ़ मार्क्सवादियों को रास नहीं आता। मैं उनकी आलोचना को पूरा पढ़ने के बाद इस नतीजे पर पहुँचा हूँ कि मार्क्सवाद के शिकंजे को ढीला करने का प्रयास उनमें शुरू से ही दिखलाई पड़ता है। पहले वे प्रयोगवाद और अज्ञेय के ऐसे आलोचक थे, जो अपने को बदलने के लिए कतई तैयार नहीं था, पर धीरे-धीरे उन्होंने अपने को बदला। जैसे कोई सच्चा रचनाकार अपना विकास

करता है, वैसे ही सच्चा आलोचक भी। डा. शर्मा में हमें यह बात देखने को नहीं मिलती। उन्होंने एक बार ज्दानोव का निर्देश मान लिया, तो मान लिया। अपनी पुस्तकों के नए संस्करणों में अपनी पहले कही गई कुछ बातें उन्होंने हटा दी हैं, लेकिन भूलकर भी उनको अपनी भूल नहीं माना है। नामवरजी के शब्दों में यह सबूत मिटाने का प्रयास तो नहीं है?

रूढ़ मार्क्सवाद में विचारधारा का बहुत जोर है। आलोचना में इसकी अभिव्यक्ति किस रूप में होती है, इसका सबसे अच्छा उदाहरण मुक्तिबोध की पुस्तक 'कामायनी : एक पुनर्विचार' है। ऐसी स्थिति में क्या ताज्जुब, यदि कुछ वर्ष पूर्व नामवरजी ने यह कहा कि 'विचारधारा हमें अमानवीकृत करती है।' हिंदी के प्रगतिशीलों और जनवादियों ने इस पर बहुत शोर बरपा किया, पर प्रबुद्ध जनों का हृदय इस सत्य से, जो उनका कमाया हुआ सत्य भी था, हरा हो गया। ऐसे ही उन्होंने एक गोष्ठी में यह भी कहा कि शुक्र है, इस देश में कम्युनिस्टों का शासन नहीं है, वर्ना हम सभी यानी उनसे असहमति रखनेवाले लोग, जेलों में बंद होते। इस पर भी बहुत बवाल मचा था, पर जो सत्य है, वह सत्य है। सोवियत संघ में मार्क्सवाद से जरा-सा हटकर सोचने वाले लेखकों और कवियों की क्या दशा हुई है, अब यह बात दुनिया से छिपी नहीं है। जनतंत्र के जरा-सा स्पर्श से ताश के पत्तों के महल की तरह सोवियत संघ के साथ-साथ पूर्वी यूरोप के सारे कथित समाजवादी देश भहराकर गिर पड़े। मैंने यह दृश्य देखकर कहा था कि जनतंत्र का क्रांतिकारी सार-तत्त्व अभी शेष है। रोना तो इस बात का है कि जो पार्टियाँ रात-दिन जनतंत्र की दुहाई देती हैं, वे भी सत्ता में आते ही पहला काम करती है 'जनतंत्र' शब्द में से 'जन' को निकाल देना और 'तंत्र' को मजबूत करने के लिए पूँजीवाद-साम्राज्यवाद का साहाय्य स्वीकार्य करना, उदाहरणार्थ चीन।

सोवियत संघ में महान उपन्यासकार दोस्तोव्स्की का साहित्य शुरू में प्रतिबंधित था और लाल चीन में शेक्सपियर का, जिसे मार्क्स रोज पढ़ते थे। डा. शर्मा हमारे बीच नहीं रहे, पर अंत-अंत तक यही मानते रहे कि समाजवादी देशों के धराशायी होने का कारण सीआईए की कारगुजारियाँ हैं। उनसे असहमत होने का सौभाग्य मुझे प्राप्त हुआ है, क्योंकि मैं इस विश्व-जनमत से सहमत हूँ कि पूर्वी यूरोप और सोवियत संघ में सत्ता-परिवर्तन के लिए जैसी रक्तहीन क्रांति हुई, वैसी दुनिया में शायद कहीं नहीं हुई। बहरहाल, आशा है, इस विषयांतर के लिए आप मुझे क्षमा करेंगे।

नलिनजी ने अपने अध्यापन के क्रम में मुझे साहित्य के गंभीर प्रश्नों से परिचित करा दिया था। अब मैं नामवरजी के संपर्क में आया, जिन्होंने मुझे प्रोत्साहन और दिशा-निर्देश ही नहीं दिया, बल्कि जैसे कोई व्यक्ति किसी पौधे की सुरक्षा के लिए धूप, पानी और हवा के साथ दूसरी चीजें मुहैया कराता है, उन्होंने मुझे अपना स्नेहपूर्ण संरक्षण प्रदान किया। थोड़े दिनों बाद ही उन्होंने 'आलोचना' में मेरी बाल-कृति 'हिंदी आलोचना का विकास' को, जो डा. शर्मा के संकीर्णतावादी साहित्य-सिद्धांतों के प्रभाव में लिखा गया था, धारावाहिक रूप में छापकर मेरे लिए हिंदी साहित्य का द्वार ही खोल दिया। यह सब कुछ मेरे नाम लिखे गए उनके पत्रों में दर्ज है, जिसे यथास्थान संक्षेप में उद्धृत करना जरूरी है।

सातवें दशक के प्रायः अंत में, राजकमल की मृत्यु के बाद, हम लोगों ने 'ध्वजभंग' नाम से एक लघुपत्रिका निकाली थी। दरअसल उसकी योजना राजकमल के साथ ही बनी थी। उनके डेरे पर मेरे साथ डा. नागेश्वरलाल भी थे। पत्रिका के नाम की समस्या सामने आई, तो मैंने 'ध्वजभंग' नाम प्रस्तावित किया। राजकमल ने कहा कि यह बहुत बढ़िया नाम है, लेकिन

उनका सुझाव मुझसे एक कदम आगे का था। उन्होंने प्रसिद्ध गायत्री मंत्र के अंतिम शब्द को नाम बनाने का सुझाव दिया। डा. नागेश्वरलाल वह नाम सुनकर यह कहते हुए जोरों से हँसने लगे कि अब परंपरावादी भी क्या कहकर गाली देंगे! उसके एक-दो दिनों बाद ही मैं अपने शोध के सिलसिले में बनारस और वहाँ से फिर इलाहाबाद चला गया। दो सप्ताह बाद प्रोफेसर कॉलोनी में स्थित अपने आवास किशोर भवन लौटा, तो रिक्शे से उतरते ही मेरे सह-वासी एक छात्र ने कहा कि आपके राजकमल अस्पताल में हैं। मैं थोड़ा चौंका और उससे पूछा—आपको कैसे मालूम हुआ? उसने कहा कि अखबार में निकला है। मुझे घर जाना था, इसलिए खाना-वाना खाकर और तैयार होकर मैं महेंद्रू घाट जहाज पकड़ने के लिए निकला। सोचा कि राजेंद्र सर्जिकल ब्लॉक में उन्हें देखता हुआ घर चला जाऊँगा। उक्त छात्र ने अखबार के आधार पर मुझे बेड नंबर भी बतला दिया था, सो गेट पर ही रिक्शा लगाकर मैं सीधे उस बेड तक पहुँचा।

वह बेड खाली था। मैंने उसके सामने खड़ी एक नर्स से पूछा—इस बेड का मरीज क्या अच्छा होकर घर चला गया? उसने उत्तर दिया—नहीं, राजकमल मर गया। उसी ने यह भी बतलाया कि आज शाम को साहित्य सम्मेलन में उसकी शोक-सभा होनेवाली है। मैं स्तब्ध तो रह ही गया था, इस बात से चकित भी था कि यह नर्स मरीज का नाम ही नहीं जानती है, बल्कि यह भी जानती है कि वह कोई हस्ती था, जिसकी मृत्यु पर शाम को साहित्य सम्मेलन में सभा होनेवाली है। मैंने घर जाने का कार्यक्रम रद्द किया और डेरे वापस आकर शाम होते ही साहित्य सम्मेलन के लिए चल पड़ा। पटने के नए लेखकों की दुनिया में राजकमल की मृत्यु का समाचार बिजली के करंट की तेजी से फैल गया था। उस समय साहित्य सम्मेलन के अध्यक्ष पं. रामदयाल पांडेय थे। मंच नए लेखकों से भरा हुआ था। पुराने लेखकों में केसरी बाबू भी थे, जो सम्मेलन के साहित्य-मंत्री थे।

कुछ लेखकों ने सभा में राजकमल के प्रति अपने शोकपूर्ण उद्‌गार व्यक्त किए। राजेंद्र सर्जिकल ब्लॉक से लौटकर मैंने एक कविता लिखी थी, जिसका शीर्षक था—'वह आदमकद शीशा'। मुझे बोलने के लिए कहा गया, तो मैं वह कविता सुनाकर बैठ गया। मेरे पीछे भाकपा के मुखपत्र साप्ताहिक 'जनशक्ति' के संपादकीय विभाग में काम करनेवाले राय अमर बैठे थे। उन्होंने मेरे बैठते ही मुझसे वह कविता ले ली और 'जनशक्ति' के अगले अंक में उसे छापा भी। अफसोस कि अब वह कविता मेरे पास नहीं है। 'जनशक्ति' से काटकर मैंने वह अपने पास रखी थी, लेकिन युगल उसे ले गया। जमाने बाद मैं दिल्ली पहुँचा, तो उससे वह कविता ले आया, लेकिन पटने आकर कुछ दिनों के बाद मुझसे ही वह खो गई। 'जनशक्ति' की फाइल से वह अंक ही गायब है। अजय भवन में काम करनेवाले और उसके पुस्तकाध्यक्ष विजयजी ने उस अंक को प्राप्त करने के लिए बहुत प्रयत्न किया, पर जब फाइल में ही वह अंक नहीं है, तो फिर वे उसे कहाँ से लाते?

नए लेखकों के बोल चुकने के बाद केसरी बाबू उठे और उन्होंने राजकमल पर यह टिप्पणी की कि उनकी पूरी मानसिक संरचना रोमांटिक थी, जिसके अनेक अर्थ होते हैं। एक अर्थ परंपरा-भंजन और व्यवस्था से विद्रोह भी है। अंत में सम्मेलन के अध्यक्ष ने अपना वक्तव्य देते हुए कहा था कि सम्मेलन में और भी शोक-सभाएँ हुई हैं, लेकिन बहुत दिनों के बाद किसी कवि-लेखक की मृत्यु पर ऐसी शोक-सभा देखने में आ रही है। इसी से राजकमल की लोकप्रियता और तेजस्विता का अनुमान लगाया जा सकता है।

एक लघुपत्रिका निकालने की राजकमल की योजना मेरे ध्यान में थी। मैंने अपने तीन साहित्यिक मित्रों से राय-विचार किया, तो सबों ने कहा कि अब तो उसका निकलना और जरूरी हो गया है। लेकिन राजकमल द्वारा रखा गया नाम रखने का साहस हम लोगों को नहीं हुआ, सो 'ध्वजभंग' नाम से ही राजकमल की अगली मृत्यु-तिथि 19 जून, 1968 को 'ध्वजभंग' का पहला अंक निकला, जिसमें सद्य:-प्रकाशित चुनी हुई सात कविता-पुस्तकों की समीक्षा थी। समीक्षाओं के लेखक हम चारों मित्र ही थे। उसकी दो सौ प्रतियाँ पूरे हिंदी संसार के लेखकों में वितरित की गईं, जिसकी अत्यंत अनुकूल प्रतिक्रिया हुई। कहने की जरूरत नहीं कि 'ध्वजभंग' हम लोग नामवरजी को भी भेजते थे, लेकिन वे चुप थे। हम लोग उनकी प्रतिक्रिया जानना ही चाहते थे, सो 'ध्वजभंग-2' उन्हें भेजा, तो मैंने अपना पता लिखकर उसमें एक जवाबी कार्ड भी डाल दिया। उनका जवाब तुरत आ गया। उसमें उन्होंने लिखा : ' 'ध्वजभंग-2' आज ही मिला। अभी पढ़ा नहीं, लेकिन पहली दृष्टि में ही लगा कि पहले अंक के समान ही अच्छा होगा। आप बहुत महत्त्वपूर्ण काम कर रहे हैं। इधर जो छोटी पत्रिकाएँ निकलीं, उनमें दो ने विशेष रूप से ध्यान आकृष्ट किया—आरंभ (लखनऊ) और ध्वजभंग (पटना)। समीक्षा के लिए पुस्तकों के चयन से लेकर उन पर की गई टिप्पणी तक में एक स्पष्ट 'रेलिवेंस' है। फिलहाल, इससे ज्यादा क्या कहूँ? 'कविता के नए प्रतिमान' के बारे में आपने सद्भाव के जो शब्द लिखे हैं, उनके लिए कृतज्ञ हूँ।' जाहिर है कि उनकी इस प्रतिक्रिया से मेरे बाकी तीनों मित्र तो प्रसन्न हुए ही, विशेषत: मेरा बहुत उत्साहवर्धन हुआ।

अशोक वाजपेयी भी जब महात्मा गांधी अंतर्राष्ट्रीय हिंदी विश्वविद्यालय, वर्धा के कुलपति थे, तो उन्होंने सत्तर के बाद के चुनिंदा लेखकों की चित्रावली प्रकाशित करने की योजना बनाई, जिसमें प्रत्येक पृष्ठ पर चित्र के साथ उस लेखक के साहित्य के संबंध में एक-दो उद्धरण देने का भी विचार हुआ। कृष्णा सोबती, कुँवरजी और नामवरजी की चित्रावलियाँ आगे-पीछे करके निकलीं। मुझे अपूर्वानंदजी ने तीनों चित्रावलियाँ सुलभ कराईं। उनमें से सबसे पहले मैंने नामवरजी वाली चित्रावली पलटना शुरू किया। मुझे यह देखकर आश्चर्य हुआ कि एक पृष्ठ पर उनके चित्र के साथ उद्धरण के रूप में मेरे एक-दो उद्धरण भी दिए गए थे। दूसरा उद्धरण तो मैं समझ गया कि कहाँ से लिया गया है, पर पहले उद्धरण के बारे में मुझे कुछ याद नहीं आ रहा था। दिमाग पर बहुत जोर देने पर मुझे याद आया कि ऐसा तो मैंने त्रैमासिक 'समीक्षा' (पटना) में 'कविता के नए प्रतिमान' की समीक्षा करते हुए लिखा था। वह समीक्षा मेरी किसी पुस्तक में संकलित नहीं है। नामवरजी ने उसे याद रखा, इससे मुझे बहुत अधिक आनंद तो हुआ ही, बहुत सहारा भी मिला। अब युवा लेखक सम्मेलन की बात।

मैं लिख चुका हूँ कि नागार्जुन सम्मेलन में उन्हें बुलाने के लिए मुझे बार-बार लिख रहे थे और यहाँ तक लिखा था कि तुम एक पत्र उन्हें रोज डालो। मैंने एक गोष्ठी में विजयमोहन को नामवरजी को अलग ले जाकर उनसे कुछ कहते हुए देखा। मुझे ऐसा लगता है कि वे उन्हें पटना चलने के लिए ही तैयार कर रहे थे। उक्त सम्मेलन लाला लाजपतराय मेमोरियल हॉल, छज्जूबाग में 27-28 दिसंबर, 1970 को आयोजित था, 'सिर्फ' नामक लघुपत्रिका की ओर से, जिसका मैं उन दिनों संपादन कर रहा था। 27 की सुबह मैं दिल्ली से आनेवाले लेखकों की अगवानी के लिए पटना जंक्शन पहुँचा, तो देखा कि अन्य ढेर-सारे लेखकों के साथ नामवरजी भी ट्रेन से उतरे। उन्होंने जोधपुर से मुझे जवाबी तार भी भेजा था और एक कार्ड भी। फिर दिल्ली आकर भी मुझे एक कार्ड डाला था। लेकिन तार तो मुझे नहीं ही मिला, उनके

दोनों कार्ड भी सम्मेलन के बाद प्राप्त हुए। नामवरजी को देखकर मुझे लगा कि उन पर भरोसा किया जा सकता है और अब सम्मेलन की सफलता में कोई संदेह नहीं रहा।

उनके दोनों कार्डों का मजमून क्रमशः यह था : 'आज ही आपके तार का जवाबी तार भेजा है। देर के लिए क्षमा चाहता हूँ। देर इस सोच-विचार में हुई कि उन्हीं दिनों बीकानेर में राजस्थान के तीनों विश्वविद्यालयों के अध्यक्षों की मीटिंग और भाषा-संबंधी सेमिनार रखा गया है जिसमें मेरा सम्मिलित होना आवश्यक है। इसके अतिरिक्त भोपाल में भी युवा लेखकों का एक सम्मेलन है जिसके लिए भी हरिशंकर परसाई ने विशेष अनुरोध किया है। बहरहाल मैं आपके सम्मेलन में आ रहा हूँ। असम मेल से 27 की सुबह पटना पहुँचने का प्रोग्राम बना लिया है। दिल्ली से विजयमोहनजी मेरे साथ रहेंगे। उन्होंने भी आपको लिखा होगा। यदि आप मेरे आवास की व्यवस्था कहीं और कर रहे हों तो ठीक, वरना मैं प्रो. देवेंद्रनाथ शर्मा को लिख दूँ। कृपया शीघ्र सूचना दें,' और 'विजयमोहनजी ने जो रिजर्वेशन करवाया है उसके मुताबिक हम लोग तूफान एक्सप्रेस से 27 दिसंबर की सुबह पटना पहुँच रहे हैं। मेरे सहयात्रियों में विजयमोहनजी के अतिरिक्त विष्णु खरे भी होंगे। अपने ठहरने की व्यवस्था मैंने अभी तक कहीं नहीं की है—यह आप पर छोड़ता हूँ। शेष मिलने पर।' चूँकि प्रो. शर्मा के यहाँ उनके ठहरने की बात मुझे नहीं मालूम थी, इसलिए मैंने उनके ठहरने की व्यवस्था भी ऊपरवाले हॉल में अन्य लेखकों के साथ ही की थी। वे बनारस के लेखकों के साथ ही, जिनमें धूमिल भी थे, ठहरे।

लेकिन जहाँ तक मुझे याद है, पहली गोष्ठी के बाद ही प्रो. शर्मा आकर उन्हें अपने घर ले गए। राजेंद्रनगर से वे और रेणुजी गोष्ठी आरंभ होने के ठीक पहले पहुँच जाते थे। वे रात में अन्य लेखकों के साथ नहीं ठहरे, जिससे वे दारू पीकर हुड़दंग मचाने वाले युवा लेखकों को देखने से बच गए। मुझे तो वह दृश्य देखकर ऐसी वितृष्णा हुई कि कई वर्षों तक मुझे किसी युवा लेखक से मिलने की इच्छा नहीं हुई। आसपास के लोग भी उक्त दृश्य देखकर दंग थे। सवेरे दूधनाथ सिंह ने मुझसे कहा कि वे लोग इसलिए दंग थे कि उनके दिमाग में लेखक का चित्र अभी भी तुलसीदास वाला ही है। अब उनसे मुलाकात हुई, तो मैं उनसे कहूँगा कि मेरी पुस्तक 'तुलसीदास' का अंतिम लेख पढ़ जाइए, आपको पता चलेगा कि तुलसीदास कुटेव में युवा लेखकों से आगे ही थे, लेकिन उन्होंने कभी हुड़दंग नहीं मचाया। बनारस ने कभी उन्हें स्वीकार नहीं किया, जिससे हमेशा वे शहर से बाहर ही रहे, लेकिन चुपचाप। अंतिम बात मेरे लेख में नहीं है, क्योंकि दो-तीन वर्ष पहले पटने में एक साहित्यिक जलसे में व्याख्यान देते हुए नामवरजी ने बतलाई।

प्रत्येक गोष्ठी में मंच पर पाँच व्यक्ति होते थे—रेणुजी, नामवरजी, आयोजक के नाते मैं, गोष्ठी-विशेष के अध्यक्ष और हम लोगों से अलग स्व. राघवेंद्र, जो सभी गोष्ठियों की कार्यवाही को टेप कर रहा था। बोलने वाले लेखक का नाम पुकारे जाने पर वे मंच पर आते थे, माइक के सामने खड़े होकर अपना वक्तव्य देते थे और फिर चले जाते थे।

अब सम्मेलन का हाल-चाल। पहली गोष्ठी युवा लेखकों की रणनीति पर थी, दूसरी युवा कविता की भाषा पर और तीसरी कहानी पर और चौथी आलोचना की सार्थकता पर। पहली गोष्ठी के मनोनीत अध्यक्ष स्वयं नामवरजी थे। कहानी पर वे नहीं बोले, लेकिन पहली गोष्ठी में अध्यक्षीय वक्तव्य के साथ दूसरी और चौथी गोष्ठियों में उन्होंने अपनी बात रखी। मैंने इस संस्मरण के लिए 'सिर्फ' में प्रकाशित उक्त सम्मेलन की रपट देखी, तो यह देखकर मैं चकित

रह गया कि नामवरजी की बातों में आज भी उतनी ही ताजगी है। पहली गोष्ठी में उन्होंने यह कहकर युवा लेखकों की रणनीति को स्पष्ट शब्दों में परिभाषित किया कि 'एक रचना पढ़ने के बाद यदि आज की दुनिया हमें ज्यादा अच्छी और साफ समझ में आए, तो हमें मान लेना चाहिए कि रचनाकार ने प्रत्यक्ष रूप से वही काम किया है, जो किसी क्रांतिकारी ने अपनी बंदूक की नली से किया है।'

दूसरी गोष्ठी में उन्होंने कहा : 'युवा लेखकों ने पुरानी भाषा के संस्कारों से मुक्त होकर बड़ी मेहनत से एक भाषा बनाई है, उसमें एक निजता पैदा की है, यद्यपि उसमें एकरसता भी आई है। अंत में यह जान लेना चाहिए कि मामूली आदमी की भाषा में भी कई स्तर होते हैं। उस एक मामूली आदमी की भाषा को लेकर तुलसीदास ने अनेक स्तरों की भाषा का निर्माण किया है, जो सरल भी थी और कठिन भी और उसी भाषा को लेकर निराला ने भी कई स्तर कायम किए। युवा लेखन का काफी हिस्सा अनूदित लगता है। शायद यह मध्यवर्ग की अंग्रेजी शिक्षा-दीक्षा का प्रभाव है। आज जरूरत है इस अनुवाद-वृत्ति से बचकर सृजनात्मक भाषा लिखने की।'

चौथी गोष्ठी में यह कहते हुए उन्होंने सम्मेलन का जैसे समापन किया कि 'आलोचना की आवश्यकता दो स्थितियों में दिखलाई पड़ती है : रचनाकार और पाठक के बीच जब अंतराल होता है तब और रचनाकार और पाठक के बीच जब कोई अंतराल नहीं होता है तब। हम लोग आम तौर पर आलोचक को पुल बनानेवाला, दुभाषिया आदि समझते हैं, पर जनता से उठा हुआ कवि जब वहीं से साहित्य-रचना करता है, तब भी आलोचक की जरूरत पड़ती है। उस समय आलोचक वह काम करता है, जो सेना में सफरमैना पलटन किया करती है। वह सेना के आगे रास्ता बनाते हुए चलती है। पाठकों से तादात्म्य होकर लिखे जानेवाले साहित्य में भी आलोचना इसी तरह अपने अस्तित्व को प्रमाणित करती है।'

नामवरजी को मैंने यह भी लिखा था कि इस सम्मेलन को सँभालने के लिए आपका आना जरूरी है। वे आए भी और पूरे सम्मेलन को उन्होंने सँभाला भी। उनका वैदुष्य, उनके चिंतन की नवीनता, उनकी निर्भयता तथा उनका कौशल और अनुशासनप्रियता को देखकर मेरे मन में उनके प्रति जो आदर का भाव था, वह शतगुणित हो गया। अब वह भाव श्रद्धा में बदल चुका है। सम्मेलन में जितने युवा लेखक पहुँचे थे, उनमें से अधिकांश उनका छात्र होने की ही योग्यता रखते थे। उनमें निर्भयता चरम कोटि की थी। अकारण नहीं कि ग्राम्शी ने बौद्धिकों का एक लक्षण निर्भयता भी बतलाया है। पहली गोष्ठी में दूधनाथ सिंह ने कुछ ऐसी बातें कह दीं कि नामवरजी ने अपने अध्यक्षीय वक्तव्य में कहा— दूधनाथ सिंह से मेरा कहना है कि वे 'डेमागौगी' छोड़ें और सीधे-सीधे काम की बातें करें। उसके बाद गोष्ठी समाप्त हुई तो मैंने देखा कि दूधनाथ सिंह उनसे झगड़ते हुए बाहर निकल रहे हैं। इसी तरह आलोचना वाली गोष्ठी में अध्यक्ष-पद से अशोक वाजपेयी ने जब बोलने के लिए विष्णु खरे का नाम पुकारा, तो नामवरजी ने उनसे कहा—खरे साहब, आपने आलोचना में बहुत गड़बड़ की है, आइए और जवाब दीजिए। यही कारण था कि अकविता के एक कवि ने मुझे लिखा था कि तुम नामवर एंड कंपनी को मत बुलाना। क्यों? इसलिए कि सभी उनके ज्ञान से डरते थे और जानते थे कि उनके रहते वे किसी गोष्ठी में अपना मनोनुकूल दृश्य उपस्थित नहीं कर सकते थे।

जाहिर है, मैंने उनका सुझाव नहीं माना, क्योंकि नामवरजी के बिना युवा लेखकों के सम्मेलन की कल्पना भी नहीं की जा सकती थी। शायद युवा लेखकों को भी यह बात नहीं

मालूम थी कि उन्होंने ही उनके लेखन को 'युवालेखन' का नाम दिया था और उसे पहचान भी दी थी। सम्मेलन में अनाहूत कुछ अग्निवर्षी युवा लेखक भी आ गए थे। मैंने नामवरजी को गोष्ठियों में उनका उपयोग करते हुए देखा। प्रत्येक अध्यक्ष उन्हीं की बगल में बैठते थे और अब किस लेखक को बोलने के लिए बुलाया जाए, वक्ताओं की सूची देखकर वे नामवरजी से ही पूछते थे। मैंने देखा कि गोष्ठी जब ठंडी पड़ने लगती थी, तो एक अग्निवर्षी लेखक के नाम पर उँगली रखकर वे अध्यक्ष से कहते थे कि अब इसे बुलाइए। वह लेखक आता था और कभी पोशीदे तौर पर और कभी खुलकर नामवरजी पर हमला करते हुए अपनी उलटी-सीधी बातों से गोष्ठी को गरमाकर चला जाता था। फिर गोष्ठी में नए सिरे से जान पड़ जाती थी और लेखक पूरी जिंदादिली और संजीदगी से विचार-विमर्श करने लगते थे। अग्निवर्षी लेखक इस बात से पूर्ण तुष्ट होकर मंच से उतरता था कि उसने नामवरजी को धूल चटा दी, क्योंकि उसे यह पता नहीं होता था कि उन्होंने उसका कैसा उपयोग किया था।

कविता वाली गोष्ठी के अध्यक्ष कुमारेंद्र पारसनाथ सिंह थे। उन्होंने अपने अध्यक्षीय वक्तव्य में नामवरजी पर अपना आक्रोश इसलिए प्रकट किया कि उन्होंने उन्हें सिर्फ एक बार याद किया और फिर भुला दिया। उन्होंने यह भी कहा कि अब वे मुक्तिबोध को महान कवि मानते हैं, लेकिन उनके जीवन-काल में वे बिलकुल चुप रहे। अध्यक्षीय वक्तव्य के बाद भी नामवरजी उठे और कुमारेंद्र को करारा जवाब देते हुए कहा कि मुक्तिबोध के जीवन-काल में ही मैंने उन्हें 'कवि' में उनकी कविता प्रस्तुत करते हुए उन पर एक किंचित् विस्तृत टिप्पणी लिखी थी। फिर उन्होंने 'कृति' का हवाला दिया, जिसमें भी मुक्तिबोध के जीवन-काल में ही उन्होंने एक लेख लिखा था, जिसे मैंने 'मुक्तिबोध : कवि-छवि' नामक पुस्तक में संकलित किया है। उनके इस जवाब का असर यह हुआ कि पूरा हॉल तालियों की गड़गड़ाहट से भर गया और दिलचस्प है कि तालियाँ बजाने वालों में सबसे आगे कुमारेंद्र थे।

1971 में नामवरजी और कुँवर चंद्रप्रकाश सिंह संभवतः एक मौखिकी के सिलसिले में पटना आए। प्रो. शर्मा के यहाँ ही दोनों ठहरे थे। शाम को मैं नामवरजी से मिला। डा. रामवचन राय भी वहाँ मौजूद थे। उन्होंने मुझसे पूछा—आजकल आप क्या कर रहे हैं? मैंने उन्हें बतलाया कि हिंदी आलोचना पर एक पुस्तक लिख रहा हूँ। उसे एक बार आधे से अधिक लिख चुका था, लेकिन अब मुझमें विषय के प्रति गहरी रुचि उत्पन्न हो गई है, सो उसे दुबारा लिख रहा हूँ। उन्होंने कहा कि बहुत अच्छा कर रहे हैं। अब यह बतलाइए कि आपकी 'फाइंडिंग' क्या है, क्योंकि नया आलोचक नए निष्कर्षों के साथ आलोच्य लेखकों को फिर से क्रमबद्ध करता है, कुछ को छोड़ते हुए। मैंने उन्हें सब कुछ से अवगत कराया। मैं कह चुका हूँ कि उस दौर में मैं डा. शर्मा के संकीर्णतावादी मार्क्सवाद से बहुत प्रभावित था। नामवरजी ने मुझे कुछ नए मार्क्सवादी साहित्यिक सौंदर्यशास्त्रियों को पढ़ने को कहा। फिर स्वयं बोले—लेकिन उनकी पुस्तकें आपको मिलेंगी कहाँ? मैंने उन सभी मार्क्सवादियों के नाम गिना दिये, जिनकी पुस्तकें मैंने अब तक पढ़ी थीं। वे सारे के सारे मार्क्सवादी पुराने स्कूल के यानी संकीर्णतावादी मार्क्सवाद के पोषक थे। इस बार मैंने एम.ए. के वर्ग में उनसे एक छोटा-सा व्याख्यान भी कराया, जिसमें उन्होंने एक दृष्टिकोण के साथ हिंदी साहित्य का इतिहास पढ़ने पर जोर दिया। फिर मैं उन्हें स्टेशन जाकर छोड़ भी आया।

उस समय नामवरजी जोधपुर विश्वविद्यालय के हिंदी विभागाध्यक्ष थे। वहाँ उन्हें 'ऑफर' देकर विश्वविद्यालय के कुलपति मि. जॉन ले गए थे, क्योंकि हिंदी आलोचना में उनकी प्रतिष्ठा

बहुत बढ़ गई थी। उनकी आलोचना-पुस्तक 'कविता के नए प्रतिमान' की चारों तरफ चर्चा थी और उसी के आसपास उसे साहित्य अकादेमी से भी पुरस्कृत किया गया था। इसके अलावा 'आलोचना' के शानदार संपादन-कार्य ने उनकी प्रसिद्धि में चार चाँद लगा दिये थे। वे विद्वान तो थे ही, वक्ता भी उच्च कोटि के थे। अध्यक्ष बनने के बाद नामवरजी ने विभाग को बनाना शुरू किया और पाठ्यक्रम में भी परिवर्तन किए। उसमें उन्होंने 'मैला आँचल' (रेणु) और 'आधा गाँव' (राही मासूम रजा) को भी शामिल किया, जिसका छात्रों ने बहुत विरोध किया। उनका कहना था कि आंचलिक होने के कारण 'मैला आँचल' की भाषा समझ में नहीं आती है और 'आधा गाँव' में बहुत गाली-गलौज है। ज्ञातव्य है कि एक रूसी विद्वान ने 'मैला आँचल' को पूरी तरह से समझकर रूसी में उसका अनुवाद किया था, लेकिन राजस्थान के छात्रों को उसकी भाषा समझ में नहीं आ रही थी! जाहिर है, ये छात्र नामवरजी के शब्दों में कुँवरजी के ही 'लग्गू-भग्गू' थे। उनका संकेत भारतीय जनसंघ की तरफ था। बहरहाल, छात्रों की शिकायत पर विचार करने के लिए कुलपति ने बाहर के विद्वानों की एक समिति बना दी, जिसके एक सदस्य प्रो. देवेंद्रनाथ शर्मा भी थे। समिति ने सिफारिश की कि 'मैला आँचल' को तो पाठ्यक्रम में रहने दिया जाए, पर 'आधा गाँव' को उससे हटा दिया जाए। उधर अध्यापक-गण भी नामवरजी की नियुक्ति से अप्रसन्न थे। उन्हें उनकी विद्वत्ता रास नहीं आ रही थी; दूसरे, उनका कहना था कि प्रोफेसर का 'ऑफर' देकर विभागाध्यक्ष के पद पर उनकी नियुक्ति से विश्वविद्यालय के नियम का उल्लंघन हुआ है। इस बात को लेकर कोर्ट में मुकदमा भी कर दिया गया था, पर उसका फैसला आने के पहले ही नामवरजी के.एम. मुंशी संस्थान, आगरा के निदेशक बना दिये गए, सो कुछ वर्षों बाद ही जोधपुर छोड़कर आगरा आ गए।

आगरे में भी वे ज्यादा दिन नहीं रहे, क्योंकि प्रोफेसर के पद पर ही जेएनयू के भारतीय भाषा-केंद्र में उनकी नियुक्ति हो गई। इस केंद्र में दो भाषाएँ पढ़ाई जाती थीं—हिंदी तथा उर्दू और उन भाषाओं के प्रोफेसर बारी-बारी से एक अवधि के बाद केंद्र के अध्यक्ष हुआ करते थे। नामवरजी जेएनयू पहुँचे, तो केंद्र के अध्यक्ष भी बने। वहाँ भी हिंदी-विभाग का उन्हें गठन करना पड़ा। जोधपुर से वे डा. मैनेजर पांडेय को ले आए और बाद में केदारजी को भी पडरौना के एक कालेज की प्रिंसपिली छुड़वाकर वहाँ बुला लिया।

बाद की बात है। एक बार शाम को मैं उनके बैठके में बैठा हुआ था। मैंने उनसे निवेदन किया कि डाक्टर साहब, आप और क्यों नहीं लिखते? उन्होंने एक बहुत ही मार्मिक उत्तर दिया। तुलसीदास को उद्धृत करते हुए उन्होंने कहा कि 'डासत ही गइ बीति निसा सब कबहुँ न नाथ! नींद भरि सोयो'। उनका संपूर्ण पिछला जीवन मेरी आँखों के सामने घूम गया। सीपीआई के निर्देश पर उनका 1959 में लोकसभा के लिए चुनाव लड़ना, इस कारण काशी हिंदू विश्वविद्यालय में उनकी नियुक्ति का रद्द होना, फिर कुछ वर्षों बाद उनका सागर विश्वविद्यालय के हिंदी-विभाग में पहुँचना और वहाँ भी टिक नहीं पाना, कुछ दिनों बाद पार्टी के निर्देश पर ही उसके मुखपत्र साप्ताहिक 'जनयुग' के संपादन के लिए उनका दिल्ली जाना और उस पत्र को नया स्वरूप देना, राजकमल से जुड़ना, फिर आलोचना का श्रमपूर्वक संपादन करना, जोधपुर में नियुक्ति के बाद वहाँ से क.मा. मुंशी संस्थान में आना और अंत में जेएनयू में विभाग का पुनर्गठन और पाठ्यक्रम का निर्माण। 'आलोचना' का संपादन वे दिल्ली से बाहर रहने पर भी करते रहे और उनके लिए ही नहीं, यह संपूर्ण हिंदी संसार के लिए संतोष की बात है कि इस भाग-दौड़ में भी उन्होंने अपना अध्ययन जारी रखा और देशी-विदेशी साहित्य का ऐसा गहन

और व्यापक अध्ययन किया, जैसा हिंदी में तो नहीं ही दिखलाई पड़ता, किसी हिंदीतर भाषा में भी नहीं देखने को मिलता। तुलसीदास की उक्त पंक्ति उद्धृत कर उन्होंने मेरी बात का सटीक उत्तर दे दिया था, जिसके फलस्वरूप मैं चुप हो गया।

जहाँ तक जेएनयू में उनके स्थिर होने के बाद उनके लिखने की बात है, उसके मार्ग में भी कई बाधाएँ थीं। एक तो वर्ग में पढ़ाने के लिए वे जो नोट तैयार करते थे, वह असाधारण होता था। चूँकि उन्हें अध्यापन में भी रस मिलता था, इसलिए कभी-कभी हवाई जहाज से उतरकर वे सीधे वर्ग में पहुँचते थे। उनकी इसी कर्तव्यनिष्ठता के कारण उनका कोर्स कभी अधूरा नहीं रहा, न अपने अध्यापन में कभी उन्होंने कोताही की। अध्यापन के अलावा उन्हें व्याख्यान देने में भी भरपूर रस मिलता था, जिस कारण वे अपना व्याख्यान अत्यधिक श्रम के साथ तैयार करते थे। स्वभावत: उसमें उनके नए चिंतन की भरपूर चमक और गहराई होती थी। उनका ज्ञान इतना विस्तृत है कि जब कभी हम लोगों ने अचानक उन्हें किसी विषय पर बोलने के लिए कहा, तो वे उसके लिए भी तैयार हो गए। उनका वह व्याख्यान कुछ ज्यादा ही सृजनात्मक होता था। अब तक मैंने उनके जो असंख्य व्याख्यान सुने हैं, उनमें से चार-पाँच की स्मृति मेरे मानस से कभी नहीं मिटेगी। एक व्याख्यान उन्होंने अज्ञेयजी की अध्यक्षता में हिंदुस्तानी एकेडेमी में उनकी आलोचना करते हुए दिया था। यह बिना तैयारी के दिया गया व्याख्यान था, जिसमें और बातें तो थीं ही, गजब का 'फोर्स' था। यह अवसर इलाहाबाद विश्वविद्यालय की ओर से आयोजित प्रेमचंद-जन्मशताब्दी समारोह का था। यहाँ की एक मजेदार बात। हम लोग एक गेस्ट हाउस में ठहराए गए थे। सवेरे किसी के कक्ष में हम सारे लोग बैठे थे। नामवरजी ने पूछा कि आज की पहली गोष्ठी के अध्यक्ष कौन हैं? जानकारों ने बतलाया कि भैरवप्रसाद गुप्त। इस पर वे बोले—सोंटा। फिर उन्होंने पूछा—उसमें आलेख-पाठ कौन करेंगे? जानकारों ने फिर कहा कि डा. रघुवंश। इस पर उन्होंने कहा—जलेबी। फिर बोले, सोंटा और जलेबी! सब लोग हँसने लगे। नामवरजी हिंदी के अनेक लेखकों के नाम में थोड़ा परिवर्तन कर उसका आनंद लेते और दूसरों को देते थे। उसका एक ही उदाहरण यहाँ मैं दे सकूँगा, क्योंकि कई लोग भगवान की कृपा से अभी हमारे बीच हैं और आनेवाले दिनों में भी रहेंगे। वह एक उदाहरण यह है कि चूँकि 'सारिका' के संपादन-काल में कमलेश्वर ने समांतर कहानी का नारा देकर अपने इर्द-गिर्द समांतर कहानीकारों की एक फौज खड़ी कर ली थी, इसलिए वे उन्हें कमलेश्वर के बदले 'सारिकेश्वर' कहा करते थे!

चर्चा नामवरजी के अविस्मरणीय व्याख्यानों की हो रही थी। बिना तैयारी के प्रसाद जन्म-शताब्दी पर दिया गया उनका वह व्याख्यान है, जो उनसे तरुणजी ने पटना प्रगतिशील लेखक संघ की ओर से पटना कालेज के सेमिनार हॉल में कराया था। इसमें उन्होंने प्रसाद की प्रेम-कविताओं के लिए एक बहुत उपयुक्त शब्द का प्रयोग किया था—'रोमांटिक मेलांकली'। एक व्याख्यान उन्होंने उसी प्रकार बिहार प्रगतिशील लेखकर संघ के वार्षिक सम्मेलन में जमशेदपुर में दूसरे दिन एक हॉल में दिया था, जिसकी पृष्ठभूमि में 'नागार्जुन की राजनीति' थी। यह व्याख्यान संकीर्ण प्रगतिशीलता के विरुद्ध दिया गया इतना 'फोर्सफुल' व्याख्यान था कि कुछ कहते नहीं बनता। बस, अफसोस इस बात के लिए होता है कि अच्छे ढंग से उसे टेप न किया जा सका। उसके कुछ वाक्य मुझे अभी भी याद हैं : 'जब कभी प्रगतिशील आंदोलन का विस्तार होता है, उसमें संकीर्णतावादी प्रवृत्ति सिर उठाती है और आंदोलन के प्रसार को

नष्ट करने पर उतारू हो जाती है। खून की प्यासी तलवार जब बाहर शत्रुओं का सफाया कर देती है, तो घर में घूमने लगती है।'

तैयारी करके 'साहित्य में विचारधारा' पर व्याख्यान उन्होंने 'पुनश्च:' की ओर से अनुग्रह नारायण सामाजिक शोध संस्थान के हॉल में दिया था। यह इतना विद्वत्तापूर्ण व्याख्यान था कि वैसा व्याख्यान मुझे फिर सुनने को नहीं मिला। बस उनके गुरुदेव आचार्य हजारीप्रसाद द्विवेदी का साहित्य सम्मेलन में तुलसीदास पर दिया गया व्याख्यान याद आता है। यह आकस्मिक नहीं है कि आचार्य द्विवेदी के बाद नामवरजी ही हिंदी में दूसरे वक्ता हुए, क्योंकि वाग्मिता के साथ दोनों का ज्ञान अपने-अपने ढंग से अगाध था।

नामवरजी का प्रत्युत्पन्नमतित्व और उनकी सूझ भी अनमोल थी। उसके दो-तीन उदाहरण देता हूँ। वे 'प्रेमचंद की कला' पर बिहार इंडस्ट्रीज एसोसिएशन के हॉल में बोल रहे थे। समस्तीपुर के कवि पोद्दार रामावतार अरुण अगली पंक्ति में ही बैठे थे। उनकी सारी उम्र पं. नेहरू, उनके मंत्रिमंडल के सदस्य बाबू सत्यनारायण सिंह, जो बाद में उत्तर प्रदेश के राज्यपाल भी हुए, तथा अन्य नेताओं की खुशामद करते हुए ही बीती थी। पं. नेहरू पर तो उन्होंने 'विश्व-मानव' नाम से एक काव्य ही लिखा था, लेकिन उन्होंने उनको कोई तवज्जो नहीं दी। हारकर वे बाबू सत्यनारायण सिंह के पीछे लगे, पर उन्होंने भी उन्हें घास नहीं डाली। तत्पश्चात् वे बिहार के मुख्यमंत्री कर्पूरी ठाकुर की खुशामद में लग गए। वे भी चूँकि पिछड़े वर्ग से आते थे, इसलिए उन्होंने उन्हें एमएलसी बना दिया। नामवरजी जब किंचित् विस्तार से प्रेमचंद द्वारा किए गए प्रेम के चित्रण के बारे में बतला रहे थे कि अरुणजी की शामत आनी थी, सो वे अपनी जगह से बीच में बोल उठे—आगे बढ़िए। अब आपकी प्रेम करने की उम्र नहीं रही। उन्हें पता नहीं था कि नामवरजी हिंदी के कितने बाखबर लेखक थे। वे माइक पर क्षणभर के लिए रुके, फिर बोले—ऐसा है कि प्रेम और खुशामद करने की कोई उम्र नहीं होती! उनका यह कहना था कि सारा हॉल ठहाकों से गूँज उठा, क्योंकि उसमें सारे के सारे साहित्यिक ही बैठे थे, जो अरुणजी के चरित्र से परिचित थे। ठहाके देखकर अरुणजी ने जो सिर नीचे किया, सो फिर ऊपर नहीं उठाया।

दूसरी घटना तब की है, जब नामवरजी अनुग्रह नारायण शोध संस्थान में हम्हीं लोगों द्वारा आयोजित एक कार्यक्रम में व्याख्यान दे रहे थे। जब वे अपना व्याख्यान देकर बैठे और मैं बोलने के लिए उठा, तो मेरे सहयोगी कलाधरजी ने उनसे एक प्रश्न कर दिया। मैं चूँकि माइक के सामने पहुँच चुका था, इसलिए मैंने ही उनके प्रश्न का उत्तर दे दिया। सभा समाप्त होने के बाद उन्होंने मुझसे शिकायत की—मैंने नामवरजी से प्रश्न किया था, फिर आपने उसका उत्तर क्यों दे दिया ? जब नामवरजी, तरुणजी और मैं अपने डेरे पर भोजन के लिए पहुँचे और नामवरजी खाने की टेबुल पर बैठ गए, तो मैंने उनसे कलाधरजी की शिकायत अर्ज कर दी। उन्होंने छूटते ही कहा—महाभारत में पहले से तय था कि कौन किसको मारेगा। उनके इस माकूल जवाब से कायल होकर मैं और तरुणजी धीरे-से हँस पड़े, क्योंकि उनके सामने खुलकर हँसने का साहस हम दोनों नहीं कर सकते थे।

तीसरी घटना तब की है, जब पटना विश्वविद्यालय के केंद्रीय पुस्तकालय के हॉल में हिंदी विभाग की ओर से 'हिंदी साहित्य और लोक-चेतना' पर सप्तदिवसीय संगोष्ठी संपन्न हुई थी। समापन-भाषण देने के लिए नामवरजी आए थे। लेकिन उनका व्याख्यान शुरू होने के पहले विभागाध्यक्ष डा. रामखेलावन राय एक अखबार लिए माइक पर आ गए। उन्होंने

कहा कि इसी विश्वविद्यालय के हिंदी के अध्यापक डा. अमरकुमार सिंह ने इस संगोष्ठी पर 'आज' में यह लेख लिखा है और बिना रुके वे उस लेख को पढ़ने लगे। उसमें खास तौर से यह बात कही गई थी कि चूँकि प्रभारी अध्यक्ष को प्रोफेसर बनना है, इसलिए उन्होंने चुन-चुनकर विद्वानों को बुलाया है, ताकि वे उन्हें अपने अनुकूल बना सकें। डा. राय के इस लेख का पाठ करने से माहौल पूरी तरह बिगड़ गया, जिसमें अब कोई गंभीर बात नहीं की जा सकती थी। इसी स्थिति में नामवरजी उठे और माइक पर आकर अपना व्याख्यान शुरू करने के पहले एक वाक्य कहा—लोक-चेतना पर संगोष्ठी हो और उसमें लोकापवाद न हो, यह कैसे हो सकता है? इस तरह अपने एक वाक्य से बिगड़े हुए माहौल को गंभीर बनाते हुए उन्होंने अपना व्याख्यान शुरू कर दिया। करीब डेढ़ घंटे वे जमकर बोले और हॉल में पूर्ण शांति विराजती रही।

चौथी घटना संगोष्ठी से ही जुड़ी है। उसी दिन सारे विद्वान और हिंदी विभाग के कुछ अध्यापक डा. राय के यहाँ 'डिनर' पर आमंत्रित थे। उस समय काशी हिंदू विश्वविद्यालय में एक दिलचस्प वाकया हुआ था। डा. विजयपाल सिंह ने, जो अपने पाखंड और दुष्टता के लिए पूरे हिंदी संसार में जाने जाते थे, सेवा से मुक्त हुए थे। तत्पश्चात् उन्होंने कश्मीर विश्वविद्यालय में 'विजिटिंग' प्रोफेसर के लिए आवेदन किया था। काशी हिंदू विश्वविद्यालय के हिंदी के अध्यापकों ने उनके आवेदन पर विचार न करने के लिए एक पुस्तिका ही छपा डाली थी और उसे कश्मीर विश्वविद्यालय के कुलपति को भेज दिया था। डा. राय के यहाँ आमंत्रित सारे लोग इसी की चर्चा कर रहे थे। नामवरजी उस समय डा. राय के कमरे में थे। वे निकलकर आए, तो लोगों ने पूछा कि डा. विजयपाल सिंह को लेकर क्या हुआ है? उन्होंने उत्तर दिया—कुछ नहीं हुआ है, सिर्फ विजयपाल रासो की जो खंडित प्रति उपलब्ध थी, सो अब उसकी पूरी प्रति मिल गई है। सभी विद्वानों ने जोरों से ठहाका लगाया।

इसी तरह का एक प्रसंग और। कलकत्ते के भारतीय भाषा परिषद् में आचार्य शुक्ल जन्म-शताब्दी समारोह आयोजित था। प्रभाकर माचवे उस समय परिषद् के सदस्य थे। उन्होंने उद्‌घाटन-भाषण देने के लिए उसमें नामवरजी को बुलाया और आलेख-पाठ के लिए मुझे। जिस दिन समारोह था, उस दिन रात में ऐसी वर्षा हुई थी कि हम लोगों की गाड़ी हावड़ा के बदले सियालदह जाकर लगी। मैं इस बार अपनी पत्नी और बिटिया पूर्वा के साथ वहाँ पहुँचा था। सड़कों पर घुटना-भर पानी लगा था। हम लोग टैक्सी से परिषद् की सीढ़ियों पर उतरे। वर्षा के कारण श्रोता दस-पंद्रह से ज्यादा की संख्या में नहीं पहुँचे थे। पूरे हॉल में दस-पंद्रह आदमी। मैं सोच रहा था कि जब श्रोता ही नहीं हैं, तो नामवरजी कैसे अपना व्याख्यान देंगे? लेकिन समय पर वे उठे, अपभ्रंश का एक दोहा सुनाया, जिसका अर्थ था—'मेह में आप आए, यह आपके नेह का सूचक है', और अपना व्याख्यान शुरू कर दिया। जमकर करीब डेढ़ घंटे बोले। मैंने भी अब उत्साहित होकर अपना आलेख पढ़ा और इस तरह सभा विसर्जित हुई। मैं कह चुका हूँ कि पूर्वा भी मेरे साथ थी और मेरे व्यवहार पर कड़ी निगाह रख रही थी। नामवरजी दो-तीन दिन रुके थे, जिससे उनसे मेरी बात होती रही। यह सब देखकर मेरे सामने उसने अपनी माँ से कहा—माँ, पापा नामवरजी की खुशामद नहीं करते हैं। मैंने कहा—जहाँ आदर और श्रद्धा हो, वहाँ खुशामद का प्रवेश नहीं होता। उनका सान्निध्य मुझे सुलभ हुआ, इतना ही मेरे लिए काफी है।

एक बार मैं सपरिवार बनारस में ही था। काशीनाथजी की सुपुत्री का विवाह संपन्न हुआ था। शाम को तो हम उनके यहाँ गए ही, नामवरजी के आदेशानुसार कल होकर सवेरे भी मैं

उनके यहाँ पहुँचा। वहाँ पहले से संस्कृत के एक विद्वान बैठे थे। उन्होंने कालिदास पर एक मोटा ग्रंथ लिखा था और चाहते थे कि नामवरजी उसके प्रकाशन की व्यवस्था कर दें। उन्होंने उनसे पूछा—आप मुझे बतलाएँ कि कालिदास की शकुंतला का हिंदी में प्रथम अनुवाद किसने और कब किया? उन सज्जन ने कहा कि मैं आपको पूरी पांडुलिपि ही भेज दूँगा। इस पर वे बोले—मुझे सिर्फ संजीवनी बूटी चाहिए, पूरा धौलागिरि नहीं। फिर वे किसी काम से अंदर चले गए। मैं उनकी बात पर देर तक भीतर ही भीतर हँसता रहा।

कुछ दिलचस्प बातें और। एक बार चैंबर ऑफ कॉमर्स में वे 'प्रेमचंद और स्वाधीनता-संग्राम' पर व्याख्यान दे रहे थे। उन्होंने कांग्रेस और महात्मा गांधी के नेतृत्व में चलनेवाले स्वाधीनता-संग्राम पर बोलते हुए प्रेमचंद का उससे किंचित् विस्तार से संबंध बतलाया। उनके बोल चुकने के बाद हमारे सहयोगी अध्यापक डा. सीताराम झा 'श्याम' उनसे प्रश्न करने के लिए उठे और माइक पर जाकर चंद्रशेखर 'आजाद' और भगत सिंह के नेतृत्व में चलनेवाले स्वाधीनता-संग्राम को नामवरजी द्वारा छोड़ देने पर आपत्ति की। नामवरजी धीरे से उठे और माइक पर जाकर कहा—प्रेमचंद से एक बार किसी ने कहा कि कोई आपके शरीर पर पेशाब करने लगे, तो आप क्या करेंगे? उन्होंने उत्तर दिया—मैं थोड़ा पीछे हट जाऊँगा। उसने कहा कि वह इस पर भी न माने और थोड़ा आगे बढ़ने पर फिर वैसा ही करने लगे तब? उन्होंने कहा कि मैं थोड़ा और पीछे हट जाऊँगा। फिर उस व्यक्ति ने उनसे यह कहा कि किसी सूरत में वह न माने और आगे बढ़कर आप पर पेशाब करता ही रहे, तब आप कैसे बचेंगे? इस बार प्रेमचंद ने उत्तर दिया—मुदा वह आदमी होगा, या मशक बाँधे होगा? तात्पर्य यह कि स्वाधीनता-संग्राम की अनेक धाराएँ हैं, इस पर पुस्तकें भी लिखी गई हैं, पर कहीं तो उनका अंत होना चाहिए! उनके इस उत्तर से हॉल में जोरदार ठहाका लगा।

वहाँ से व्याख्यान देकर वे खगेंद्रजी के आवास पर आए। अब कवि-कथाकार नंदकिशोर नंदन उनकी चपेट में आ गए। प्रेमचंद पर उनके व्याख्यान सुननेवालों में वे भी थे, सो खगेंद्रजी के यहाँ वे भी पहुँचे और नामवरजी से बोले—मैंने भी प्रेमचंद पर एक लेख लिखा है, जिसमें मेरे कुछ विचार आपके विचारों से टकरा गए हैं। तत्पश्चात् नामवरजी ने यह कहते हुए कि इसे आप अपनी बात से न जोड़ेंगे, उन्हें यह घटना सुनाई : एक बार फिराक साहब एक मुशायरे में गए। उसमें एक नए शायर ने अपनी गजल में उनका एक शेर उड़ा लिया था। जब वह अपनी गजल सुनाकर बैठने जा रहा था कि फिराक साहब ने उसे अपने पास बुलाकर कहा—तुम मेरा एक शेर साफ ले उड़े हो। उस नौजवान शायर ने उन्हें जवाब दिया—हुजूर, मेरे शेर का सिर्फ मानी आपके शेर से टकरा गया है। अब फिराक साहब उससे बोले—बर्खुरदार, पैसेंजर और मालगाड़ी का, ट्रेन और बस का तथा ट्रक और कार का टकराव तो सुना था, पर हवाईजहाज और साइकिल में टकराव कैसे हो सकता है? नामवरजी का व्यंग्य गुणीभूत बिलकुल नहीं था, इस कारण नंदनजी ने उसे जरूर समझा होगा।

एक अवसर पर पटना संग्रहालय के सामने के ऊपरी हॉल में उन्होंने निराला पर एक व्याख्यान दिया। उसमें उन्होंने प्रसंगवश रीतिकाव्य की प्रशंसा कर दी। एमएल के नेता रामजी राय भी, जो इलाहाबाद विश्वविद्यालय से हिंदी में एम.ए. करके बिहार में क्रांति करने आए थे, श्रोताओं में बैठे थे। वे सामंती काव्य रीतिकाव्य की प्रशंसा कैसे बर्दाश्त करते? उठकर उन्होंने नामवरजी से प्रश्न किया। उन्होंने शांतिपूर्वक उनके प्रश्न का उत्तर दे दिया, पर वे फिर उठे और दूसरा प्रश्न किया। उन्होंने उसी तरह उसका भी उत्तर दे दिया। फिर रामजी राय उनके

साथ बहस करने पर उतर आए। नामवरजी ने अपना अध्यापकीय रूप दिखलाते हुए उन्हें डाँटने के स्वर में कहा—बैठो। फिर वे पस्त भाव से बैठ गए। उनके शुद्ध विनोद का एक अवसर वह है, जब वे साहित्य सम्मेलन के मंच से बोलकर नीचे आए थे। थोड़ा ही आगे बढ़े थे कि मैंने उन्हें अपना प्रणाम निवेदित किया। मेरे मित्रों ने उन्हें यह सूचना दी कि अब नवलजी दादा बन गए। नामवरजी ने कहा—हाँ? लेकिन दादा तो वे पहले से ही थे। उनके इस कथन से मुझे और मेरे मित्रों को बहुत मजा आया।

जेएनयू में हिंदी विभाग से जुड़ी हुई कुछ दिलचस्प बातें भी। चूँकि छात्रों की संख्या कम थी, इसलिए अपना वर्ग नामवरजी अपने चैंबर में ही लेते थे। उनकी एक छात्रा थी, जो पढ़ाई पर ध्यान नहीं देती थी, क्योंकि एक छात्र से प्रेम करने में उलझी हुई थी। उससे उसका प्रेमपूर्ण पत्राचार भी चल रहा था। यह बात नामवरजी से छिपी कैसे रहती? एक दिन उन्होंने अपने वर्ग में प्रसंगवश उस छात्रा को खड़ा किया और उससे पूछा—आपने रामचंद्र शुक्ल का 'हिंदी साहित्य का इतिहास' पढ़ा है? छात्रा ने उत्तर दिया—नहीं। नामवरजी ने फिर उससे पूछा—द्विवेदीजी का 'हिंदी साहित्य'? उसने पहले की तरह ही 'नहीं' कहा। इस पर नामवरजी बोले—जो आँखें प्रेम-पत्र पढ़ने के लिए बनी हैं, वे भला हिंदी साहित्य का इतिहास क्यों पढ़ेंगी! उस समय अपने प्रेम के लिए देश-विख्यात एक छात्र भी जेएनयू में पढ़ते थे। उनका दिल अपने साथ पढ़ने वाली छात्रा पर आ गया था, जो एक दूसरे छात्र से प्रेम करती थी। आक्रोश में आकर उन्होंने एक दिन उस छात्र को पीट दिया। मामला नामवरजी तक पहुँचा। उन्होंने पीटने वाले छात्र को बुलाकर कहा—रात में खाना खाने के बाद जब मैं अपने क्वार्टर के बाहर की सड़क पर थोड़ा टहलता हूँ, तब आप मुझसे मिलेंगे। वह छात्र सड़क पर उनका इंतजार कर रहा था। वे आए, तो उनसे पूछा—जिस छात्रा के लिए आपने एक छात्र को पीट दिया, वह क्या आपसे प्रेम करती है? छात्र ने ईमानदारी से उत्तर दिया—नहीं। फिर उन्होंने पूछा—जिस छात्र को आपने पीटा, वह क्या उसे प्रेम करती है? छात्र ने इस बार भी स्पष्ट रूप में उन्हें बतलाया कि जी हाँ, वह उसी से प्रेम करती है। अब नामवरजी ने छात्र से कहा—*आप अपने कलेज पर पत्थर रख लीजिए* और भविष्य में फिर कभी ऐसी हरकत न करें, वर्ना मैं आपको निकाल दूँगा। इसमें उनकी अनुशासनप्रियता और उनकी संवेदनशीलता दोनों दिखलाई पड़ती हैं। अनुशासनप्रियता तो आप समझ रहे हैं, संवेदनशीलता उनके इस कथन में झलकती है कि *आप अपने कलेजे पर पत्थर रख लीजिए*। छात्र ने, जब तक वे जेएनयू में रहे, फिर कोई वैसी हरकत नहीं की और पटने आकर भी कुछ दिनों तक बहुत शांत रहे। इस अवधि में नामवरजी ने उन्हें अपना बहुत स्नेह दिया, लेकिन पटना विश्वविद्यालय में अध्यापक बनने के बाद बी.एन. कालेज का विभागाध्यक्ष होने पर वे फिर अपनी एक छात्रा पर मर-मिटे, तो नामवरजी उनसे फिर कुपित हो गए। एक ओर उन छात्र की 'ख्याति' फैल रही थी, पर कुलपति ने एक समिति की सिफारिश पर उन्हें सेवा से निलंबित कर दिया था, और दूसरी ओर नामवरजी के पटना आने पर वे पान के बीड़े लिये उनके पास जाते थे, लेकिन वे उनकी कोई नोटिस नहीं लेते थे।

उनकी विशालहृदयता और छात्र-वत्सलता का भी एक उदाहरण पेश करता हूँ। ऑनर्स में मेरे और एम.ए. में उनके एक छात्र ने एम.ए. में टॉप किया था। परीक्षा-फल निकलने के बाद उस छात्र ने सोचा कि मैं एम.फिल. भी जेएनयू से ही करूँ, सो उसने फेलोशिप के लिए आवेदन किया। फॉर्म पर उसे यह भी बतलाना था कि उसके परिवार की आय कितनी है। छात्र ने अपने परिवार की आय काफी कम करके दिखलाई, जिससे कि उसे फेलोशिप मिल

सके। उसे शायद पता न था कि विश्वविद्यालय पुलिस की मार्फत आवेदन करने वाले छात्रों के परिवार की आय मालूम करता है। पुलिस ने उस छात्र के घर पर जाकर पता लगाया, तो उसने जो उसके संबंध में बतलाया था, वह गलत साबित हुआ, क्योंकि उसके परिवार की आय कहीं ज्यादा थी। अब उस छात्र पर विश्वविद्यालय द्वारा कार्रवाई होनी थी। छात्र को जब यह बात मालूम हुई, तो काफी चिंतित होकर डरते हुए वह नामवरजी के पास पहुँचा। वह उनके सामने अपना पूरा मामला रखने ही वाला था कि उन्होंने हाथ उठाकर उसे मना किया और कहा—'मालूम है। कभी-कभी ऐसा हो जाता है!' अब वह छात्र निश्चिंत होकर लौटा और उसके विरुद्ध विश्वविद्यालय ने कुछ भी नहीं किया। आज वह नामवरजी का स्नेह-पात्र ही नहीं, प्रिय पात्र है, क्योंकि पटना विश्वविद्यालय में अध्यापक बनने के बाद उसके विरुद्ध फिर उन्हें कुछ सुनने को नहीं मिला। इस कारण उसके प्रति उनका स्नेह प्रतिदिन बढ़ता ही जा रहा है। ऐसी अनेकानेक घटनाएँ हैं, जो नामवरजी द्वारा किए गए ढेर सारे हिंदी के नए लेखकों पर उनके उपकार की कहानी कहती हैं। लेकिन उनमें से ज्यादातर लेखक ऐसे निकले, जिन्होंने उनकी लाचारी नहीं समझी और उनके मनोनुकूल उनसे कुछ नहीं हो सका, तो वे उन्हें गालियाँ देने लगे। अक्सरहा मुझे लगता है कि उनके हाथ में यश वाली रेखा नहीं है, इसलिए नए लेखकों ने उनके बड़े उपकार को भुला दिया है और उनके छोटे से छोटे अनुपकार को ही याद रखकर उनके विरुद्ध मोर्चा खोल दिया।

ऊपर की सारी बातें प्रसंगवश आ गई हैं, जिस तरह बाद में भी आती रहेंगी। मैं अब छूटा हुआ सूत्र पकड़ता हूँ और 1971 में आता हूँ। जब मैं नामवरजी को एम.ए. की कक्षा में व्याख्यान देने के लिए लिए जा रहा था, तो मैंने उन्हें 'आलोचना' के लिए अपना एक लेख (पं. मुकुटधर पांडे और 'छायावाद') दिया और उनसे पूछा कि क्या आप इसे 'आलोचना' में छापेंगे? उन्होंने कहा कि लाइए। उक्त पत्रिका के अगले अंक में ही उन्होंने वह लेख छाप दिया, जिसे देखकर स्वभावत: मुझे बहुत प्रसन्नता हुई। एक लंबे अंतराल के बाद मैंने 1975 में उन्हें एक लेख भेजा, तो उस पर उन्होंने मुझे एक पत्र लिखा : 'आपका निबंध 'राजनीति और समकालीन कविता' अभी-अभी मिला। इतने दिनों बाद अचानक आपका पत्र और लेख पाकर सचमुच खुशी हुई। फिलहाल सिर्फ लेख की पहुँच की सूचना भेज रहा हूँ। लेख पढ़ने के बाद आवश्यक हुआ तो आपको फिर पत्र लिखूँगा। वैसे, 'आलोचना' आपका यह निबंध छापकर गौरवान्वित ही होगी। इसलिए स्वीकृति के विषय में अतिरिक्त सूचना देने की आवश्यकता नहीं है। आप अपनी आलोचनावाली पुस्तक जल्द से जल्द पूरी कर लें। उसकी जरूरत है।' फिर 1976 में भी मैंने उन्हें एक लेख भेजा, जिसकी उन्होंने इतनी तारीफ की कि मैं सोते से जग पड़ा। दोपहर में आजकल मैं डेढ़ घंटे जरूर सोता हूँ। जब मैं विश्वविद्यालय की सेवा में था, तब भी छुट्टियों में दोपहर में नींद खींचना न भूलता था। एक दिन मैं सोया हुआ था कि मेरे सुपुत्र चिंतन ने मुझे एक अंतर्देशीय लाकर दिया। मैं तंद्रावस्था में ही उसे खोलकर पढ़ गया। मुझे आश्चर्यमिश्रित प्रसन्नता हुई, पर तभी मेरी नजर पत्र के अंत में पड़ी। नामवरजी का नाम देखकर मैं उछल पड़ा और फिर मेरी नींद गायब हो गई। उन्होंने उस अंतर्देशीय में लिखा था : 'आपका निबंध 'प्रगतिशील साहित्य और रूप की समस्या' मिला। आभार। आलोचना-38 में प्रकाशित होगा। यह अंक जुलाई के अंतिम सप्ताह तक निकल जाएगा। आपने एक अत्यंत जटिल विषय पर बड़े सुलझे हुए ढंग से विचार किया है। बधाई। 'आलोचना' के लिए इसी तरह कुछ और भेजिए। मैं भूल नहीं रहा हूँ तो आप हिंदी आलोचना—विशेषत: प्रगतिशील आलोचना पर एक

पुस्तक लिखने की योजना बना रहे थे। डा. रामविलास शर्मा पर आपके मौखिक विचार भी मैंने सुने थे। क्या आप 'आलोचना' के लिए कोई लेखमाला लिखने की योजना नहीं बना सकते? इस तरह एक व्यवस्थित कार्य हो जाएगा। आशा है, आप इस विषय पर सोचकर मुझे शीघ्र ही लिखेंगे।'

तत्पश्चात् मैंने उन्हें हिंदी आलोचनावाली अपनी लिखी जा रही पुस्तक का पहला लेख भेजा। उस पर उन्होंने मुझे जो कुछ लिखा, वह मेरे लिए हिंदी साहित्य के प्रवेश-पत्र की तरह था। ऊपर के पत्रों की तरह आप इस पत्र को भी देखें : ' 'हिंदी आलोचना का आरंभ' शीर्षक लेख मिल गया और मैंने पढ़ भी लिया। आपने सचमुच बहुत श्रम किया है। मूल स्रोतों के आधार पर आपने हिंदी आलोचना के आरंभिक काल का जो चित्र प्रस्तुत किया है, वह अभूतपूर्व है। आपके लेख से स्वयं मेरा ज्ञानवर्धन हुआ है। मुझे खुशी हुई कि आपने मेरा अनुरोध स्वीकार करके 'आलोचना' के लिए छह किस्तों की यह लेखमाला लिखना स्वीकार कर लिया। बस, अब आप इस पर जुट जाइए और जैसे-जैसे ये लेख पूरे होते जाएँ, उन्हें मेरे पास भेजते जाइए। यदि आप चाहेंगे तो अंत में राजकमल प्रकाशन से यह लेखमाला पुस्तकाकार भी प्रकाशित होगी। आप कहें तो मैं अभी से बात कर रखूँ। पहला लेख अक्तूबर-दिसंबर, '76 के अंक में प्रकाशित होगा जो छपकर अक्तूबर के पहले सप्ताह में आ जाएगा। उस अंक में आपके निर्देशानुसार लेखमाला की घोषण कर दी जाएगी। लेख के मुद्रण में आपके निर्देशानुसार ही भारतेंदुयुगीन वर्तनी सुरक्षित रहेगी। आप इस ओर से निश्चिंत रहें। अंत में एक बार फिर आपके निबंध के लिए हार्दिक बधाई। जुलाई-सितंबर, '76 की आलोचना छपकर तैयार है, वरना मैं उसे इसी में दे देता। ऐसे ही समय जी होता है कि 'आलोचना' को मासिक होना चाहिए।' उनके इस पत्र से एक ओर जहाँ मुझे अत्यधिक प्रसन्नता हुई, वहाँ दूसरी ओर मैं सोच में भी पड़ गया कि नामवरजी क्या इतना बढ़-चढ़कर प्रोत्साहन देते हैं?

जब आचार्य रामचंद्र शुक्ल वाला मेरा लेख देखकर उन्होंने मुझे असंतोष से भरकर पत्र लिखा, तब जाकर मेरी चिंता दूर हुई और मन को विश्वास हुआ कि उनकी प्रशंसा सही थी, क्योंकि वे आलोचना भी मुक्त भाव से करते हैं। इसे कहते हैं मार्ग-निर्देश, जो वे मुझे आलोचनात्मक लेखन के लिए दे रहे थे। बाद के लेख उन्होंने छापे, पर असंतुष्ट भाव से। दरअसल उस समय मुझमें इतनी परिपक्वता नहीं थी कि मैं उनकी नसीहत को समझकर आगे बढ़ सकूँ। युवा लेखन सम्मेलन में उन्होंने यह भी कहा था कि उद्धरण चुनने में भी एक सुरुचि होती है, एक क्रम होता है। लेकिन मेरे सिर पर डा. शर्मा सवार थे, सो हिंदी आलोचना पर लिखे गए मेरे सारे लेख उनके दृष्टिकोण से प्रेरित तो थे ही, उनमें उनकी तुलना में भी उद्धरण कुछ ज्यादा ही होते थे। मैं उद्धरणों को कम करना चाहता था, पर वह कला मुझे बहुत देर से आई और वह भी अंशत: ही। नामवरजी मेरे प्रत्येक लेख पर मुझे अपनी प्रतिक्रिया से अवगत कराते थे, जिसकी रोशनी में मैं आगे बढ़ना चाहता था, पर बढ़ नहीं पा रहा था। सही मार्ग मुझे तब मिला, जब मैंने पश्चिम के अन्य आलोचकों और नए मार्क्सवादी साहित्यिक सौंदर्यशास्त्रियों को पढ़ा। उस मार्ग पर भी मैं धीरे-धीरे ही आगे बढ़ सका, सरपट दौड़ना मेरे लिए संभव नहीं था।

आप आचार्य शुक्ल पर लिखा गया उनका पत्र भी देखना चाहेंगे, सो मैं उसे भी उद्धृत कर रहा हूँ : ' 'आपका आचार्य शुक्ल' वाला लेख यथासमय मिल गया था। खेद है कि मैं आपको तुरंत न लिख सका। आलोचना-41 की सामग्री प्रेस में देने के पहले लेखों का संपादन

आरंभ किया तो कल आपके लेख को ध्यान से आद्यंत पढ़ा। आप बुरा न मानें तो साफ बात कहूँ। इस लेख ने मुझे काफी निराश किया। आपने प्रायः शुक्लजी के विचारों को चुनकर विषयानुसार एक क्रम में सजाने का काम भर किया है। निस्संदेह चयन में आपके सूक्ष्म विवेक का परिचय मिलता है और संयोजन में आपकी बौद्धिक निपुणता निहित है। अपनी टिप्पणियाँ देने में आपने निश्चय लोभ का सँवरण किया है। 'बात बोलेगी, हम नहीं' वाली शैली निस्संदेह सराहनीय है। लेकिन बंधुवर, भारतेंदु-युग की समीक्षा के लिए यह पद्धति जितनी उपयोगी है, उतनी शुक्लजी तथा उनके बाद के आलोचकों के लिए नहीं। शुक्लजी के विचारों से लोग भली भाँति परिचित हैं। रही सही कमी डा. रामविलास शर्मा और डा. विश्वनाथ त्रिपाठी की पुस्तकों ने पूरी कर दी। ऐसी स्थिति में आपने उद्धरणों का ढेर लगाकर कोई उपयोगी कार्य नहीं किया। इसे तो आप भी स्वीकार करेंगे कि आपका यह निबंध बहुत कुछ डा. शर्मा की ही चिंतन-परंपरा में है—'एप्रोच' के मामले में। मुझे आपसे अपनी टिप्पणियों की अपेक्षा थी। मैं लगातार यही ढूँढ़ता रहा कि आपने अपनी मौलिक व्याख्या क्या दी। और मुझे स्वीकार करना पड़ रहा है कि मैं इस तलाश में निराश रहा।

'भविष्य के लिए एक अनुरोध है। कृपया 30-32 पृष्ठ तक ही एक किस्त को सीमित रखें तो अच्छा है। किस्तों की संख्या बढ़ जाए तो कोई बात नहीं। वैसे, यह भी आवश्यक नहीं कि 'आलोचना' में पूरी पुस्तक छपे। पुस्तक समाप्त हो गई हो तो पूरी पांडुलिपि भेज दें। उसे प्रेस में दे दिया जाएगा और पुस्तक प्रकाशित होने तक आलोचना में जितना आ सकेगा, आ जाएगा। मैंने आत्मीयतावश ही साफ-साफ लिखा है। आशा है, आप बुरा न मानेंगे और हतोत्साह तो बिल्कुल न होंगे।'

मेरे लाख कोशिश करने पर भी लेखों की लंबाई कम नहीं हो पा रही थी, इसलिए वे अब उन्हें संपादित करके छापने लगे। डा. शर्मा पर लिखा गया लेख उन्होंने बेमन से पूरा छापा और परवर्ती आलोचना पर लिखे गए लेख को तीन किस्तों में। उस लेख में मैंने तीन आलोचकों पर विचार किया था। अंतिम आलोचक स्वयं नामवरजी थे। उस पूरे लेख पर उनकी प्रतिक्रिया : 'आपका लेख जिस दिन आया, उसी रात एक साँस में पूरा पढ़ गया। अपने बारे में लिखे गए अंश के बारे में क्या कहूँ? अभी तक और किसी ने तो ऐसा लिखा नहीं, मैं स्वयं भी कोशिश करूँ तो शायद अपने मत को ऐसे सुसंगत रूप में न रख सकूँगा। रघुवंशजी के साथ आपने पूरा न्याय किया है। 'धरातल' के नए अंक में आपने डा. जगदीश गुप्त का लेख छापकर फिर उस पर जो टिप्पणी दी है, वह भी जोरदार है।' जब पूरी पुस्तक लेख-माला के रूप में 'आलोचना' में छप गई, तो राजकमल से उन्होंने उसे पुस्तकाकार प्रकाशित कराया। जब तक प्रकाशकों में मेरी पैठ नहीं बन गई, मैं अपनी पुस्तकों की पांडुलिपियाँ उपयुक्त प्रकाशक को दे देने के लिए उन्हें ही भेजा करता था या उन्हीं की सिफारिश से मैं प्रकाशक को पांडुलिपि भेज देता था। आज के आत्मवादी युग में कौन संपादक एक नौसिखुआ आलोचक को प्रकाश में लाने के लिए उनकी तरह उद्यम करता है?

मैंने उन्हें लिखा था कि मैं दिल्ली आनेवाला हूँ, सो वे बार-बार मुझे लिख रहे थे कि आपके दिल्ली आने का क्या हुआ? 1979 में एक दिन श्याम कश्यप के साथ सागर और भोपाल होते हुए मैं वहाँ पहुँच ही गया। कई दिन रुका। एक दिन शाम को उनके बैठके में मैं श्याम कश्यप के साथ बैठा हुआ था। वे सुरती मल रहे थे। मैंने उनसे पूछा—'आलोचना' की क्या स्थिति है? उन्होंने कहा कि अब आप आए हैं, तो आपसे बात होगी। पटना विश्वविद्यालय में हिंदी

विभागाध्यक्ष के लिए बिहार लोक सेवा आयोग में साक्षात्कार होनेवाला था। उस पद के लिए महत्त्वाकांक्षी एक अध्यापक अपनी सारी शक्ति लगाए हुए थे, जबकि मैं लिखने-पढ़नेवाले किसी और अध्यापक को उस पद पर देखना चाहता था। नामवरजी भी उसमें एक विशेषज्ञ थे, जिस कारण मैं उन्हीं पर भरोसा करके चल रहा था। अगले दिन शाम को जब मैं फिर श्याम कश्यप के साथ उनके डेरे पर पहुँचा, तो उन्होंने मेरे लिए यह दु:खद समाचार सुनाया कि वह साक्षात्कार टल गया है। मैं चिंतित हो उठा।

मेरी उसी अवस्था में नामवरजी ने मुझसे कहा कि आप आलोचना में सह-संपादक के रूप में काम करने का प्रस्ताव स्वीकार कर लीजिए। यह 1980 की बात है। मेरी योजना 'मुक्तिबोध : ज्ञान और संवेदना' नामक पुस्तक आरंभ करने की थी, पर उसे टालकर मैंने नामवरजी का आदेश स्वीकार कर लिया। उनसे कहा—आपको सहयोग देने की बात है, तो वह मैं जरूर करूँगा। मेरे लिए वह गौरवान्वित होने का अवसर होगा। वे उठकर तुरत अपने कमरे में गए और शीलाजी को मेरी स्वीकृति के बारे में बतलाकर फिर आ गए। कुछ देर बाद हम लोग चले, तो वे दरवाजे तक छोड़ने आए और मुझसे कहा कि कल आप राजकमल जाकर शीलाजी से मिलकर मानदेय तय कर लीजिएगा। मैंने उत्तर दिया—मैंने आपका आदेश शिरोधार्य किया, मानदेय आदि के संबंध में आप ही उनसे बात करके जो कर देंगे, उसे भी मैं मान लूँगा। फिर मैं और श्याम कश्यप बाहर चले आए। साक्षात्कार टल जाने से मैं इतना चिंतित था कि 'आलोचना' से संबंधित बात मैं भूल ही गया था। बाहर आने पर श्याम कश्यप ने मुझसे कहा—बधाई। मैंने पूछा कि किस बात के लिए बधाई दे रहे हो? उसने फिर कहा—अरे, आप 'आलोचना' के सह-संपादक हो गए!

आगे की कहानी सुनिए। अध्यक्ष-पद के उम्मीदवार अध्यापक यों बैठनेवाले न थे। रात के तीन बजे मुझे अचानक लगा कि हो न हो, उन्होंने ही तार भेजकर नामवरजी को सूचित किया है कि साक्षात्कार टल गया, जिसे वे विशेषज्ञ के रूप में न आ सकें। कई बार कई विश्वविद्यालयों में ऐसा हो चुका था। मैंने श्याम कश्यप को जगाया और तैयार होकर उसी समय नामवरजी के यहाँ पहुँचे। वे गहरी नींद में थे, सो कई बार घंटी बजाने पर भी नहीं ज़गे। हारकर हम लोगों ने रामदुलारे को जगाया, जो गैराज के ऊपर बने कमरे में सो रहा था। वह जेएनयू के हिंदी विभाग में चपरासी भी था और चूँकि नामवरजी अकेले रह रहे थे, सो उनका घर भी सँभालता था। उसे जगाने के बाद मैंने उससे नामवरजी को जगाने के लिए कहा। क्वार्टर के पीछे जाकर उसने उन्हें पुकारा, तो वे जग गए और दरवाजा खोलकर हम लोगों को अंदर बुला लिया। मुझसे पूछा—क्या बात है, नवलजी? मैंने उनसे निवेदन किया कि आपको साक्षात्कार टल जाने के संबंध में जो तार मिला है, वह कहीं फर्जी तो नहीं है? उस समय बिहार के राज्यपाल और पटना विश्वविद्यालय के कुलाधिपति किदवई साहब थे, जो उनके मित्र थे। उन्होंने मुझे उत्तर दिया—नहीं, मैंने देख लिया है, वह राज्यपाल का ही तार है। अब निश्चिंत होकर हम लोग लौटे। मुझे डर था कि अगले दिन शाम को उनसे मिलूँगा, तो वे मुझे जरूर डाँट पिलाएँगे। लेकिन डाँटने की बात तो दूर, मुझसे उन्होंने बड़े स्नेह से सिर्फ इतना पूछा कि उस समय क्या वक्त हो रहा होगा, नवलजी? मैंने कहा कि रात के चार बज रहे थे। बात आई-गई हो गई। अब उनके बैठके में बैठकर हम लोग 'आलोचना' के संबंध में बात करते रहे।

उन्होंने अपना यह साहसपूर्ण निर्णय सुनाया कि 'आलोचना' पिछड़ तो गई ही है, ढेर सारी नई पुस्तकें समीक्षार्थ पड़ी हैं। इस कारण हम लोग 'आलोचना' के कुछ अंकों में विभिन्न

विधाओं को लेकर, जैसे कविता, उपन्यास-कहानी और आलोचना, सिर्फ समीक्षा छापेंगे। उसके बाद मैं पटने लौट आया। स्टेशनरी और समीक्षार्थ पुस्तकें मुझे राजकमल की स्थानीय शाखा से मिल जाती थीं। मैं महत्त्वपूर्ण पुस्तकों का चयन करता था और उनके समीक्षकों की सूची नामवरजी से फिर मिलकर 'फाइनल' करा लेता था। फिर कविता वाली समीक्षाओं के अंक की सामग्री मैंने उन्हें भेजी, तो उन्होंने संपादन के लिए मेरी प्रशंसा की। जैसी कि मेरी आदत थी, मैं संपादन समीक्षाओं के कुछ अंशों को हटाकर और उनकी भाषागत अशुद्धियाँ दूर करके करता था। 'ध्वजभंग' में मेरे संपादन को देखकर मेरे एक सहयोगी प्रो. शिवबच्चन सिंह ने मुझसे कहा था—'आप महावीरप्रसाद द्विवेदी के बाप हैं।' लेकिन नामवरजी ने कभी मुझसे कुछ नहीं कहा और कहा भी तो संकेत से, जिसे मैंने तुरत ग्रहण किया। मेरे संपादन और लेखन के चलते जो भी प्रहार हुए, उसे वे स्वयं झेलते रहे। अब मुझे यह सोचकर बहुत दु:ख होता है कि मेरे चलते उन्हें क्या-क्या नहीं सुनना और सहना पड़ा।

नेमिचंद्र जैन और निर्मल वर्मा की नई पुस्तकों की समीक्षाएँ मैंने ही लिखी थीं। समीक्षाएँ पर्याप्त तर्कपूर्ण, लेकिन आक्रामक भी थीं। फलस्वरूप ये दोनों लेखक मुझसे नाराज हो गए। नेमिजी ने सीधे नामवरजी को फोन करके अपना क्षोभ प्रकट किया, लेकिन निर्मलजी ने फोन पर शीलाजी से कहा कि यह बात मेरी समझ में नहीं आती है कि राजकमल से प्रकाशित मेरी पुस्तकों की इतनी प्रतिकूल समीक्षा आपकी ही पत्रिका 'आलोचना' में निकलती है, तो आप मुझे छापना बंद क्यों नहीं कर देती हैं? एक नए लेखक अपनी पुस्तक की संपादित समीक्षा 'आलोचना' में देखकर आपे से बाहर हो गए और नामवरजी के आवास पर आकर उन्हें अमर्यादित भाषा में बहुत-कुछ सुना गए। ये वे लेखक थे, जो निराला की उक्ति 'लेखकों में लंठ जैसे खुशनसीब' को चरितार्थ करते थे। नामवरजी ने मुझे उपर्युक्त तीनों लेखकों की प्रतिक्रिया से परिचित कराया, पर मुझे कुछ भी करने से मना नहीं किया। पता नहीं उनमें यह सहनशीलता कहाँ से आई है? लेकिन मुझे उनकी बातों से जो ग्रहण करना था, यथासंभव उसे ग्रहण किया। एक बार वे पटना आए, तो हवाई अड्डे के निकट ही विधान सभा के सदस्य और अपने रिश्तेदार प्रभुनाथ सिंह के क्वार्टर में ठहरे। चूँकि उन्होंने मुझे शाम को मिलने के लिए बुला रखा था, इसलिए मैं ठीक समय पर वहाँ पहुँचा। प्रभुनाथ सिंह का बैठका राजनीतिक व्यक्तियों से भरा था, इसलिए मुझे देखते ही वे बाहर आ गए और सड़क पर खड़े होकर ही मुझसे बहुत सारी बातें कीं। उन्हीं के बीच प्रसंगवश बहुत कोमल स्वर में उन्होंने मुझसे कहा कि आप तो लेखों में काट-छाँट करने का भी साहस करते हैं, लेकिन मैं तो सिर्फ व्याकरण की भूलें दुरुस्त करके छोड़ देता हूँ। उनका इतना संकेत मेरे लिए पर्याप्त था, सो उसके बाद मैं भी उन्हीं की तरह 'आलोचना' के लिए आए लेखों में सिर्फ व्याकरण की भूलें ठीक करके ही संपादन-कर्म को संपन्न मानने लगा।

नामवरजी से मैंने संपादन-कला भी सीखी। मैं छपने योग्य सारे लेख उनके पास ले जाता था और वे देखते-देखते उनमें ऐसा क्रम लगा देते थे कि अंक का पूरा स्वरूप उभर आता था। इतना ही नहीं, वे तमाम लेखों को एक बार इस दृष्टि से भी देखते थे कि कहीं किन्हीं ने उन्हें उद्धृत तो नहीं किया है। ऐसे स्थलों को वे काट देते थे और जो स्थल उनकी आलोचना में लिखे जाते थे, उन्हें वे रहने देते थे। उन्होंने नियम बना रखा था कि 'आलोचना' में किसी संपादक की किसी पुस्तक की समीक्षा नहीं छपेगी। दूसरी तरफ ऐसे जनवादी लेखक थे, जो उनसे अपने ऊपर विस्तृत टिप्पणी लिखवाकर बड़ी निर्लज्जता से अपनी पत्रिका में छापते थे! उन दिनों

वे बहुत सक्रिय थे और उन्हें सिर्फ एक सहायक की जरूरत थी, जिसके लिए उन्होंने मुझ पर भरोसा किया। यही समझिए कि कुछ लेखों को जुटाने के लिए मैं उन्हें लिखता था और वे वह काम बड़ी मुस्तैदी से करते थे। इसका एक ही प्रमाण उनके पत्रों से मैं उद्धृत कर रहा हूँ : 'इस अंक के लिए मेरे जिम्मे जो काम आपने बताए हैं, करूँगा। नागरजी, मुंशी, नागार्जुन, त्रिलोचन और शमशेर से लेख आदि लेने की जिम्मेवारी मेरी। केदारनाथ अग्रवाल से लेख आप प्राप्त करेंगे। केदार बाबू से पूछिए कि वे कोई कविता भी लिखना चाहेंगे? अच्छी रहेगी। चंद्रबली सिंह की कोई खबर मुझे भी नहीं है। उनसे लेख लेना मेरे वश का नहीं। फिर भी कोशिश करूँगा। आप भी कोशिश करते रहिए।' एक बार जेएनयू में आचार्य रामचंद्र शुक्ल पर संगोष्ठी थी। उसमें मैंने 'राजनीतिक आंदोलन और आचार्य शुक्ल' शीर्षक आलेख का पाठ किया था, साथ-साथ 'आलोचना' के आगामी अंक की भी उनसे मिलकर योजना बनाई थी। मैं 'आलोचना' के काम से जब दिल्ली जाता था, तो राजकमल मुझे आने-जाने का फर्स्ट क्लास का किराया दिया करता था। नामवरजी के डेरे से चलते समय दरवाजे पर मैंने उनसे पूछा—इस बार राजकमल मुझे किराया देगा, तो मैं लूँगा या नहीं? उन्होंने कहा कि इस बार आप हमारी संगोष्ठी में आए हैं, इसलिए आप किराया न लें। मेरा खयाल है कि मैंने उनसे यह पूछा, उससे भीतर ही भीतर वे जरूर आश्वस्त हुए होंगे।

उन्हें मेरे विरोध में बहुत सारे लेखक बहुत-कुछ कहते थे, पर उन पर जैसे उसका कोई असर नहीं होता था, क्योंकि वे मेरी समीक्षाओं और लेखों की लगातार प्रशंसा करते रहे। इस संबंध में मैं आपको उनके पत्रों से कुछ उद्धरण देना चाहता हूँ, जो वस्तुतः उनके स्नेह-वत्सल व्यक्तित्व पर प्रकाश डालते हैं : ' 'कंक' पर आपकी समीक्षा बहुत अच्छी है', 'आपकी (आगरे की) डायरी के बाद अब डा. शर्मा से इंटरव्यू लेने की जरूरत नहीं रह गई है', 'आपकी मुक्तिबोधवाली पुस्तक की प्रतीक्षा में हूँ। उस पर बहुत-सी आशाएँ टिकी हैं', 'मुक्तिबोध की विश्वदृष्टि' शीर्षक लेख मिला। तुरंत पढ़ गया। इससे निश्चय ही मुक्तिबोध की विश्वदृष्टि संबंधी उलझनें दूर होंगी—खास तौर से मार्क्सवाद से उनके रिश्ते को लेकर। मुक्तिबोध के उद्धरण आपने बहुत सटीक चुने हैं', 'बधाई देना चाहता हूँ मुक्तिबोध की राजनीतिक कविताओं पर आपके महत्त्वपूर्ण लेख के लिए। दस्तावेज-40 मिलते ही एक साँस में आपका लेख पढ़ गया। बहुत अच्छा लगा। मुक्तिबोध की राजनीतिक कविताओं पर इतना मुकम्मल लेख अभी तक नहीं लिखा गया है। आपने प्रसंगवश अनेक आरोपों का खंडन भी कर दिया है, जिसकी जरूरत थी। ऐसी अनेक कविताओं की ओर आपने ध्यान आकृष्ट किया है, जिनकी ओर मेरा ध्यान भी न गया था', ' 'मार्क्सवादी आलोचना और अवसरवाद' पढ़ने को न मिलता तो आपकी एक सार्थक आलोचना से वंचित रह जाता', 'रघुवीर सहाय की कविताओं वाला लेख मिला गया था। पढ़ भी डाला। बहुत अच्छा है', आदि।

पटना आने पर उनका मेरे घर आना और भोजन करना होता ही रहता था। इस कारण मुझे लिखे गए प्रायः अपने सभी पत्रों में वे मेरे स्वास्थ्य और परिवार के प्रति अपना स्नेह प्रकट करते रहे, जो पूर्णतः अनौपचारिक होता था। पूर्वा ने उनके एक लेख का संस्कृत में अनुवाद किया था। उनके कहने पर वह अनुवाद मैंने उन्हें भेज दिया। उन्होंने अपने अगले पत्र में मुझे लिखा : 'पूर्वा बिटिया को इतनी सुंदर संस्कृत के लिए बधाई दीजिएगा मेरी ओर से।' फिर वे पूर्वा को अपना स्नेह देना कभी न भूले। इसी बीच प्रोन्नति पाकर मैं विधिवत् प्रोफेसर हो गया था, जिसकी मैंने उन्हें सूचना दी थी, जिसके उत्तर में उन्होंने लिखा : 'बधाई। वैसे मेरे

लिए तो आप पहले भी प्रोफेसर ही थे।' 'आलोचना' के आचार्य द्विवेदी विशेषांक के लिए मैंने उन्हें 'आचार्य द्विवेदी और प्रगतिवाद' शीर्षक लेख भेजा था। उन्होंने पुनः मेरी प्रशंसा करते हुए लिखा : 'आपका लेख मिल गया और उसे मैं पढ़ भी गया। प्रगतिवाद के साथ द्विवेदीजी के संबंध पर विचार करने का निर्णय बहुत समयोचित और आवश्यक है। यह प्रश्न विवादास्पद भी रहा है। आपने ठोस प्रमाणों और अकाट्य युक्तियों के आधार पर ऐसा निबंध प्रस्तुत किया है कि संदेहवादियों का मुँह बंद हो जाएगा। आपके लेख से 'आलोचना' के द्विवेदी-अंक में एक बड़े अभाव की पूर्ति होगी। क्या अब भी यह कहने की आवश्यकता रह जाती है कि आपका लेख बहुत अच्छा लगा है?' मेरी जगह कोई अन्य युवा लेखक होता, तो उनकी प्रशंसाओं से 'विचलित' हो जाता और उसका लिखना-पढ़ना छूट जाता। ऐसी कई दुर्घटनाएँ मैं देख चुका हूँ। लेकिन चूँकि मैं जानता था कि उनकी प्रशंसा में स्नेहपूर्ण प्रोत्साहन और आशीर्वाद दोनों मिले हुए हैं, इस कारण मैं 'विचलित' न हुआ और अपने प्रति दृढ़ और आत्मालोचना का भाव रखने के कारण लिखने में और सावधानी बरतने लगा, जिससे कि मैं जो भी लिखूँ, उन्हें पसंद आए। हाँ, इतना जरूर हुआ कि उनकी प्रतिक्रियाओं से मेरा आत्मविश्वास बढ़ा, पर उसने कभी सीमा नहीं पार की।

एक बार की बात है। खगेंद्रजी के आमंत्रण पर वे पटना आए और उन्हीं के आवास पर ठहरे। उन्हें लेने के लिए मैं भी स्टेशन गया। वे डिब्बे से उतरे, तो मुझे कुछ अस्वस्थ मालूम पड़े। मैंने उनसे पूछा—डाक्टर साहब, आप ठीक तो हैं? उन्होंने वही उत्तर दिया, जो मेरे फोन करने पर आज भी मुझे देते हैं—मैं ठीक हूँ। जहाँ तक मुझे याद है, खगेंद्रजी उसी दिन उन्हें लेकर निकल पड़े और दो दिनों तक पता नहीं कहाँ-कहाँ घुमाकर संभवतः तीसरे दिन वे उन्हें लेकर पटना लौटे। शाम को जब मैं उनसे मिलने गया, तो वे खगेंद्रजी के यहाँ बैठे हुए थे—थकान से चूर और दुःख तथा क्रोध से भरे हुए। मैंने उनसे निवेदन किया—आप बहुत थके हुए लग रहे हैं। आप राष्ट्रीय संपत्ति हैं, इसलिए आपको थका हुआ देखकर भी मैं चिंतित हो जाता हूँ। खगेंद्रजी को लक्ष्य कर उन्होंने कहा—मैं तो उनकी संपत्ति हूँ! उनके इस कथन से उनकी थकान, उनका दुःख और उनका आक्रोश तीनों प्रकट हो रहे थे, साथ-साथ यह बात भी कि उन्हें तो मुझे सहेजकर रखना चाहिए! इससे ज्यादा उन्होंने कुछ नहीं कहा और इतना भी उन्होंने इसलिए कहा कि उस समय वहाँ खगेंद्रजी मौजूद नहीं थे। लेकिन दिल्ली लौटकर उन्होंने सारी बातें केदारजी को बतलाईं। क्या संयोग कि उसके चार-छः दिनों बाद ही मैं दिल्ली पहुँचा, तो केदारजी ने मुझे उलाहना दिया—आप लोग नामवरजी के स्वास्थ्य की कोई परवाह नहीं करते। वे पटने से बहुत टूटकर लौटे हैं। खगेंद्रजी का उनके साथ इस तरह पेश आना उचित नहीं था। थोड़ी देर चुप रहने के बाद मैंने उन्हें उत्तर दिया—इसमें व्यक्तिगत रूप से मेरा कोई हाथ नहीं है। मुझे तो यह भी नहीं मालूम है कि वे अस्वस्थावस्था में उन्हें कहाँ-कहाँ ले जाकर उनसे कितने व्याख्यान कराए।

कुछ वर्षों के बाद नामवरजी लंगट सिंह कालेज, मुजफ्फरपुर पुनश्चर्या-पाठ्यक्रम में भाग लेने के लिए आए। खगेंद्रजी को उनका कार्यक्रम मालूम था, सो उन्होंने प्रगतिशील लेखक संघ की ओर से उनके एक व्याख्यान का आयोजन कर रखा था। नामवरजी उनके आग्रह पर व्याख्यान देने चले गए। वहाँ जाने पर खगेंद्रजी ने उनसे कहा—आप प्रो. रेवती रमण की इस पुस्तक का लोकार्पण भी कर दीजिए। उन्होंने कहा—मुझे इसकी कोई पूर्वसूचना नहीं है, मेरी स्वीकृति की बात तो दूर रहे, इस कारण मैं लोकार्पण नहीं करूँगा। खगेंद्रजी ने उनसे कहा—कार्ड

छप चुका है। लेकिन उसका उन पर कोई असर नहीं हुआ। व्याख्यान देकर वे डा. महेंद्र मधुकर के साथ कार से पटना के लिए निकल गए। मुझको भी यह सूचना थी कि वे शाम तक मौर्या होटल पहुँचेंगे। स्वभावत: मैं वहाँ पहले से मौजूद था। उनकी कार आई और मधुकरजी के साथ वे होटल में प्रविष्ट हुए। मुझे देखते ही उन्होंने खगेंद्रजी की पूरी कहानी सुना दी। उनकी कार्ड छप जानेवाली बात पर उन्होंने मुझसे कहा—'जाने न जाने गुल ही न जाने बाग़ तो सारा जाने है'। मैं चुपचाप उनकी बातें सुनता हुआ खगेंद्रजी के व्यवहार पर मन ही मन कुढ़ता रहा, लेकिन नामवरजी द्वारा आत्मसम्मान की रक्षा करने पर प्रसन्न भी हुआ।

दिल्ली की ही बात है। नामवरजी के एक छात्र ने उन्हीं के निर्देशन में रघुवीर सहाय की कविता पर डी. फिल्. किया था और उन्हीं को समर्पित करते हुए उसे पुस्तक रूप में भी प्रकाशित कराया था। उसने अपने प्रबंध की एक प्रति नामवरजी से पहले जेएनयू के एक दूसरे अध्यापक को यह लिखकर दी कि यदि यह शोध कार्य आपके निर्देशन में संपन्न हुआ होता, तो इसमें जो त्रुटियाँ हैं, वे न रहतीं। इसे भी एक संयोग ही कहेंगे कि उन अध्यापक को खोजते हुए केदारजी उनके यहाँ पहुँचे, तो वे तो उन्हें नहीं मिले, लेकिन उनके बिस्तर पर रखा हुआ उक्त प्रबंध वे, घर की महिला को कहकर, देखने के लिए अपने साथ ले आए। अपने डेरे पर पहुँचकर उन्होंने 'निर्देशन और त्रुटियाँ' वाली बात देखी, तो हैरान रह गए। यह एक और संयोग था कि तुरत नामवरजी उनके यहाँ पहुँचे। उनके बैठते ही उन्होंने वह पुस्तक उन्हें दिखला दी। वे 'निर्देशन और त्रुटियाँ' पर बहुत कुपित हुए। मुझे यह पूरी घटना मालूम हो चुकी थी। मैं शाम को नामवरजी के यहाँ गया, तो वे भोजन कर रहे थे। स्वभावत: अपने शोध-छात्र के व्यवहार से बहुत गुस्से में थे। मैं जाकर उनके बैठके में बैठा, तो उन्होंने मुझसे कहा—वे छात्र आते हैं, तो मैं उनसे पूछूँगा कि उन्होंने किससे पूछकर यह पुस्तक मुझे समर्पित की।

अब आगे की बात सुनिए। डा. नगेंद्र ने यह व्रत ले रखा था कि मैं जेएनयू के छात्र को किसी विश्वविद्यालय में अध्यापक नहीं बनने दूँगा, क्योंकि वहाँ हिंदी साहित्य की नहीं, मार्क्सवाद की पढ़ाई होती है। उनके साथ विभिन्न विश्वविद्यालयों के अध्यक्षों का एक गिरोह भी था, जो उनसे पूछकर ही चलता था। इस कारण अपने छात्रों को अध्यापक बनाने के लिए नामवरजी को विशेषज्ञ के रूप में बहुत दौड़ना पड़ता था और अपने निश्चय और कौशल से अपने छात्र की नियुक्ति भी वे करा लेते थे। एक बार उन्होंने मुझे सूचना भिजवाई कि मैं सुबह की पहली उड़ान से पटना पहुँच रहा हूँ, आप हवाई अड्डे पर कोई वाहन लेकर आएँ, क्योंकि उनके साथ अलीगढ़ विश्वविद्यालय के एक और विशेषज्ञ भी होंगे। एक अध्यापक की सहायता से मुझे एक जीप मिल गई और उसे लेकर ठीक समय पर मैं हवाई अड्डे पहुँच गया। वे हवाई जहाज से उतरे और सीधे बाहर आने लगे। उनकी मुलाकात मुझसे हुई। मुझे यह भी पता था कि वे किस छात्र की अध्यापक के रूप में नियुक्ति के लिए आ रहे हैं। मैंने मिलते ही उनसे कहा—आप उसी बदमाश की नियुक्ति के लिए आए हैं! उन्होंने अपने हाथ से मुझे सिर्फ आगे बढ़ने का इशारा किया और हम तीनों आदमी बाहर आकर जीप पर सवार हो गए।

उस दिन बिहार बंद था। नामवरजी बेली रोड से ही देखते हुए आ रहे थे कि सारी दुकानें बंद हैं और शहर में सन्नाटा है। जब वे फ्रेजर रोड से होते हुए रेडियो स्टेशन के समीप पहुँचे तो बोले—अगले सप्ताह 'दिनमान' में बिहार बंद पर रघुवीर सहाय का संपादकीय पढ़ लीजिएगा। आपको पता ही नहीं चलेगा कि बंद था या नहीं। यह रघुवीर सहाय के उलझे हुए गद्य पर उनकी सटीक टिप्पणी थी। उनकी छात्र-वत्सलता और क्षमाशीलता को तो मैं देख

ही चुका था, उनकी गद्य की अचूक पहचान का भी एक बार फिर से कायल हो गया। इस तरह हम तीनों अपने आवास रानीघाट पहुँचे और चूँकि भोजन पहले से तैयार था, सो भोजन करके तुरत स्टीमर पकड़ने के लिए महेंद्रू घाट को रवाना हो गए। मैं जहाज पर उन्हें बैठाकर उनसे बातें करने लगा, तो जहाज खुल गया। उन्होंने मुझसे कहा—चलिए, सोनपुर से लौट आइएगा। मैंने रास्ते में उनसे कहा—आप कल लौटकर आएँ, तो पटने में समकालीन हिंदी कविता पर एक व्याख्यान भी दें। वे सहर्ष तैयार हो गए, लेकिन जब हम लोग सोनपुर प्लेटफार्म पर खड़े थे, तो मैंने देखा कि वे कुछ गंभीर हैं। उन्होंने कहा कि व्याख्यान 'आधुनिक हिंदी आलोचना' पर रखिए। मुझको इस पर क्या आपत्ति हो सकती थी?

पटने आकर मैंने सभी अखबारों में उनके व्याख्यान के संबंध में समाचार दे दिया। अगले दिन 'इंडियन नेशन' और 'आर्यावर्त' में वह छप भी गया। इतना काफी था, क्योंकि सूचना-मात्र पर लोग उनके व्याख्यान सुनने पहुँच जाते थे और हॉल भर जाता था। यह व्याख्यान मैंने बिहार इंडस्ट्रीज एसोसिएशन के हॉल में रखा था। बिहार विश्वविद्यालय में ऐसा हुआ कि साक्षात्कार टल गया। वहाँ के अध्यापक हड़ताल पर थे और नहीं चाहते थे कि इस स्थिति में उसका कोई कार्य संपन्न हो। उन्होंने उनसे अनुरोध किया कि आप साक्षात्कार वाली बैठक में न शामिल हों। वे चूँकि आंदोलनों के हमदर्द रहे हैं, इसलिए लौट गए और दूसरे दिन शाम को रिक्शे से मेरे आवास पर पहुँचे। वहाँ चाय पी और मेरे साथ उक्त हॉल को चल दिये। उन्होंने अपना व्याख्यान देने के पहले यह मार्मिक वाक्य कहा—मैं व्याख्यान देने न आता, तो ये क्षण मेरे आराम के क्षण होते। फिर उन्होंने अपना व्याख्यान शुरू कर दिया। व्याख्यान के बाद हम लोग अपने आवास पर रानीघाट पहुँचे। साथ में प्रभुनाथ सिंह सहित ढेर सारे लोग थे। नामवरजी ने कहा—एक बात कहना तो मैं भूल ही गया कि जिसको पढ़ने का मन न करे, वह आलोचना नहीं है। उनकी आलोचना की भाषा में जो सरलता है, वह उनके लिए एक भारी मूल्य है। श्रीकांत वर्मा ने उन्हें एक पत्र में लिखा था कि आपकी सरलता से डर लगता है। तात्पर्य यह कि उसके नीचे अकूत गहराई छिपी होती है।

मुझे दिनकरजी की पंक्तियाँ याद आईं जिनमें उन्होंने नीत्शे के एक कथन को छंदोबद्ध किया है :

सच्चाई की पहचान कि पानी साफ रहे,
जो भी चाहे ले परख जलाशय के तल को।
गहराई का वे भेद छिपाया करते हैं,
जो जान-बूझ गँदला करते अपने जल को।

चूँकि चाय आने में कुछ देर हुई, इसलिए लोग जमकर गप करते रहे। मच्छड़ बहुत ज्यादा थे और 'ऑल आउट' उस समय तक निकला नहीं था, सो नामवरजी ने स्वयं उठकर बैठके की पूरबवाली खिड़की बंद कर दी या किसी और से करवा दी। चाय पीकर लोग वापस हुए। नामवरजी को मैंने ऊपर के एक कमरे में ठहराया और यथासंभव उनकी सुविधा का खयाल रखा। सवेरे उठकर वे मेरी छत पर टहल रहे थे। मुझे देखकर उन्होंने पूछा—लालधुआँ का क्या हाल है? मैंने कहा—आप उन्हें भी जानते हैं? वे बोले—हाँ-हाँ, वे बनारस में बहुत दिनों तक रहे हैं। वे टहलते रहे और मैं नीचे चला गया। लौटकर फिर ऊपर आया, तो इस बार विस्मय के भाव से मुझसे पूछा—नवलजी, छविनाथ पांडेय अभी जीवित हैं? मैंने कहा—वे जीवित ही नहीं हैं, अगले अनेक वर्षों तक जीवित रहेंगे। तत्पश्चात् दाढ़ी बनाकर, स्नान करके और भोजन

करके दिल्ली जाने के लिए हवाई जहाज पकड़ने वे रिक्शे से ही हवाई अड्डे चल दिए। उनके साथ मैं तो था ही, पिछले रिक्शे से तरुणजी भी थे। इस तरह से हम लोग गंतव्य तक पहुँचे। ऐसा ही एक अवसर था, जबकि मैं और तरुणजी उन्हें छोड़ने हवाई अड्डे गए थे और लाउंज में बैठकर हम तीनों गप कर रहे थे। उन्होंने मुझसे पूछा—आप क्यों आ गए? मैंने कहा—मुझे तरुणजी ले आए हैं। वे बोले—अब कौन किसको लाता है, मैं क्या कहूँ! बाद में तरुणजी ने मुझे समझाया कि उनके वैसा कहने का क्या मतलब था। उनके अनुसार वे खूब जानते थे कि आपको मैं नहीं लाया, बल्कि आप मुझे लाए हैं। हवाई जहाज आने के बाद वे उसमें बैठने के पहले की जाँच कराकर उसमें अपनी जगह पर बैठ चुके थे। उक्त बात तरुणजी ने लौटते समय मुझे रास्ते में बतलाई थी। मैंने व्रत ले रखा था कि वे किसी के भी बुलाने पर पटना क्यों न आएँ, उन्हें छोड़ने मैं हवाई अड्डे अवश्य जाऊँगा। उसमें तरुणजी ने प्राय: मेरा साथ दिया।

तरुणजी को विश्वास था कि वे उनका स्नेहपूर्ण विश्वास जरूर प्राप्त कर लेंगे। एक बार पुस्तक-मेलेवालों ने उन्हें बुला रखा था और एक होटल में उन्हें ठहराया था। पुस्तक-मेले में उन्होंने तरुणजी के निबंध-संग्रह 'दृश्य-परिदृश्य' का लोकार्पण किया। उसी समय मेरी एक पुस्तक भी आई थी—'मुक्तिबोध की कविताएँ : बिंब-प्रतिबिंब'। मुझे भी लोभ हुआ कि मैं उनसे अपनी पुस्तक का भी लोकार्पण करा लूँ। कारण यह कि कविताएँ मुक्तिबोध की थीं, पुस्तक शमशेरजी को समर्पित थी, जो 'चाँद का मुँह टेढ़ा है' की भूमिका से मुक्तिबोध को हिंदी कविता में स्थापित करनेवाले थे और उपस्थिति नामवरजी की थी, जो उन्हें विशिष्ट कवि के रूप में प्रस्तुत करनेवाले प्रथम आलोचक थे, शमशेरजी से बहुत पहले। मुझे यह दुर्लभ संयोग प्रतीत हुआ। मैंने नामवरजी से अपनी पुस्तक के लोकार्पण के लिए भी अनुरोध किया, तो वे सहर्ष तैयार हो गए। लेकिन दिन में अन्यत्र व्याख्यान देकर वे इतने थक गए थे कि ज्यादा नहीं बोले। तरुणजी की पुस्तक पर यह कहा कि इससे मुझे अपने शिष्य से पराजित होने का गर्व हुआ है और मेरी पुस्तक के बारे में यह कि इससे मुझे अपने मित्र से पराजित होने का सुख मिला है। बोलकर बैठे, मेरी ही बगल में, तो मैंने उनसे कहा—अब आपके हृदय को वात्सल्य आच्छादित करता जा रहा है। मेरी इस बात पर मेरी तरफ देखकर वे बहुत करुण मुस्कुराहट मुस्कुराए, जिसका अर्थ यह था कि आप इस बात को समझते हैं, पर और लोग नहीं समझते! लेकिन अपने लोकार्पण-भाषण में उन्होंने सबसे महत्त्वपूर्ण बात यह कही थी कि आलोचक बनने का उनका कतई इरादा नहीं था। उनके एक मित्र और वे दोनों 'बुकवर्म' बनना चाहते थे। निश्चय ही, 'बुकवर्म' तो वे बन गए, क्योंकि पढ़ने को उन्होंने लिखने पर हमेशा तरजीह दी। उनके भाषणों को भी उनकी पढ़ाई का ही 'एक्सटेंशन' समझना चाहिए, क्योंकि भाषणों के लिए उन्होंने विभिन्न पुस्तकालयों में जाकर इतने खोजपूर्ण अध्ययन से नोट्स तैयार किए कि उनके भाषणों से अभी तक आठ-दस जिल्दें बन चुकी हैं और अभी और बनेंगी। तरुणजी ने उन पुस्तकों को देखकर कहा—उनमें ऐसा विस्तार और गहराई है कि मुँह से बरबस निकल पड़ता है, जो 'न भारते तन्न भारते'। साहित्य से संबंधित शायद ही किसी विषय को उन्होंने छोड़ा है। पढ़ते हुए भी उन्होंने सात-आठ पुस्तकें आलोचना की लिखीं। आचार्य द्विवेदी द्वारा कबीर के संबंध में कही गई यह बात दुहराई जा सकती है कि वे उनके अध्ययन-मनन का 'बाइप्रोडक्ट' यानी 'फोकट का माल' हैं! ऐसे लेखन में, जो अपने वैदुष्य की धाक जमाने के लिए नहीं किया गया, स्पृहणीय सरलता और पारदर्शिता का होना लाजमी है। एक बार शीलाजी से नामवरजी के संबंध में बात हो रही थी। उन्होंने चिंतनशील मुद्रा में कहा—काश,

नामवरजी की पढ़ने की आदत कुछ कम हो जाती! उनका तात्पर्य यह था कि वे कुछ कम पढ़ते, तो ज्यादा लिखते।

अब तरुणजी की बात। नामवरजी होटल लौटकर उनकी पुस्तक के काफी लेख पढ़ गए। सवेरे उनकी सेवा में वे पहुँचे, तो उन्होंने कहा—तरुणजी, मेरे सबसे योग्य शिष्य आप ही निकले। तरुणजी ने उनसे निवेदन किया—मैंने तो आपने जो पढ़ाया है, उसी के सहारे कुछ लिखा है। इसमें मेरा श्रेय क्या है? नामवरजी ने उनसे कहा—पढ़ाया तो मैंने बहुतों को है, लेकिन उनमें से कितनों ने आपकी तरह लिखा? अब तरुणजी की पढ़ने की आदत देखकर मुझे भी लगने लगा है कि अपने गुरुदेव की तरह ही वे भी कहीं अपनी सारी शक्ति पढ़ने और व्याख्यान देने में न लगा दें। क्योंकि नामवरजी ने 'कसौटी' के अंकों में तरुणजी का लेख देखकर मुझसे कहा था—आप तरुणजी से लिखवाकर बहुत अच्छा करते हैं। मैंने उत्तर दिया—डाक्टर साहब, इनसे लिखवाने के लिए मुझे बहुत परिश्रम करना पड़ता है! मैं सोचता हूँ कि लिखने के लिए जब उनके सिर पर सवार होनेवाला कोई नहीं रहेगा, तो वे तो 'मसि-कागद' छुएँगे ही नहीं। शिष्य होने से मेरी बात तो वे नहीं उठाते, देर-सवेर जो कहता हूँ, लिख ही देते हैं, पर मेरे बाद क्या होगा? खैर, नामवरजी का स्नेहपूर्ण विश्वास प्राप्त कर उन्होंने अपने विश्वास को चरितार्थ किया, इससे मुझे बहुत खुशी हुई।

'रुद्र समग्र' के लोकार्पण समारोह में नामवरजी और केदारजी दोनों ही पटना आए थे। दूसरे दिन शाम को मैं और तरुणजी उन्हें छोड़ने के लिए पटना जंक्शन गए, तो देखा कि ट्रेन आ चुकी है और प्रथम श्रेणी के डिब्बे में आमने-सामने वाले बर्थ पर दोनों अपनी जगह ले चुके हैं। वहाँ पहुँचकर मैंने पाया कि कुछ यशःप्रार्थी कवि केदारजी को घेरे हुए हैं। उन्होंने उन कवियों से कहा—आप लोग मुझे क्यों घेरे हुए हैं? आप नामवरजी को घेरिए, क्योंकि साहित्य का इतिहास तो वही लिखेंगे। अब कवि-गण उनकी ओर उन्मुख हुए। उन्होंने उन्हें यह जवाब दिया कि इतिहास तो मैं लिखूँगा, लेकिन सूची तो केदारजी ही देंगे! यह दोनों में चलनेवाली नोक-झोंक थी, जिसे देखकर मैं और तरुणजी बहुत आनंदित हुए । पता नहीं उन दोनों के बीच ऐसी नोक-झोंक बराबर चलती थी, या पटने से दिल्ली जानेवाली ट्रेन में वह एक बार ही हुई, जिसके साक्षी बनने का सौभाग्य मुझे और तरुणजी को मिला था। विभिन्न अवसरों पर नामवरजी बहुत सटीक उक्तियाँ उद्धृत करते हैं। एक बार मैंने श्याम कश्यप से कहा—यार, तुम पंजाबी हो और पंजाब का प्रिय 'डिश' है मक्के की रोटी और सरसों का साग। एक दिन मुझे वह खिलाओ। उसने कहा—गुरुजी यानी नामवरजी और केदारजी को भी बुला लेता हूँ। मैंने कहा कि तब तो मजा आ जाएगा। दूसरे दिन वह सवेरे ही दोनों को न्योत आया। नामवरजी तो समय के भारी पाबंद हैं, सो ठीक समय पर अपने क्वार्टर से तेजी से पैदल चलते हुए ही आ गए, पर केदारजी शहर में निकले हुए थे, जिस कारण उनका कोई पता नहीं था। वे तब तक श्याम कश्यप की पुस्तकें देखते रहे। फिर बोले—पुस्तकों पर बहुत खर्च करते हो, भाई! एक बार बातचीत में वे उसका इतिहास-ज्ञान देख चुके थे। डा. शर्मा तो कम्युनिस्ट आंदोलन के बारे में बराबर पत्र लिखकर उससे सही सूचनाएँ मँगाया करते थे। केदारजी को देर होते देखकर हम लोगों को अटपटा लगा, तो उनके 'अकेलेपन' को लक्ष्य कर नामवरजी ने ये पंक्तियाँ कहीं—'मुझसे मिलने को कौन विकल?/मैं होऊँ किसके हित चंचल?/यह प्रश्न शिथिल करता पद को, भरता उर में विह्वलता है!' पाठक समझ गए होंगे कि उद्धृत पंक्तियाँ 'निशा-निमंत्रण' (बच्चन) की पंक्तियाँ हैं। थोड़ी देर से ही सही, पर केदारजी आ गए। अब गीताजी ने गरम-गरम

रोटियाँ सेंकनी शुरू कीं। साग उन्होंने पहले से बना रखा था। मैंने देखा कि मक्के का आटा गेहूँ के आटे की तरह मुलायम है, जिससे बनी रोटी वे तवे पर रखकर गेहूँ की रोटी की तरह फुला रही हैं और उसका आकार भी हमारी तरफ बनाई जानेवाली मकई की रोटी से छोटा है। सरसों का साग भी बिहार में पैदा होनेवाली सरसों से भिन्न सरसों का है। बहुत ज्यादा मुलायम। भोजन करके नामवरजी और केदारजी खुशी-खुशी लौटे। मेरा दिल भी खुश हो गया।

एक बार नामवरजी के निर्देशन में संपन्न एम.फिल्. के एक छात्र की मौखिकी मेरे साथ होनेवाली थी। तारीख नियत थी, लेकिन मेरे पिताजी की मृत्यु हो गई थी और उनका श्राद्ध अभी होने को था, सो मैं व्यस्त था। मुझे नामवरजी का पत्र मिला—'आइए। विलंब से छात्र की हानि हो रही है।' मैं श्राद्ध-कार्य समाप्त होने के बाद ऑटो रिजर्व करके सपरिवार पटने लौटा और कल होकर ही दिल्ली के लिए प्रस्थान कर दिया। वहाँ शाम को नामवरजी के यहाँ पहुँचा, तो उन्होंने कहा कि आप तो आ गए, लेकिन छात्र का ही पता नहीं है। फिर हम लोग उनके बैठके में बैठकर गपशप करने लगे। केदारजी ने उनसे कहा—नामवरजी, आजकल द्विवेदीजी शाम को तैयार होकर अपने बैठके में बैठे रहते हैं और उनसे कोई मिलने आता है, तो बहुत प्रसन्न होते हैं। फिर देर तक उससे बातें करते रहते हैं। नामवरजी ने कहा कि उनके प्रसन्न होने का कारण यह है कि उनको लगता है कि कोई आया तो जैसे आहार मिला। तुलसीदास के शब्दों में : 'आजु सुरन्ह मोहि दीन्ह अहारा'। हम लोग हँसते रहे।

दूसरे दिन शाम को ही जब मैं श्याम कश्यप के साथ उनके यहाँ पहुँचा, तो वे अपने कमरे से निकल रहे थे और मुझे देखते ही कहा—आपका आहार आ गया है।

अगले दिन शाम को जब मैं अकेले उनके यहाँ पहुँचा, तो इस बार उन्होंने मुझसे कहा कि कल रात में आप मेरे यहाँ खाना खाएँ। मैं उनकी कठिनाइयाँ जानता था, सो उनसे कहा—आऊँगा, लेकिन मैं अपने खाने की स्वीकृति नहीं दे रहा हूँ। फिर कल शाम को मैं और श्याम कश्यप उनके यहाँ पहुँचे, तो वे हम दोनों को देखकर थोड़ा सकपकाए। केदारजी की बिटिया उनकी पुत्रवधू है और वह उन्हें भोजन के लिए अपने यहाँ ले जाने के लिए आई थी। उनके सकपकाने का यही कारण था कि आज तो उनका अपना ही खाना उनके घर पर नहीं बनेगा, पर नवलजी अपने साथ श्याम कश्यप को भी लिये हुए पहुँचे हैं! बैठने पर मैंने उनसे कहा—आप क्यों सोच में पड़ गए? मैंने तो कल अपने खाने की भी स्वीकृति नहीं दी थी। आप केदारजी के यहाँ जाइए और रुचिपूर्वक भोजन कीजिए। फिर कुछ देर तक उनके साथ बातचीत होती रही। बीच में उन्होंने श्याम कश्यप से कहा—अरे, सुरती बनाओ। चूँकि वह भले आदमी भी उसका शौकीन है, इसलिए बड़े प्रेम से सुरती बनाने लगा। जब देर तक वह उसे मसलता रहा, तो उन्होंने उससे कहा—क्या जहर बना देना है? लाओ, फिर उसकी बाईं तलहत्थी से चुटकी-भर सुरती लेकर उन्होंने अपने होंठों में दबा ली।

'नागार्जुन की राजनीति' को लेकर मैं विस्तार से नागार्जुन वाले संस्मरण में लिख चुका हूँ। यहाँ केवल यह बतलाना है कि करीब तीन वर्षों तक मैं प्रगतिशील लेखक संघ द्वारा आयोजित उनका व्याख्यान सुनने नहीं गया। मुझे दुहरा दु:ख था। एक तो इस बात का कि उन्होंने मुझे संकेत से क्यों नहीं बतला दिया था कि अब मैं 'आलोचना' का काम छोड़ दूँ और दूसरे, इस बात से कि मेरे चलते दिल्ली में उन्हें बहुत बदनामी झेलनी पड़ रही है। फलस्वरूप मैं तमाम चीजों से उदासीन हो गया था। जब तीसरे वर्ष के प्राय: मध्य में वे प्रगतिशील लेखक संघ के आमंत्रण पर ही पटना व्याख्यान देने आए, तो उनका व्याख्यान चैंबर ऑफ कॉमर्स के

हॉल में रखा गया था। मेरी पत्नी भी उनकी बहुत बड़ी प्रशंसक थीं और उनके सौजन्य की कायल, सो उन्होंने मुझसे पूछा—क्या मैं उनका भाषण सुनने जा सकती हूँ? मैंने कहा—मैं नहीं जाऊँगा, पर आप क्यों नहीं जाएँगी? वे गईं और सभा विसर्जित होने पर बाहर आईं, तो नामवरजी ने उन्हें देखकर उनसे कहा—क्या इस बार आप मुझे खाने पर नहीं बुलाएँगी? मेरी पत्नी ने उन्हें पूरी विनम्रता से उत्तर दिया—न्योतने के लिए ही तो मैं यहाँ आई हूँ। कल दोपहर का भोजन आप हमारे यहाँ करें। उन्होंने उनका बुलावा सहर्ष स्वीकार कर लिया। वे घर लौटीं तो मुझसे कहा—मैंने नामवरजी को खाने पर बुलाकर कुछ गलत काम तो नहीं किया? मैंने कहा—आप कैसी बातें कर रही हैं? आपने एक बहुत सुंदर काम किया है। उन्होंने बतलाया कि कल उनका व्याख्यान दस बजे से पटना कालेज के सेमिनार हॉल में है। आप जाकर उन्हें ले आइएगा।

मैं उनका व्याख्यान शुरू होने के पहले ही वहाँ पहुँच गया। मुझे उन्होंने हॉल में घुसते देखा तो उनका हर्ष उनकी आँखों और होंठों से बरसने लगा। मैं धन्य हो गया। उन्होंने केदारनाथ अग्रवाल पर बिना तैयारी के करीब डेढ़ घंटे तक लाजवाब भाषण दिया, जो मेरे लिए अविस्मरणीय है। सभा समाप्त होने पर मैं मंच की ओर उन्हें लेने के लिए जा रहा था कि वे ही नीचे उतर आए और मेरे पास आकर बोले कि चलिए। फिर जीप पर बैठकर हम दोनों रानीघाट वाले डेरे पर पहुँचे। कुछ देर गपशप होती रही। उन्होंने मुझसे पूछा—आजकल आप क्या कर रहे हैं? मैंने उन्हें बतलाया कि मैं मुक्तिबोध की कविता पर एक मुकम्मल पुस्तक लिख रहा हूँ। वे बहुत प्रसन्न हुए। फिर मेरी पत्नी ने आकर कहा—मैं आप दोनों के लिए खाना लगा रही हूँ। फिर हम दोनों ने एक साथ खाना खाया और कुछ देर बैठके में बैठने के बाद डेरे से निकलकर बाहर सड़क पर पहुँचे। जीप लगी थी। उस पर बैठने से पहले उन्होंने मुझसे कहा—'आलोचना' के लिए कुछ भेजिए। मैंने उत्तर दिया—आपका आदेश है, तो जरूर भेजूँगा और शाम को आपको छोड़ने के लिए हवाई अड्डे भी आऊँगा। उन्होंने यह कहते हुए मुझे मना किया कि बहुत गर्मी है, आप क्यों कष्ट करेंगे? मैंने कहा—नहीं, मैं आऊँगा। जीप खुल गई और वे चले गए।

शाम को मैं अकेले ही उन्हें छोड़ने हवाई अड्डे गया। वे बाहर ही मिल गए। कोई सज्जन उन्हें एक गोष्ठी में बुलाने के लिए उनके पीछे पड़े हुए थे। छुटकारा पाने के लिए उन्होंने उसे 'हाँ' कर दी। फिर वे सज्जन मेरे पीछे पड़े। मैंने कहा कि मैं एक पुस्तक में लगा हूँ, इसलिए किसी तरह आपकी गोष्ठी में नहीं आ सकूँगा। नामवरजी ने मुझसे कहा—आप एक ठोस काम कर रहे हैं, उसे पूरा कीजिए। बकबक करने के लिए तो मैं हूँ ही! फिर वे सज्जन चले गए। अब मैंने उनसे पूछा—आप सचमुच गोष्ठी में जाएँगे क्या? उन्होंने कहा—नहीं। फिर हम दोनों हवाई अड्डे पर एक कक्ष में रखी कुर्सियों पर बैठकर गप करने लगे। इसी बीच सहारा इंडिया का एक हवाई जहाज आया, रुका और उड़ चला। नामवरजी ने मुझसे कहा—वह सहारा इंडिया है और मुझे जिस हवाई जहाज से सफर करना है, वह बेसहारा इंडिया है। जाहिर है कि वह एयर इंडिया का विमान था, जिसके पहुँचने में विलंब हो रहा था। आखिर अँधेरा होने पर वह विमान आया और अपनी जाँच कराकर वे उसमें अपनी जगह लेने चले गए। बहुत प्रसन्न थे, सो मैं भी रिक्शा लेकर अँधेरे को काटते हुए अपने डेरे पहुँच गया।

मैं लिख चुका हूँ कि मैंने 'आलोचना' के लिए उन्हें मुक्तिबोधवाली पुस्तक का पहला लेख भेजा। उस पर उन्होंने अपने पत्र में मुझे यह भी लिखा : 'यह लेख आलोचना-85 यानी इसी अंक में जा रहा है। आपकी मुक्तिबोधवाली पुस्तक पूरी हो गई—यह जानकर जितनी खुशी

हुई, उससे ज्यादा खुशी इस बात से हुई कि आपने उसका पहला लेख मुझे भेजा—'आलोचना' में प्रकाशनार्थ। सचमुच नवलजी, यह बात मन को छू गई।' हिंदी में बहुत कम लोग जानते हैं कि नामवरजी बहुत भावुक व्यक्ति हैं। एक बार वे पटने आए और तरुणजी के साथ मैं उनसे होटल में मिलने के लिए गया, तो उन्होंने तरुणजी से कहा कि जरा मेरी आँख में यह दवा डाल दीजिए। मैंने पूछा कि आपको क्या हुआ है, डाक्टर साहब? उन्होंने कहा कि डाक्टर का कहना है कि मेरी आँखों से आँसू नहीं निकलते हैं। जब वे निकलने लगेंगे, तो मेरी आँखें दुरुस्त हो जाएँगी और उनमें यह दवा डालने की जरूरत नहीं होगी। मेरे मन में आया कि बौद्धिकता की आँच ने उनकी करुणा उनसे छीन ली है, फिर उन्हें आँसू आएँ तो कैसे? लेकिन उनकी यह बात याद आ गई कि भारतभूषण अग्रवाल की शोक-सभा में वे बोलते-बोलते रो पड़े थे। कुछ मिनटों के बाद वे सँभले, फिर श्रोताओं से क्षमा-याचना की और तब अपनी शोकांजलि पूरी की। मैं उनके भावुक हृदय से अच्छी तरह परिचित था, इसलिए उनसे अपने मन की बात कहना मुझे बेतुका लगा। उपर्युक्त कथन उनकी भावुकता का प्रमाण देने के लिए काफी है। मुझे सिद्धिनाथ की भी वह बात याद आई, जो उसने मुझे बतलाई थी। बनारस के कई साहित्यकारों के बारे में बतलाते हुए उसने कहा था कि 'नामवरजी एक कोमल चीज हैं'। वे मुझको कदम-कदम पर अपनी कोमलता का एहसास कराते रहे हैं, फिर मैं अपनी सोची हुई बात उनसे कैसे कहता? मुझमें उनसे विनोद करने का भी साहस नहीं है, सो मैं चुप ही रहा।

उनकी भावुकता से संबंधित एक प्रसंग और। एक बार मैं दिल्ली गया, तो उनके बैठके में बैठकर उनके साथ मैं देर तक बतियाता रहा। रात के आठ बज गए। मैं चलने के लिए तैयार हुआ, तो उन्होंने पूछा—यहाँ से कहाँ जाएँगे? मैंने कहा—बुक सेंटर। वह जेएनयू परिसर में उनके आवास के बिलकुल करीब स्थित है। उन्होंने कहा—मैं भी चलता हूँ आपके साथ। वे सफेद तहमत और कुर्ता पहने हुए थे। उसी वेश में मेरे साथ बुक सेंटर आए और वहाँ अंग्रेजी की एक पुस्तक खरीदी। फिर उसे लिये हुए मेरे पास आए और बोले—यह पुस्तक मैंने क्यों खरीदी, जबकि जितनी पुस्तकें मैंने खरीद रखी हैं, उन्हें ही इस जीवन में नहीं पढ़ सकूँगा। वहाँ से ऑटो पकड़ने के लिए मैं सड़क पर आया, तो वे भी साथ आ गए। मैं ऑटो का इंतजार करने लगा और उनसे कहा—डाक्टर साहब, अब आप जाइए। ऑटो जब भी आएगा, मैं उससे पहाड़गंज युगल के फ्लैट में चला जाऊँगा। उसने श्याम कश्यप को बुलाकर उसे भी अपने सामनेवाला फ्लैट किराए पर दिलवा दिया था, जिससे अब मैं दिल्ली जाने पर उसके साथ ही टिकता था। लेकिन मेरे बहुत कोशिश करने पर भी वे मुझे छोड़कर नहीं गए। मैंने बहुत आग्रह किया, तो कहने लगे—आप इतनी दूर से आए हैं और मेरा क्वार्टर तो बिलकुल बगल में है! फिर वे पूर्ववत् खड़े रहे और मुझे ऑटो पर बिठाकर ही गए।

उनका स्नेह-सम्मान भी अद्भुत है। युगल माँ की बीमारी का समाचार पाकर पटना आया हुआ था कि उधर उसकी पत्नी गीता को अचानक एक तकलीफ के कारण अस्पताल में भर्ती कराना पड़ा। युगल जब दिल्ली लौटकर गया, तो एक-दो दिनों में ही अस्पताल में हृदयाघात से उसका निधन हो गया। युगल का तार आया, तो मैं सपत्नीक उसके यहाँ पहुँचा और गीता के दाह-संस्कार में शामिल हुआ। फिर मेरी पत्नी कई लोगों के साथ उसकी भस्मी लेकर उसे हरिद्वार की गंगा में प्रवाहित करने के लिए गईं। सब लोग वहाँ से लौटे, तो एक-दो दिनों के बाद मैंने पटना लौटने का कार्यक्रम बनाया। मेरी पत्नी ने कहा—नामवरजी का दर्शन करके ही लौटेंगे। अगले दिन हम लोग उनके यहाँ पहुँचे, तो वे गीता की आकस्मिक मृत्यु से बहुत

गमगीन थे। हम लोग कुछ देर उनके यहाँ बैठे। फिर चलने के पहले मेरी पत्नी ने उनसे पूछा—बाथरूम किधर है? वे उन्हें बाथरूम तक ले गए। उसके भीतर जाकर उन्होंने दरवाजा बंद कर लिया। जब वे बाहर आईं तो देखा कि नामवरजी दरवाजे पर तौलिया लिये खड़े हैं। उन्हें यह दृश्य देखकर कंठावरोध हो गया। जब हम लोग चलने लगे, तो नामवरजी ने अपनी सुपुत्री समीक्षा को मेरी पत्नी से मिलाने के लिए आवाज दी। वह आई और उससे मिलकर हम लोग उन्हें प्रणाम कर उनके क्वार्टर से निकल गए। मेरी पत्नी उनके बाथरूम के बाहर देर तक तौलिया लेकर खड़े रहनेवाली बात अभी भी बार-बार दुहराती हैं, क्योंकि उसे भुला देना उनके लिए असंभव है। नारी का यह सम्मान उनके लिए कथनी ही नहीं, करनी भी है।

कुछ दिनों के बाद मुझे अशोक वाजपेयी का एक तार मिला कि मध्य प्रदेश सरकार की सर्वोच्च मैथिलीशरण गुप्त सम्मान समिति के आप सदस्य बनाए गए हैं। अमुक तिथि को पुरस्कार का निर्णय करने के लिए समिति की बैठक होनेवाली है, जिसमें आपका रहना जरूरी है। अगले रोज मैं जब भोपाल जाने के लिए लखनचंद कोठी से बाहर आया, तो यह सोचकर कि नागार्जुन इस गलतफहमी के शिकार क्यों हुए कि 'नागार्जुन की राजनीति' की भूमिका ही मैंने नहीं लिखी है, वह लेख भी मेरा ही लिखा हुआ है, उनसे बहुत नाराज था। पटने के कई लेखकों से उन्होंने कहा था—मैं सब जानता हूँ, यह सब नवल का किया हुआ है। स्वभावत: मैंने यह निश्चय किया कि यह सम्मान नागार्जुन को तो नहीं ही लेने दूँगा। लेकिन चलते-चलते पीछे से मेरी पत्नी ने, जो राग-द्वेष से हमेशा ऊपर रही हैं, मुझसे कहा—देखिए, चच्चा के साथ अन्याय नहीं होना चाहिए। उनका यह कथन मेरे निर्णय को हिला चुका था। भोपाल पहुँचकर मैं सर्किट हाउस में विनोद कुमार शुक्ल के साथ ठहरा। अशोकजी ने निर्णायकों के बीच एक पुस्तिका बँटवाई, जिसमें उन्होंने प्रबुद्ध पाठकों से पुरस्कार के बारे में उनके अभिमत मँगाकर छापे थे। तीन-चौथाई अभिमत नागार्जुन के पक्ष में थे और एक-चौथाई रघुवीर सहाय के पक्ष में। उस पुस्तिका के अवलोकन के बाद मेरे मन में यह बात आई—यदि यह पुरस्कार मैं नागार्जुन को नहीं दिलवाता हूँ, तो उस फकीर के साथ अन्याय होगा। फिर तो मैंने दृढ़ निश्चय कर लिया कि जैसे भी हो, यह पुरस्कार मुझे उन्हें दिलवाना ही है।

अगले दिन समिति की बैठक हुई। उसके अन्य सदस्य थे—श्यामाचरण दुबे, अजित कुमार, रमेशचंद्र शाह और विनोदजी। अशोकजी संयोजक थे, इसलिए उन्हें मत देने का अधिकार नहीं था। उन्होंने बारी-बारी से नाम सुझाने का प्रस्ताव किया। दुबेजी ने कहा—नागार्जुन। मैंने उनसे अपनी सहमति जताई, लेकिन अजितजी, शाह साहब और विनोदजी रघुवीर सहाय के पक्ष में थे! इस तरह प्रथम चक्र में ही निर्णय हो गया, लेकिन अशोकजी ने कहा कि एक बार फिर विचार कीजिए, निर्णय सर्वसम्मति से हो, तो ज्यादा अच्छा होगा। मैंने सोचा कि अजितजी को नागार्जुन के पक्ष में किया जा सकता है, सो, चूँकि वे बच्चन-भक्त थे, मैंने उनसे बच्चन की उचित प्रशंसा किंचित् विस्तार से की। मैंने कहा कि रघुवीरजी के लिए अभी समय है, लेकिन नागार्जुन के लिए नहीं है। अशोकजी से भी यही कहते हुए मैंने निवेदन किया—चूँकि नागार्जुन वामपंथी हैं, इसलिए बिहार सरकार क्या, बिहार के रेडियोवाले भी उन्हें नहीं पूछते। मध्य प्रदेश सरकार विचारधारा को नहीं, साहित्य को महत्त्व देती है, इसलिए नागार्जुन को पुरस्कृत करके उसे बिहार सरकार को लज्जित करना चाहिए।

उस समय मैं नहीं जानता था कि अशोकजी रघुवीरजी के परम प्रशंसक होते हुए भी मूर्धन्य कवि नागार्जुन को ही मानते हैं। उन्होंने निर्णायकों से कहा—आप लोग फिर एक बार मत दें।

दुबेजी ने फिर नागार्जुन का नाम लिया और मैंने भी पुन: उनसे सहमति प्रकट की। अजितजी खुले दिमाग के हैं, इसलिए वे भी अब नागार्जुन के पक्ष में आ गए। इस तरह दुबारे मतदान से पहले का फैसला बदल गया। तीन निर्णायक नागार्जुन के पक्ष में और शाह साहब तथा विनोदजी—ये दो रघुवीरजी के पक्ष में। अशोकजी ने निर्णय और उसके कारण बतलाते हुए एक प्रारूप तैयार करने को कहा। शाह साहब ने कहा—प्रारूप मैं तैयार करूँगा। मुझे अब क्या आपत्ति हो सकती थी? प्रारूप तैयार हुआ और पाँचों निर्णायकों ने उस पर हस्ताक्षर किए। फिर उसे एक लिफाफे में सीलबंद किया गया। अब समिति की बैठक समाप्त हो चुकी थी। जब तक निर्णय सीलबंद नहीं हो गया, मैं पेशाब की हाजत को रोके रहा। उसके सीलबंद होते ही मैं बाथरूम भागा। फिर वहाँ से उठकर हम लोग लंच के लिए जहाँनुमा होटल पहुँचे। वहाँ मद्यपान का दौर चलने लगा। दुबेजी बैठक से ही अपने आवास लौट गए थे, सो उसमें वे शामिल नहीं थे। मैं और विनोदजी गंगाजल पीनेवाले, सो लंच करके हम दोनों सीधे सर्किट हाउस आ गए। मुझे मार्ग-व्यय आदि मिल चुके थे, सो अगले दिन मैंने पटने के लिए प्रस्थान किया। पुरस्कार की राशि एक लाख थी। नागार्जुनजी का सुपुत्र सुकांत मेरे डेरे पर आया, तो मैंने उसे पूरी कहानी सुना दी।

पटना आकर मैंने नामवरजी को पत्र लिखा, जिसमें निर्णायक समिति की कार्यवाही का पूरा विवरण दे दिया। उस पर मुझे उनका यह पत्र मिला : 'आज आपका पत्र पढ़ ही रहा था कि केदारजी आ गए। आपके प्रयासों से नागार्जुनजी को किस प्रकार मैथिलीशरण गुप्त पुरस्कार मिल गया—यह बात उन्हें भी बतला दी। शुभ सूचना से वे जितने प्रसन्न हुए, उससे अधिक आपके बड़प्पन से अभिभूत। वे आपको अलग से भी पत्र लिखेंगे। क्या अब इस विषय में अपनी ओर से मुझे कुछ जोड़ने की जरूरत रह जाती है?' मेरे प्रयासों के कारण मुझमें बड़प्पन हो या नहीं, लेकिन यह पत्र इस बात का सूचक अवश्य है कि इसमें नामवरजी का बड़प्पन अवश्य है।

वे चिंतन और पूर्वा की शादी में भी आए थे। एक दिन चिंतन की शादी थी और दूसरे दिन पूर्वा की। इस कारण मैंने बिटिया की शादी और अपनी बहू के स्वागत की एक ही तिथि रखी थी। मेरे सम्माननीय अतिथि कोई मंत्री नहीं, कोई अधिकारी नहीं, बल्कि प्रो. रामशरण शर्मा और नामवरजी थे। इन्हीं अतिथियों की उपस्थिति में सारा कार्य संपन्न हुआ। नामवरजी मेरे साथ बैठे हुए बिटिया की शादी का रजिस्ट्रेशन देख ही रहे थे कि बगल से 'रुद्र'जी गुजरे। उन्होंने उनकी तरफ संकेत करके मुझसे कहा—आप इनको पहचानते हैं? ये हिंदी के पुराने कवि रामगोपाल शर्मा 'रुद्र' हैं। उन्होंने हिंदी कविता के कई युग देखे थे, इसलिए उनके लिए कुछ भी अनपहचाना नहीं था। मैंने उनसे कहा कि मेरी धर्मपत्नी उन्हीं की सुपुत्री हैं। उन्होंने मुझसे पूछा कि मैंने उन्हें अब तक यह बात क्यों नहीं बतलाई? मैंने उत्तर में उनसे निवेदन किया—कभी इसका संयोग ही नहीं बना। आज संयोग बना है, तो आपको बतला रहा हूँ। वे काफी देर तक बैठकर पटने के लेखकों से गप करते रहे। फिर दस बजने को आए तो उन्होंने भोजन किया और मैंने उन्हें कार से मौर्या होटल के लिए रवाना कर दिया। सवेरे दिल्ली जानेवाली गाड़ी में मैं और तरुणजी उन्हें छोड़ने स्टेशन गए। मैंने उनका आरक्षण करा रखा था। वे जिद करने लगे कि मैं उनसे आरक्षण की राशि ले लूँ। लेकिन मैंने उनसे कहा कि आप कैसी बातें करते हैं? आप मेरे माननीय अतिथि हैं, फिर आपसे आरक्षण की राशि लेना किसी भी तरह से मेरे लिए उचित नहीं है। मैंने मटुकजी को भेजकर उनके लिए एक पैकेट मिठाई मँगवा ली

थी। उसके साथ मैंने उन्हें पटने से विदा किया। स्टेशन से लौटकर चिंतन ने मुझे आशीर्वादी वाले लिफाफे दिखलाए। नामवरजी ने पूर्वा और अपूर्वानंदजी को जो लिफाफा थमाया था, उसके ऊपर कवित्वपूर्ण ढंग से लिखा था—'पूर्वापूर्व के लिए'!

नामवरजी मेरे लेखन की मुक्तकंठ से प्रशंसा करने लगे। यहाँ तक कि मेरी पुस्तकों के साथ वे मेरे लेखों को भी दिल खोलकर सराहने लगे। हिंदी के एक महाविद्वान ने 'राम की शक्ति-पूजा' पर एक पुस्तक ही लिख डाली थी, जो गलत अर्थों और टिप्पणियों से भरी हुई है। मैंने 'कसौटी' में स्वतंत्र रूप से उसकी किंचित् विस्तृत समीक्षा लिखी। उन्होंने वह समीक्षा ध्यानपूर्वक पढ़ी, तो उक्त महाविद्वान के बारे में अपूर्वानंदजी से कहा—कविता समझ में नहीं आती है और 'राम की शक्ति-पूजा' पर लिखने चले हैं! इसके पहले उनके आदेश पर 'आलोचना' के लिए मैंने एक लेख लिखा था—'निराला की कविता और डा. रामविलास शर्मा'। पटना आने पर उन्होंने कई लोगों से उसकी बड़ी तारीफ की और कहा कि नवलजी की कविता में पैठ विलक्षण है। उनकी ऐसी बातों से मैं प्रसन्न होने की जगह लज्जित हो उठता था। 'निराला : कृति से साक्षात्कार' पर पटने के एक होटल में उन्होंने मुझसे कहा—आपने अपनी पुस्तक में निराला की जो मूर्ति बनाई है, वह डा. शर्मा द्वारा बनाई गई मूर्ति से भिन्न है। मेरे साथ तरुणजी भी थे। मैंने उनसे कहा कि जब आप ऐसा कह रहे हैं, तो मैं मान लेता हूँ कि मैंने अपने लक्ष्य को प्राप्त कर लिया। 'मैथिलीशरण' नामक पुस्तक पर उन्होंने मुझे दिल्ली की गुप्तजी से संबंधित एक संस्था के द्वारा पुरस्कार भी दिलवाया और स्वयं फोन से मुझे उसकी सूचना दी। दिल्ली में मैंने उनसे पूछा—आपने उस पुस्तक को उलट-पुलट कर देखा ? उन्होंने बतलाया कि मैं उसको पूरा पढ़ गया हूँ। मुझ-जैसे छोटे कलमघिस्सू की पुस्तक भी वे पूरा पढ़ गए, इसके लिए मैं उनका अत्यधिक कृतज्ञ हुआ।

एक बार साहित्य अकादेमी के सभा-कक्ष में अशोकजी ने एक गोष्ठी बुलाई। उसमें और कई पुस्तकों के साथ रामइकबाल सिंह 'राकेश' पर महात्मा गांधी अंतर्राष्ट्रीय हिंदी विश्वविद्यालय द्वारा प्रकाशित पुस्तक 'राकेश समग्र' का विमोचन हुआ और तत्पश्चात् ' 'अँधेरे में' : पुनर्विचार' पर नामवरजी की अध्यक्षता में विचार-विमर्श। गोष्ठी में नेमिजी भी थे और कुँवरजी भी। जब अध्यक्षीय वक्तव्य का समय आया, तो नामवरजी ने अपनी जेब से एक कागज निकाला। उन्होंने अपना वक्तव्य इस तरह शुरू किया—यह समय 'अँधेरे में' कविता पर पुनर्विचार का ही नहीं, मैंने जो 'अँधेरे में' पर लिखा है, मेरे लिए उस पर पुनर्विचार का भी है। उन्होंने निर्द्वंद्व भाव से यह कहा—मैं स्वीकार करता हूँ कि 'अँधेरे में' की मेरी व्याख्या गलत थी और नवलजी ने उसकी जो व्याख्या की है, वह सही है। फिर वे अपने सामने रखे कागज से मेरे लेख से नोट किए गए अनेक उद्धरण पढ़कर सुनाने लगे। मैं इस बात से बहुत लज्जित हुआ कि उनके-जैसा विद्वान और आलोचक मेरे लेख से उद्धरण उतारकर लाता है और मेरी उपस्थिति में उसे गोष्ठी में पढ़कर सुनाता है, लेकिन उन्हें कोई दिक्कत नहीं हो रही थी। संयोग से उसमें पूर्वा के साथ मेरी पत्नी भी थीं, और लेखक तो थे ही। सभी विस्मित थे और मेरा सिर नीचे झुकता जा रहा था। पहले के लेखक बहुत विनम्र और खुले हुए दिमाग के होते थे, जबकि नई पीढ़ी के लेखक हठधर्मी होते हैं। हमें उनसे सीखना चाहिए। कहा भी है, 'विद्या ददाति विनयम्'।

वे कितने बड़े विद्वान हैं, इसका एक ही उदाहरण देता हूँ। जेएनयू में इतिहास-विभाग की ओर से हरबंस मुखिया सहित भारतीय इतिहास के मध्ययुग के विशेषज्ञ इतिहासकारों ने

भक्ति–आंदोलन पर विचार करने के लिए एक गोष्ठी बुलाई थी। उसमें नामवरजी भी थे। सारा कार्यक्रम अंग्रेजी में हो रहा था और इतिहासकार तो अंग्रेजी में अपना व्याख्यान दे ही रहे थे। जब नामवरजी के बोलने की बारी आई, तो सभी श्रोता उत्सुकता से भर उठे कि वे क्या कहते हैं। उनकी अनमोल सूझ ने यहाँ भी गुल खिलाया। अपना व्याख्यान उन्होंने इन शब्दों के साथ शुरू किया : 'चूँकि भक्ति–आंदोलन भारतीय भाषाओं में चला था, इसलिए मैं अपना वक्तव्य हिंदी में दूँगा।' यह वह विस्फोट था, जिसने अंग्रेजी की धौंस को एक चुप्पीभरे धमाके से उड़ा दिया। फिर नामवरजी डेढ़ घंटे तक भक्ति–आंदोलन पर बोलते रहे और हिंदीवालों का सिर ऊँचा कर दिया। मेरा खयाल है कि इतिहासकार भी एक 'धोतीवाले' के ज्ञान के कायल हो गए होंगे। गोष्ठी का पूरा टेप मुझे अपने और उनके छात्र मीमांसक ने सुनाया था। मैं पुन: उनके ज्ञान से विस्मित हुआ।

अब एक दिलचस्प बात। नामवरजी और मैं दोनों राजकमल में बैठे थे। उनके विश्वविद्यालय ने उन्हें एक वर्ष का सवैतनिक अवकाश दिया था। उसमें वे आचार्य द्विवेदी पर एक पुस्तक लिख रहे थे। एक दिन अपने आवास पर शाम को उन्होंने कहा—मेरी समस्या विकट है : 'गुरु गोविंद दोऊ खड़े, काके लागूँ पाय'। आप समझ गए होंगे कि 'गोविंद' से उनका तात्पर्य मार्क्स से था। अब पुस्तक पूरी होने को थी, सो राजकमल में उसे विज्ञापित करने के लिए शीलाजी ने उनसे पुस्तक का नाम जानना चाहा। उन्होंने कहा 'आचार्य हजारीप्रसाद द्विवेदी : कृती और तत्त्वान्वेषी'। मैं यह नाम सुनकर हँसने लगा। उन्होंने जानना चाहा कि मैं क्यों हँस रहा हूँ। मैंने उनसे कहा—इस नाम से ऐसा लगता है कि यह कोई शोध–प्रबंध है। इस पर उन्होंने मुझसे कहा—आप कोई दूसरा नाम सुझाइए। मैंने उनसे कहा—द्विवेदीजी पर आपके कई लेख 'पूर्वग्रह' में निकले हैं, उनमें से एक लेख का शीर्षक है—'दूसरी परंपरा की खोज'। आप पुस्तक का यही नाम क्यों नहीं रखते? वे मुझसे सहमत हुए और इसी नाम से विज्ञापित होकर यह पुस्तक प्रकाशित हो गई।

मुझे याद है, मैं रानीघाट वाले अपने मकान में था। ग्रीष्मावकाश था और प्रचंड गर्मी पड़ रही थी। इस कारण पूरा परिवार मकान की छत पर ही सोता था और मैं भी उसी पर सोता था। दिन–भर मैं अंग्रेजी की पुस्तकें पढ़ा करता था और रात में बत्ती जलाकर अपने कमरे में कुर्सी पर बैठकर शरीर को तपाते हुए 'दूसरी परंपरा की खोज' पढ़ता था। नामवरजी ने वह पुस्तक मुझे भिजवा दी थी। उसे समाप्त करने के बाद मेरे मुँह से निकला—धन्य है वह गुरु, जिसने ऐसा शिष्य उत्पन्न किया और धन्य है वह शिष्य, जिसे ऐसा गुरु मिला! उसके बाद मैं दिल्ली गया, तो केदारजी ने मुझसे पूछा—आपको वह पुस्तक कैसी लगी? मैंने उनसे कहा कि यह नामवरजी की सर्वोत्तम कृति है, हिंदी की सृजनात्मक आलोचना का शिखर। उन्होंने कहा कि विष्णु खरे को यह पुस्तक पसंद नहीं आई है। मैंने उत्तर में उनसे निवेदन किया कि सभी पुस्तकें सभी के योग्य नहीं होतीं। फिर विष्णु खरे ने अपने स्तर से इसे पसंद नहीं किया, तो इसमें आश्चर्य की कोई बात नहीं है।

शाप के रूप में नामवरजी ने दो बार मुझे दो वरदान दिये। एक बार तब, जब श्याम कश्यप ने उनसे कहा—आप नवलजी को यहीं क्यों नहीं बुला लेते? उन्होंने उससे कहा कि वे वहीं ठीक हैं। वे अपने विभाग और दिल्ली के लेखकों की गंदी राजनीति से मुझे बचाना चाहते थे। दूसरी बार केदारजी ने भोपाल में मुझे उकसाया कि आप दिल्ली विश्वविद्यालय में प्रोफेसरशिप के लिए आवेदन क्यों नहीं करते? नामवरजी विशेषज्ञ हैं, जिस कारण आपका चयन

अवश्यंभावी है। पटने आकर मैंने अपूर्वानंदजी को उन्हें देने के लिए एक पत्र दिया। पत्र मिलने पर उसे पढ़कर उन्होंने उनसे कुछ नहीं कहा और उसे जेब में रख लिया। क्या संयोग है कि उसी पद के लिए दूसरी बार दिल्ली विश्वविद्यालय में साक्षात्कार हुआ, तो वहाँ के कुलपति ने मुझे उसमें विशेषज्ञ बनाया। आज मैं सोचता हूँ कि यदि पटना छोड़कर मैं दिल्ली चला गया होता, तो मेरा कुछ भी लिखना-पढ़ना नहीं हो पाता और मैं पूरी तरह से बर्बाद हो गया होता। अब आप कहिए, नामवरजी ने मुझे पटने में ही रहने देकर मुझ पर कितना बड़ा उपकार किया? वह उपकार मैं तो नहीं ही भूल सकता हूँ, मेरी तुच्छ कृतियों को देखकर हिंदी जगत् भी मेरे आसन नहीं छोड़ने के लिए मेरी प्रशंसा करेगा। लेकिन मेरे लिए प्रशंसा के अधिकारी तो नामवरजी हैं, क्योंकि मैं तो एक अपरिपक्वमति युवक था। इस कारण मेरे भविष्य को सँवारने की जवाबदेही उन्होंने ले रखी थी। दूरदर्शिता उन्हीं में थी, मुझमें नहीं।

एक घटना का जिक्र मैं और करूँगा। अशोकजी की योजना महात्मा गांधी विश्वविद्यालय से कुछ रीडर निकालने की थी। निर्णायक समिति में उन्होंने मुझसे पूछा—आप किनकी रीडर का संपादन करेंगे? मैंने कहा—मैथिलीशरण गुप्त की रीडर का। वे सहर्ष तैयार हो गए और वह रीडर जल्दी ही राजकमल से निकल भी गया। दूसरे चक्र में और लेखकों के साथ नामवरजी की रीडर भी निकालना तय हुआ। अब समिति दूसरी थी, जिसका सदस्य मैं नहीं था। नामवरजी की रीडर के संपादक एक अन्य आलोचक बनाए गए। जब उन्हें यह सूचना मिली, तो वे अशोकजी के कार्यालय में गए और वहाँ उनसे कहा कि मेरी संचयिता का संपादन करेंगे नंदकिशोर नवल। अशोकजी ने उन्हें अपनी कठिनाई बतलाई और कहा कि वे विश्वविद्यालय से प्रकाशित दो पुस्तकों का संपादन कर चुके हैं। लेकिन नामवरजी ने कुछ नहीं सुना और पुनः अपनी उपर्युक्त बात कहकर चले आए। मैं संयोग से दिल्ली में ही था। शाम को अपूर्वानंदजी विश्वविद्यालय-कार्यालय से लौटे, तो मुझसे कहा—आपको नामवर संचयिता का भी संपादन करना पड़ेगा। आज नामवरजी कार्यालय में आए थे और अपनी इच्छा बलपूर्वक अशोकजी को बतला गए हैं। मैंने उनसे कहा—जब तक मुझे विश्वविद्यालय से आधिकारिक पत्र नहीं मिलेगा, मैं संपादन-कार्य नहीं शुरू करूँगा।

पटना लौटने पर मुझे वह पत्र मिला, फिर मैं संपादन-कार्य में लग गया। मुझे संचयिता के लेखों के चयन के लिए भारी परिश्रम करना पड़ा। पता नहीं, मैंने उसके कितने प्रारूप बनाए। अंत में 'लोकवादी आलोचक' शीर्षक से लंबी भूमिका लिखी, जिसमें मैंने नामवरजी को मार्क्सवादी के स्थान पर 'लोकवादी आलोचक' बतलाया, पूरे तर्कों और प्रमाणों के साथ। पुस्तक शानदार ढंग से राजकमल से प्रकाशित हुई। नामवरजी उससे बहुत प्रसन्न हुए। मुझे फोन किया और कहा—आपने मुझे ही बतलाया है कि मैं क्या हूँ। संचयिता में लेखों का चयन भी बहुत अच्छा है। इसके लिए मैं आपका कृतज्ञ हूँ, नवलजी! मैंने उनसे कहा—मेरी श्रीमतीजी को भी अपनी प्रतिक्रिया से अवगत करा दीजिए। उन्होंने उनसे भी वही बातें कहीं। फिर गोष्ठियों में वे कहने लगे कि मैं मार्क्सवादी आलोचक नहीं, बल्कि 'पब्लिक क्रिटिक' हूँ, जिसपर इधर रोनान मैकडोनाल्ड ने अपनी पुस्तक 'द डेथ ऑफ द क्रिटिक' में बहुत जोर दिया है। पटना आने पर मैंने उनसे कहा कि आपके लेखों और भूमिका यानी पूरी संचयिता का अंग्रेजी में अनुवाद होना चाहिए। भूमिका का अनुवाद आप अरुण कमल से कराएँ। उनकी अंग्रेजी बिलकुल जवाहरलाल-जैसी है। उन्होंने कहा कि मेरे कुछ लेखों का अनुवाद दिल्ली विश्वविद्यालय के अंग्रेजी-विभागाध्यक्ष हरीश त्रिवेदी ने कर रखा है। फिर एक-दो दिनों के बाद कहा—आपकी

बात मैंने अरुणजी तक पहुँचा दी है। मैं जानता हूँ, अपने कृतित्व से उदासीन रहने के कारण उस दिशा में ठोस कुछ नहीं हुआ।

एक बात मैं भूल रहा था। उसका भी जिक्र यहाँ कर दे रहा हूँ। जब नामवरजी की प्रसिद्ध पुस्तक 'कविता के नए प्रतिमान' प्रकाशित हुई, तो डा. शर्मा ने उसमें 'न्यू क्रिटिसिज्म' के अमरीकी आलोचकों के नाम देखे और भड़क गए। 'साप्ताहिक हिंदुस्तान' में उस पर 'हिंदी आलोचना में बाजरे की कलँगी' शीर्षक से उस पर एक अत्यंत ध्वंसात्मक लेख लिखा। पूरे हिंदी संसार में नामवर-विरोधियों ने जश्न मनाया। नामवरजी एक दिन जब राजकमल पहुँचे, तो वहाँ के प्रकाशन-अधिकारी जगदीशजी ने उनसे कहा—डाक्टर साहब, 'साप्ताहिक हिंदुस्तान' में आपने डा. शर्मा का लेख देखा होगा। उसे लेकर हिंदी के कुछ लेखक खुशी के मारे उछल रहे हैं। नामवरजी विदेश जा रहे थे। इस कारण उनसे कहा—'जगदीशजी, मैं भी उन्हीं का शिष्य हूँ। लौटकर आता हूँ, तो उस लेख का उत्तर दूँगा।' अफसोस कि वह लेख नहीं लिखा जा सका, क्योंकि वे जब विदेश से लौटकर राजकमल पहुँचे और उक्त लेख के उत्तर में अब अपना लेख लिखने जा रहे थे, तो जगदीशजी बोले—अब उसकी कोई जरूरत नहीं है, क्योंकि पुस्तक का संस्करण समाप्त हो चुका है। नामवरजी, भीतर ही भीतर हँसकर चुप हो गए। जिन जनवादी लेखकों ने 'प्रतिमान' का विरोध किया था और उनमें से एक ने एक दूसरा 'प्रतिमान' ही रच डाला था, आज उनमें से किसी का पता नहीं है। समय ने उन्हें बुहार कर मार्ग से हटा दिया है, जबकि नामवरजी की पताका और शान से लहरा रही है। उनके इधर प्रकाशित दसेक व्याख्यान-संग्रहों ने उनका भी मुँह बंद कर दिया, जिनकी शिकायत थी कि वे लिखते नहीं हैं। जबकि उन्होंने अपने लेखन और व्याख्यानों से हिंदी प्रदेश को एक हरित प्रदेश बना दिया है।

इस प्रक्षेप के बाद मैं आगे बढ़ता हूँ। उनकी सुपुत्री समीक्षा के शुभ विवाह का निमंत्रण मुझे देर से मिला। मैं सोच रहा था कि इतनी जल्दी क्या ट्रेन में मुझे आरक्षण मिल सकेगा? मेरी पत्नी ने मुझसे कहा—जैसे भी हो, उसमें आपको जाना ही है। मेरी सहायता मेरे हमजुल्फ सुबोधजी ने की, जो उन दिनों रेलवे एसपी थे। मुझे दिल्ली के लिए आरक्षण मिल गया। मैं ठीक विवाह के दिन दिल्ली पहुँचा। शाम को इंडिया इंटरनेशनल में प्रीतिभोज का आयोजन था। वह शुरू ही होनेवाला था कि मैं वहाँ उपस्थित हुआ। नामवरजी ने विस्मयातिरेक में औरों का ध्यान खींचते हुए कहा—पटने से नवलजी आ गए! काशीनाथजी मिले। मैंने उनसे अनुरोध किया कि मैं आपके अग्रज बाबू रामजी सिंह से मिलना चाहता हूँ। वे मुझे उन तक ले गए और उनसे कहा—भैया, ये नवलजी हैं। हिंदी के और लेखकों से भिन्न हमारे परिवार के अंग-जैसे। मैं बता दूँ कि समारोह में कोई राजनीतिक व्यक्ति या कोई अधिकारी आमंत्रित नहीं किए गए थे। सिर्फ कुछ चुने हुए लेखक थे। मैं राजेंद्र यादव और डा. मैनेजर पांडेय से मिला, समीक्षा और पवन को आशीर्वादी दी और भोजन करके लौट गया, क्योंकि नौ बजे के बाद दिल्ली में भी ऑटो मिलने में कठिनाई होती है।

कुछ दिन बाद ही नामवरजी विश्वविद्यालय से सेवामुक्त हुए। चूँकि उनकी सेवा सिर्फ अट्ठारह वर्षों की थी, इसलिए उनकी पेंशन बहुत कम बनी। किसी हद तक उसकी पूर्ति केंद्रीय शिक्षा विभाग ने अलग से की। इसी काल में नामवरजी कालकाजी वाले अपने फ्लैट में आए और वहाँ राममोहन राय फाउंडेशन लाइब्रेरी के अध्यक्ष बनाए गए। इस पद पर रहते हुए उन्होंने एक क्रांतिकारी काम यह किया कि उक्त लाइब्रेरी के लिए हिंदी पुस्तकों की भी खरीद की

जाने लगी, जो पहले नहीं की जाती थी। उस पद से उन्हें मुक्ति मिली, तो वे जोरों से बीमार पड़ गए और कई महीनों तक पड़े रहे। उन्हें हद दर्जे की कमजोरी महसूस होने लगी। दिल्ली के डाक्टरों ने उनकी ढेर सारी जाँच की, लेकिन बीमारी का पता न चला। अंत में काशीनाथजी उन्हें बनारस ले आए और अपने विश्वविद्यालय के अस्पताल में, जो बहुत विकसित है, उनकी जाँच कराई। जाँच से पता चला कि उन्हें तपेदिक है। जब काशीनाथजी ने उन्हें यह बतलाया, तो आश्चर्य से भरकर उन्होंने कहा कि तपेदिक और मुझे? वह भी इस उम्र में? लेकिन एक्सरे की रिपोर्ट यही बतला रही थी। खबर पाकर उनके एकमात्र सुपुत्र विजयजी, जो पेशे से इंजीनियर हैं, तुरत बनारस पहुँचे और हवाई जहाज से उन्हें दिल्ली लाकर एम्स में भर्ती कराया। वहाँ कुछ दिनों में वे ठीक हो गए और अपने डेरे पर आ गए। अभी उन्हें आराम की जरूरत थी, लेकिन वे ज्यादा आराम न कर सके और व्याख्यान देने के लिए फिर बाहर निकलने लगे। मैंने केदारजी से पूछा—आप लोगों ने उन्हें क्यों बाहर जाने दिया? उन्होंने मुझसे कहा कि हम लोगों ने सोचा कि शायद यह भी उनके लिए इलाज का काम करे। उन लोगों का सोचना सही साबित हुआ और धीरे-धीरे वे पूर्ण स्वस्थ हो गए।

जब वे बीमार पड़े, तो संपूर्ण हिंदी संसार इस बात को लेकर चिंतित हो उठा। मैं भी चिंतित था, लेकिन उनके बनारस आने के समाचार से मेरी चिंता इतनी बढ़ गई कि एक रात मैं सो नहीं सका। उसी समय मुझे लगा कि नामवरजी को मैं कितना प्यार करता हूँ। अगले दिन मैंने अपूर्वानंदजी को उन्हें देख आने के लिए बनारस भेजा। वे वहाँ से लौटे, तो मुझे बतलाया कि उनकी जाँच चल रही है और फिलहाल वैसी चिंता की कोई बात नहीं है। फिर मैं थोड़ा निश्चिंत हो गया और दिल्ली में जैसे-जैसे वे स्वस्थ होते गए, मेरी चिंता भी दूर होती गई।

'कसौटी' के समापन-अंक का लोकार्पण उन्हीं को करना था, लेकिन चूँकि उस समय वे साहित्य अकादेमी से नाराज चल रहे थे, इसलिए उसके सभा-कक्ष में आयोजित समारोह में जाना उन्हें स्वीकार नहीं हुआ। लिहाजा कुँवरजी ने उसका लोकार्पण किया और फिर आलोचना पर रखी गई एक गोष्ठी में मलयालम के प्रसिद्ध कवि के. सच्चिदानंदन सहित दिल्ली के अनेक प्रसिद्ध हिंदी लेखकों ने भाग लिया। समारोह संपन्न होने के बाद मैंने सभी विद्वानों को 'कसौटी' के समापन-अंक की एक-एक प्रति भेंट की।

दूसरे दिन नामवरजी ने मुझे अपने आवास पर बुलाया। मैं तरुणजी के साथ चला और रास्ते में जाम न मिलने के कारण नौ बजे से कुछ पहले ही उनके यहाँ पहुँच गया। वे नंगे बदन अपने बैठके में बिछे कालीन पर बैठे थे और उनके सामने दवाओं का ट्रे रखा था, साथ में एक गिलास पानी भी। हम लोगों को देखकर वे थोड़ा सकपकाए। मैंने कहा—आप दवाएँ लेकर सुस्थ हो जाएँ, फिर आपसे बातें होंगी। दवाएँ लेकर वे अंदर गए और आधी बाँह का कुर्ता पहनकर बाहर आए। मेरे 'सुस्थ' शब्द के प्रयोग से वे बहुत प्रसन्न थे। बोले—'सुस्थ रमणीय' और 'अविचारित रमणीय' के बारे में बहुत पहले पढ़ा था। आज आपके मुँह से 'सुस्थ' शब्द सुनकर बहुत अच्छा लगा। फिर कहा—'कसौटी' का काम समाप्त हो गया, अब आप 'आलोचना' को सँभालिए। सहसा मेरे मुँह से निकला—अब यह संभव नहीं है। 'कसौटी' ने मुझे इतना थका दिया है कि अब मुझसे कुछ न होगा। दरअसल इस पत्रिका ने मुझे आर्थिक, शारीरिक और मानसिक रूप से इतना तोड़ दिया था कि मुझे विश्वास ही नहीं हो रहा था कि मैं आगे कुछ कर सकूँगा। नामवरजी मुझसे ऐसे उत्तर की आशा नहीं कर रहे थे। अंत में मैंने उनसे कहा कि डाक्टर साहब, पहली बार मैं आपका आदेश पालन करने में अपने को असमर्थ

पा रहा हूँ। फिर मैं रोने लगा, जिससे वे घबड़ा गए और कहा—आप शांत हो जाइए। 'आलोचना' की कोई दूसरी व्यवस्था हो जाएगी।

'आलोचना'-संबंधी उनके आदेश को शिरोधार्य करने में अपनी असमर्थता जताने के बाद भी नामवरजी ने मेरे सिर पर से अपना वरदहस्त नहीं हटाया, बल्कि मुझे और स्नेह देने लगे। इसका एक प्रमाण है बिहार सरकार के राजभाषा विभाग का मुझे सर्वोच्च सम्मान—डा. राजेंद्र प्रसाद स्मृति साहित्य सम्मान—दिलवाना। निर्णायक समिति के एक सदस्य ने एक अन्य विद्वान का नाम लिया। नामवरजी ने उससे कहा—कोई तुलना है? लौटकर जब वे दिल्ली गए, तो वहाँ से उन्होंने मुझे फोन पर बधाई दी और सम्मान-संबंधी निर्णय की पूरी प्रक्रिया से अवगत कराया। मैंने और मेरी पत्नी ने उनके प्रति कृतज्ञता प्रकट की।

थकान उतरते ही मैं धड़ाधड़ पुस्तकें लिखने लगा और सारी पुस्तकें तुरत छपकर राजकमल से आने लगीं। उन पर मुझे नामवरजी की प्रोत्साहन और प्रशंसा से भरी प्रतिक्रियाएँ भी मिलती रहीं। मेरी 'तुलसीदास' नामक पुस्तक पर उन्होंने मुझे फोन किया और कहा कि इस पुस्तक के लिए मेरी बधाई लीजिए। तुलसीदास को तो लोगों ने छोड़ ही दिया था। आचार्य रामचंद्र शुक्ल की पुस्तक के बाद उन पर आपकी यह अकेली अद्भुत पुस्तक है। उनसे यह सब सुनकर मैं फिर फोन पर ही रोने लगा और उनसे कहा—मैं क्या कहूँ! मेरे ध्यान में तो आप ही रहते हैं : 'एक भरोसो एक बल, एक आस विस्वास।/एक राम घनश्याम हित, चातक तुलसीदास।।' मेरी 'रीतिकाव्य' वाली पुस्तक पर उन्होंने मुझसे कहा—यह आपके ही बूते की बात थी। मैंने उनसे निवेदन किया कि आप ऐसा कह रहे हैं और आपके समीपवर्ती एक विद्वान तो यह कहते हैं कि 'सूरदास' और 'रीतिकाव्य' नामक पुस्तकें मात्र भाष्य हैं, आलोचना नहीं। मैंने इन दोनों क्या, तीनों ही पुस्तकों की भूमिका में लिखा है कि ये पुस्तकें शुद्ध स्वान्तः सुखाय लिखी गई हैं। लेकिन इस पर कौन ध्यान देता है? उक्त विद्वान के बारे में नामवरजी ने कहा—उनकी बात न कीजिए। मेरी पुस्तक 'आधुनिक हिंदी कविता का इतिहास' की भी उन्होंने भूरि-भूरि प्रशंसा की और उसकी अनेक विलक्षणताएँ बतलाकर मुझे लज्जित करने में कुछ उठा न रखा। 'हिंदी कविता : अभी, बिल्कुल अभी' पर उन्होंने मुझसे कहा—नवलजी, जो मैं न कर सका, वह आपने कर दिया। फिर उन्होंने अकबर इलाहाबादी के एक शेर का यह मिसरा दुहराया—'हमारी बातें ही हैं बातें, सैयद काम करता था'। मैंने उनसे कहा कि अपने व्याख्यानों में आपने जो बातें की हैं, वे हवा में उड़ नहीं गई हैं, बल्कि उन्होंने हिंदी कविता की धारा को बल पहुँचाया है, उसे दिशा-निर्देश दिया है और अनेक ऐसे संकेत छोड़े हैं, जिनकी रोशनी में आनेवाली पीढ़ी आगे बढ़ेगी। संपूर्ण हिंदी साहित्य के बारे में शायद ही कोई ऐसी बात हो, जो आपसे छिपी हो और जो आपके व्याख्यानों में रह-रहकर चमक न उठती रही हो। मैंने उन्हें वह पुस्तक श्याम कश्यप के हाथों भिजवाई थी। उसने मुझे बतलाया कि नामवरजी ने कहा कि हम लोगों में सैयद तो एक ही है, और वह नवलजी हैं। यहाँ भी मेरे 'विचलित' होने के लिए पूरा सामान था, लेकिन मेरी आत्मालोचनात्मक प्रवृत्ति मुझे हर बार बचा लेती है। दूसरे, वे मुझे जो कह दें, मैं उसे अपनी प्रशंसा न मानकर उनका स्नेहाशीर्वाद ही मानता हूँ।

तीन वर्ष पूर्व मैं बीमार पड़ा। पटने के डाक्टरों ने डेढ़ महीने तक मुझे झुलाकर रखा। मेरी बीमारी उनकी पकड़ में नहीं आ रही थी। अंत में पूर्वा और अपूर्वानंदजी ने एम्स में दिखलाने की पूर्ण व्यवस्था करके मुझे और मेरी पत्नी को दिल्ली बुला लिया। वहाँ एम्स के डाक्टरों ने मुझे देखते ही जान लिया कि मुझे एसिडिटी की शिकायत है, जिससे मेरा पूरा शरीर जलता

रहता है। इसके बाद भी मेरी पूरी जाँच हुई और मेरी बीमारी के विशेषज्ञ डाक्टर ने तीन सप्ताह दिल्ली में रुककर मुझे दवा खाने को कहा। मैं दवा खाता रहा और एकदम ठीक होकर उसके बाद पटने चला आया। उस यात्रा में जाने का नहीं, पर आने का मैंने आनंद लिया, क्योंकि हवाई जहाज बादलों की बगल से गुजर रहा था। आसमान कहीं बंजर खेत की तरह लगता था और कहीं बादल रुई के गट्ठर की तरह। दिल्ली में मेरे रहते ही नामवरजी अपूर्वानंदजी के यहाँ मुझे देखने आए थे। उन्होंने मेरी बीमारी का कारण सुनकर कहा कि चलिए, मैं निश्चिंत हुआ। फिर चलते समय उन्होंने मुझे अपने गले से लगा लिया। मेरी रही-सही बीमारी भी जाती रही।

नामवरजी के प्रोत्साहन और अशोकजी की सहायता से पटने के अनुग्रह नारायण शोध संस्थान में बड़े पैमाने पर मेरा पचहत्तरवाँ जन्मदिन का समारोह अपूर्वानंदजी और तरुणजी ने आयोजित किया। उसमें नामवरजी, केदारजी और अशोकजी तो आए ही थे, प्रो. पुरुषोत्तम अग्रवाल के साथ दो युवा आलोचक भी थे। उस अवसर पर आलोचना पर द्विदिवसीय गोष्ठी भी रखी गई थी। नामवरजी ने अपना व्याख्यान आरंभ करने के पहले कहा—मैं 'नामवर' हूँ, लेकिन नवलजी 'कामवर' हैं। इसके पहले टी.वी. पर 'सुबह-सवेरे' कार्यक्रम में मेरे निबंध-संग्रह 'निकष' की समीक्षा करते हुए उसके अंत में उन्होंने कहा था—नवलजी उम्र में मुझसे छोटे हैं, लेकिन मेरे लिए प्रणम्य हैं। यह समीक्षा 'आउटलुक' में प्रकाशित हुई। उसे पढ़कर मैंने उन्हें पत्र लिखा : 'यह आपने क्या कहा? मैं तो आपके चरणों में बैठने के योग्य ही हूँ, मुझे वहाँ से उठाकर अपनी बगल में न बैठाएँ। आपके चरणों में बैठने में ही मेरा सुख और गौरव है।'

पिछले दिनों केदारजी पटने आए, तो मुझे बतलाया कि वे अस्वस्थ चल रहे हैं। कभी-कभी उन्हें दस्त लगने लगते हैं और एक दिन तो वे बेहोश भी हो गए थे। मैंने कहा कि मैं तो जब कभी उनके स्वास्थ्य के बारे में उन्हें फोन करता हूँ, तो वे यही कहते हैं कि 'मैं ठीक हूँ'! केदारजी ने मुझसे कहा कि 'वे सबको यही कहते हैं, लेकिन वे ठीक हैं नहीं।' मुझे जो करना था, वह कर चुका। यह पुस्तक मेरी अंतिम पुस्तक है। अब मेरी जीने की इच्छा नहीं है, सो मैं चाहता हूँ कि मेरी शेष आयु उन्हें मिल जाए और वे शती पूरी करें। उनकी उपस्थिति-मात्र से हिंदी श्रीसंपन्न बनी रहेगी। अंत में प्रियदर्शी ठाकुर 'खयाल' का एक शेर उद्धृत कर मैं आपसे विदा लेता हूँ :

थोड़ी दूर और मेरा बोझ उठा
फिर तो ले जाएगी हवा मुझको